WEB OF LIFE
DIE KUNST VERNETZT ZU LEBEN

MICHAEL GLEICH

→ WEB OF LIFE
DIE KUNST VERNETZT
ZU LEBEN

GESTALTET VON FABIAN NICOLAY
MIT EINEM NACHWORT VON JEFFREY SHAW
HOFFMANN UND CAMPE

1781

»Web of Life« ist gleichzeitig ein künstlerisches und ein publizisti-
sches Projekt. Seine Elemente sind – neben dem vorliegenden Buch –
ein interaktives, multimediales Kunstwerk, das verschiedene Kulturinstitutionen weltweit miteinander vernetzt, sowie die Internetseite
www.web-of-life.de. Träger des Projekts ist das Zentrum für Kunst
und Medientechnologie Karlsruhe, gefördert wird es von der Aventis
Foundation.

Zentrum für Kunst und
Medientechnologie
Karlsruhe

Impressum

1. Auflage 2002
Copyright © 2002 by
Hoffmann und Campe
Verlag, Hamburg
www.hoffmann-und-campe.de

Recherchen:
Dr. Andreas Braun und
Dr. Birgitt Salamon

Schutzumschlaggestaltung:
Fabian Nicolay

Satz:
usus.kommunikation, Berlin
Gesetzt aus der Bell Gothic
Roman und Black

Thermochromatischer
Umschlag:
Kolbe-Druck, Versmold
Druck und Bindung:
Druckerei Uhl GmbH &
Co. KG, Radolfzell

Printed in Germany
ISBN 3-455-09358-2

FÜR TINE

Inhalt

Das Netz in der Wüste
Einleitung

Komplexität lässt sich in einfachen und spannenden Geschichten verdichten. Meine spielt in der Wüste Arizonas und handelt von Menschen, die ein ungewöhnliches Netzwerk geknüpft haben. Ich erzähle sie episodenweise, im Wechsel mit meinen wichtigsten Thesen zur Netzlogik, sodass die Leserinnen und Leser einen Überblick gewinnen, wie die Knoten und Stränge von »Web of Life« angelegt sind.

In der Karawane gibt es deutliche Anzeichen von Kamelwahnsinn. Cecil Parsons, der älteste Scheich von Quartzsite, zwinkert kokett den Haremsdamen zu, die ihn umlagern. Sie kichern: So ist Cecil nun mal, hundertdrei Jahre und kein bisschen leise. Sein Thron rollt weiter, gefolgt von einer Banjoband, deren Repertoire während der nächsten Stunden bedenklich zwischen frommen Gospels und zotigen Trinkliedern schwankt. Ihr Groopie Evelyn trägt das graue Haar heute offen und gibt die Parole aus: »Lieber sechzig als schwanger!« Marvin Rambel senior fährt Dreirad; weil ihm über die Jahre die Beinkräfte schwanden, hat er Lassie eingeschirrt und lässt sich von ihr ziehen, während er mit gewichtiger Miene Freikarten verteilt, »garantiert nirgendwo gültig«, dafür garantiert gratis.

»Camelmania«, Kamelwahn, heißt die Parade. Bürgermeisterin Patty Bergen, erst fünfzig Jahre alt, deshalb eindeutig zu den »Kids« zählend, ringt sich im schaukelnden Kamelsattel ein Amtslächeln ab. Oldtimer reihen sich ins Defilee, haimäulige Souvenirs einer fernen Rock'n-Roll-Jugend. Dahinter knattern die wirbelsäulenschonend gefederten Geländeflitzer einer Clique aus Oregon, gefolgt von einer Formation Elektrorollstühle, einer Kirche auf Rädern, Veteranen hinter einem Laster mit montiertem Maschinengewehr und zwei Hot-Dog-Wagen im Parallelslalom. Eine Cowboylady am Pistenrand, laut T-Shirt-Logo wild entschlossen, das Erbe ihrer Enkel zu verprassen, ruft dem Sheriff von Quartzsite zu: »Hey, Mann, kannst du mit deiner Pistole auch aus der Hüfte schießen?« Keckerndes Lachen. Sie meint nicht den Revolver.

Quartzsite, ein staubiges Kaff in Arizona, mitten in der Wüste. Im Sommer, wenn die Sonne eine Höllenglut entfacht, wohnen hier 2390 Menschen. Im Winter, wenn sich das Klima besänftigt, fallen hier bis zu einer Million Rentner ein. Sie strömen in riesigen Wohnmobilen aus Kanada und dem amerikanischen Norden herbei, um in der Wüste zu überwintern. Sie begründen eine Stadt auf Rädern und auf Zeit. Auftakt der Saison ist »Camelmania«, eine Mischung aus

Karneval und Parade, die die Alten als ein Manifest ihrer unbändigen Mobilität und Lebenslust feiern: Seht her, wir sind zurückgekommen, der heiße Winter kann beginnen!

Bei Netzen denken die meisten Leser vermutlich zunächst an Spinnen und Fische, technisch Interessierte vielleicht an Kabel, Server, Stromleitungen oder Bahngleise. Doch Infrastrukturen zeigen nur das Gerüst, das Skelett der Netze, und damit den langweiligeren Part. Viel spannender ist ihr lebendiger Teil, sind ihre dynamischen, fast organischen Verknüpfungen, die Erfindungen, die durch Vernetzung vieler Menschen entstehen. Netze sind für mich die faszinierendste Organisationsform überhaupt. Sie verhalten sich wie Lebewesen, werden geboren, wachsen heran, gelangen zur Reife, erleben Niedergänge, durchlaufen Wandlungen und Metamorphosen und sind immer für Überraschungen gut. Nachdem ich einige Wochen bei den Snowbirds, den Wintervögeln, verbracht hatte, wurde mir klar: Diese eine Million Rentner haben in dem Freiraum, den ihnen die Wüste eröffnet, ein wunderbar kreatives Netz geknüpft, das keine Statuten, keine Leitzentrale und kein Organisationskomitee braucht: Es organisiert sich selbst.

Die Fähigkeit von Netzen, Ungeordnetes zu ordnen, ohne dass ein »Großer Strippenzieher« die Fäden in der Hand hat, ist nur eine ihrer geheimnisvollen Fähigkeiten. Sie haben eine Reihe weiterer Eigenschaften, die sie den meisten anderen Organisationsformen überlegen macht. Sie lernen schneller, verdauen Fehler leichter, reagieren wendiger, vereinen Vielfältiges besser als hierarchische Systeme. Schließlich besitzen Netze einen unglaublichen Erfindungsreichtum: Allein durch das Muster, in dem sie Knoten und Stränge anordnen, erzeugen sie Neues – das Ganze, so das Credo aller Netzlogik, ist mehr als die Summe seiner Teile. Von diesem Mehr der Innovation, von dessen Einfalls- und Variantenreichtum wird die Rede sein, um zu zeigen: Netze sind besser!

Ihre Fitness kommt unter den Härtebedingungen der sich rasch wandelnden Welt, in der wir zu Beginn des 21. Jahrhunderts leben, erst richtig zur Geltung: auf einem schrumpfenden Planeten, dessen Bevölkerungsmilliarden exponentiell wachsen, im Zeitalter der Turbotechnik und explodierenden Megacitys, unter den Vorzeichen eines globalen Markttreibens in Echtzeit, angesichts mal fusionierender, mal sich in tausend Teile aufsplittender Unternehmen. Netze halten diese schnelle, wirbelnde Welt zusammen, sind vielleicht die einzige Form von Organisation, die überhaupt in der Lage ist, inmitten aller Turbulenzen etwas zu schaffen, das wir alle so dringend benötigen: Orientierung, Gemeinschaft, Identität.

Als lebendes Netz bezeichne ich im Folgenden jedes System sozialer Beziehungen, das komplex, selbstorganisiert und anpassungsfähig ist. Alle

Systeme stehen miteinander in Kontakt und bilden zusammen das »Web of Life«, das Gewebe des Lebens. Dessen Artenvielfalt ist überwältigend. Wenn Sie in diesem Buch das Wort Netz lesen, denken Sie bitte an Ameisenkolonien, Räuber-Beute-Beziehungen, Bakterienstämme, Kranichschwärme, Nahrungsnetze, Elefantenherden, Parasitismus, Riffgemeinschaften, aber auch an menschliche Netzwerke: Fußballfanclubs, Freundeskreise, spontane Wegesysteme in Dörfern, Selbsthilfegruppen, freie Märkte, Stadtviertel und Nachbarschaften, Netzwerke von Freiberuflern, Aktienbörsen, das Internet. Und eben auch unsere Rentnerkolonie in der Wüste, die jeden Winter das Leben im Unruhestand neu erfindet.

Der Schwarm der RVs, Recreational Vehicles, gruppiert sich im weiten Land links und rechts von der Interstate 10. Manche Wintervögel bevorzugen Abstand und Stille, die meisten finden sich zu lockeren Lagern und festen Wagenburgen. Sie plustern das staubige Kaff Quartzsite zur zweitgrößten Stadt Arizonas auf. Auch die Versorgung rollt auf vier Rädern herbei: Trinkwassertanks, Supermärkte, Frisiersalons, eine Kirche auf vier Rädern. Fliegende Bauten für den Transitmenschen. Wenn sich daheim in Alaska und North Dakota, in British Columbia und Montana die Blätter färben, wenn der Golfplatz schließt und Jagdwege unpassierbar werden, dann spüren die Snowbirds, daß es Zeit wird aufzubrechen. Sie steigen in einfache Campingwagen oder luxuriöse Wohnbusse, um den Herbstnebeln zu entfleuchen, die in arthritische Gelenke ziehen, der beißenden Kälte, die Rheuma fördert, den meterhohen Schneebergen, die gefälligst Jüngere wegschaufeln sollen. Ihr Zug gen Süden gehorcht gleichsam einem uralten Instinkt.

Doch »Der Sonne nach!« heißt nicht, faul in der Sonne zu sitzen. Carpe diem, ergreife den Tag!, lautet der heimliche Imperativ der aktiven Alten. Verdammt seien die Untätigen! Der achtundsechzigjährige Bob Johnson werkelt am liebsten an seinem Motorgleitschirm. Er befestigt die Leinen seines Schirms an einer Art rotplüschigen Sessel mit Rädern, an dessen Rückseite ein Propeller für Vortrieb sorgt. Er legt den Benzinhebel um: Bereit zum Abheben! Direkt hinter dem Wohnbus hat er der Wüste eine kurze Startbahn abgerungen. Die Kunden für einen kleinen Rundflug sind Altersgenossen. Sie lassen sich nicht von dem Formular abschrecken, das ihnen Donna zur Unterschrift vorlegt: »Im Falle eines Absturzes lehnen wir jegliche ...«

Bob gibt Gas. Kurz brüllt der Motor auf. Der Schirm bläht sich, bis er senkrecht über dem Piloten steht. Der Plüschsessel rollt mit wachsender Geschwindigkeit. Bob hebt ab. Er fliegt, und er fliegt seinen Traum. Dreiundzwanzig Jahre hat er in der Air Force gedient. Als Mechaniker, nicht als Pilot. Leider. Die Augen taugten nicht. Neidisch hat er den schneidigen Kerlen nachgesehen, wie sie mit den Maschinen in den Himmel entschwanden, die er ihnen flottgemacht hatte. Bob, der flügellahme Ikarus. Besser sehen kann er heute natürlich nicht. Aber er fliegt. »Mit dem Motorschirm geht es so einfach. Du lernst es in Stunden«, schreit er gegen den Wind. In fünfhundert Metern Höhe fällt alles Schwere von ihm ab. Das ständige Hüsteln, das ihn seit einer Lungenkrankheit quält, das manchmal Geduckte, der schleppende Gang. »Wirklich, es ist sooo einfach«, ruft er. Er fühlt sich frei, endlich, mit fast siebzig Jahren, am Himmel über der Wüste.

Bobs Lebensstil ist typisch für die westlichen, entwickelten Gesellschaften zu Beginn des 21. Jahrhunderts. Sein Alltag ist, genau wie der von Milliarden anderer Menschen, rund um die Uhr in Netze aller Art eingebunden: das System der Freeways und Interstates, die ihm sein nomadisches Umherschweifen ermöglichen; die Versorgungskanäle von Wasser, Strom und Waren; elektronische Netze wie Internet, E-Mail und Mobilfunk, die er und seine Frau Donna nutzen, um mit Freunden und mit dem sesshaften Teil der Familie Kontakt zu halten; die spontanen Infobörsen der mobilen Rentner, auf denen Klatsch, Tratsch und nützliche Tipps ausgetauscht werden; schließlich das Geflecht der Globalisierung mit seinen verworrenen wirtschaftlichen und politischen Abhängigkeiten, die dazu führen, dass eine Bankenpleite in Schanghai die Kurse von Bobs Pensionierungsfonds verhagelt. Vollvernetzung als Endlosschleife des postmodernen Lebens.

Immer mehr Menschen stellen sich jedoch die bange Frage: Nehmen uns die Netze gefangen, oder machen sie uns frei? Müssen wir die Verbundenheit im »Web of Life« teuer mit dem Preis schicksalhafter Abhängigkeit bezahlen? Natürlich gibt es Nachteile und Schattenseiten. Wenn sich die Welt in den Netzen auf die Pelle rückt, prallen die unterschiedlichen Interessen von Nord und Süd, Ost und West in aller Härte aufeinander: der »Clash of Civilizations« (Samuel Huntington) wird zur konkreten Bedrohung. Des Weiteren irritiert an Netzstrukturen, dass sie sich schwer steuern lassen, voller Überraschungen sind, immer an der Grenze zum Chaos balancieren. Nichts für Kontrollbesessene.

Doch offensichtlich überwiegen die Vorteile von Vernetzung, sonst würden wir uns nicht anschließen und einloggen: Wir würden einfach draußen bleiben. Ganz bewusst werde ich mich deshalb auf die Chancen und Optionen konzentrieren, die sich einem engagierten Netzwerker eröffnen. Ich will Netze nicht nur beschreiben, sondern mit ganz praktischen Konzepten dazu anregen, »Networking« in der Praxis zu erproben.

Der Mensch als soziales Wesen hat sich zwar immer schon mit seinen Artgenossen vernetzt: in Horden und Clans, Dorfgemeinschaften und Städtebündnissen, Klöstern und Kaufmannschaften, in Staaten und multinationalen Organisationen. Doch erst heute schlägt die große Stunde der Netze. Der Fortschritt gibt uns technische Instrumente in die Hand, nach denen sich, sagen wir, ein Handelsmann der mittelalterlichen Hanse (der bereits ganz Europa bereiste, aber wie mühselig!) die Finger geleckt hätte. Computer, Modems, Datahighway, Videokonferenzen, E-Mails, SMS gehören zum Arsenal des modernen Netzwerkers. Es erlaubt, immer mehr Menschen über immer größere Entfernungen hinweg immer schneller in Netze einzubinden und die Kommunikation zwischen all diesen Knoten aufrechtzuerhalten. Mithilfe dieses künstlichen Nervensystems sind Gesellschaften, Wirtschaft, Politik und Kultur erstmals in der Lage, die Power der Netze voll auszuspielen.

Doch Technik ist nicht der einzige Schlüssel für erfolgreiche Netzwerker. Eine veränderte Perspektive ist genauso wichtig. Wenn wir etwas Neues erkennen wollen, schrieb der Philosoph Thomas Samuel Kuhn, brauchen wir die richtige Metapher. Das »Netz« ist so ein neues und wunderbar plastisches Bild, um das Geschehen in Organisationen aller Art zu beschreiben. Natürlich handelt es sich nur um ein Modell, um ein Gedankenkonstrukt, denn in der Realität werden die Beziehungssysteme von Lebewesen nur anhand von äußeren Interaktionen sichtbar. Und dennoch können Netze reißen oder halten. Die Netzmetapher dient als Werkzeug, um die Wirklichkeit zu beschreiben, und dessen Tauglichkeit bemisst sich nach zwei Kategorien: erstens, ob es ein widerspruchsfreies Weltbild zeichnet, und zweitens, ob es die geeigneten Linsen liefert, durch die wir Phänomene neu sehen und interpretieren können.

Im Buchteil »Die Gesetze der Netze« werden beide Fragen mit einem deutlichen Ja beantwortet. Bei der Analyse biologischer sowie kultureller und technischer Netze zeigt sich nämlich, dass die Evolution zwar verschwenderisch mit Varianten umgeht, aber sparsam mit Prinzipien. Es gibt nur wenige grundlegende Gesetze, nach denen alle Netze funktionieren, egal wie verschieden sie auf den ersten Blick aussehen. Alle zehn »Gesetze der Netze« zusammen liefern eine neue Optik, um lebendige soziale Beziehungsgeflechte zu verstehen: die Netzlogik. Sie ist so etwas wie eine Bionik der Netze. Während es in der herkömmlichen Bionik darum geht, dass Biologie die Technik inspiriert, profitiert Netzlogik vom Erfolg intelligenter Systeme, indem sie deren Funktionsweisen auf Organisation wie

Parteien, Verbänden oder Unternehmen überträgt, um soziale Systeme effizienter zu managen.

Indem Netzlogik lehrt, komplexe Systeme richtig einzuschätzen, und indem sie Überraschungsmomente, spontane Wendungen, chaotische Entwicklungen von vornherein in planerische Überlegungen einbezieht, verabschiedet sie sich von einer mechanistischen Weltsicht, die einige hundert Jahre lang die abendländische Wissenschaft geprägt hat. Chaos anstelle von Kontrolle, Netzwerk statt Uhrwerk – auf diesen Nenner lässt sich eine philosophische Revolution bringen, die nicht im Elfenbeinturm stattfindet, sondern Auswirkungen auf alle Bereiche des Lebens haben wird. Das Netz, diese Prognose wage ich, wird zum Wissenschaftssymbol des 21. Jahrhunderts, zur Matrix und Metapher für Systeme und Organisationen aller Art.

»Es ist nie zu spät ist für eine glückliche Kindheit!« Der Aufkleber prangt am Motorgleitschirm, mit dem Bob Johnson den Berg mit dem großen, weißen »Q« umkreist, das Wahrzeichen von Quartzsite. Es ist auch nie zu spät für den Kindertraum vom Fliegen. Aus der Wüste blitzt es silbern und beige zu Bob herauf. Von einem Horizont zum anderen verteilen sich die Campingwagen der Überwinterer. Ihre Wagenburgen schützen nicht, wie zu Zeiten des wilderen Westens, gegen Überfälle, sondern gegen Einsamkeit. Bob fühlt sich wie ein Verhaltensforscher, der von oben die Nistgewohnheiten der Wintervögel studiert. Dabei verbindet er elegant das Angenehme mit dem Nützlichen und schlägt mit dem Nebenverdienst, den die Rundflüge einbringen, einige tausend Extrameilen im Jahr heraus. Denn die Johnsons sind moderne Nomaden. Sie wandern im Jahreszyklus, immer auf der Suche nach den besten »Weidegründen«. Der Frühling ist im heimatlichen Texas am schönsten. Wenn es dort zu heiß wird: Auf nach Alaska! Im Herbst dient Texas wieder als Zwischenstation, und schließlich wird in Quartzsite das Winterquartier bezogen. »Leben könnte ich hier nicht auf Dauer«, meinen Bob und Donna, »aber für ein paar Monate ist es ideal.« Ihre Migration verbindet die schönsten Plätze mit der jeweils besten Saison. Mobile Rosinenpicker.

Auf ihren Fahrten durch Amerika halten sie per elektronischer Post Kontakt zu Familie und Freunden. Als ein Urenkel kurz nach ihrer Abreise gen Süden zur Welt kam, erhielten sie das erste Babyfoto als E-Mail zugeschickt. Erst mit dreiundsechzig hat Donna angefangen, sich mit Computern zu befassen. »Meistens spielen wir nur rum.« Aber, sagt sie, »die in den Büros machen kaum was anderes, oder?« Mit einer digitalen Kamera hält sie Erlebnisse fest, damit sich die Verwandtschaft oder andere Wintervögel ein Bild von den Reisen der Johnsons machen können.

Dieser unbefangene Umgang mit den neuen Medien ist typisch für die Generation der »jungen Alten« in Amerika. In ihrer Jugend gab es keine Computer. Als die Rechner eingeführt wurden, waren die meisten von ihnen bereits Senioren und auf dem Absprung aus dem Arbeitsleben. »Doch jetzt haben wir jede Menge Zeit, Neues zu lernen. Wenn du dafür offen bleibst, wirst du hier oben« – Donna tippt sich an die Stirn – »nicht so schnell trübe.« In Umkehrung des deutschen Sprichwortes ist sie sehr wohl der Meinung, dass Hans lernen kann, was Hänschen nicht lernte. Sie reden sich nicht auf die Gnade der späten Geburt heraus, um eine etwaige Abstinenz bei neuer Technik zu rechtfertigen. Stattdessen besuchen sie lieber einen Crashkurs, lesen »Computer für Dummies« und tummeln sich in den Mediennetzen.

Diese Alten sind anders. Sie gleichen so gar nicht dem Bild vom deutschen Rentner, dessen Perspektive für die letzten zwanzig Lebensjahre nicht selten entweder fürsorgliche Entmündigung oder schnöde Vernachlässigung kennt. Gegenüber einer reinen Das-Ende-abwarten-und-Tee-trinken-Haltung wirken diese Gier nach Neuem, die Lust am Lernen, die Freude an Vernetzung erfrischend anarchisch. Gleichzeitig trägt der Aktivismus der Überwinterer, das flott zugerufene »Have fun!« als Tagesprogramm geradezu zwanghafte Züge. In ihren Augen ist jeder, der sich nicht bewegt, bereits tot. Oder auf dem besten Wege dahin.

Die kleinen Fluchten im Campingwagen wachsen sich in den USA zum Massenexodus aus: Nach Schätzungen sind mehr als zwölf Millionen Amerikaner ständig auf den Straßen unterwegs, die meisten davon im Rentenalter. Genaue Zahlen kennt niemand. Die neuen Nomaden entziehen sich. Der Statistik, der Steuerbehörde, der Beobachtung durch Nachbarn oder der rigiden Moral einer prüden Kirchengemeinde. Für die Politik sind die mobilen Massen schwer kalkulierbar. Welcher Region soll man Sommerfrischler und Wintervögel zurechnen, die sich halb im Untergrund bewegen? Welcher Zensus soll sie erfassen? Die Alten wollen sich, viele zum ersten Mal in ihrem Leben, nicht mehr einplanen lassen. Orte wie Quartzsite nutzen sie als Labor, um mit alternativen Lebensstilen zu experimentieren.

Die Wintervögel von Arizona haben einen enormen Nachholbedarf in Sachen Mobilität und Freiheit. Ihre Generation ist in der »alten Welt« aufgewachsen, die ein Kalter Krieg grob in zwei Blöcke geteilt hatte, auf einem Globus der ideologischen Gräben, Eisernen Vorhänge und geschlossenen Grenzen. Märkte hatten regionale bis nationale Reichweite, Menschen wurden meist in der gleichen Stadt begraben, in der auch ihre Wiege gestanden hatte, die Fremden lebten in der Fremde, und seine Freunde hatte man in der Nähe. Völlig anders dagegen der Lebensstil und Horizont ihrer Enkelinnen und Enkel: Die nach 1970 Geborenen wuchsen in eine Welt hinein, die immer mehr Schlagbäume abschafft, in der das Internet globale Kommunikation zu Spottpreisen ermöglicht, in der eine globalisierte Wirtschaft vierundzwanzig Stunden am Tag Billiarden Dollar durch die Netze von Börsen und Banken pumpt. Eine Generation mit globalem Bewusstsein betritt die Bühne – ein absolutes Novum in der Geschichte der Menschheit (siehe »Die Globos kommen«).

Wir stehen auf dem vorläufigen Höhepunkt einer fünftausend Jahre währenden Zivilisationsgeschichte, die sich erzählen lässt als die Evolution der verschiedensten von Menschen geknüpften Netze, die expandierten, bis sie den ganzen Globus umspannten. Fünftausend Jahre Netzausweitung und -verdichtung haben allen Kontinenten ihren Stempel aufgedrückt und unser Bild vom Blauen Planeten radikal verändert. Die immer enger gezogenen Verkehrs- und Kommunikationsnetze ließen den Raum implodieren und riefen die globale Echtzeit aus. Chronografie triumphiert über Geografie (siehe »Liebling, ich habe die Erde geschrumpft!«).

Als Folge der Netzverdichtung erhalten immer mehr Menschen freien Zugang zu Informationen, Kommunikation, Fortbewegung, Märkten. Zugang bedeutet einen Zuwachs an Lebenschancen. Und er ermöglicht die Teilhabe an demokratischen Entscheidungen. Hoch vernetzte Gesellschaften sind weit weniger anfällig für totalitäre Entgleisungen wie Zensur oder Versammlungsverbot als isolierte, nichtvernetzte Nationen. Länder wie Kuba, Afghanistan und Nordkorea, um nur einige abschreckende Beispiele zu nennen, beschränken die Reisefreiheit ihrer Untertanen und halten sie in Informationsquarantäne, um sie, ungestört von außen, besser manipulieren zu können (siehe »Die Freiheit der Vernetzten«).

Dritte-Welt-Gruppen, Umweltorganisationen und Gewerkschafter engagieren sich immer öfter über Staatsgrenzen hinweg für globale Projekte. Sie schließen sich in internationalen Netzen zusammen, um Menschenrechte sowie soziale und ökologische Mindeststandards durchzusetzen. Das Projekt Globalisierung wollen sie keinesfalls Firmenbossen und Finanzjongleuren allein überlassen, die mit dem Ziel, einen weltweit homogenen Marktplatz zu schaffen, der Politik weit vorausgeeilt sind und mitunter mächtiger als die Nationalstaaten agieren. In jüngster Zeit beweist die Zivilgesellschaft, dass sie durchaus die nötigen Kräfte mobilisieren kann, um der rein profitorientierten Globalisierung Zügel anzulegen und eine soziale Globalwirtschaft zu schaffen (siehe »Globalisierung: Bereit für die dritte Welle«).

Nicht nur die New Economy setzt auf die Power der Netze. Zunehmend bauen auch die Unternehmen der alten Wirtschaft ihre Strukturen um. Sie integrieren Lieferanten, externe Mitarbeiter, Kunden und gesellschaftliches Umfeld in Netze, die herkömmliche Grenzen überschreiten und weit in die Märkte hinauswuchern. Das birgt auch Risiken: Wer sich öffnet, macht sich angreifbar. Die Folge ist, dass immer mehr Firmen strategische Partnerschaften eingehen, in denen sich die Stärken nicht nur addieren, sondern multiplizieren. Netze statt Pyramiden: Das heißt weniger Hierarchie, weniger Kontrolle, mehr Selbstorganisation und kreatives Chaos. Einige Unternehmensallianzen kopieren das biologische System der Symbiose — und müssen Acht geben, dass nicht der eine als Parasit den anderen übervorteilt (siehe »Allianzen: Das Win-Win der Netze«).

Vernetzung ist kein Wert an sich, sondern ein effizientes Instrument, das sich, wie jedes Werkzeug in der Hand von Menschen, genauso zu Wohl wie zu Wehe einsetzen lässt. So findet sich unter den begabtesten Strippenziehern der Zeitgeschichte auch eine Figur wie Osama Bin Laden und sein Terrornetz »Al Qaida«. Islamistische Terroristen nutzen sämtliche modernen Netze, von Internet über Kreditkarten und Handys bis zu Flugreisen, um Anschläge vorzubereiten, die eben diese Netze als »Teufelswerke des Westens« zerstören sollen. Gefahr droht aber nicht nur von dort. Durch gezielte Attentate auf Hauptknoten versuchen Extremisten und Saboteure aller Schattierungen, ganze Gesellschaften lahm zu legen. Als wirksame Abwehrmaßnahme empfiehlt die Netzlogik, lebenswichtige Infrastrukturen »fehlerfreundlich« auszulegen: die Abkehr von Zentren und Zusammenballungen, der Übergang zu verteilten, schwarmartigen Systemen, die weniger leicht verwundbar sind (siehe »@-Bomben und andere Attacken«).

Im Netz von Quartzsite entfalten die Rentner Aktivitäten, die ihre eigenen Enkel, je nach Typ, in Entsetzen oder in Entzücken versetzen. Das Schlimmste: Sie verhalten sich unberechenbar. Gwenn zum Beispiel ist neunundsechzig, als sie sich in den zweiundsiebzigjährigen Jerry verliebt. Beide stammen aus Washington State. Sie begegnen sich in einem Restaurant. Erst fliegen Blicke hin und her, dann Scherze, dann folgt eine Aufforderung zum Tanz. Jerry ist groß und schlank, hat eine sonore Stimme und den richtigen Hüftschwung. Gegen ihn wirkt Gwenn zerbrechlich, aber ihr herzliches Lächeln kündet von großer innerer Kraft.

Jerry und Gwenn entdecken ihre Frühlingsgefühle kurz vor dem Winter. Sie begegnen sich in einem Restaurant, tanzen, flirten. Ein

Paar sind sie zu diesem Zeitpunkt noch nicht. Früher, als ihr Mann noch lebte, ist Gwenn mit ihm jeden Oktober nach Quartzsite gefahren. Jetzt hätte sie gute Gründe, daheim zu bleiben: Dort wäre Jerry, und sie müsste nicht allein auf eine weite Reise gehen. Dennoch bricht sie mit ihrem kleinen Campingwagen auf: »Was sollte ich dort im Norden machen: auf besseres Wetter warten?«

Kaum angekommen in Arizona, meldet sich Jerry. Von Telefonat zu Telefonat wächst die Sehnsucht. Bis sich Jerry entschließt: Ich fahre ihr hinterher. Vor drei Wochen ist er angekommen. Seither haben sie jede Stunde zusammen verbracht. In Gwenns Wohnmobil ist es eng. Man kann nicht aneinander vorbei, ohne sich zu berühren. »Sorry«, sagt Jerry. »Mach das nicht noch mal – das fühlt sich so gut an«, sagt Gwenn.

Nach drei Wochen beschließen die beiden zu heiraten. Geht das nicht ein bisschen schnell? »Morgen früh«, sagt Jerry, »ist manchmal nicht früh genug.« Beide fühlen sich nicht mehr jung genug, wichtige Dinge auf später zu verschieben. Wie oft er schon verheiratet war? Vier Ehen gibt Jerry zu, über den Rest schweigt er. »Du bist verrückt«, sagt Gwenn und streichelt seine blau geäderten Hände. »Wie konnte ich nur einen Verrückten heiraten?« Ihre Augen strahlen.

Den Umständen angemessen traut sie ein Wanderpfarrer. Die Trauzeugen: Freunde und Angehörige ihrer »Winterfamilie«. Die Kirche: das Clubhaus des Caravanparks Desert Gardens. Mit zittrigen Fingern streift Gwenn, deren Schulterbruch gerade verheilt, Jerry den Trauring über. Am Telefon informieren sie jeweils ihre Kinder. »Erst waren sie geschockt«, sagt Jerry, »dann haben sie gesagt: Wir gönnen dir dein Glück. Und dann kamen die Frotzeleien: Dass du Gwenn nicht schwängerst! Das schickt sich nicht in eurem Alter.«

Netze verkleinern die Welt. Komplexitätsforscher nennen diesen Effekt das »Small World«-Phänomen, für das sie sogar exakte mathematische Formeln parat haben. Ihren Berechnungen nach ist eine Website im Internet von einer beliebigen anderen nur maximal neunzehn Klicks weit entfernt. Das Phänomen tritt auch in menschlichen Beziehungsnetzen auf: Jeder Erdenbürger ist, laut den »Six Degrees of Separation«, mit jedem anderen über höchstens sechs Bekannte verbunden. Das ließ dem Wochenblatt »Die Zeit« keine Ruhe, und tatsächlich gelang die Probe aufs Exempel: Ein Berliner Imbissbudenbesitzer wurde in sechs Schritten mit Hollywoodstar Marlon Brando kurzgeschlossen (siehe »Netze verkleinern Welten«). Jeder mit jedem, alles mit allem verbunden – heute kann die Wissenschaft beweisen, was wir immer schon geahnt haben. Bei esoterisch veranlagten Baumumarmern, Walküssern und Seelenwanderern weckt das sogleich die Hoffnung, das explosionsartig wachsende und sich verdichtende »Web of Life« verheiße ein neues Utopia: Vernetzung als Erfüllung unserer ewigen Sehnsucht nach Kontakt und Nähe, als Sinnstiftung, als Existenzbekräftigung: »Ich bin vernetzt, also bin ich.«

Dabei darf man jedoch nicht vergessen, dass in den globalen Beziehungsnetzen nicht eitel Völkerfreundschaft herrscht. Auch Mafiakiller und Kinderschänder, Diktatoren und Drogenhändler leben nur einen Klick, ein Bahnticket, einen Linienflug weit entfernt. Auch mit ihnen sind wir verbunden, auch ihr verborgenes Treiben greift, über tausendfache Kettenreaktionen, täglich in unser Leben ein. Das erklärt die unterschwellige Skepsis, mit der viele Zeitgenossen die zunehmende Abhängigkeit von den Netzen sehen. Sie befürchten den Verlust der Kontrolle über ihr Handeln, Informationsüberflutung und eine Zivilisation, die eine »Zuvielisation« zu werden droht. Überforderungsgefühle allerorten.

Der Punkt ist: Wir haben keine Wahl. Nichts spricht dafür, dass sich der bis heute ungebrochene Megatrend der Geschichte, die Tendenz zur Netzverdichtung, in naher Zukunft umkehren wird. Keiner kann das Internet ausschalten oder gar abschaffen, niemand wird die Globalisierung zurückdrehen. Es bleibt uns eine einzige Option: die Chancen von Vernetzung zu ergreifen und gleichzeitig Rahmenbedingungen zu schaffen, die dem »Web of Life« ein menschliches Gesicht, menschenfreundliche Züge, eine menschliche Stimme verleihen.

Das Projekt läuft bereits. Die wenigsten wissen davon, obwohl sie daran mitarbeiten. Es handelt sich um ein Menschheitsabenteuer, gigantischer als der Pyramidenbau, riskanter als die Mondlandung, ehrgeiziger als die Erbgutentschlüsselung. Die Projektbeschreibung lautet: Schaffung einer kollektiven, globalen Intelligenz, Kreation des komplexesten Gebildes im ganzen Universum (siehe »Global Brain: Die Evolution geht weiter«).

Sicher ist nur, dass die Vernetzung während der nächsten hundert Jahre auf allen Gebieten exponentiell wachsen wird. Das Internet wird biologisch optimierte Schnittstellen bekommen, um Köpfe und Computer noch direkter zu verkoppeln. Prozessoren und Transponder werden kleiner, tragbarer und dadurch mobiler. Das Ziel der Entwicklungen, die derzeit in Softwarelabors und Halbleiterschmieden fieberhaft vorangetrieben werden, ist das Evernet, seine Vision: immer und überall online sein. Sind die Datennetze eines Tages omnipräsent, werden sie eine ähnliche Entwicklung durchmachen wie der elektrische Strom: Gerade weil er praktisch überall verfügbar ist, verschwindet er aus unserem Gesichtsfeld. Das Evernet wird unsichtbar sein, Hauptsache, es funktioniert (siehe »Wie es wahrscheinlich weitergeht«).

In Quartzsite beginnen viele der Alten ein zweites oder drittes Leben. Die Wüste bietet ideale Balzplätze für Wintervögel. In Arizona können Heiratswillige von heute auf morgen das Aufgebot bestellen. Nicht wenige Silber-Singles kommen hierher, um wieder einen Partner zu finden. Für den Rest des Rentnerlebens. Oder für eine Liebschaft auf Zeit. Mancher hält drei gemeinsame Monate in Quartzsite für genau das richtige Quantum Nähe pro Jahr. Mit dem Standort des Campingwagens im nächsten Jahr werden die Karten dann neu gemischt. Schon längst ist die Ehe nicht mehr der Normalfall. Ausgerechnet das staatliche Recht sorgt im prüden Amerika für eine Lockerung der Sitten. Viele Paare leben ohne Trauschein, weil sonst einer von ihnen den Rentenanspruch verlieren würde. Ihre Lebenserfahrung tut ein Übriges. Sie haben Wirtschaftskrisen und Weltkriege überlebt, haben Scheidungen und diverse Krankheiten überstanden, das verleiht ihnen die Lässigkeit, Konventionen in die Wüste zu schicken.

Der Satz eines Truckers, der am Funkgerät vor dem Massenauftrieb der Rentner warnte – »Passt auf, da ist gerade Brunftzeit für Senioren« –, wurde in Quartzsite zum geflügelten Wort, das beim abendlichen Square dance die Runde macht. Getanzt wird, fordert ein Schild an der Wand, »auf eigene Gefahr«. Damenwahl! Die Männer lachen sich eins, wohl wissend, dass sie attraktiv, weil unterzählig sind. Wer sich anstellig übers Parkett bewege, raunt eine Dame mit Cowgirl-Hut, »kann fast jede haben«. Sicher ist, dass es nicht beim Geplänkel während des Slowfox bleibt. Über das Ausmaß des Brunftgebarens jedoch kursieren, wie immer, mehr Legenden als seriöse Berichte. Jedenfalls gilt unter Campern die Regel: »If the rigs are rocking, better don't come knocking« – es ist besser, nicht zu stören, wenn Sie den Wagen schaukeln hören.

Die Wintervögel folgen eigenen Regeln, besonderen Routen. Quartzsite ist zwar ihr Hauptquartier. Aber auch dort hält es sie nicht lange. Alle paar Tage schwärmen sie aus. Nach Nevada zum Glücksspiel; nach Kalifornien, um Obst in großen Kisten einzukaufen. Oder nach Mexiko, nur eine Autostunde entfernt, weil dort die Gesundheit so billig ist. Hüftgelenke, Herzpillen und Zahnkronen kosten nur ein Drittel der US-Preise. Die meisten Überwinterer müssen mit knapper Rente haushalten.

Das unstete Leben auf Rädern und auf engstem Raum schweißt die Paare zusammen. Jeden Tag neues Terrain, auf dem sich das Team bewähren muss, das ist ein gutes Bindemittel. Viele Partnerschaften wirken intakt und quicklebendig. Wie rar ist das Bild von alten

Menschen, die händchenhaltend über die Straße gehen, die innehalten, einander lange in die Augen schauen und sich danach verliebt küssen. Gerade so, wie wir unsere Eltern nie zu träumen wagten.

Roberta Adams, sechsundsechzig, nutzt den Freiraum, den das leere Land bietet, für einen neuen Anfang. Früher managte sie in leitender Stellung mehrere Großhandelsfirmen; Namen nennt sie keine, denn es gehört unter den Campern zum guten Ton, das vorige Leben mitsamt dem erreichten Status auszublenden. Alle sind Reisende, vieler Bindungen ledig, losgelöst, Gleiche unter Gleichen, das macht sie, einmal mehr, den traditionellen Nomaden und deren egalitären Clans so ähnlich. Mit dem gleichen Eifer, mit dem Roberta früher Warenströme lenkte, managt sie heute das Lagerleben einer vor Umtriebigkeit vibrierenden Wagenburg.

Treffpunkt ist unter dem aufgepflanzten Sternenbanner und dem geschnitzten Schild »Retirement Cove«. Operation Rentnerbucht, und jedes Jahr kommen mehr. Die Edwards aus Oregon, Giffords aus Utah, Shorts aus Idaho. Aus allen Staaten, aber eigentlich staatenlos. Den Sommer über hält Roberta sie mit E-Mails und Glückwunschkarten auf dem Laufenden.

Gerade druckt sie Schilder aus: Mittwoch, drei Uhr, Musik & Kuchen, bringt selber was mit! Sie hängt die Blätter weit sichtbar an Kakteen. Öffentlichkeitsarbeit muss sein. Tatsächlich füllt sich kurz vor drei das Rund. Kunstrasen grünt gegen den Staub, Klapptische, -stühle, -regale möblieren ambulant. Roberta hat zwar Vorschläge gemacht, wer was beisteuern könnte. Aber zur Selbstorganisation gehört ein Quantum Chaos. Da kann es, wie heute, passieren, dass sieben Sorten Kekse auflaufen, aber niemand an Zitronenkuchen gedacht hat. Spontan formiert sich eine »Task Force Lemon Pie«, die als Backzutat eine Kiste Zitronen verflüssigt. Jemand aus der Runde öffnet seine Wagentoilette für alle. Flugs wandelt sich die Rentnerbucht zur Altentagesstätte. Allein, die Sozialarbeiter fehlen. Keiner vermisst sie.

Networking, wie es Roberta Adams betreibt, ist das Kunsthandwerk der Zukunft. In einer hoch vernetzten Gesellschaft wird jeder einen heimlichen Zweitjob haben: Work the network, pflege das Netzwerk! Der Imperativ gilt für die Familie, für Vereine, Firmen, Nachbarschaften, Initiativen, Gesprächskreise. Einige Menschen besitzen ein angeborenes Talent, soziale Beziehungen zu managen, andere tun sich schwer damit. Die gute Nachricht lautet: Man kann es lernen! Voraussetzung ist, die »Gesetze der Netze« zu verstehen und sich Netzlogik anzueignen; die Belohnung besteht in intakten sozialen Beziehungen und in beruflichen Erfolgen. Menschen, die ein weit reichendes Geflecht sozialer Beziehungen pflegen, so haben Studien herausgefunden, machen schneller Karriere, erringen besser bezahlte Positionen und erfreuen sich körperlich und seelisch einer stabileren Gesundheit als Menschen ohne stützendes Netz im Hintergrund. Es ist eben nicht so, wie viele Manager glauben, dass nur derjenige ganz nach oben kommt, der im Alleingang operiert und potenzielle Konkurrenten brutal ausschaltet. In Wirklichkeit sind Kooperation und Koevolution auf längere Sicht die weit effizienteren Strategien. Kein Wunder, dass »Networking« unter Managern, Politikern, Aktivisten, Planern und Freiberuflern immer mehr an Bedeutung gewinnt.

Netze haben nicht ein Zentrum, sondern Tausende: Jeder Knoten ist die Mitte, wenn er Mitte sein will. Denn grundsätzlich steht es jedem von uns frei, zu einem aktiven Knoten zu werden, an dem die Fäden zusammenlaufen und von dem belebende Impulse ausgehen. Aber wie betätigt man sich als erfolgreicher Netzwerker? Wie knüpfe ich Netze intelligent und elegant zugleich? In der Praxis, ob in Beruf oder privatem Engagement, fühlen sich viele Menschen überfordert, die Irrungen und Wirrungen des vernetzten Lebens in den Griff zu bekommen. Und sie wissen: So komplex die Dinge heute sein mögen – morgen werden sie noch komplexer sein!

Im Buchteil »Vom Nutzen der Netze« finden Sie einen auf den Erkenntnissen der Netzlogik basierenden Katalog von Ideen und Inspirationen für die Praxis: Wie konstruiert man Netze so, dass sie Fehler abfedern? Wie sorge ich für zunehmende Erträge und Wachstum? Wo liegt das richtige Gleichgewicht zwischen Chaos und Ordnung? Welche Technik hilft mir bei der Informationssuche, welche Filter muss ich einschalten, um nicht in der Datenflut zu versinken? Wie erzeugt man Komplexität, die auch funktioniert? Wer eignet sich als Partner für eine Symbiose? Wie schmiedet man ungewöhnliche Allianzen?

Abends glimmt in Quartzsite mit dem Lagerfeuer der Mythos vom Wilden Westen wieder auf. Männer in Jeans und karierten Hemden, Frauen in Cowboystiefeln, Go-west-Pioniere im Schutz der Wagenburg. William bedankt sich mit einer Riesentüte Orangen bei Bert (ehemals Mechaniker), weil er ihm die Klimaanlage repariert hat. Elaine (ehemals Lehrerin) kündigt einen kostenlosen Spanischkurs an. Marty (ehemals Friseur) bietet an, am nächsten Tag mit seinem rollenden Barber Shop vorbeizukommen, und erbittet einen Gratisflug von Bob Johnson (ehemals Air Force). Das Lagerfeuer dient als Umschlagplatz, Dienstleistungen werden in Naturalien verrechnet – der Markt reguliert sich selbst.

Vor allem aber werden Geschichten gehandelt. Nomaden schreiben nicht, Nomaden erzählen. Sie erzählen von dem Geiger, dem nach einem Unfall drei Finger amputiert werden mussten; er steckte sich künstliche Fingerglieder an, um weiterhin an jeder Jam Session teilnehmen zu können. Und auf La Posa West soll es Digger geben, die Nudismus praktizieren, »beim Goldwaschen baumelt denen unten der Goldfinger rum«. Und einer, den keiner in der Runde kennt, hat neben seinem Caravan ein Zelt aufgestellt, drinnen wuchert's grün und exotisch, und er lässt niemanden hineinsehen, das kannste in der Pfeife rauchen. Und die Chinesen wollen Arizona kaufen, aber – als Anspielung auf die Überpräsenz aus dem Norden – »die Kanadier wollen nicht verkaufen«. Gut müssen die Geschichten sein, nicht unbedingt wahr.

Das Nachtleben beginnt. Ein Leuchtzeichen in Kirchturmhöhe, das große gelbe M, weist den Weg. In einem der wenigen Steinhäuser von Quartzsite, der Stadt auf Rädern, sammeln sich die Wintervögel. Da sitzt Bruce, der Cowboypoet, der Oden an eine Harley Davidson schreibt. Der zweiundsiebzigjährige Vance rollt herein; hinten an seinem Elektromobil hat er einen Tank aufgesattelt, denn nach zwei Herzinfarkten brauchen seine Lungen eine Extraportion Sauerstoff. Gordon lungert herum, an seinem Hut prangt als Markenzeichen ein grüner Frosch, den er sich, wie er auf Nachfragen gern verrät, auch auf den Penis hat tätowieren lassen. Lou Everette, die einundsiebzigjährig immer noch geschickt mit der Pump Gun umgeht, »natürlich nur zur Verteidigung«, nippt am Kaffee.

Die Wüste schluckt sie tagsüber, abends spuckt sie alle aus: Steinesammler und Sterngucker, Off-Roader und Trockenschwimmer, früh verrentete Manager und spät berufene Missionare, Chorsänger und einsame Schweiger, Wüstenwanderer und Kettensägenkünstler, ertappte Sünder und Heilige der letzten Tage. Und die Musiker. Jerry klopft seine Mundharmonika aus, während Gwenn anderen hilft, Violinen-, Gitarren- und Akkordeonkästen auszupacken. Notenbücher finden Platz zwischen den Pappbechern mit dem großen gelben M. Dann, stumm verabredet, ein Ritual ohne Routine, denn jeden Abend besetzt sich das Orchester neu, fallen sie ein in den Rhythmus der Wüste, der ein Slow Waltz ist, ein behutsamer, ein lustiger, übertönen den Verkaufsrummel nebenan, wo es Hamburger in der Junior-Tüte gibt, die aber nie verlangt wird.

Zeitvergessen lauschen die Alten der Musik. Wie jeden Abend trotzen sie dem Weltkonzern mit dem großen gelben M ein Stück seines Territoriums ab, drosseln das Tempo von Fast Food auf Slow Motion, wandeln die Hamburger-Filiale in eine Musikbühne um. Sie haben es geschafft: Ihre schiere Masse verleiht den Alten Macht. Sie feiern »Slim« Williams, dem nur sein Hörgerät verrät, was er da fidelt, aber dessen achtundachtzigjährige Finger flink in die Saiten greifen, Slim Jim, der leise lächelnd den Applaus empfängt, dafür ist er von weither angereist, und dafür spielt er immer weiter, halbe Nächte und einen heißen Winter lang.

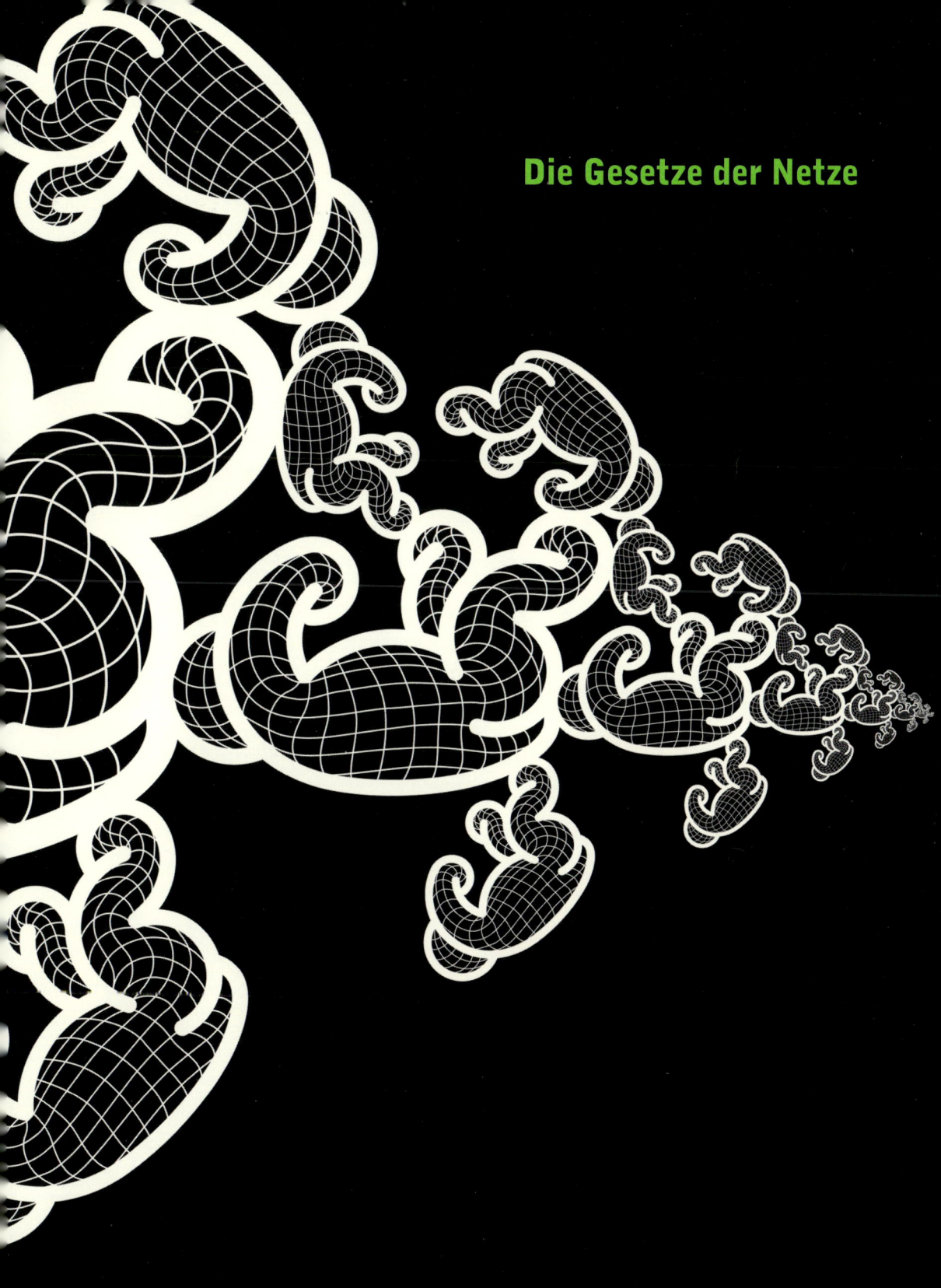

Die Gesetze der Netze

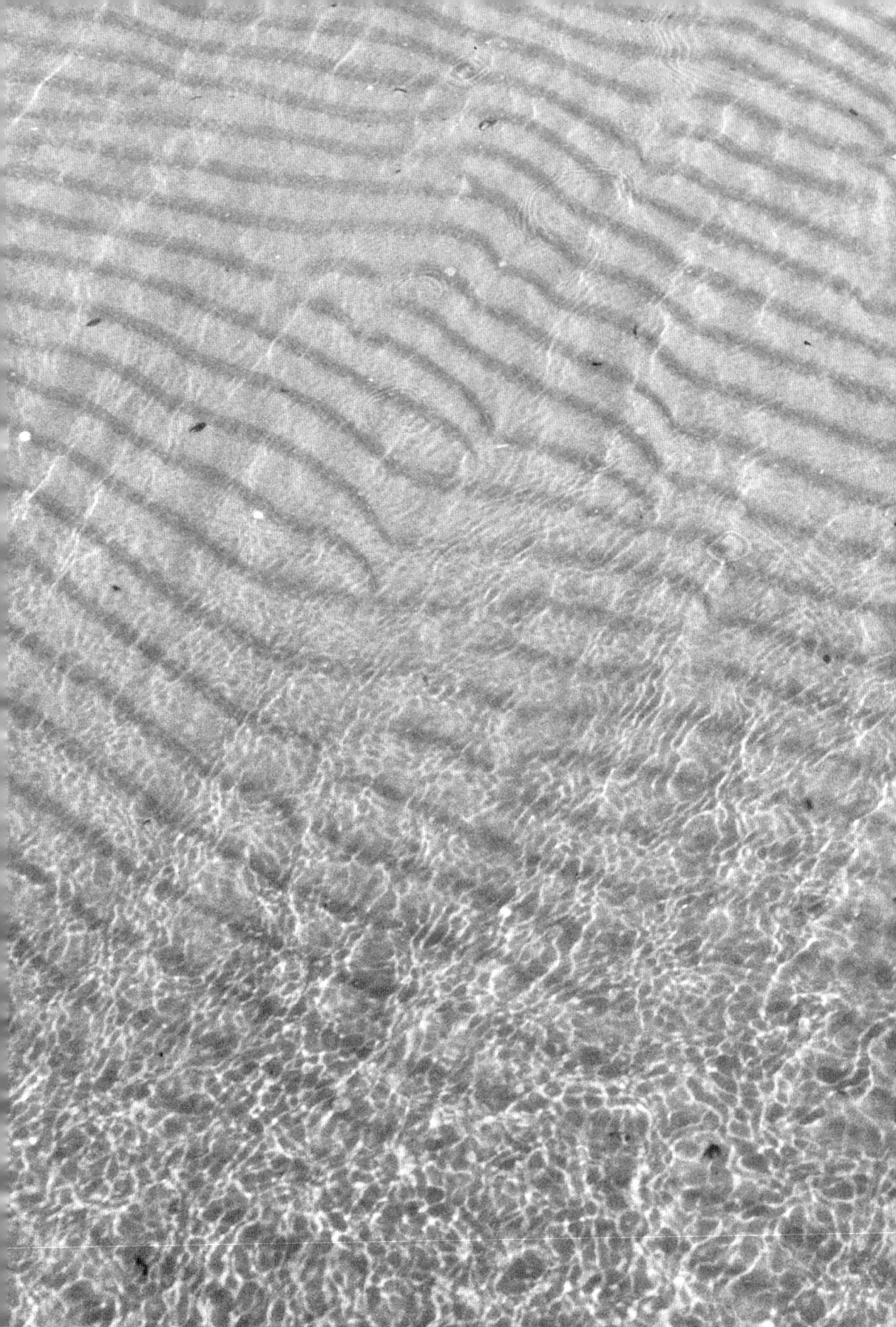

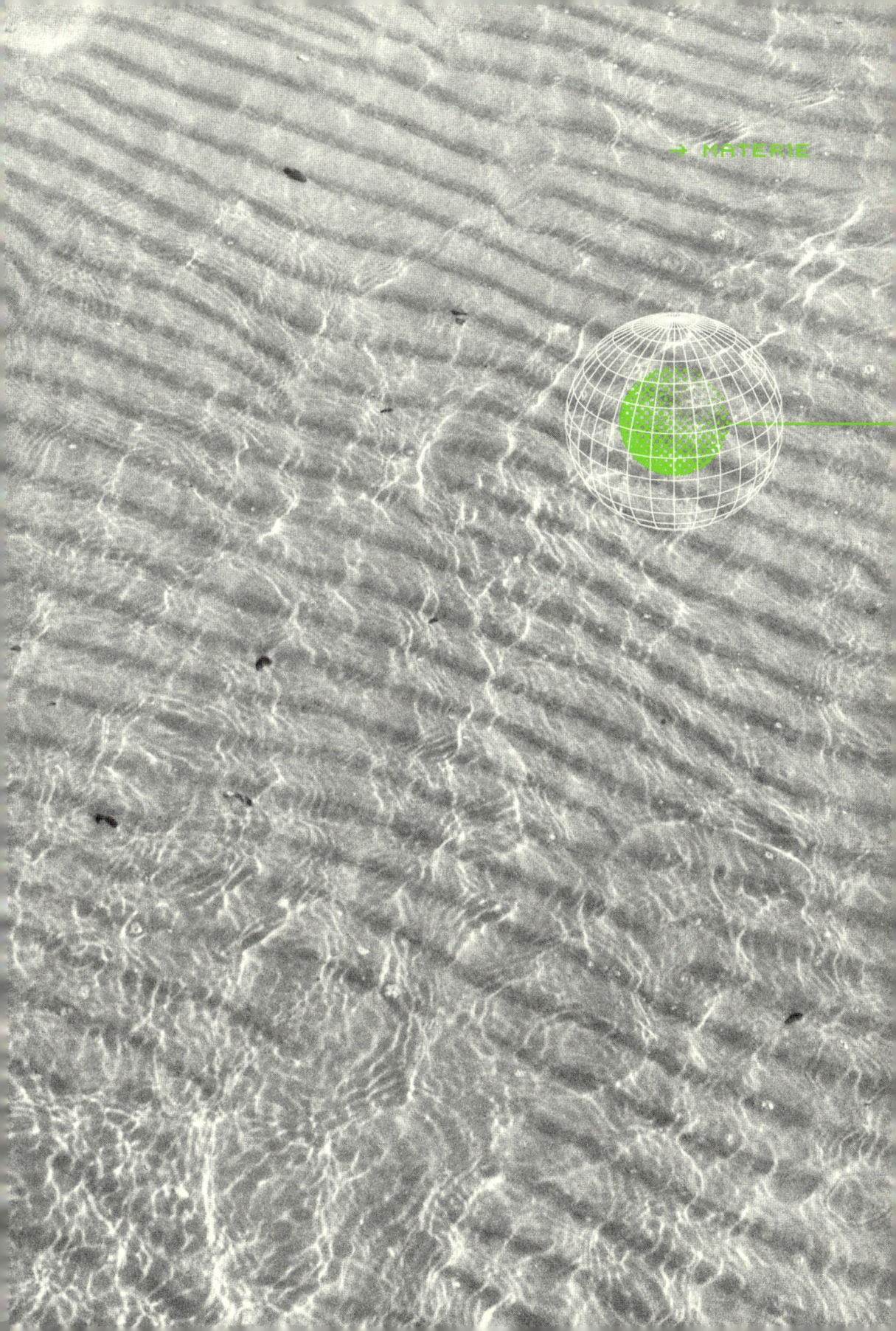

→ MATERIE

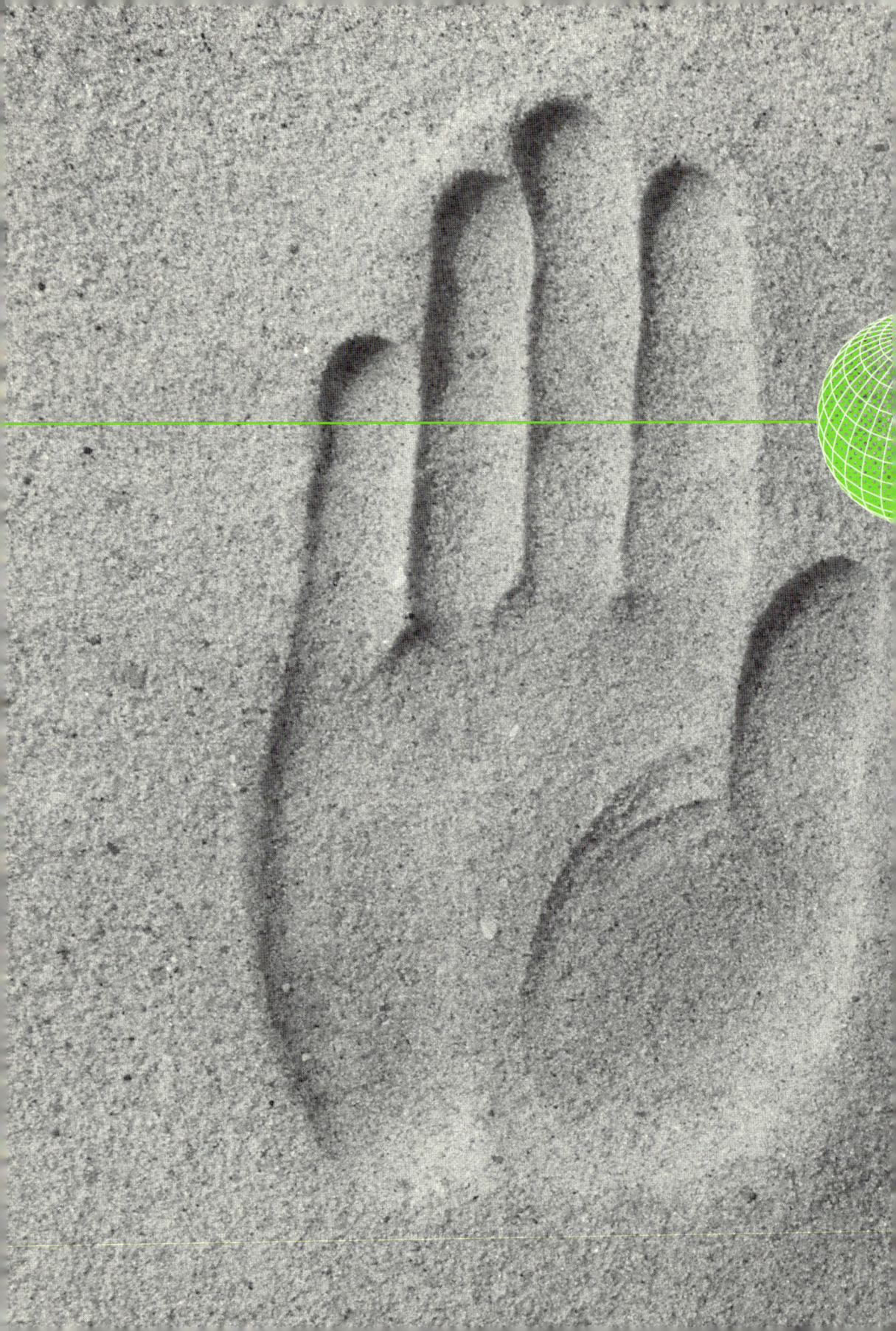

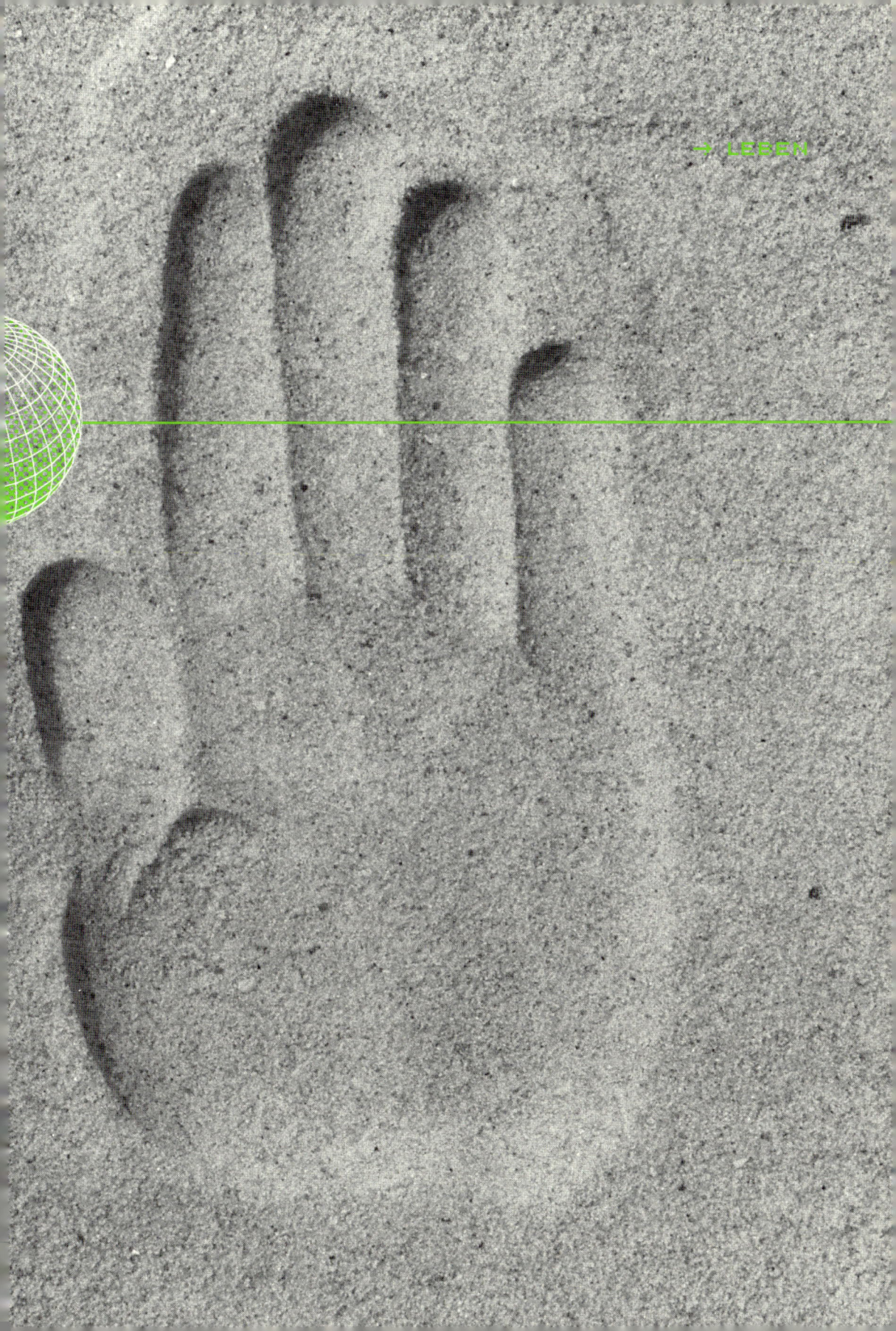

→ LEBEN

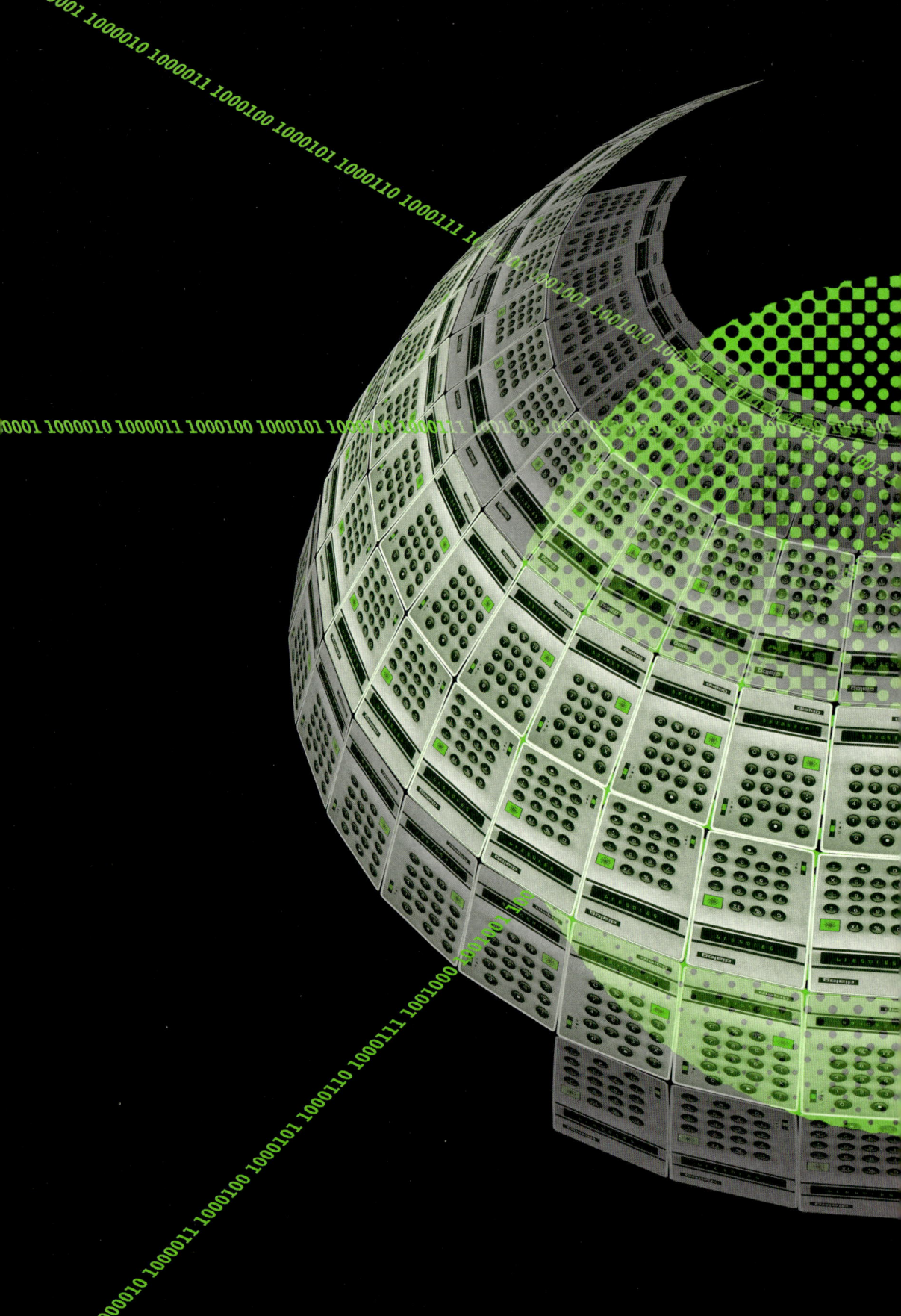

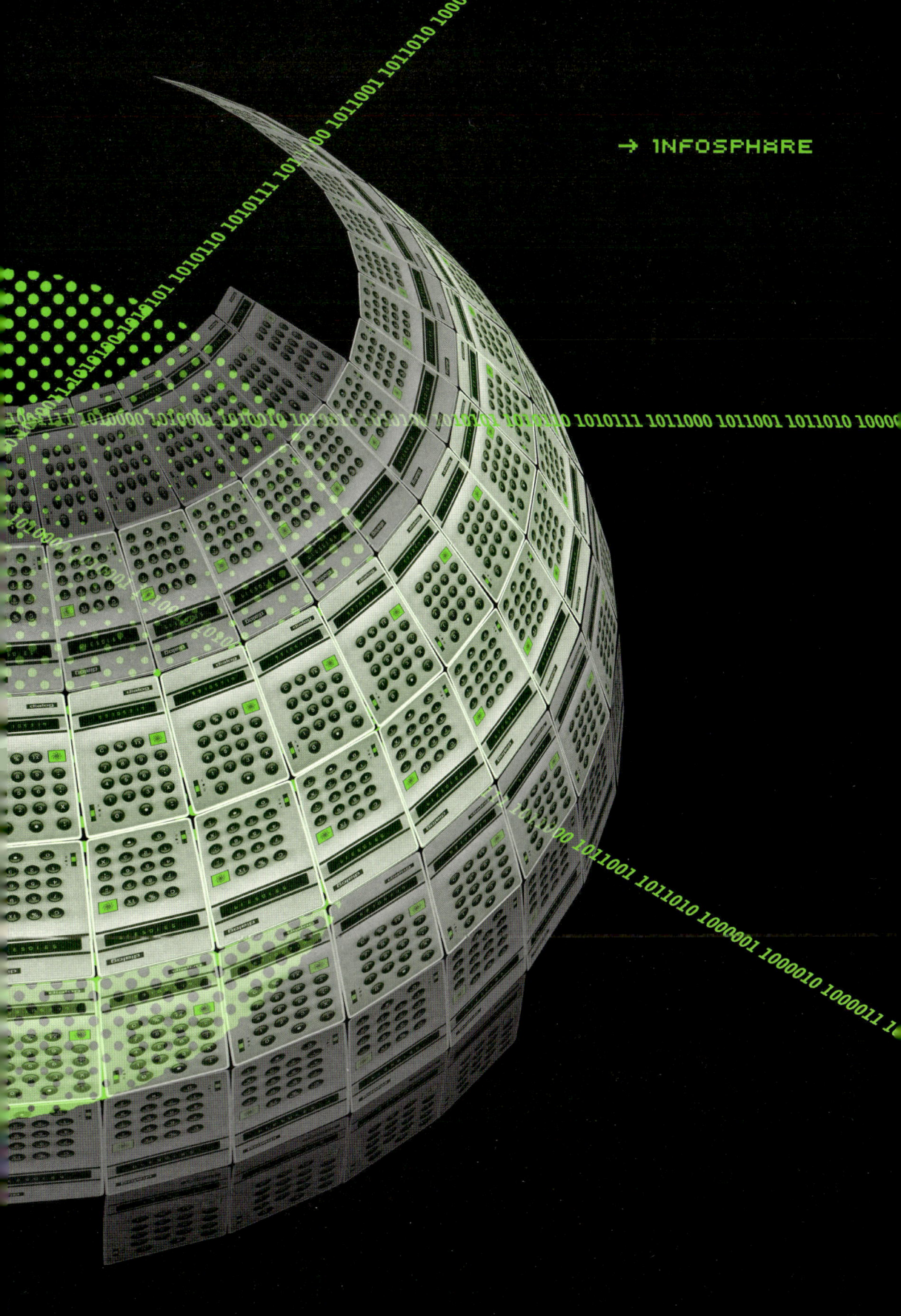

Leben – die Netze der Natur
Das Netz: Karriere eines Begriffs

Wo immer wir Leben sehen, sehen wir Netzwerke vor uns.
FRITJOF CAPRA

Als die Leser der amerikanischen Zeitschrift »Wired« aufgefordert wurden, die sieben Weltwunder zur Jahrtausendwende zu küren, landete das Internet auf Platz eins. Dabei existiert es im massentauglichen Format »World Wide Web« gerade mal seit 1991. Kein neues Medium verbreitete sich in so kurzer Zeit so schnell. Wenn man bedenkt, wie lange an den Pyramiden von Gizeh oder am Koloss von Rhodos gebaut wurde, kann man nur sagen: Wir haben es sogar geschafft, die Weltwunder zu beschleunigen! Mit den weltweiten Datennetzen bekam die Vorstellung, dass jeder mit jedem, alles mit allem verbunden ist, erstmals eine fassbare Form. Eine wachsende Masse von »Usern« erlebte, welche gigantischen Chancen im Prinzip der Vernetzung liegen.

Der Begriff »Netz« hat einen steilen Aufstieg hinter sich. Politiker, Manager und Forscher, die hip sein wollen, flechten jede Menge Netzwerke in ihre Verlautbarungen ein, was nicht heißt, dass sie immer wissen, wovon sie eigentlich reden. Ein zweiter Wegbereiter für die Hochkonjunktur von Netzkonzepten waren die vorpreschenden Lebenswissenschaften. Die Umweltdesaster der siebziger und achtziger Jahre schärften den Blick für ökologische Zusammenhänge. Wer die Kreisläufe und Wechselwirkungen der Natur außer Acht lässt, so wurde deutlich, der produziert Müllhalden, Kloakenflüsse und Gülleseen. Eine Abfolge von Krisen und Katastrophen erschütterte die Öffentlichkeit, wirkte aber gleichzeitig wie eine Schocktherapie, die den Boden für eine neue Form von Problemlösung bereitete: ganzheitlich, global denkend und lokal handelnd, sensibel für das Phänomen der Vernetzung. Ökologen waren die Ersten, die von biologischen Systemen als Netzwerken sprachen.

Heute locken die Lebenswissenschaften mit Milliardengewinnen. Biotechnologie, Bioinformatik und Genomics gelten als die neuen Boombranchen, Start-ups in diesem Bereich stehen hoch im Kurs. Die wirtschaftliche Nutzung von biologischem Wissen hat einen Nebeneffekt: Plötzlich beschäftigt sich auch die breite Öffentlichkeit damit. In Schlagzeilen wird sie mit so komplizierten Themen wie Stammzellenforschung oder Präimplantationsdiagnostik konfrontiert. Über Fragen der Bioethik entbrennen politische Debatten. Niemand hätte für möglich gehalten, dass Genetik eines Tages sogar Debatten an den Stammtischen auslösen würde. Dabei wird auch für den Laien deutlich: Die Lebenswissenschaften geben den Ton an. Sie sind in der

Forschungslandschaft zu den neuen Leitdisziplinen geworden. In der nachindustriellen Gesellschaft bricht ein Zeitalter der Biologie an. Der Computer spielt dabei nach wie vor eine Schlüsselrolle, denn viele Fortschritte, ob in Pharmazie oder Gentechnik, werden nur mit Hilfe leistungsstarker Rechner möglich. Zwei Welten nähern sich überraschend einander an: Immer öfter werden biologische Systeme digitalisiert, um sie »rechenbar« zu machen; gleichzeitig lässt sich eine wachsende Zahl von Programmierern beim Computerdesign von biologischen Gesetzen inspirieren. Eine Vision rückt näher: Technik versöhnt sich mit der Natur, das Geborene verbindet sich mit dem Gemachten. Damit es eine glückliche Ehe wird, muss man sich verstehen, eine gemeinsame Sprache sprechen. Hier bietet sich Netzlogik als Dolmetscher an. Sie speist sich gleichermaßen aus biologischem wie aus digitalem Gedankengut. Code, Link, Netz – solche Begriffe bauen Brücken zwischen Charles Darwin und Bill Gates.

CODE, LINK, NETZ – SOLCHE BEGRIFFE BAUEN BRÜCKEN ZWISCHEN CHARLES DARWIN UND BILL GATES.

So viele Leute mit Netzwerken hantieren, so viele Definitionen kursieren. Das fördert zwar die Karriere des Begriffs, nicht aber seine Klarheit. Gesellschaftswissenschaftler sprechen von »sozialen Netzen« und meinen ein System von Handlungen und Bezügen innerhalb einer Gruppe von gesellschaftlichen Akteuren. Management-Professoren propagieren Netzwerke statt Hierarchie, um Unternehmen fit zu machen für die Wechselfälle der Weltmärkte: Flexible Organisationen reagieren schneller, sind schlank und kommunikativ, fällen Entscheidungen dezentral und arbeiten in strategischen Allianzen mit anderen Firmen zusammen.

Netzwerke ersetzen den Markt. So sieht es jedenfalls der amerikanische Ökonom Jeremy Rifkin. Nicht mehr Verkäufer und Käufer handelten in Zukunft miteinander, sondern die Anbieter von Serviceleistungen und Netzzugängen auf der einen Seite und die Nutzer auf der anderen. »Zugang, Zugriff, Access«, sagt Rifkin, »sind die Schlüsselbegriffe des anbrechenden Zeitalters.«

Informatiker sprechen von Netzwerken und denken an jede Menge Kabel und graue Kisten. Sie machen es sich am einfachsten mit dem neuen Begriff: Da gibt es Leitungen, durch die digitale Datenpäckchen pulsen, Server, die den Verkehrsknoten dienen, und Software, die dafür sorgt, dass die Päckchen am richtigen Ort ankommen. Doch biologische Modelle und Metaphern halten auch in den Bastelstuben der Techniker Einzug. Die Pioniere einer neuen »E-cology« betrachten Datennetze als Ökosysteme und versuchen, von deren Stabilität und Stärken zu lernen.

Forscher, die sich mit künstlicher Intelligenz befassen, pflegen diesen Ideentransfer schon seit geraumer Zeit. Dabei spielen neuronale Netze eine wichtige Rolle, Computerprogramme, die der Struktur unseres Gehirns nachempfunden werden. Man will die Art und Weise, wie Nervenzellen verknüpft sind und miteinander kommunizieren, möglichst lebensecht kopieren. Mit parallelem Rechnen nach ganz einfachen Regeln sollen solche Systeme trainiert werden, bis sie ähnliche Leistungen wie unser Hirn erbringen, beispielsweise Sprache, Gesichter und andere komplexe Muster erkennen. Ersten praktischen Nutzen haben neuronale Netze als so genannte Expertensysteme bewiesen. Sie unterstützen beispielsweise Ärzte beim Erstellen von Diagnosen: Die Systeme sind in der Lage, aus einem Wust medizinischer Werte, Laboranalysen und Symptome genau jene Muster herauszufiltern, die auf eine Krankheit hindeuten.

Ich bin in diesem Buch von einer eigenen Definition ausgegangen, die vielleicht nicht jeden Professor für Biologie, Kybernetik oder Informatik zufrieden stellt, aber den Vorteil der Einfachheit hat:

Ein Netz ist die Verbindung vieler Lebewesen zu einer neuen, funktionierenden Einheit. Lebewesen sind die Knoten eines Netzes. Es besitzt Eigenschaften, die auf der Ebene seiner Knoten noch nicht existieren. Diese neuen Qualitäten entstehen durch die Zahl und die Anordnung der Knoten und vor allem durch die Interaktionen zwischen ihnen.

Ich verwende im Folgenden weitere Begriffe, die eine ähnliche Bedeutung wie »Netz« haben:
—Vivisystem: Der Begriff des Autors Kevin Kelly verbindet das Lebendige (Vitale) mit dem Verknüpften (vom griechischen synistánai: zusammenstellen).
—Synergie: Das Wort bezeichnet den größeren Effekt, erzielt durch mehrere Akteure, die zusammenarbeiten. Synergetik ist ein interdisziplinäres Konzept des Physikers Hermann Haken.
—Kontext: Für Sprachwissenschaftler gleicht jedes Wort einem Knoten, der nur im Zusammenhang mit anderen Knoten, also semantisch vernetzt, einen Sinn ergibt.
—Ökosysteme: Charles Darwin sprach über Lebensgemeinschaften als »verfilzte Zusammenballungen«.
—Komplexe, anpassungsfähige Systeme: »Komplexität« stammt von dem lateinischen Wort für flechten, ineinander fügen, verknüpfen. Hinter den eher drögen Formeln verbergen sich die fantastischen

Fähigkeiten, die Netze besitzen und sie zu einer überlegenen Organisationsform machen. Sie sind lernfähig, können sich an neue Situationen anpassen, erzeugen Ordnung aus Chaos, halten ein Fließgleichgewicht aufrecht. Betrachtet man Netze als informationsverarbeitende Systeme, werden ihre Vorteile offenkundig: Weil viele Knoten gleichzeitig denken und handeln, gelangen Impulse aus der Außenwelt schnell an die richtige Stelle, und alle arbeiten daran, sie angemessen zu beantworten. Netze »verstehen«, worauf es in einer bestimmten Situation ankommt. Im Vergleich dazu fallen hierar-

HIERARCHIEN SIND chisch aufgebaute Formen weit zurück: Hierarchien sind einfach zu
EINFACH ZU LANGSAM langsam. Sie leben von der Idee, dass eine Zentrale alle nötigen Informationen sammelt, die das System braucht, um handlungsfähig zu sein. In Gegenrichtung reglementiert die Zentrale, wer wann was zu tun hat. Das Problem: In der Praxis hat das noch nie funktioniert, weder in Staaten noch in Unternehmen. Informationen gelangen nicht nur viel zu langsam von unten nach oben beziehungsweise vom Rand ins Zentrum, sondern werden durch die vielen Zwischenträger auch noch verdreht. Der Außenposten ruft »Feuer«, die Zentrale versteht »Feiern«. Man glaubt gar nicht, in wie vielen Firmen täglich »stille Post« gespielt wird.

In unserer beschleunigten Wandelwelt wird Lernfähigkeit zu einer der wichtigsten Eigenschaften jeder Organisation. »Survival of the fastest« lautet der Slogan, Schnelligkeit ist mehr den je eine Frage des Überlebens. Deshalb wundert es mich immer mehr, warum Organisationen so hartnäckig an vielstufigen Hierarchien festhalten, warum sie weiterhin linear statt vernetzt denken, warum sie immer noch glauben, das Verhalten jedes einzelnen Mitglieds jederzeit steuern zu können. Kontrollitis heißt die scheinbar unausrottbare Macke der Hierarchen. Sie sind nicht souverän genug, nur die wichtigen Entscheidungen zu treffen und alle anderen dorthin zu delegieren, wo auch die meisten Informationen von außen eintreffen: an die Basis, die Peripherie, die einzelnen Stränge. In der Zentrale sitzend, glauben sie, alle Fäden in der Hand zu haben – und verheddern sich, wie nicht nur das Schicksal von Planwirtschaften zeigt, im komplexen Geflecht namens Wirklichkeit.

Netzförmige Organisationen dagegen eröffnen neue, riesige Chancen: Richtig verknüpft, ist ein lebendes Netz immer mehr als die Summe seiner Teile. Die zusätzlichen Eigenschaften eines lebenden Systems erwachsen aus seiner Struktur, verbergen sich in der Anordnung seiner Knoten, springen hervor aus ihren spontanen Interaktionen und Wechselwirkungen. Dieses »Mehr« ist ein Meer der Möglichkeiten, aus dem sich schöpfen lässt. Wir können Netze für uns arbeiten lassen, ihnen Gelegenheit geben, gewissermaßen nebenbei ihren kreativen »Mehr-Wert« für uns zu erwirtschaften.

Dazu müssen wir aber anfangen, ihre Eigenarten zu entdecken und zu verstehen. Mit herkömmlichen wissenschaftlichen Methoden kommt man da nicht weit. Bisher war der Reflex der Forscher, ein Ganzes in seine Teile zu zerlegen und die Teile zu beobachten mit dem Ziel, das Ganze zu verstehen. Bei Vivisystemen haben sie damit keinen Erfolg. Ein Netz kann nicht analysiert werden, wenn man es zerschneidet. In seine Einzelteile zerlegt, tot, ohne seine charakteristische Struktur, verliert es genau jene Merkmale, die man untersuchen will. Netze verlangen im Gegenteil Zusammenschau, Synthese, ein große Zusammenhänge erfassendes Denken.

Emergenzen nennt man die neuen Eigenschaften, die erst auf der Ebene der Verknüpfung auftauchen und von ihr hervorgebracht werden. Sie gehören zu den überraschendsten und faszinierendsten Merkmalen von lebenden Netzen. Das zeigt sich zum Beispiel am Internet: Wenn Millionen von Computern weltweit mit Datenleitungen zusammengeschaltet werden und Milliarden Botschaften zwischen deren Besitzern hin und her rasen, dann bringt dieses Geflecht emergente Phänomene hervor, die keines der einzelnen Teile aufweist. Solche Emergenzen der Datennetze sind Musiktauschbörsen und virtuelle Kaufhäuser, Suchmaschinen und Internet-Republiken. Was weiß ein einsamer Computer schon von Chatrooms und Cybersex!

WAS WEISS EIN EINSAMER COMPUTER SCHON VON CHATROOMS UND CYBERSEX!

Weil das Internet neu und prominent ist, könnte man vergessen, von wie vielen anderen technischen Netzen wir im Alltag abhängig sind. Straßen, Schienen, Trinkwasser- und Kanalisationssysteme, Satelliten, Öl- und Erdgaspipelines, Stromleitungen, Fluglinien, Telefonverbindungen erzeugen das Gespinst unseres vernetzten Lebens. Sie überziehen vielschichtig den Meeresboden, die Erdoberfläche, den Luftraum, umhüllen den Globus wie mit einem fein gesponnenen Kokon. In solchen Infrastrukturen sind nicht die Stränge und Knoten selbst lebendig: Es sind ihre Besitzer und Benutzer, die ihnen Leben einhauchen: Sie sind das Netz! Technische Systeme organisieren lediglich die wechselseitigen Aktionen und Abhängigkeiten von Milliarden Menschen. Sie sind das Skelett, auf das sich das »Web of Life« stützt.

Emergenz hat viele Namen. Niemand hat Phänomene wie weltweite Arbeitsteilung und Kommunikation in Echtzeit, wie interkontinentaler Massentourismus und Nord-Süd-Konflikt geplant. Es handelt sich um Hervorbringungen, um das »Mehr« als die Summe lokaler Einzelaktionen und persönlicher Ziele. Wir stehen staunend vor solchen Resultaten, die wir nicht angestrebt haben, die aber doch irgendwie unser Werk sind. Durch Vernetzung über sich hinauszuwachsen: Das ist vielleicht die schlichteste und schönste Definition von Emergenz.

In der Natur geschieht das Wunder der Emergenz in jeder Sekunde, seit es Leben auf dem Planeten Erde gibt. Denn die Evolution organisiert alles Leben in Netzen. Ökosysteme, Symbiosen, Herden, Schwärme, Nahrungsnetze, Räuber-Beute-Systeme. Sie überlappen sich, sind ineinander verknäuelt wie ein Haufen Spaghetti, durchwirken alle Ebenen der Biosphäre. Und immer wenn wir glauben, bei der kleinsten Einheit eines Netzes angelangt zu sein, entpuppt sich dieser Knoten selbst wieder als Netz. Nehmen wir den Regenwald als Beispiel und zoomen uns wie mit einer Filmkamera von oben in den Dschungel hinein.

Kamerafahrt im Regenwald

Flug von der brasilianischen Stadt Manaus nach Bogotá, Kolumbien. Lücken in der Wolkendecke geben den Blick auf einen Pflanzenteppich unter uns frei, der sich bis zum Horizont erstreckt. Tropischer Regenwald in tausend Grünschattierungen, unterbrochen nur durch Flussläufe, die braunrot und in weiten Schleifen mäandrieren. Fünftausend Meter unter uns scheint der Regenwald noch intakt zu sein. Wasserdampf steigt auf, heftige Gewitter gehen über den Baumriesen nieder, Stürme mit gewaltiger Kraft beharken den grünen Teppich. Aus dieser Flughöhe wird augenfällig, dass die tropischen Waldgebiete nicht isolierte Inseln, sondern Stränge in einem Netz von Lebensräumen sind, verbunden mit benachbarten Ökosystemen, angeschlossen an die großen Wasser-, Stoff- und Energiekreisläufe, wichtig als grüne Lunge für das globale Klima. Wie ein Schwamm saugen sie Wasser auf, sammeln und reinigen es, geben es über Flüsse wieder ab. Sie stellen die Leistung aller von Menschen gebauten Kraftwerke in den Schatten, indem sie diese ganze, üppig wuchernde Biomasse aus Licht und Luft, Wasser und Erde herstellen. So binden sie gewaltige Mengen von Kohlendioxid und speichern es (solange man den Wald nicht anzündet; dabei wird es wieder frei, derzeit jährlich zwischen fünf und elf Milliarden Tonnen, was einem Viertel der Menge entspricht, die die Menschheit in der gleichen Zeit in die Luft entlässt).

Bis vor kurzem war unbekannt, wie stark der Amazonas-Regenwald mit der Sahara verbunden ist. Dort wirbeln Stürme Wüstenstaub auf, der von starken Passatwinden zweitausend Kilometer gen Westen transportiert wird. Forscher schätzen, dass mit diesem transatlantischen Staubsauger jährlich fünfhundert Millionen Tonnen fein zerriebenes Gestein, Überreste toter Pflanzen und Tiere ins Amazonasgebiet gelangen. Die darin enthaltenen Mineralien, Spurenelemente und organischen Substanzen gleichen offenbar genau den Nährstoffverlust aus, den die Wälder durch Auswaschung erleiden. Gärtnern in großem Stil: Die Sahara düngt den Regenwald.

DER KNOTEN NAMENS REGENWALD IST SELBST WIEDER EIN NETZ Der Knoten namens Regenwald ist selbst wieder ein Netz. Unsere Kamera zoomt sich in das Laubdach hinein. Eine von mehreren Etagen des Waldes, siebzig, fünfzig Meter über der Erde, die von besonders vielen Tier- und Pflanzenarten bewohnt wird. Manche Bewohner berühren während ihrer gesamten Lebensspanne nicht ein einziges Mal den Boden. Baumschlangen lauern auf Beute. Papageien, Kolibris und Tukane repräsentieren farbenprächtig die vierhundert anderen Vogelarten, die sich auf einer Fläche von nur eintausend Hektar zusammenballen. Die Kronenschicht verfügt über so viele ökologische Nischen, dass auch noch hundertfünfzig Arten von Reptilien und Amphibien, hundertfünfzig Tag- und Nachtschmetterlinge und fast ebenso viele Säugetierarten ihr Plätzchen und Auskommen finden. In der Wipfelregion toben Brüllaffen mit lautem Getöse umher, denn im dichten Gewirr der Blätter und Äste, wo Sichtkontakt versagt, funktioniert Reviermarkierung am besten mit großem Lärm. Tiere besiedeln Pflanzen. Pflanzen besiedeln andere Pflanzen. Solche floralen Untermieter werden Epiphyten genannt. Sie vergrößern die Blattoberfläche des Waldes um ein Vielfaches gegenüber der Grundfläche.

Weiter zoomen. Viele Epiphyten bilden trichterförmige Blätter aus, die wie kleine Speicherbecken das Regenwasser sammeln, ein weiterer Knoten, der ein weiteres Netz beherbergt. Denn in den Zisternen ertrinken kleine Tiere, die im Prozess der Zersetzung die Pflanzen düngen. Vögel kommen hierher, um zu trinken, gespannt beäugt von Schlangen, denen die Tränke als Revier für bequeme Jagden dient. Einige Baumfrösche legen in den kleinen Teichen ihren Laich ab, der dort zu Kaulquappen heranwächst.

Ist der Frosch der kleinste Knoten im Netz? Wir zoomen uns auf Makroebene heran an einen der leuchtend bunten Pfeilgiftfrösche. Sie versuchen erst gar nicht, sich vor Fressfeinden zu tarnen. Im Gegenteil. Blau, grün, gelb oder tiefrot gefärbt, in grellen Warnfarben also, hüpfen sie wie eine lebende Warnung von Ast zu Ast: »Vorsicht, an mir würdest du dir den Magen verderben. Oder Schlimmeres!« Seine Hautdrüsen sondern bei Gefahr hochgiftige Sekrete ab, die sogar Menschen töten können. Erbeutet eine Schlange einen Pfeilgiftfrosch, spuckt sie ihn gleich wieder aus, von Krämpfen geschüttelt. Diese Abwehrstoffe extrahieren die Frösche aus toxischen Insekten, ihrer bevorzugten Beute. Mit dem Gift wiederum bestreichen Indianer vor der Jagd ihre Pfeilspitzen, daher der Name. Diese Wechselbeziehungen zwischen Produzenten (Pflanzen), Konsumenten (Pflanzenfressern, Fleischfressern) und Destruenten (Zersetzern) sind nur ein kleiner Ausschnitt des weit verzweigten Nahrungsnetzes im Regenwald.

Unserer Kamerablick zoomt sich weiter bis in mikroskopische Einstellungen. Der Organismus des Frosches ist selbst wieder ein Gewebe von Bezügen und Abhängigkeiten. Nerven-, Kreislauf-, Verdauungs- und Immunsystem agieren und interagieren, stabilisieren den Körper einerseits, erlauben ihm andererseits, flexibel auf Einflüsse der Umwelt zu reagieren. Auf Gefahr folgen Angriff oder Flucht. Bei Anblick eines potenziellen Partners folgt Balzverhalten.

Greifen wir einen Knoten im Körper heraus, das Nervensystem. Wieder entfaltet sich vor unseren Augen ein hochkomplexes Netz. Millionen von Nervenzellen nehmen die Signale von Haut, Augen, Ohren und Geschmacksnerven auf und verarbeiten sie, indem jede Nervenzelle mit Tausenden anderen verschaltet ist. Sie rechnen parallel und stehen in vielfachen Wechselbeziehungen untereinander.

Ist mit der Zelle nun endlich die unterste Einheit, der ultimative Knoten erreicht? Wieder Fehlanzeige. Noch vor zweihundert Jahren stellten sich Wissenschaftler Zellen als die kleinsten Teile vor. Primitive Atome. Eine formlose, gallertartige Masse. Doch seit wir über hoch auflösende Mikroskope verfügen, blicken wir in eine Körperzelle und entdecken ein ganzes Land Liliput, in dem Scharen winziger Bewohner umherwuseln. Eine Membran grenzt die Zelle von der Außenwelt ab, so hermetisch, dass sie Form und Funktionen aufrechterhält, aber gleichzeitig so durchlässig, dass ihre »Lebensmittel« eindringen können. Die Membran ist übersät mit Rezeptorproteinen, Empfänger, die chemische Botschaften empfangen können. Transportproteine sorgen dafür, dass Zucker und Aminosäuren in die Zelle und aus ihr hinaus gelangen können. Es geht zu wie in der U-Bahn: einsteigen, aussteigen, fliegender Wechsel.

Im Innern herrscht eine Arbeitsteilung, die an ein gut durchdachtes Industriegebiet erinnert. Mitochondrien fungieren als Minikraftwerke. Sie erzeugen die energiereichen Moleküle ATP und befeuern mit ihnen den Stoffwechsel. Lysosomen arbeiten an der Beseitigung von Abfällen. Ribosomen dienen als Proteinfabriken, in denen Eiweiße wie am Fließband hergestellt werden, bis zu fünftausend pro Sekunde, jedes auf eine eigene Aufgabe getrimmt. Der Zellkern schließlich ist das Archiv der Zelle. Er speichert ihr gesamtes genetisches Programm. Proteine übersetzen es in Befehle, die in alle Richtungen losgeschickt werden. Statt einer übersichtlichen »kleinsten Einheit« stoßen wir fasziniert auf ein lebendes Netz, in dem sich Zellen gegenseitig ernähren und miteinander kommunizieren, sich teilen und bewegen. Das Ballett des Lebens, aufgeführt vor unserer imaginären Kamera, nach einer Choreografie, die weiterhin rätselhaft bleibt. Wenn in Zukunft die Analysemethoden so weit verfeinert worden sind, dass man noch tiefer in die beweglichen Bausteine der Zellen hineinschauen kann, wird man weitere Netze und neue Wechselwirkungen, Verbindungen und Abhängigkeiten entdecken.

Regenwald, Laubdach, Epiphyte, Frosch, Froschkörper, Nervensystem, Zelle: Bei unserem Zoom vom Flugzeug aus in den Zellkern entpuppte sich jeder Knoten wieder als ein ganzer Mikrokosmos. Die Natur hat ihre Netze nicht nur effizient, sondern auch elegant gewebt. Ein fließender Übergang vom ganz Großen ins ganz Kleine, ohne Brüche, ohne Anfang, ohne Ende. Ein Gewebe, kunstvoll und paradox wie die Zeichnungen von M. C. Escher, wo Wasser bergauf fließt oder Fische Vögel sind oder eine Hand sich selbst zeichnet. Web of Life als endloses, geflochtenes Band besitzt die Magie der »unmöglichen Geometrie«: Egal, an welcher Stelle wir den Faden aufnehmen — immer landen wir in der Mitte.

Bakterien waren die ersten Globalisierer

»Die Natur ist hinsichtlich des Konnektivismus [die Kunst, Verbindungen und Beziehungen herzustellen] weitaus klüger als wir. Ihre Mechanismen für den Informationsaustausch, für verteilte Datenverarbeitung und kollektive Schöpfungen sind viel raffinierter und agiler als alles, was die besten Computertheoretiker bislang ersonnen haben.« Der amerikanische Wissenschaftsautor Howard Bloom sieht eine über Milliarden Jahre nie unterbrochene Tradition der Natur, Leben in Netzwerken anzulegen, also Konnektivismus zu betreiben. Die ersten Organismen waren Bakterien, Mikroorganismen ohne Zellkern (Prokaryonten). Sie besiedelten jeden Winkel der Erde. Und sie tun es heute noch. Anpassungsfähiger als jede andere Lebensform, trotzen sie den Extremen. Ihre Erfolgsgeschichte spielt in der eisigen Arktis genauso wie in der glühendheißen Namib-Wüste, an heißen Schwefelquellen in der Tiefsee wie in den Windungen des menschlichen Darms.

BAKTERIEN BESITZEN DIE FÄHIGKEIT, BLITZSCHNELL INFORMATIONEN AUSZUTAUSCHEN

Warum Netzwerk? Weil Bakterien die Fähigkeit besitzen, blitzschnell Informationen auszutauschen. Ihre Genstränge sind nicht in einem Zellkern eingeschlossen, sondern schwimmen frei im Zellplasma und können deshalb in rasantem Tempo aus- und eingebaut werden. Hätten Menschen die gleiche fantastische Fähigkeit, könnte es passieren, dass ich in der U-Bahn mit einem Fahrgast zusammenstoße, der rote Haare hat, und flugs bin ich selber rothaarig. Bakterien kommunizieren darüber hinaus mittels chemischer Botschaften miteinander. Berücksichtigt man ihre extrem hohen Vermehrungsraten, mit der ihre Nachkommen zu genetischen Nachrichten werden, so kann man sagen: Sie verfügen schon seit dreieinhalb Milliarden Jahren über ein globales Informationssystem.

Bakterien sind wahre Alleskönner. Sie bewegen sich in den verschiedensten Umgebungen fort wie Tiere, treiben Photosynthese wie Pflanzen, steuern Verwesungsprozesse wie Pilze. Komplexer als jeder Roboter, sind sie in der Lage, Nahrung und deren Quelle wahrzunehmen und sich dorthin zu bewegen. Geißeln bringen sie voran, winzige lebendige Motoren, die mit fünfzehntausend Umdrehungen pro Minute rotieren. Bakterien sind auch die ersten Baumeister in großem Stil. Sie finden sich zu Kolonien zusammen, die gemeinsam schützende, domartige Gewölbe errichten, die Ausmaße bis zu einem Meter haben können. Spuren davon bleiben als mineralische Ablagerungen erhalten, so genannte Stromatolithen, deren Muster beredtes Zeugnis von einer ausgeklügelten Arbeitsteilung ablegen. Stromatolithen weisen von einem Zentrum ausgehende kreisförmige Strukturen auf, die den Auswanderungswellen der Bakterien entsprechen. Normalerweise sind sie sesshaft. Solange an einem Ort genug Nahrung vorhanden ist, »fressen« und bleiben sie. Versiegen die Quellen langsam, sterben die Bakterien nicht ab. Ein Teil von ihnen formt winzige Paddel aus und verwandelt sich in äußerst umtriebige Wanderer. Ringförmig schwärmen sie in alle Richtungen, um im Unbekannten ergiebige Territorien zu entdecken. Dort entwickelt sich dann eine neue Kolonie – so erklären sich Forscher die Wellenform der Stromatolithen.

Falls die Auswanderer aber erfolglos suchen, sterben sie nicht etwa einen stillen Tod. Vielmehr lassen sie die Zurückgebliebenen durch Botenstoffe wissen: »Besser nicht folgen!« Die chemischen Signale sind ein Beleg dafür, dass das Leben schon auf der »primitiven« Stufe der Einzeller auf Vernetzung setzt. Zwar folgt jede Zelle nur den allereinfachsten Regeln: fressen oder nicht fressen, bleiben oder wandern. Aber als Kolonie, deren Zahl leicht die Einwohnerschaft von Mexico City erreichen kann, verfügen die Zellen über synergetische Fähigkeiten. Sie entwickeln kollektiv eine Intelligenz, die das Können der einzelnen Zelle weit übersteigt. Bakterien sind erfolgreich, weil sie kooperieren. Ihre Kolonien funktionieren wie ein Parallelrechner, der nicht nur eigene Analysen anstellt, sondern auf deren Resultate auch mit neuen Programmen reagieren kann. Wenn die Strategie »Bleiben und fressen« nicht mehr zieht, schwenkt die Kolonie um und produziert Abkömmlinge, die auf »Umherstreifen« eingestellt sind. Der israelische Forscher Eshel Ben Jacob bezeichnet ihre kommunizierenden Systeme als »kreative Netze«, die durch Zusammenarbeit flexibel und lernfähig sind.

Bakterien praktizierten schon zu Urzeiten Arbeitsteilung und gingen Symbiosen ein. Grüne Sulfidbakterien entwickelten die Photosynthese, eine der wichtigsten Erfindungen der Evolution, denn sie beendete eine lange Periode der Energieknappheit auf der frühen Erde. Indem Bakterien lernten, Sonnenlicht in Energie umzuwandeln, ermöglichten sie das gesamte spätere planetarische Leben und erschlossen ihm eine reiche Nahrungsquelle. Gleichzeitig spezialisierten sie sich auf unterschiedliche Tätigkeiten. Zu den Photobakterien gesellten sich Sammler, die Nahrung aus der Umgebung aufnehmen konnten; Entsorger, die giftige Abfallstoffe beseitigten und aufhäuften; Recycling-Spezialisten, die sich von Müll ernähren konnten, der so toxisch ist, dass er ihre Verwandten umgebracht hätte. Was für den einen Abfall, kann für den anderen ein Festmahl und für den Dritten Baumaterial sein.

Trotz Spezialisierung gehören alle Bakterien dieser Welt zu einem einzigen Genpool, quasi zu einer einzigen Spezies. Während neunundneunzig Prozent aller Arten, die jemals gelebt haben, bereits ausgestorben sind, ist den Mikroben praktisch die Unsterblichkeit garantiert. Die amerikanische Biologin Lynn Margulis meint: »Die Bakterien haben die Herrschaft über die Welt übernommen und üben sie immer noch aus: mit Hilfe ihres dezentralisierten, erdumspannenden Metabolismus und ihrer Fähigkeit zu weltweitem

Gentransfer.« Ihre kommunikativen, arbeitsteiligen und anpassungs-fähigen Netze umgeben den gesamten Globus. Jeder Quadratzenti-meter ist von den winzigen Mitgliedern des Reiches Monera besie-delt. Deshalb bezeichnet Howard Bloom sie als das erste globale Gehirn, das menschengemachten Datennetzen als Blaupause dienen könnte: »Die vernetzten Gehirne, von Computervisionären beschrie-ben, wiederholen nur eine der ältesten Lebensstrategien.«

Planet Erde und Göttin Gaia

Bakterien machen Geschichte. Menschen sind nur eine Episode. Bakteriennetze haben unseren Heimatplaneten viel stärker umge-krempelt als alle hundertzehn Milliarden Vertreter von Homo sapi-ens, die bisher gelebt haben. Bakterien, nicht die Menschen, machten sich die Erde untertan. Jede Erfindung der Einzeller beseitigte zu-nächst einen Mangel und verursachte dann zahlreiche Krisen, worauf die Evolution mit weiteren Innovationen reagierte. Grüne Sulfid-bakterien erfanden die Photosynthese. Cyanobakterien lernten, Was-ser zu spalten. So gelangten sie an den Wasserstoff, der zum Aufbau organischer Verbindungen in der Zelle benötigt wurde. Die blaugrü-nen Bakterien gediehen, wo sie Wasser und Sonnenlicht vorfanden, also praktisch überall. Damit wurden sie zum größten Umweltver-schmutzer des Planeten: Sauerstoff, der »Abfall« aus der Spaltung von Wasser, war für die meisten Formen des frühen Lebens tödlich. Kontinuierlich stieg die Konzentration von Sauerstoffmolekülen in der Atmosphäre von weniger als 0,000 000 001 auf zwanzig Pro-zent. Gleichzeitig lieferten sie damit aber das Elixir für spätere, höhere Lebensformen. Und als Nebenprodukt entstand die Ozon-schicht, die Tiere und Menschen vor schädlicher ultravioletter Strah-lung schützt.

SCHRITT FÜR SCHRITT INTEGRIERTEN DIE BAKTERIEN DIE GESAMTE ERDATMOSPHÄRE IN IHREN STOFFWECHSEL

Schritt für Schritt integrierten die Bakterien die gesamte Erdat-mosphäre in ihren Stoffwechsel. Heute gestalten und regulieren sie die planetaren Flüsse von Wasserstoff, Sauerstoff, Stickstoff und Kohlenstoff. »Die Lufthülle muss als ein Kreislaufsystem betrachtet werden, das vom Leben erzeugt und in Gang gehalten wird«, erklärt die Biologin Lynn Margulis.

Zeitgleich mit ihren Erkenntnissen kam der Atmosphärenchemi-ker James Lovelock zu ganz ähnlichen Schlüssen. Seine Berechnun-gen über die Zusammensetzung der Lufthülle hatten Erstaunliches ergeben: Es wäre zu erwarten gewesen, dass sie sich bei einem hohen Anteil an Kohlendioxid einpendelt, wodurch sie, ähnlich wie der Mars, lebensfeindlich geworden wäre. Das trat jedoch nicht ein. Offensichtlich haben die Milliarden Pflanzen, die Kohlendioxid verbrauchen, die Zusammensetzung der Atmosphäre über einen Zeitraum von siebenhundert Millionen Jahren konstant gehalten. Ein zweites Indiz liefert die Sonne. Ihre Leuchtkraft hat innerhalb der vergangenen drei bis vier Milliarden Jahre um mindestens dreißig Prozent zugenommen – und dennoch blieben die Temperaturen auf der Erdoberfläche weitgehend konstant. Dritte Irritation: Auch der Salzgehalt der Ozeane weist lebensfreundliche Werte auf, obwohl er nach den bekannten chemischen Gesetzen längst auf Konzentrationen hätte steigen müssen, die für alle Lebewesen – außer Bakterien – tödlich wären.

James Lovelock ist niemand, der einen Schöpfer oder einen »großen Steuermann« hinter diesen Phänomenen vermutet. Er suchte nach naturwissenschaftlichen Erklärungen. Zusammen mit Lynn Margulis formulierte er eine Theorie, wonach die Erde als Ganzes ein lebendes, sich selbst organisierendes System ist. Nach der griechischen Erdgöttin nannte er sie die »Gaia-Hypothese«. Mit

GAIA IST KEINE PERSON, Esoterik hat das nichts zu tun. Gaia ist für ihn keine Person, son-
SONDERN EIN PROZESS dern ein Prozess. In Selbstorganisation bringt er neue Strukturen hervor, wodurch das Leben genau jene Bedingungen erzeugt, die es zum Überleben braucht. Es reguliert sich selbst.

Lovelock sieht eine enge Vernetzung zwischen Lebendigem – Pflanzen, Tieren, Mikroorganismen – und Nichtlebendigem, Ozeane, Gestein, Atmosphäre. Diese Elemente wirken im Kohlendioxidzyklus zusammen: Vulkane stoßen wie riesige Schornsteine CO_2 aus; das Gas wird von Pflanzen zur Atmung gebraucht; der dabei entstehende Sauerstoff dient Tieren und Menschen als Lebensspender. Überschüsse von Kohlendioxid in der Atmosphäre werden durch eine Rückkopplungsschleife beseitigt oder recycelt, in der die Verwitterung von Gestein und die Ozeane Schlüsselrollen spielen. Auf diese Weise erschafft das Leben selbst die Voraussetzungen für seine Existenz.

Durch die globalen Stoffwechselvorgänge sieht Lynn Margulis »alle Lebewesen direkt oder auf Umwegen verbunden«. Unabhängigkeit sei ein politisches Ziel. In der Natur dagegen spielt dieses Konzept keine Rolle, dort ist alles Leben in Abhängigkeiten organisiert. Lynn Margulis formuliert poetisch: »Leben als Gott und Musik und Kohlenstoff und Energie ist eine wirbelnde Vernetzung wachsender, verschmelzender und sterbender Lebewesen.«

Schwärme: Die vielen im Vorteil

Vernetzung als Leit-Faden zieht sich auch durch die weiteren Stadien der Entwicklung. Vielzeller entstanden vermutlich durch die
Verschmelzung von Bakterien, die vorher sehr lange in Symbiose,
also in einer Partnerschaft zum wechselseitigen Nutzen, gelebt hatten. A versorgt B mit Energie, dafür transportiert B seinen Untermieter A dorthin, wo sich am besten Energie gewinnen lässt. Irgendwann wird die gegenseitige Durchdringung unauflöslich und führt zu
einer Verschmelzung, die auch an Nachkommen vererbt werden kann.
Die Evolution wirft nichts weg, in ihren Schöpfungen lässt sich wie
in einem Archiv lesen. So haben sich in Zellen mit Kern, den Eukaryonten, Bestandteile erhalten, die ihren Bakterien-Vorfahren immer
noch ziemlich ähneln. Relikte sind etwa die Mitochondrien in tierischen Zellen, die als Kleinkraftwerke Sauerstoff verbrennen und
Energie liefern; oder die Chloroplasten in pflanzlichen Zellen, die
bei der Photosynthese Sonnenlicht umwandeln. Erst die feineren
Methoden der Molekularbiologie haben den Stammbaum der Zell-
bestandteile nachgezeichnet: Als man herausfand, dass Mitochondrien und Plastiden ihre eigene DNA besitzen, wurde klar, dass sie
vor Urzeiten eigenständige Lebensformen gewesen waren. Andere
Bakterien hatten sie gekidnappt, um etwa die Photosynthese selbst
nutzen zu können. Die Innovation wurde einfach einverleibt.

Lynn Margulis und andere Biologen sind der Meinung, dass die
Evolution nicht nur in allmählichen Veränderungen voranschritt,
wie Darwin es nahe legte. Vielmehr sei es immer wieder zu Sprün-
gen und geradezu revolutionären Umwälzungen gekommen. Die Fu-
sion von einzelligen Bakterien, erst zu Eukaryonten, dann zu vielzelligen Lebewesen, ist in ihren Augen solch ein Symmetriebruch.
Durch die Integration von Bakterien in einen Zellverband entstand
Gewebe, das spezialisierte Organe ausbilden kann. Im Körper wird
Arbeitsteilung möglich: Fortpflanzung hier, Atmung dort, Verdauung
woanders. Das Ganze verbunden durch eine Art Intranet. Denn Vielzeller waren die ersten Organismen mit einem Nervensystem. Aus
Tausenden, Millionen, beim Menschen sogar Milliarden von »dummen« Neuronen entsteht durch Verschaltung ein intelligentes Ganzes.
Dadurch eröffnet sich einem vielzelligen Individuum ein Kosmos
neuer Möglichkeiten. Ein Bakterium kann nur »erkennen«, dass an
einem Ort nichts mehr zu holen ist, und es kann nur »beschließen«,
ihn zu verlassen. Tiere jedoch, ausgestattet mit einem komplexen
Nervensystem, nehmen ihre Umwelt viel differenzierter wahr, ana-

lysieren sie, reagieren auf Veränderungen und können sich auf vielfältige Weise mit Artgenossen verständigen.

Bakterien verfügen, wie wir gesehen haben, über Möglichkeiten sehr direkter Kommunikation, indem sie blitzschnell und sehr freizügig genetisches Material aussenden und empfangen. So direkt können sich Vielzeller nicht mehr austauschen. Dieses Manko beheben Tiere durch eine neue Erfindung: durch nichtmateriellen Austausch, sozusagen drahtlose Kommunikation. Sie beruht auf wesentlich größeren individuellen Rechenleistungen. In Tiergruppen entsteht eine kollektive Intelligenz dadurch, dass ihre Mitglieder voneinander durch Nachahmung lernen. Ein Gänseküken lernt gefährliche Greifvögel meiden, indem es die Reaktionen ihrer Mutter auf herannahende Flugobjekte beobachtet. Pavianjunge lernen von älteren Sippenmitgliedern, über welche Wege man am besten an das andere Ufer eines Flusses gelangt. In den Herden der ostafrikanischen Savanne beäugt jedes Gnu das andere und lernt dabei, auf den Angriff von jagenden Löwen zu reagieren. Howard Bloom ist der Ansicht: »In dem Moment, in dem eine soziale Gruppe, egal wie primitiv sie auch sei, über das Nachahmungslernen verfügt, kann man von einem Datennetzwerk sprechen.« Individuen werden zu Elementen einer höheren Intelligenz.

STAATENBILDENDE INSEKTEN GELTEN MIT RECHT ALS ELITE UNTER DEN NETZWERKERN

Staatenbildende Insekten gelten mit Recht als Elite unter den Netzwerkern. Ameisen, Bienen oder Termiten, die alle nur über winzige Gehirne verfügen, beweisen als vernetzter Superorganismus eine überragende Intelligenz. Als Kollektiv sind Ameisen in der Lage, Kriege gegen andere Kolonien zu führen, Nahrungsstraßen und Pilzgärten anzulegen und sogar Tierhaltung zu betreiben: Sie bewachen und melken Läuse. Die Aufgaben im Nest werden von Arbeiterinnen, Hirtinnen, Turniersoldatinnen, Ammen, Wächterinnen und Königinnen in reibungsloser Zusammenarbeit erledigt. Sie lösen globale Aufgaben, etwa den Bau einer Kolonie, indem sie einfachste lokale Regeln befolgen. Das wunderbare Ganze entsteht durch Kooperation vieler höchst einfach gestrickter Wesen.

Aber auch höhere Tiere organisieren sich in Kolonien. Ornithologen rätseln darüber, was Vögel so vieler unterschiedlicher Spezies dazu drängt, sich in Schwärmen zu organisieren. Ein früher Erklärungsansatz lautete: Sie suchen buchstäblich die Nestwärme. Eng zusammenstehend, trotzen die Mitglieder einer Kolonie im Winter leichter den eisigen Temperaturen. Klingt plausibel, doch das Leben dicht an dicht hat auch Nachteile. Wenn täglich Tausende Artgenossen zum Fressen ausschwärmen, werden die Wege zu noch nicht abgefrühstückten Plätzen notgedrungen länger; und bei diesen Flügen, so fand man heraus, verbrennen die Vögel mehr Energie, als sie durch kollektives Kuscheln sparen. Es muss also andere Anreize für das Leben im Plural geben.

Ein Hinweis darauf liefern Fische. Von den fünfundzwanzigtausend bekannten Arten leben viertausend in Schwärmen. Je nach Jahreszeit finden sie sich zu Zweckverbänden zusammen. Kopfstarke Laichzüge garantieren, dass sich Männchen und Weibchen zur Fortpflanzung begegnen. Schutz ist eine noch existenziellere Funktion des Schwimmens »en masse«. Leben im Schwarm ist für den Einzelnen wie der Abschluss einer Lebensversicherung: Je größer die Zahl, desto kleiner das Risiko, einem Räuber zum Opfer zu fallen. Doch Überleben ist nicht nur ein reines Zahlenspiel. Auch die physikalischen Gegebenheiten im Meer sprechen für Zusammenrottung. Schwärme verstärken den Effekt, dass Wasser das Licht bricht und streut: Das schimmernde und blinkende Gewimmel löst sich vor den Augen von Raubfischen auf, sie wissen nicht, wo sie am besten zubeißen. Der Schwarm schützt seine Mitglieder.

Ein ähnlicher Schutzengel fliegt bei Singvögelgruppen mit. Deren Feinde, die Greifvögel, werden von dem allgemeinen Geflatter so verwirrt, dass es ihnen schwerer gelingt, sich eine Beute herauszupicken. Die Beobachtung von Vogelkolonien zeigt, dass es noch einen weiteren Anreiz für Geselligkeit gibt: Klatsch und Tratsch. Gemeinsame Schlafplätze dienen beispielsweise Raben als Börsen, an denen Hinweise gehandelt werden, wo in der Umgebung am besten Nahrung zu finden ist. Als Chiffre fungiert dabei eine bestimmte Art, am Morgen vom Schlafplatz aufzufliegen; damit teilen fündig gewordene Raben ihren eventuell noch unschlüssigen Artgenossen mit, in welche Richtung zu ziehen sich lohnt, wo frische Kadaver liegen. Der israelische Naturforscher Amot Zahavi vergleicht die Schlafplätze von Vögeln, manchmal nach Millionen zählend, mit »kollektiven Datenprozessoren«. Gemeinsam verarbeite der Vogelschwarm die eintreffenden Informationen, als Gesamtheit treffe er seine Entscheidungen über die weitere Route.

EIN SCHWARM FLIEGT ALS GANZES   Sogar das Fliegen selbst ist keine Privatangelegenheit. Ein Schwarm fliegt als Ganzes. Filmaufnahmen in Zeitlupe zeigen, in welcher Weise die Vögel in ihrer Flugrichtung abschwenken. Dabei geht eine Bewegung wie eine Welle durch den Schwarm, die sich von Vogel zu Vogel innerhalb einer siebzehntel Sekunde fortpflanzt.

Das Verblüffende dabei: Die Reaktionszeit ist weit kürzer als diejenige, die ein einzelnes Tier erreichen kann. Der Schwarm verfügt also über die fantastische Gabe, schneller zu reagieren als seine einzelnen Mitglieder. Mehr ist anders.

Die Wissenschaft vom Wandel

Isaac Newton und René Descartes teilen ein ungerechtes Schicksal. Zu Lebzeiten wurden sie angefeindet, weil sie mit revolutionären Entdeckungen ihre Zeitgenossen überforderten, die noch tief im Mystizismus versunken waren. Und je länger sie tot sind, desto schneller schreitet der wissenschaftliche Fortschritt über ihre Erkenntnisse hinweg. Er leugnet zwar die von ihnen bewiesenen Gesetze nicht. Aber er erweitert ihre verengte Sicht so dramatisch, dass es wie Widerlegung klingt. Undankbare Nachfahren! Newton bewies die Schwerkraft und die Bewegungsgesetze der Mechanik, und Descartes, der an jeglichem Wissen ewig Zweifelnde, begründete den modernen Rationalismus; in der körperlichen Welt sei alles auf Bewegungen von kleinen Teilen, den Korpuskeln, zurückzuführen.

Für die beiden war die Welt noch in Ordnung: Sie priesen eine klar strukturierte, geradezu geometrische Vorstellung von Raum und Zeit, einen Kosmos, in dem Ursache und Wirkung wunderbar übersichtlich aufeinander folgen. Das Universum als Maschine. Mechanik gehorcht Gesetzen. Gesetze lassen sich berechnen. Am Ende der Argumentationskette bekommt der Mensch zur Belohnung die Welt in den Griff.

Folgerichtig stellte der französische Mathematiker Pierre Simon de Laplace 1776 die kühne Behauptung auf, es sei prinzipiell möglich, »alle Beziehung zwischen den Teilen des Universums« zu kalkulieren, und zwar »für alle Zeitpunkte in Vergangenheit und Zukunft«. Alles nur eine Frage der Rechenkapazität, über die ein allmächtiger Geist natürlich verfüge. Fortan beflügelte der »Laplacesche Dämon« die Hoffnungen der Himmelsmechaniker: Alles ist vorhersehbar. Man muss nur gut genug rechnen.

Die Welt tickt präzise wie ein Uhrwerk: eine einfache und eingängige Metapher. Sie bestimmte nicht zufällig den wissenschaftlichen Mainstream zu Beginn der Industrialisierung. Fabriken, die wie riesigen Maschinen in der Landschaft standen, darin Maschinen, bedient von Menschen, die man wie Maschinen arbeiten ließ — dieses System prägte nicht nur die Wirtschaft, sondern auch die

Denkweise im 18. und 19. Jahrhundert. Und lange darüber hinaus: Noch Ende der 1960er Jahre verglich der Physiker Richard Feynman die Welt mit einem Schachspiel, das zwar komplex aussehe, aber letztlich einfachen Regeln folge. Das klang ein wenig wie das ängstliche Pfeifen im Walde: Alles gar nicht so schlimm, und wenn wir erst mal richtig geübt haben, dann spielen wir mit, aber wie! Erst seitdem Massenproduktion nicht mehr die zentrale ökonomische Triebkraft ist, seit also der Mensch mit seinem Wissen, Organisationstalent und kreativen Denken wieder im Vordergrund steht, verlieren wir einige Scheuklappen. Die Illusion einer Welt als mathematische Gleichung ist geplatzt, der Laplacesche Dämon verzieht sich. Chaostheorie, Hirn- und Komplexitätsforschung, Evolutionsbiologie und Kybernetik betrachten weniger das Eherne, ewig Bleibende und im Detail Berechenbare, sondern untersuchen die Gesetze des Wandels, der zu den wenigen Konstanten des Lebens gehört.

Wir beobachten fasziniert und manchmal etwas verwirrt eine Welt in Bewegung, erleben die eigene Biografie als Patchwork aus Fragmenten, Stationen, Etappen. Soziales Leben gestaltet sich als Geflecht aus Metamorphosen und Metabolismen. Kultur bietet ein buntes Bild von Aufbrüchen, Abbrüchen, Umbrüchen. Viele Menschen haben den Eindruck – und nicht wenige die Befürchtung –, dass das Tempo der Umwälzungen weiter zunimmt. Es verunsichert, wenn die Gegenwart schrumpft und die Zukunft expandiert. Futurologie wird zum Frustjob. Prognosen halten, was sie versprechen, nur dann, wenn sie ihren Horizont auf wenige Jahre, am besten Monate bescheiden. Kein Wunder, dass gerade heute die Wissenschaft vom Wandel aufblüht. An Stelle »harter« Physik, Chemie oder Geometrie übernehmen heute »weiche« Disziplinen die Führungsrolle. Weich sind sie nicht, weil ihre Methoden nicht exakt und empirisch wären, sondern bezüglich ihrer Ergebnisse: eine fließende, dynamische Sicht des Lebens. Es geht um Prozesse, Übergänge, Evolution. Komplexitäts-, Chaos- und Hirnforscher, Künstliche Intelligenz und Neue Biologie legen gemeinsam den Grundstein für ein neues Konzept – die Logik der Netze.

Chaostheorie: Die Unschärfe im Blick

Was ist Chaos? Es ist jene Ordnung, die man bei der Erschaffung der Welt zerstört hat.
STANISLAW JERZY LEC

Wenn schon das Kinderzimmer aussieht wie nach einem Hurrikan, soll wenigstens Ihr Frühstückstisch ein Ort der Ordnung sein. Teller, Tassen, Messer, Löffel: Muskelkraft deckt den Tisch. Butter, Honig, Marmelade: Schwerkraft hält die Dinge an ihrem Platz. Sie gießen Kaffee in die Tasse, rühren Zucker hinein, gießen Milch dazu – und

schon gerät das Geschehen aus den Fugen. Wagen Sie eine Progno-
se, in welcher Form die Milch weiße Kreise im Kaffee ziehen wird?
Haben Sie schon mal versucht, zweimal hintereinander das gleiche
Muster zu kreieren? Sie werden es nicht schaffen. Der Grund: In
Ihrer Tasse herrscht das Chaos.

Das heißt nicht, dass die Materie (Milch, Kaffee, Porzellan) auf-
hört, physikalischen Regeln zu gehorchen. Aber mit Schwerkraft,
Fliehkraft (durch die Rührbewegung), Oberflächenspannung (der
Flüssigkeiten), Wärmeverteilung und Molekülbewegungen reagieren zahllose Faktoren aufeinander. Dabei entstehen unvorstellbar
viele Wechselwirkungen, die es unmöglich machen, den zukünftigen
Zustand des Systems »Kaffeetasse« im Detail vorauszusagen. Na
gut, eine grobe Richtung kann man angeben: Kaffee und Milch werden sich zu Milchkaffee vermischen, so viel ist sicher. Und mit dieser Prognose lässt sich ganz unchaotisch weiter frühstücken.

ALS KIND WOLLTE MAN
UNS EINBLÄUEN, ORDNUNG SEI
DAS HALBE LEBEN. WAS
DER PEDANT NICHT WEISS: CHAOS
HEISST DIE ANDERE HÄLFTE

Als Kind wollte man uns einbläuen, Ordnung sei das halbe Leben.
Was der Pedant nicht weiß: Chaos heißt die andere Hälfte. Vermutlich
überwiegt es sogar. Der amerikanische Mathematiker James Yorke
sagte: »Chaos ist überall, es ist stabil, und es besitzt eine Struktur.«

Warum hat die Naturwissenschaft diese allgegenwärtigen Turbulenzen und Unwägbarkeiten so penetrant ignoriert? Nach Isaac
Newton waren die Forscher zwei Jahrhunderte lang fasziniert von
der Aussicht, das Universum bis ins Kleinste berechnen zu können.
Erst den Fall eines Apfels auf die Erde, dann den ganzen Rest. Große
Ernüchterung machte sich jedoch breit, als der französische Mathematiker Henri Poincaré (1854 – 1912) bewies, dass schon Systeme, die aus nur drei Körpern bestehen, instabil sein können. Poincaré gewann damit einen Preis des schwedischen Königs, und die
Wissenschaft gewann Zweifel. Wie sollte erst das Sonnensystem berechenbar sein!

Es vergingen allerdings sechzig Jahre, bis sich die Ratlosigkeit
in Erkenntnisgewinn ummünzen ließ. Der Meteorologe Edward Lo-
renz untersuchte Wetterdaten auf mathematische Regelmäßigkei-
ten. Dabei entdeckte er 1963, dass sich die Wettermodelle im Computer in unvorhersehbarer Weise verhielten, wenn die Daten, mit
denen der Rechner gefüttert wurde, nur in Winzigkeiten voneinander abwichen. Die Anfangsbedingungen erwiesen sich als entscheidend für den weiteren Verlauf. Weil aber Messdaten über Regen,
Wind und Luftdruck nicht bis zur letzten Stelle hinter dem Komma
exakt sein können, weil also die Anfangsbedingungen nie genau be-

kannt sind, bleiben auch Vorhersagen für das Wetter von morgen ein Glücksspiel. Vom Sonnenschein in zwei Wochen ganz zu schweigen. Der Sturm in der Kaffeetasse und der Hurrikan über Miami machen deutlich: Chaos gehört zu unserem Alltag.

Turbulente Ereignisse sind keine Domäne der Natur. Nicht nur das Wetter schlägt um, wann es will. Auch Börsenkurse, die eine Zeit lang stabil waren, können plötzlich explodieren oder ins Bodenlose abrutschen. Eine Wählermehrheit kann noch am Wahlsonntag kippen, und wieder ist das Heer der Meinungsforscher kräftig genasführt.

Die Überraschungseffekte bei Börse, Wetter und Wahl haben stets die gleiche Ursache: Es handelt sich dabei um komplexe Systeme, in denen viele Variablen miteinander vernetzt sind. Sie wirken aufeinander, wirken auf sich zurück, schaukeln sich immer wieder auf, bilden Spiralen nach unten. Vivisysteme machen uns das Verständnis nicht eben leicht. Als dynamische Gebilde balancieren sie ständig in einem fließenden Gleichgewicht zwischen Ordnung und Chaos. Stabile Endzustände sind eher die Ausnahme als die Regel. Ihre entwicklungsfreudige Ordnung kann, wegen der unzähligen Wechselwirkungen, schnell in Chaos umschlagen. Ein kleines Ereignis zeigt manchmal kleine Wirkungen, machmal große, manchmal katastrophale.

Netze haben aber auch den umgekehrten Prozess im Repertoire: Durch Selbstorganisation erschaffen sie spontan aus Chaos Ordnung. Jeder Abfluss einer Badewanne liefert dafür ein anschauliches, mechanisches Beispiel: Wird der Stöpsel gezogen, wirbelt das Wasser zunächst chaotisch durcheinander. Doch schon Sekunden später ordnet sich der Strom zu einem sauberen Strudel.

Komplexe Systeme können kippen. Jederzeit. Chaos ist ein ständiger Gast in den Netzen. Je verknüpfter, desto schwieriger zu verstehen. Diese Erkenntnis und Ernte aus hundert Jahren Chaosforschung klingt für viele Zeitgenossen ziemlich beunruhigend. Perdu das Projekt vom kalkulierten Kosmos. Tatsächlich geht davon eine fruchtbare Irritation aus. Wissenschaft wird auf die Grenzen ihrer Vorhersagen verwiesen. Gleichzeitig widmet sie sich wieder mehr den unscharfen, bunten, vielfältigen und schöpferischen Seiten des Lebens. Indem sich Areale der Unberechenbarkeit auftun, »weiße Flecken« auf der Landkarte der Gewissheit, eröffnen sich Spielräume, die das Leben für die Hervorbringung von Neuem nutzt. Chaos heißt nicht nur Kontrollverlust. Es bedeutet auch Kreativität.

Kybernetik: Die Kopplung im System

Glücklicherweise hat kybernetisches Denken der Welt mehr als die Toilettenspülung geschenkt. Auch wenn sie, weil besonders anschaulich, Generationen von Schülern im Physikunterricht als Beispiel diente: Nach Betätigen der Spülung sinkt der Pegel im Wasserkasten – was den Schwimmer sinken lässt – wodurch sich ein Zulauf öffnet – was den Schwimmer steigen lässt – bis er den Zulauf wieder schließt: Voilá, fertig ist das Paradebeispiel für Rückkopplung! Doch Kybernetik wollte mehr, als ein wenig Regeltechnik in Form von Spülungen, Thermostaten und Autopiloten zu erfinden. Ihr Grundkonzept formulierte Norbert Wiener mit seinem 1948 erschienenen Buch »Cybernetics« als »Wissenschaft von der Regelung und der Nachrichtenübertragung in Lebewesen und Maschinen«. Es ging ihm um alle Prozesse des Ordnens, Rechnens, Regelns. Sein ehrgeiziges Ziel war es, eine neue Denkschule zu begründen. Auf legendären Konferenzen scharte er in New York Wissenschaftler der unterschiedlichsten Richtungen um sich: Biologen, Physiker, Managementlehrer, sogar Anthropologen.

Sie reisten an in der Hoffnung, neue Impulse für einen erstarrten Forschungsbetrieb zu erhalten. Ihr Problem: Auf den jeweiligen Gebieten schienen die kleinen Einheiten bekannt und enträtselt zu sein: die Zelle in der Biologie, das Atom in der Physik, das Individuum in der Soziologie. Doch offen blieb, wie aus Atomen Kristalle und Körper werden, wie aus Nervenzellen so etwas Kompliziertes wie Geist und Gefühle entsteht oder aus einer Menge von Menschen Vereine, Gewerkschaften, Staaten. Kurz: Nach welchen Regeln vollzieht sich der Übergang von den Elementen zum Ganzen?

Der Physiker und Philosoph Heinz von Foerster, Vordenker auf dem Gebiet der Kybernetik, erkannte hinter all dem ein »fundamentales Prinzip: die Idee der Zirkularität«. Jeder Endzustand werde gleich wieder zum Ausgangspunkt der nächsten Entwicklung. Sie vollziehe sich in Kreisen, Schleifen, Korrekturen. Wie das Navigieren eines Steuermanns. Er hat für sein Schiff einen Kurs festgelegt, doch wegen Sturm und Strömung wird es immer wieder nach Steuerbord oder Backbord abgetrieben. Auf Abweichungen reagiert er mit einer Kurskorrektur am Ruder. Jede Ruderbewegung ist eine Ursache, die eine Wirkung hat, der neue Kurs des Schiffes, der wiederum Ausgangspunkt der nächsten Korrektur ist, und so fort.

Die Schiffsmetapher gab der Disziplin ihren Namen: Kybernetes ist das griechische Wort für Steuermann. Kurskorrekturen folgen dem

Prinzip der negativen Rückkopplung: Das System erkennt Fehler und Abweichungen und regelt sie herunter. Das verleiht ihm Stabilität.

Netze kennen jedoch noch eine zweite Form von Feedback: die positive Rückkopplung. In diesem Fall summieren sich kleine Abweichungen in den Kreisläufen und Wechselwirkungen des Systems. Sie schaukeln sich auf. Dabei entstehen Spiralen nach oben oder ein Sog nach unten. Beispiel: Jemand bewegt sich weniger – seine Muskeln bauen sich ab – er wird noch schlaffer – bewegt sich noch weniger … Oder in Gegenrichtung: Bei einem Disput gibt ein Wort das andere – die Reaktionen auf Heftigkeit werden heftiger – am Ende steht ein handfester Streit. Solche Entwicklungen lassen sich als exponentielle Gleichung darstellen. Ordnung kann dabei in Chaos umschlagen. Das System wird in Grenzsituationen katapultiert, die es nicht selten völlig verwandeln.

Zirkuläre Schlüsse aus Ursache, Wirkung und neuer Ursache sind eine Form von Informationsverarbeitung. Nachrichten über das Verhalten eines Systems und die Reaktion darauf werden ausgetauscht. Der Begriff Information band den buntscheckigen Denkerclub um Norbert Wiener zusammen. Die Bauweise eines Eiskristalls kann ebenso als Information betrachtet werden wie die Temperaturen, die zur Regulierung der Körperwärme zwischen verschiedenen Organen ausgetauscht werden, und wenn es sein muss, auch der Pegelstand der Toilettenspülung. Netze strecken ihre Fühler und Verbindungen in alle Richtungen aus. So erlangen sie Informationen, die in Rückkopplungen und Kreisläufe einfließen: Sie werden lernfähig.

NETZE STRECKEN IHRE FÜHLER UND VERBINDUNGEN IN ALLE RICHTUNGEN AUS. SO ERLANGEN SIE INFORMATIONEN, DIE IN RÜCKKOPPLUNGEN UND KREISLÄUFE EINFLIESSEN: SIE WERDEN LERNFÄHIG

Information – das brachte den Computer ins Spiel. Könnte man damit nicht komplexe Systeme simulieren? Die Idee war, eine Stadt oder ein Ameisennest in Info-Einheiten zu übersetzen, den Computer damit zu füttern, um dann zu beobachten, wie sich die einzelnen Teile zum Ganzen verbinden. Doch die Hoffnung, Evolution im Zeitraffer miterleben zu können, verflog rasch. Es stand kein Rechenhirn mit so großen Speichern und Prozessoren zur Verfügung, dass er ein komplexes Gebilde wie eine Gesellschaft abbilden und seine Entwicklung simulieren könnte. Daran haben auch die später gebauten Supercomputer nichts geändert.

Dennoch hat der Gedanke der Simulation etwas Fruchtbares bewirkt. Als »Künstliches Leben« werden heute kleine Programme, so genannte zelluläre Automaten, in Computerbiotopen ausgesetzt. Mit Erstaunen stellen die »Artificial Life«-Experten fest, dass sich Netze in den elektronischen Welten ähnlich verhalten wie in freier

Wildbahn. Ihre Merkmale sind Selbstorganisation, Nichtlinearität, spontanes Auftreten von Eigenschaften, die ihre einzelnen Bestandteile nicht besitzen. Zumindest kleine Ausschnitte der Wirklichkeit, Inseln der Ordnung also, lassen sich im Computer nachbauen, um ihr Verhalten zu simulieren. Beispielsweise können Produktionsabläufe getestet werden, noch bevor eine Fabrik gebaut wird. Die virtuelle Umgebung lädt dazu ein, die Module einer Anlage so lange umherzuschieben, bis die Anordnung von Zulieferern, Montagebändern oder Qualitätskontrolleuren reibungslos funktioniert. In Form von Computerspielen hat Kybernetik schließlich sogar Einzug in die Spaßgesellschaft gehalten. Wer weiß, vielleicht hätte auch Norbert Wiener seinen Spaß an Moorhuhnschießen und Lara Croft.

Neue Biologie: Der Erfolg von Kooperation

Die ersten Evolutionstheoretiker waren ihrer Ära in vielem voraus. Als die Fachwelt noch an ewiges Gleichmaß in der Natur und ein unveränderliches Universum glaubten, beschäftigten sich Jean Baptiste Lamarck und Charles Darwin bereits mit den dynamischeren Seiten des Lebens: Ungleichgewichte und Wandel, Entstehung und Variation. Doch auch Darwin war ein Kind seiner Zeit, und die war ein Kind der Industrialisierung. So ist es nicht verwunderlich, dass Darwin, epochenbedingt, einige blinde Flecken in der Wahrnehmung hatte. Und dass seine Zeitgenossen, kulturbedingt, Darwins Theorie stark vereinfacht aufnahmen. Das gilt insbesondere für den viel zitierten »Kampf ums Dasein«, in dem nur die Stärksten überleben. Konkurrenz, Klassen, Kampf – das fand Widerhall in einer Gesellschaft, deren Umgangsformen von einem knallharten Kapitalismus geprägt waren. Weder Sozialstaat noch Gewerkschaften waren in Sicht, die den Schwachen hätten Schutz gewähren und als Solidargemeinschaft die Härten des Lebens abfedern können. So hielt sich hartnäckig die Sicht, wonach die Natur eine Art ewiges Survival-Training veranstalte, das die fitten Sieger mit reicher Nachkommenschaft belohne, während die Verlierer namenlos untergehen. Die Gesellschaft erkannte ein Muster wieder, das erhöhte die Glaubwürdigkeit der Botschaft.

Heute hegt die Evolutionsbiologie heftige Zweifel, ob Konkurrenz allein erklären kann, wie das Neue, das Kreative ins Spiel des Lebens kommt. Bakterien gehen, wie wir gesehen haben, die unterschiedlichsten Symbiosen ein und vernetzen sich damit sogar global. Aus dieser Beobachtung schloss die amerikanische Biologin Lynn

Margulis, dass die Natur nicht nur Sieger und Besiegte kenne, sondern auch Netze von Gewinnern, die sich gemeinsam fortentwickeln. Solche Seilschaften, in denen der Nutzen des einen die Chancen des anderen steigert und umgekehrt, sind allgegenwärtig. Postdarwinisten wie Robert Axelrod fordern deshalb eine erweiterte Sicht der Evolution, die nicht nur Konkurrenz, sondern auch Kooperation als Erfolgsprinzip berücksichtigt. Neue Einflüsse mischen sich in den darwinistischen Mainstream. Das Phänomen der Koevolution gewinnt an Aufmerksamkeit. Es beschreibt Merkmale oder Verhaltensformen von Lebewesen, die sich durch Wechselwirkungen herausgebildet haben. Die schwarzweißen Streifen der Zebras entstanden vermutlich in Anpassung an eine andere Tierart, mit der sie auf engstem Raum zusammenleben, ohne sie besonders zu mögen: die Tsetsefliege. Deren Stiche piesacken die Warmblüter und verursachen Krankheiten, die zum Tod führen können. Wissenschaftler vermuten, dass die Streifung es den Fliegen erschwert, die Konturen der Zebras wahrzunehmen. Sie finden ihre Nahrungsquelle nicht. Grasfresser schützt sich vor Blutsauger. Oder anders herum: Tsetse-Auge züchtet Zebrastreifen. »Koevolution gleicht einem immerwährenden Tanz«, schreibt der Ökologe Fritjof Capra, »der durch ein subtiles Zusammenspiel von Wettbewerb und Kooperation, von Schöpfung und gegenseitiger Anpassung in Gang gehalten wird.«

Capra hat in seinen Vorlesungen und Büchern das Bild vom »Gewebe des Lebens« populär gemacht. Er verspricht sich von der Betrachtung der Welt als »integrales Ganzes« alternative Strategien gegen die Umweltzerstörung, aber auch ein neues Verständnis von Wissenschaft. Er gehört, wie auch Lynn Margulis und James Lovelock, zur Riege jener Naturforscher, die dem alten Reduktionismus abschwören. Von ihren Gedanken inspiriert, sieht der amerikanische Autor Kevin Kelly einheitliche Grundprinzipien bei allen »Vivisystemen« wirken, den lebenden Systemen in Natur, Gesellschaft, Wirtschaft. Und der Zoologe und Philosoph Rupert Riedl bringt Netzlogik mit den Worten auf den Punkt: »Nichts in der Entwicklung dieser Welt ist für sich allein zu verstehen.«

Ihr Konzept von Ganzheitlichkeit hat nichts Esoterisches, obwohl die Übergänge zu einer neuen Spiritualität fließend sind. »Sinn« finden sie nicht in der Annahme eines Schöpfergottes, sondern in einem tiefen Einverständnis, ein Faden im Gewebe des Lebens zu sein. Auch das ist eine Form von Transzendenz: Als Teil eines größeren Verbundes wächst das Individuum über sich selbst hinaus.

EINE ERWEITERTE SICHT DER EVOLUTION, DIE NICHT NUR KONKURRENZ, SONDERN AUCH KOOPERATION ALS ERFOLGSPRINZIP BERÜCKSICHTIGT

Komplexitätsforschung: Die Regeln des Wandels

Man kann sagen: »Das Leben ist kompliziert.« Dann hat man ein Problem. Oder man sagt: »Das Leben ist komplex.« Dann hat man eine Forschungsfrage. Die wissenschaftliche Beschäftigung mit Komplexität ist die Königsdisziplin der Netzlogik. Deren Wiege steht in New Mexico. Dort gründeten Naturkundler und Geisteswissenschaftler 1984 das Santa Fe Institute. Die Grenzen aller Fakultäten missachtend, fanden sich Physiker, Biologen und Chemiker, aber auch Ökonomen, Philosophen und Politologen zusammen und gaben damit der Frage, welche Gesetze die Netze beherrschen, eine Heimat. Sie haben sich auf eine Definition »komplexer anpassungsfähiger Systeme« verständigt: CAS, so die englische Abkürzung, umfassen eine große Menge von Elementen, die auf unterschiedlichen Ebenen aktiv und vielfältig miteinander verknüpft sind.

Um an das Objekt ihrer Neugierde zu kommen, reicht der Griff ins pralle Leben: Ein Wald ist ein CAS, das Internet, ein Unternehmen, aber auch ein Kirchentag. Komplex, also verschlungen in der Bedeutung des Wortes, sind die Wirkungen und Wechselwirkungen, die alle Knoten und Maschen des Netzes anordnen. Das Verschlungene, so das Credo der CAS-Forscher, ist ein unverwechselbares Merkmal von Leben. Ihr Befund ist eine echte Herausforderung für unseren Alltagsverstand: Wir Menschen sind erpicht auf unsere Eigenständigkeit und müssen akzeptieren, wie stark unsere Existenz von anderen abhängig ist, schlimmer noch: von Menschen, die wir nicht einmal kennen.

Respekt vor den Grenzen der Fakultäten gehört in Santa Fe nicht zur Schulordnung. Mit erfrischender Unbekümmertheit betreiben die Forscher das ehrgeizige Unternehmen, die Dynamik des Wandels zu erklären. Sie wollen die kreativen Mechanismen der Evolution verstehen, die von den ersten Einzellern bis zum komplexesten Organ auf dem Planeten führte, zum menschlichen Gehirn, das uns heute immerhin darüber nachdenken lässt, ob Leben nicht vielleicht auch eine Nummer einfacher zu haben wäre.

Stuart Kauffman gilt als einer der prominentesten Vertreter der Denkschule von Santa Fe. Aus seinen Ambitionen macht er keinen Hehl. Er bastelt an dem einen, alles erklärenden Gedankengebäude, das die Entstehung des Lebens, Phänomene wie Ordnung und Chaos, die Evolution von Netzen sowie die Gesetze des Wandels umfasst. Er träumt von nichts Geringerem als der Großen Vereinheitlichenden Theorie des Lebens. Eine Grundfrage dabei lautet: Warum wurde alles immer komplexer? Schon einzellige Organismen sind höchst vital, und wenn man als Erfolg die Überlebensdauer über Epochen sowie die planetare Verbreitung wertet, dann sind Bakterien die wahren Helden der Evolution. Warum also die Entwicklung von Vielzellern, Pflanzen, Vögeln, Säugetieren, schließlich Homo-sapiens-Hirnen? »Das Leben kann offenbar nicht anders, als Neues zu erschaffen«, sagt Kauffman. »Diese unfassbare Kreativität erfüllt mich immer wieder mit purer Ehrfurcht.« Kauffman und seine Kollegen tragen Erkenntnisse aus Chaostheorie und Kybernetik, Hirnforschung und Künstlicher Intelligenz, Ökologie und Evolutionsbiologie zusammen. Dabei kristallisiert sich ein Set von Eigenschaften heraus, die alle komplexen Systeme auszeichnen. All ihre Forschungen basieren auf dem Hauptsatz der Komplexität, der da lautet: Das Ganze ist mehr als die Summe seiner Teile. Und weil dieser Satz so schön eingängig ist, wird er gern bei Partys und Werbeagentur-Meetings weitergeplaudert.

DAS GANZE IST MEHR ALS DIE SUMME SEINER TEILE. EIN SCHÖNER SATZ FÜRS PARTYGEPLAUDER

Dabei wissen nicht einmal die Forscher, wie ein komplexes adaptives System funktioniert. Okay, der Wald ist mehr als seine Bäume: Aber ab wie vielen Bäumen kann man von Wald sprechen? Welcher Grad von Verknüpfung, von Interaktion, von räumlicher Nähe ist nötig? Durch welches Zusammenwirken wird aus Holz und Blättern ein Netz, das in der Lage ist, Luft zu reinigen, Wasser zu speichern, eine vielfältige Tierwelt zu beherbergen? Darauf gibt es zwar noch nicht letzte Antworten, aber immerhin handelt es sich um wichtige, weiterführende Fragen. Zu Recht sind die Komplexitätsforscher stolz darauf, in den vergangenen Jahrzehnten mehr zukunftsweisende Theorien zur Evolution vorgelegt zu haben als die klassische Biologie – was sie bei Biologen nicht beliebter macht. Der Mathematiker John Holland sieht eine große Zukunft für die Disziplin: »Wir haben das Gefühl, am Anfang von etwas zu stehen, das vom Welthandel über Immunsysteme bis zum Verfall der Innenstädte alles Mögliche berühren wird.«

Die evolutionstheoretischen Metaphern und Vergleiche aus Santa Fe faszinieren nicht nur die Gemeinschaft der Wissenschaftler. »Complexity« als Konzept ist seit einigen Jahren in den USA auch einer breiteren Öffentlichkeit bekannt. So pilgern Navy-Generale, Investmentbanker, Organisationsberater und Gesundheitsmanager einträchtig in die Stadt am Fuße der Rocky Mountains. Sie sind fasziniert von den Übereinstimmungen im Verhalten von lebenden Netzen und hoffen, von deren Evolution auch Strategien für ihr jeweiliges Metier abschauen zu können. Hinter der steigenden Popularität mag die Hoffnung stehen, mit Hilfe der Forschung die Komplexität des eigenen vernetzten Lebens leichter zu bewältigen. Zunehmende wechselseitige Abhängigkeiten, das Eingebundensein in globale Netze, das Schleudertrauma eines sich weiter beschleunigenden Wandels: Das alles verweist auf den hohen Nutzwert der Erforschung dynamischer, anpassungsfähiger und vernetzter Systeme. Es gilt der zweite Hauptsatz der Komplexität, den Kevin Kelly sicher nicht als Drohung, sondern als Verheißung meint: »So komplex die Dinge auch heute sein mögen – morgen wird alles noch komplexer sein.«

Die zehn Gesetze der Netze
Netze handeln komplex

Wenn wir versuchen, etwas ganz für sich allein zu betrachten, stellen wir fest, dass es mit anderem im Universum verbunden ist.
JOHN MUIR

Auch das Gute hat zwei Seiten. Eine gute und eine böse.
STANISLAW JERZY LEC

Victor Hugo, der Verfasser des »Glöckners von Notre-Dame«, war ein Dichter mit einer ausgeprägten Vorliebe für alles Groteske. Dazu passte ein grotesk wortgeiziger Briefwechsel, den er im Jahr 1862 mit seinem Verleger führte. In der Depesche des Erfolgsschriftstellers stand nichts anderes als ein Fragezeichen. Einige Tage später traf die Antwort ein: ein Ausrufezeichen, sonst nichts. Der Dialog von »?« und »!« bestand nur aus wenigen Bits. Und dennoch waren Autor und Verleger bestens im Bilde. Ihr kommunikatives Geheimnis dabei lautet nicht Information, sondern Exformation: Genauso wichtig wie der Inhalt der Briefe war all das, was nicht darin stand, sondern von den Schreibern bewusst aussortiert worden war. Der Kurzdialog verweist auf eine der erstaunlichsten Leistungen unseres Gehirns. Es ist nicht nur in der Lage, aus Millionen von Signalen und Reizen, die sekündlich auf uns einprasseln, die geringe Menge herauszufiltern, die wir wirklich brauchen. Es kann auch aus wenigen Informationen Rückschlüsse auf deren ursprünglich detailreichen Zusammenhänge ziehen.

Etwa im Fall Victor Hugos. Er hatte sich aufs Land zurückgezogen, nachdem gerade in Paris sein Roman »Die Elenden« veröffentlicht worden war. Ihn interessierte in diesem Moment nur eine Frage brennend: Wie würden die Kritiker sein Werk besprechen? Und sein Verleger wusste, welche Neugier seinem Autor auf den Nägeln brannte. Gleichzeitig signalisierte ihm die Kürze der Frage, dass Hugo nicht an einer ausführlichen Antwort interessiert war. Erst recht wollte er kein Für und Wider hören, keine mal lobenden und mal kritisierenden Besprechungen. Der Zehn-Bit-Briefwechsel genügte, um zwei menschliche Gehirne so miteinander zu verbinden, dass es keine Missverständnisse gab.

Zu solch effizienter Kommunikation ist das Nervensystem in der Lage, weil es einerseits als starker Filter agiert, andererseits gefilterte Informationen wieder um den ursprünglichen Kontext ergänzen kann. Mit diesen Funktionen erlaubt uns das Gehirn, uns in einer äußerst komplexen Welt zurechtzufinden. Gemeint ist nicht »kompliziert« oder undurchschaubar. Komplexität bezeichnet Systeme, deren einzelne Teile auf vielfache Weise miteinander vernetzt sind; durch die Vernetzung treten zahlreiche Wechselwirkungen, positive und negative Rückkopplungen auf. Dadurch verhalten sich verflochtene Systeme dynamisch und schwer vorhersehbar. Aber nicht regellos. Denn sobald die Zahl ihrer verbundenen Elemente eine kritische Masse erreicht hat, folgen alle Netze ähnlichen Prinzipien. Sie gelten gleichermaßen für Gehirne und Ameisenkolonien, für Städte und die Börse, für biologische wie für gesellschaftliche Systeme. Insofern besitzt Netzlogik das Potenzial, zwischen den verfeindeten Lagern der Naturkundler und der Geisteswissenschaftler zu vermitteln.

Gemeinsam könnten sie die Komplexität der Netze rund um den Autor Victor Hugo studieren. Seine Verbannung durch Napoleon III., die Vorgeschichte seiner Werke, bisherige Erfolge, die gespannte Atmosphäre in Paris, die Haltung vieler einzelner Kritiker zum Dichter selbst, zu seinem Stil, zu seinen Themen: Zusammen ergeben diese Elemente ein verflochtenes, dynamisches System. Weder der vom Erfolg verwöhnte Hugo noch der erfahrene Verleger konnten für »Die Elenden« einschätzen: Wird es top oder ein Flop?

Jetzt aber bitte nicht denken: Das war ein Prominenter, der führte ein Leben im Ausnahmezustand. In Wirklichkeit sind viele unserer Alltagssituationen heute genauso komplex und damit herausfordernd. Wir kämpfen uns mit dem Auto durch die Rushhour, wir werden gefragt, wie wir zur neuesten Steuerreform stehen, wir spielen Fußball oder spekulieren mit Aktien. Im Verkehr und Steuersystem, beim Mannschaftssport und Börsendeal bewegen wir uns in komplexen Systemen. Sie sind gut für täglich neue Überraschungen, was jeder weiß, der schon mal mit einem »todsicheren« Anlagetipp Geld verloren hat oder mit seiner Mannschaft als Favorit auf den Platz und als Verlierer heruntergegangen ist. Wie anspruchsvoll für unser Gehirn ganz alltägliche Vorgänge sind, erleben Ingenieure, die versuchen, Robotern so simple Dinge wie Treppensteigen oder Suppelöffeln beizubringen: Über Stolpern und Kleckern sind sie noch nicht hinausgekommen.

Alles scheint komplexer zu werden. Aber vielleicht liegt das nur daran, dass wir gerade dabei sind, Komplexität zu entdecken. Dass uns die Sache verrückt macht, weil wir glauben, Komplexität beherrschen zu müssen. Und dass wir mit unserer Kontrollitis immer wieder scheitern. Nicht einmal unsere eigenen Denkvorgänge können wir so steuern, wie wir gerne möchten. Das komplexeste Netz des Universums tragen wir schließlich mit uns herum: das Gehirn. Es musste sich im Verlauf der Evolution in einer turbulenten, vielfältigen, gefährlichen Welt bewähren. Seine Komplexität ist die Antwort darauf. Ihm ist nicht wichtig, die Welt »objektiv« abzubilden. Es geht darum, dass wir uns darin zurechtfinden.

Das Gehirn stellt selbst elektronische Superrechner in den Schatten. Auch das liegt in der Art der Verschaltung begründet. Seine hundert Milliarden Nervenzellen arbeiten ihre Aufgaben nicht wie ein Computer seriell ab, Schritt für Schritt, sondern sie sind massiv miteinander verbunden und können auf diese Weise Signale parallel verarbeiten. Jedes Neuron sendet seine Signale direkt an rund zehntausend andere Zellen und empfängt welche von ihnen. Diese Architektur vollbringt das Wunder, dass jede Nervenzelle jede andere über maximal vier Umschaltungen anfunken kann. Ein Gehirn der kurzen Wege. Dadurch wird das Gehirn geradezu zum Paradebeispiel dafür, welche gigantischen Möglichkeiten sich eröffnen, wenn sich »alles mit allem« verbindet.

DAS GEHIRN IST EIN PARADEBEISPIEL DAFÜR, WELCHE GIGANTISCHEN MÖGLICHKEITEN SICH ERÖFFNEN, WENN SICH »ALLES MIT ALLEM« VERBINDET

Ein Vorteil dieser Architektur ist es, an vieles gleichzeitig denken zu können. Während ich diese Zeilen im Intercity nach Köln schreibe, nimmt meine Nase Essensgeruch aus dem Speisewagen auf, was mich daran erinnert, dass ich noch nicht gefrühstückt habe, ein kurzer Appetit flammt auf: Vitalmüsli oder Deftiges mit Eiern und Speck? Während ich weitertippe, spüre ich nicht die Vibrationen des Zuges, höre nicht das Gemurmel im Waggon, obwohl Sensoren und Ohren diese Reize aufnehmen. Meine Augen nehmen die am Abteilfenster vorbeifliegenden Bilder nur am Rande wahr: den Fluss, die Felsen, die Enge des Tals, Tunnel dunkel, Tageslicht hell, oben auf dem Berg eine Burg. Die allermeisten mentalen Prozesse, die gerade ablaufen, spielen sich ohne mein Wissen ab. Burg – Ritter – Burgfräulein – Loreley – damals das Rockfestival hoch über dem Fluss. Erinnerungen an Kindertage. Irgendeine Sehnsucht. Düfte, die ganze Gefühlskaskaden auslösen. Ahnungen von Kommendem. In letzter Zeit noch dieser lästige Einflüsterer: »Schreiben

BIN DAS WIRKLICH »ICH«,
DER DA DENKT?
ist die Hölle, geschrieben haben das Paradies.« Bin das wirklich »ich«, der da denkt?

Das meiste macht das Gehirn nämlich mit sich selbst aus. Es braucht dazu weder meine Augen noch das Tasten meiner Finger, keine Gerüche oder Geräusche. Weit mehr als neunzig Prozent der Nervenzellen sind nur untereinander verbunden, lediglich der kleine Rest führt ins Gehirn oder aus ihm heraus. Auch deshalb darf man sich das Gehirn nicht als Rechner mit Soft- und Hardware, mit Prozessor und Speicher vorstellen. Eher als ein turbulentes Diskussionsforum, bei dem alle miteinander, gegeneinander und durcheinander reden. Ein Wort gibt das andere, und weil jeder auf jeden reagiert, herrscht ein ziemliches Chaos. Aber ein höchst kreatives. Wissenschaftlich bezeichnet man die zahlreichen selbstbezüglichen Prozesse als Schleifen und Rückkopplungen. Hirnforscher gehen davon aus, dass dabei immer ganze Neuronenverbände erregt werden. Je öfter dies geschieht, desto stabiler die Verbindung zwischen ihnen. Deren Intensität ist durch den chemischen Austausch an den Zellendigungen, den Synapsen, geregelt. Besser gesagt: Sie regelt sich selbst. Es findet sich im ganzen Gehirn keine Stelle, die als Zentrale fungiert. Keine Kommandobrücke, die allen befiehlt, an wen sie funken sollen. Der Philosoph und Hirnforscher Daniel Dennett meint: »Mit den Gehirnen verhält es sich doch so: Schaut man in sie hinein, stellt man fest, dass niemand zu Hause ist.« Es gibt drinnen keinen großen Komponisten, der die unterschiedlichen, sich manchmal ja auch widersprechenden Eindrücke und Gedanken zu einem Gesamtbild zusammenfügt. Das schafft das Netz in Selbstorganisation. Das Wissen steckt weder in einzelnen Nervenzellen noch in den Synapsen. Es steckt im gesamten System, im Muster seiner Verschaltungen.

Einzelne Nervenzellen sind dumm. Dümmer geht's gar nicht. Sie »feuern« oder »feuern nicht«. Ja oder nein. Null oder eins. Doch als Milliardenensemble, als kunstvoller Verbund können sie Symphonien komponieren, Quantentheorien ausdenken und aus dem Speisewagen einen Kaffee holen, ohne Mitreisende zu verbrühen. Geist entsteht aus geistlosen Elementen. Aber aus sehr flexiblen. Und das macht unsere Überlegenheit aus. Denn es wäre fatal, wenn unsere Synapsen genetisch festgelegt wären. Wir könnten nur die allereinfachsten Programme absolvieren. Wie eine Zecke, die aus dem Geruch von Buttersäure und einer Hauttemperatur von etwa sechsunddreißig Grad Celsius schließt: Achtung, da kommt ein Säugetier, meine

Nahrungsquelle, jeeeeeetzt zubeißen! Mehr aber auch nicht. Wir Menschen dagegen müssen adäquat auf Situationen reagieren, die keiner unserer Vorfahren je erlebt hat. Was wusste ein Australopithecus vom U-Bahn-Fahren, ein Neandertaler konnte nicht ahnen, dass es eines Tages zu den schwierigsten Hürden des Lebens gehören würde, einen Videorecorder zu programmieren.

Die selbstorganisierte Verschaltung der Neuronen kann im Detail erst untersucht werden, seit es Verfahren gibt, um Hirnaktivität zu messen und abzubilden. Von den Ergebnissen dieser Forschungen profitiert auch jene Disziplin, die versucht, Künstliche Intelligenz (KI) zu schaffen. Sie will Maschinen Fähigkeiten verleihen, über die Menschen im Alltag mühelos verfügen: Sprache verstehen, Gesichter erkennen, Treppenstufen steigen. Die KI-Pioniere der frühen Jahre waren von einem Gehirn ausgegangen, das nach festen, vorgegebenen Regeln rechnet. Irgendwo, so glaubte man, seien diese Regeln gespeichert. Aber wo? Zunächst versuchten sie, alle denkbaren Regeln für ein bestimmtes Verhalten zu formulieren, dann elektronisch zu codieren. Doch dieser Ansatz »von oben nach unten« (top down) funktionierte nicht, weil Menschen über ungeahnte Mengen impliziten Wissens verfügen. Unbewusste Erfahrungen verhindern, dass wir uns zu einem Ball verabreden und im Fußballtrikot statt im Smoking auf der Tanzfläche erscheinen.

UNBEWUSSTE ERFAHRUNGEN VERHINDERN, DASS WIR UNS ZU EINEM BALL VERABREDEN UND IM FUSSBALLTRIKOT STATT IM SMOKING AUF DER TANZFLÄCHE ERSCHEINEN

Je mehr solcher expliziter Regeln die Programmierer eingaben, desto unbefriedigender waren die Resultate, sei es bei Laufmaschinen oder Systemen zur Spracherkennung. Irgendwann gaben sie zu, das keiner von ihnen lange genug leben würde, um all das in Rechenanweisungen umzusetzen, was unser Gehirn an Vor-, Neben- und Hintergrundwissen gespeichert hat. Doch dann wechselten sie die Methode. Es spaltete sich eine Richtung der KI ab, die statt »Top down« lieber das »Bottom up«-Verfahren der Natur nachahmt, aus »dummen« Neuronen durch lebendige Verknüpfung Intelligenz zu erzeugen. Diese Forscher konstruierten »neuronale Netze«, die das Prinzip der Selbstorganisation beherrschen. Die Elemente einer solchen Software müssen nur einfachste Operationen ausführen. Aber sie lassen sich trainieren. Nach jedem Durchgang erhalten sie von ihrem menschlichen Coach eine Rückmeldung: Du warst gut, du warst nicht so gut. Das System lernt. Mit dieser Methode hat KI in jüngster Zeit beachtliche Erfolge erzielt. Neuronale Netze werden eingesetzt, um menschliche Experten bei der Beurteilung komplexer Situationen zu unterstützen. Sie eignen sich besonders gut dazu, Muster zu erkennen, etwa Herzrhythmen, Gehirnströme, Gesichter. Sie helfen Ärzten, aus einer Vielzahl von Diagnosedaten diejenigen herauszufiltern, die auf eine bestimmte Krankheit hinweisen. Auf anderen Gebieten sind die Erfolge eher mager. Roboter wissen immer noch nicht, was sie anziehen sollen, wenn es »zum Ball« geht: Maschinenwesen tun sich schwer mit dem Lernen, mit Doppelbedeutungen, mit Irrationalitäten wie Mode sowieso.

DAS GEHIRN. WIE BEI JEDEM NETZ KÖNNEN WIR UNS FRAGEN: SIND WIR DARIN GEFANGEN, ODER MACHT ES UNS FREI?

Mit der hochkomplexen Verschaltung in seinem Innern erschafft sich das Gehirn seine eigene kleine Welt. Wie bei jedem Netz können wir uns fragen: Sind wir darin gefangen, oder macht es uns frei? Beides trifft zu. Zum einen formulieren die Neuronen permanent Erwartungen über die Umwelt (Ist mir mein Zugnachbar wohl eher freundlich gesonnen, oder muss ich auf der Hut sein?) und beeinflussen dadurch meine Wahrnehmung; gestern sah ich meine finanzielle Lage sehr negativ, heute beurteile ich sie optimistisch – ohne dass sich der Kontostand geändert hätte. Auf der anderen Seite genießt der »Geist im Netz« auch einige Freiheiten. Weil die meisten Neuronen nicht direkt mit der Verarbeitung von Sinneseindrücken beschäftigt sind und somit große Kapazitäten für den Dialog miteinander bleiben, entsteht ein Freiraum für hypothetische Gedanken. Wir können in einem Fußballmatch versuchen, die nächsten Spielzüge des Gegners vorauszuahnen. Wir können, mit unserem Hirn als Simulator, gefährliche Flugmanöver durchdenken, ohne selbst in die Luft zu gehen. Und wir können Vermutungen darüber anstellen, was gerade im Gehirn unseres Gegenübers vorgeht, können sogar fremde Gedanken simulieren. So sind die Neuronennetze nicht nur mit dem Körper und der Außenwelt verbunden, nicht nur hochgradig untereinander verschaltet: Sie stehen auch in Kontakt mit den Netzen in anderen Köpfen.

Das bringt uns zurück zu Victor Hugo und seinem Verleger. Auch für diese beiden gilt das Prinzip: »Ich weiß was. Und du weißt, das ich es weiß. Und ich weiß, dass du …« Dem Verleger war sonnenklar, welche Hoffnungen und Ängste den Dichter nach der Veröffentlichung von »Die Elenden« bewegten. Und Hugo konnte davon ausgehen, dass seine Gefühlswelt dem Verleger ein offenes Buch war. Mit dieser Voraussetzung ließ sich das briefliche Ferngespräch auf zwei Zeichen reduzieren. »?« bedeutete: »Sag mir, ob die Kritiken gut oder schlecht sind. Aber fass dich kurz und verdirb mir nicht den Urlaub.« Die Antwort »!« lautete im Volltext: »Kritiken klasse. Genieß den Urlaub. Später mehr.« Nebenbei formulierten die beiden auch noch eine gemeinsame Botschaft an die Welt: Wir, die Meister der Sprache, erheben sogar den Wortgeiz zur Kunstform.

Gelänge die Verdichtung komplexer Situationen auf so elegante Einfachheit doch öfter! Unser Gehirn ist immer wieder überfordert, Komplexität zu erkennen. Erst recht damit, angemessen darauf zu reagieren. Peinlich wird die Sache immer dann, wenn wir versuchen, ein dynamisches Netz im Detail zu steuern. Weil darin Ursachen und Wirkungen wild durcheinander wirbeln, können sich hehre Ziele in fürchterliche Folgen verkehren. Der Augsburger Komplexitätsforscher Klaus Mainzer meint: »Komplexe Systeme sind keine programmierbaren Maschinen« und weist auf die »nichtlineare Dynamik hin, deren Effekte nicht voraussehbar sind«. Wer das nicht bedenke, riskiere, dass genau das Gegenteil des Angestrebten eintrete: »Die gute Absicht pervertiert in komplexen Systemen.«

Eine eindrucksvolle Sammlung des Scheiterns edler Seelen hat die Entwicklungshilfe vorzuweisen. Immer wieder wird auf diesem Gebiet linear gedacht, einsträngig, das heißt: zu einfach. Als Reporter konnte ich einige der »weißen Elefanten« besichtigen. So werden in Afrika die Ruinen von Projekten genannt, die auf dem Papier gut klingen, aber in der Praxis kläglich scheitern. Entwicklungspolitische Zusammenarbeit ist tatsächlich ein ziemlich unübersichtliches Terrain. Darauf agiert eine Vielzahl von Menschen: Einheimische, professionelle Helfer, ehrenamtliche internationale Wissenschaftler. Zu berücksichtigen sind des Weiteren: die wirtschaftlichen und ökologischen Probleme der Nehmer, politische Interessen der Geber, kulturelle Verwurzelungen und religiöse Einstellungen, lokale Bräuche und soziale Hierarchien, Geschlechter- und Generationenverhältnisse – um nur einige Knoten und Stränge des Netzes zu nennen.

Dennoch greifen die Vertreter reicher Länder oft mit großer Unbekümmertheit in diese komplexe Systeme ein. Der größte Schaden wurde in der Vergangenheit angerichtet, wenn Probleme und Lösungen als lineares Rechenexempel betrachtet wurden. Kein Wasser im Sahel? Dann bohren wir halt Brunnen! Ohne zu bedenken, dass damit eine Kaskade von Wirkungen angestoßen wird. Neue Wasserstellen könnten, wie mehrfach geschehen, Nomaden mit ihren Herden dazu verleiten, dort sesshaft zu werden; in kurzer Zeit wird alles Land rings umher kahl gefressen. Ergebnis: Wasser reichlich, aber keine Weide mehr.

Ein anderes Problem taucht auf, wenn zu viel Geld zur Verfügung steht, so paradox es klingt. Aber wenn man eine Investition als

Impuls von außen betrachtet, den ein Netz verarbeiten muss, und zusätzlich den kulturellen Kontext eines armen Landes berücksichtigt, wird klar: Je mehr Geld, desto größer der Eingriff ins System.

In Burkina Faso litten die Bauern der Sahelzone Ende der achtziger Jahre wieder einmal unter den Folgen von Dürre. Der Regen blieb aus. Und wenn er fiel, goss es in Strömen, das Wasser floss zu schnell ab und schwemmte zudem noch fruchtbaren Boden fort. Als technische Lösung boten sich Wälle aus Steinen an, die das Regenwasser auf dem Feld hielten und Bodenerosion verhinderten. Also gingen Hilfsorganisationen aus dem Norden mit großem Eifer und schwerem Gerät daran, die Sahelzone mit Wällen zu überziehen. Viel gebaut, Problem gelöst, so lautete die Bilanz. Nur wenige Jahre nach Abzug der Bagger zeigte sich jedoch, dass die Felder wie zuvor verödeten. Was war geschehen? Nichts, buchstäblich! Denn die Bauern unternahmen nichts, um die Steindämme zu pflegen. Das lag vor allem daran, dass man sie in deren Planung und Bau nicht einbezogen hatte. Sie dachten sich: Die Fremden sind gekommen, um Wälle zu bauen, und sie werden schon wiederkommen, um sie instand zu halten. Der Erosionsschutz funktionierte erst, als die Entwicklungshelfer die Einheimischen und ihr Wissen in die Projekte einbezogen. Angeleitet durch weiße Techniker, nahmen sie selbst die mühsamen Arbeiten in Angriff. Nachdem sie viel Zeit und Schweiß in die schützenden Feldumrandungen gesteckt hatten, wäre niemand von ihnen auf die Idee gekommen, sie verfallen zu lassen. Sie waren die lokalen Experten, die sich am besten in den verwickelten dörflichen Verhältnissen auskannten.

WER IN KOMPLEXE SYSTEME EINGREIFT, SOLLTE EIN GESPÜR FÜR IHRE NICHT-LINEAREN WECHSELWIRKUNGEN MITBRINGEN

Wer in komplexe Systeme eingreift, sollte sie sehr gut kennen und zudem ein Gespür für ihre nichtlinearen Wechselwirkungen mitbringen. »Verwerfliches Handeln«, sagt der deutsche Soziologe und Systemtheoretiker Niklas Luhmann, »kann willkommene Auswirkungen haben, aber ebenso können die besten Absichten zu schlimmen Folgen führen.« Doch vernetztes Denken war lange Zeit nicht gerade die Stärke der Entwicklungspolitik. In Somalia hatten die Deutschen zwei Experten eingestellt, die im Süden des Landes arbeiteten. Der eine, um einen Nationalpark einzurichten, der andere, um im gleichen Gebiet die Tsetsefliege auszurotten, die als Überträger der Rinderkrankheit Nagana gefürchtet ist, aber auch Menschen mit der Schlafkrankheit infizieren kann. Das waren an sich schon schwierige Missionen. Sie wurden nicht dadurch einfacher, dass sich die beiden Projektleiter gegenseitig den Krieg erklärten. Sie konnten jedoch gar nicht anders. Denn es zeigte sich, dass sich ihre Ziele komplett widersprachen. Einen Nationalpark einzurichten lohnte nur deshalb, weil sich in Südsomalia eine einmalige Tierwelt erhalten hatte, was der Tatsache zu verdanken war, dass die Gegend von den nomadischen Hirten und ihren Herden gemieden wurde, und zwar deshalb, weil, man ahnt es bereits, dort die Tsetsefliege das Terrain beherrschte. Die stechenden Insekten funktionierten wie ein unsichtbarer Schutzzaun – der jetzt eingerissen werden sollte. Die Projekte bekämpften sich erbittert. Einzig der ausbrechende Bürgerkrieg beendete den Krieg der Kleingeister. Der deutschen Entwicklungshilfe ersparte er einen weiteren »weißen Elefanten«.

Netzgesetz Nr. 1 | Komplexität. Lebende Netze bestehen aus vielen Komponenten, die untereinander agieren und reagieren. Auf Impulse von außen antworten, aufgrund der Verflechtung, nicht einzelne Knoten, sondern ein ganzes Ensemble. Dadurch lässt sich das Verhalten eines Netzes schwer voraussehen und kontrollieren.

Netze leben nichtlinear

Menschliche Gradlinigkeit ist nicht immer der kürzeste Weg zum Ziel.
STANISLAW JERZY LEC

Wir sehen uns am Beginn eines Übergangs von der linearen in eine vernetzte Welt.
PETER GLASER

John und James hätten besser geschwiegen. Sie hatten es sich fest versprochen, in den Stunden der Euphorie: Kein Wort zu anderen! Äußerste Vorsicht war geboten. Die beiden Männer ahnten, dass eine kleine Indiskretion gewaltige Folgen haben könnte. Der eine, James Marshall, hatte im Bach hinter dem Sägewerk etwas Gelbes, Blinkendes erspäht. Als er es herausfischte, hielt er ein Goldnugget in der Hand. Dem anderen, John Sutter, gehörte das Sägewerk und das Land, durch das sich der Bach schlängelte. Sonst war die Gegend Niemandsland, spärlich besiedelt von Farmern, die der Wildnis ein karges Leben abtrotzten. Die Zivilisation trug den Namen Vereinigte Staaten von Amerika und fand anderswo statt, dreitausend Kilometer ostwärts. Es war der 24. Januar 1848, als James Marshall das Nugget fand.

Ob Alkohol im Spiel war, ob einer der beiden seine Freude, seine Hoffnungen nicht für sich behalten konnte – jedenfalls gelangte die Nachricht vom Fund bei »Sutter's Mill« doch in Umlauf. Nur ein Jahr später wurde das Gebiet beim Sacramento River zum Schauplatz einer wahren Flutwelle von Menschen, wie es sie seit dem Einfall der Goten ins Römische Reich nicht mehr gegeben hatte. Achtzigtausend Gold- und Glückssucher überschwemmten das Land. Doch die »Neunundvierziger«, wie sie nach dem Jahr ihres Aufbruchs hießen, waren erst der Anfang. 1853 folgte bereits eine Viertelmillion Menschen der goldenen Verheißung. Und nachdem die meisten Minen und Adern ausgekratzt waren bis aufs nackte Gestein, fluteten die Trecks der Neusiedler immer noch westwärts. Mittlerweile wurde die Hoffnung auf Gold vom Hunger nach Land abgelöst.

Was verrät uns eine Geschichte, die mit ein paar Gramm des chemischen Elements Aurum begann und zur Gründung des Staates Kalifornien führte? Komplexe Systeme, die sich in einer labilen Lage befinden (wissenschaftlich: fern vom Gleichgewicht), können eine ungeheure Dynamik entfalten. Aufgrund ihrer verknüpften Aktionen und Reaktionen entwickeln sie sich nichtlinear. Das bedeutet: Ihr Output ist von einer ganz anderen Größenordnung als der Input. Winzige Ursachen können weitreichende Wirkungen haben. Ihr Verhalten kann im besten Fall als exponentielle Gleichung dargestellt werden: Wenn Terme immer wieder mit sich selbst multipliziert werden, erhält man eine Kurve, die erst sanft und plötzlich sehr steil ansteigt. Im schlechtesten Fall, wenn sich Netze chaotisch verändern, gibt es gar keine Gleichung, die diesen Prozess beschreiben könnte. Lineare Prozesse, deren Grafik eine aufsteigende Gerade zeigt, freuen nicht nur den Mathematiker, weil sie das Rechnen erleichtern, sondern jeden planenden Menschen, weil sie Vorhersagen zum Kinderspiel machen. Ein Beispiel: Das Gewicht eines Sandhaufens ändert sich entsprechend der Menge Sand, die man darauf schüttet. Das Problem ist nur, dass sich Leben so oft exponentiell entwickelt.

SAND SCHAUFELN IST LINEAR. GOLD SCHÜRFEN IST NICHTLINEAR

Sand schaufeln ist linear. Gold schürfen ist nichtlinear. Denn es findet im Kontext eines komplexen Systems namens Nordamerika statt, eines Landes, das sich in der Mitte des 19. Jahrhunderts in einem hochlabilen Zustand befand. Europa hatte Hunderttausende Auswanderer ausgespuckt. Sie strandeten an der amerikanischen Ostküste, die mit diesen Massen überfordert war. Sie konnte nicht allen und nicht auf einen Schlag eine Heimat bieten. Die Neuankömmlinge waren mobile Menschen, von wenig Habe beschwert, risikobereit, neugierig auf alle Nachrichten, die den Weg weisen könnten, immer auf dem Sprung. Kann man sich ein System vorstellen, das labiler ist als eine Masse von Menschen, die alle Brücken hinter sich abgebrochen und nichts anderes im Kopf haben, als irgendwo ein neues, ein besseres Leben zu beginnen? Wie mit einem Fieber steckten sie sich mit Geschichten und Gerüchten an, die alle einen gemeinsamen Kern hatten: Du kannst dein Glück finden, suchen musst du es weit, weit im Westen. Jede Erfolgsmeldung von der einen Küste des Kontinents konnte an der anderen eine menschliche Sintflut auslö-

sen. Diese Eigenschaft labiler Systeme, die die Chaosforschung entdeckte, kennt mittlerweile auch der Letzte als »Schmetterlingseffekt«: Schon der Flügelschlag eines Schmetterlings, so die bildliche
Zuspitzung, könne woanders einen Orkan auslösen.

Die treibende Kraft hinter solch explosiven Ereignissen sind die
schon erwähnten positiven Rückkopplungen. Kleine Änderungen
eines Systems ziehen weitere Änderungen nach sich, werden verstärkt: Die Entwicklung schaukelt sich auf. Solche Verläufe erstaunen uns immer wieder. Ein so simples Phänomen wie Bevölkerungs-
statistik zum Beispiel. Zwei Prozent Wachstum jährlich klingen
harmlos: nur eine kleine Abweichung vom stabilen Zustand. Tatsächlich führt sie dazu, dass eine Population innerhalb von zwanzig Jahren um die Hälfte wächst. Nach weniger als fünfunddreißig Jahren
hat sie sich sogar verdoppelt. Eine andere Herausforderung für unser

WIE DICK IST EIN BLATT Vorstellungsvermögen: Wie dick ist ein Blatt Papier, das man fünf-
PAPIER, DAS MAN FÜNFZIG- zigmal gefaltet hat – fünfzig Millimeter? Fünfzig Zentimeter? Das
MAL GEFALTET HAT? Verblüffende ist: Seine Dicke nach fünfzig Faltungen entspricht der
NACH FÜNFZIG FALTUNGEN Entfernung zwischen Erde und Sonne. Und beim einundfünfzigsten
ENTSPRICHT ES DER Mal ist dann natürlich die Rückreise inbegriffen! Ein paar Kanin-
ENTFERNUNG ZWISCHEN chen, die man in Australien aussetzte, weil einige Farmer gern auf
ERDE UND SONNE die Jagd gingen, lösten dort eine der größten Landplagen aus; bis-
her schaffte es keine der in Verzweiflung ausprobierten Methoden,
die Kaninchen zu killen. Durch Ertränken, das Aussetzen von Räubern oder Giftköder will man sie daran hindern, den ganzen Kontinent abzunagen.

Auch bei der Finanzbranche mit ihren globalen Geldflüssen und
Transaktionen in Echtzeit handelt es sich um ein dynamisches System fern vom Gleichgewicht. Auf Störungen reagiert es empfindlich
wie eine Mimose auf Berührungen. Das zeigte sich etwa, als eine
deutsche Illustrierte sensationsheischend über finanzielle Schwie-
rigkeiten eines Hamburger Bankiers berichtete. Sie vermischte seine
Lage (die bedenklich war) und die seiner Bank (der es gut ging).
Viele Kunden stürmten noch an dem Tag, als das Heft erschien, die
Schalter und kündigten ihre Konten. Je mehr Geld abgehoben wurde,
desto schneller schwand das Vertrauen in die Bank. Innerhalb von
Tagen wurde aus der Meldung über eine angebliche Pleite die Nach-
richt vom tatsächlichen Konkurs. Millionen Mark gingen verloren.
Über den Schadensersatz stritten später die Anwälte.

Ähnlich komplex, dynamisch und meist ziemlich labil verhält
sich die Börse. Täglich stehen Anleger, Broker und ihr Publikum

staunend vor orkanhaften Kursschwankungen. Der Quartalsbericht eines Unternehmens, dessen Profite ein wenig magerer ausgefallen sind als vorhergesagt, kann in turbulenter Fahrt tief in die Baisse führen, eine angekündigte Firmenfusion in kollektiver Euphorie eine kräftige Hausse auslösen. Andere Turbulenzen sind ganz unerklärlich, gehen offensichtlich auf das Konto irgendeines unschuldigen Schmetterlings. Unsere Alltagserfahrung tut sich schwer mit solchen Ausschlägen, bei denen sich die Wirkung so unverhältnismäßig zu ihren Ursachen verhält.

Der amerikanische Autor Malcolm Gladwell untersuchte den Punkt, an dem die Ereignisse kippen, an dem sie auf einen Schlag eine bis dahin nicht beobachtete Dynamik bekommen. Er nannte ihn »Tipping Point«. Nachdem das Fax als Übertragungstechnik entwickelt war, wurde zunächst nur eine verschwindend geringe Zahl von Geräten verkauft. Das lag nicht nur an Skepsis gegenüber einer neuen Maschine. Entscheidender war, dass man zunächst per Fax nur wenige andere Teilnehmer erreichen konnte. Das Netz war noch klein und damit wenig attraktiv. Jahrelang dümpelte der Verkauf — bis er im Jahr 1987 explodierte. Der Tipping Point war erreicht. Mit jedem neuen Teilnehmer stiegen die Vorteile, angeschlossen zu sein. Gleichzeitig wuchsen die Nachteile, »draußen« zu bleiben.

Der Nutzen der Netze steigt nicht linear, sondern exponentiell: Jeder neue Teilnehmer erhöht die Zahl der möglichen Verbindungen im Quadrat. Ist die kritische Masse erreicht, setzt der Run ein. Jeder will dabei sein.

Ein Tipping Point ist aber nicht nur über Zahlen und Mengen definiert. Er kann eine Situation bezeichnen, in der ein System schlagartig eine neue Qualität bekommt. In der amerikanischen Kriminologie kursiert die »Theorie des zerbrochenen Fensters«. Demnach könnte eine einzige zerbrochene Glasscheibe in einem Wohnviertel eine Kette krimineller Delikte auslösen. In diesem Fall ist unser Schmetterling eine Scheibe. Wenn sie über Wochen und Monate nicht repariert wird, sende sie, so glauben die Kriminologen, ein Signal aus: Seht her, dies ist ein Viertel, wo die Bewohner nicht viel Sorgfalt walten lassen, ein rechtsfreier Raum, da kontrolliert dich keiner, du kannst machen, was du willst! Aus einer unterlassenen Schönheitsreparatur werde eine Einladung zu Vandalismus, Einbrüchen bis hin zu Gewaltverbrechen. Statistiken scheinen diese Dynamik zu belegen. Um gegenzusteuern, verlegte sich die New Yorker Polizei auf eine »Null-Toleranz-Strategie«: Schon kleine Vergehen werden relativ streng geahndet, um so eine Atmosphäre zu schaffen, die gefährlichere Verbrecher erst recht entmutigt. Die Folge: In der einst berüchtigten Millionenstadt ging die Kriminalitätsrate in kurzer Zeit stark zurück.

Auch bei Naturphänomenen beobachtet man Tipping Points, Momente der plötzlichen Beschleunigung von Prozessen. Etwa bei Erdbeben. Jahrelang scheint Ruhe zu herrschen. Tatsächlich bewegen sich im Untergrund tektonische Platten millimeterweise aufeinander zu, reiben sich, bauen gewaltige mechanische Spannungen auf. Und obwohl die Geologen die wesentlichen Faktoren des Geschehens kennen, können sie nur sehr selten voraussagen, wann die Spannung den kritischen Punkt erreichen und sich in Erdstößen oder Vulkanausbrüchen entladen wird. Die Vielzahl der Komponenten und Messwerte würde jeden Computer der Welt überfordern. Deshalb gelingen Warnungen im Voraus nur sporadisch.

Für Börsenbeben ist das noch schwieriger. Dort sind nicht nur rationale Größen wie Geschäftsberichte, Konjunkturdaten oder Zinssenkungen einzukalkulieren. Erschwerend kommt noch die ganze Bandbreite menschlicher Irrationalität hinzu. Einer, der es wissen muss, der international gefürchtete Großspekulant George Soros, nennt als die geheimen Agenten im Finanzsystem »Ängste, Gier und andere Emotionen«, die so miteinander verwickelt seien, »dass niemand mehr dieses Geflecht durchschaut«. Vermutlich sind damit auch die wesentlichen Antriebe des kalifornischen Goldrausches benannt. Es gab genug rationale Argumente, die das System hätten beruhigen können. Die Kybernetik kennt, wie erwähnt, solche korrigierenden Schleifen als negative Rückkopplung. Doch Warnungen, die auf die Schattenseiten des »Go west« hinwiesen und somit potenziell abschwächend wirkten, hatten wenig Chancen, gehört zu werden. Dabei waren die Berichte dramatisch. Sie handelten von Indianerüberfällen, von Hunger und Auszehrung, von tödlichen Krankheiten wie Blattern, Zeckenfieber und Cholera. Auf dem California Trail, der Hauptroute von Missouri an den Sacramento, starben bis 1859, so wird geschätzt, rund zwanzigtausend Menschen. Sechs Gräber pro Kilometer markierten den Todespfad der Glückssucher. Und von denen, die durchkamen, versumpften viele in Armut und Depression, weil es nicht genug Gold für alle gab. Horace Greely, Herausgeber der »New York Daily Tribune«, wetterte in einem Leitartikel, der Treck der Tausenden habe »einen Beigeschmack von Wahnsinn. Unter diesen Menschen befindet sich wahrscheinlich kein

Einziger, dessen Lebensumstände sich durch diese gefährliche Reise verbessern werden.« Bei einem hatte er auf jeden Fall Recht: John Sutter, auf dessen Land das erste Nugget gefunden worden war. Seine Arbeiter desertierten, die Digger verwüsteten sein Land, Vagabunden stahlen sein Werkzeug. Vier Jahre später war er pleite. Die Regierung in Washington lehnte es ab, ihm den Schaden zu ersetzen. Zwei Tage, nachdem auch seine letzte Petition scheiterte, starb er als armer Mann.

Netzgesetz Nr. 2 | Nichtlinearität. Aufgrund von zahlreichen inneren Wechselwirkungen zeigen Netze nichtlineares Verhalten, das heißt, Ursachen und Wirkungen stehen nicht in proportionalem Verhältnis. Durch positive Rückkopplung können sich kleine Ereignisse folgenreich aufschaukeln.

Netze erfinden Neues

Die Behauptung, der Mensch sei bloß eine Sammlung von Molekülen, wäre genauso töricht wie die Behauptung, ein Shakespeare-Drama sei bloß eine Sammlung von Wörtern.
CARL SAGAN

Die menschenbildende Gruppe ist stets um eine Stufe »wirklicher« als jedes ihrer Mitglieder.
PETER SLOTERDIJK

Alle Zeichen standen auf Krieg. Die Wachen an der Grenze hatten immer öfter feindliche Trupps gesichtet. Es war auch schon zu den ersten Handgreiflichkeiten gekommen. Offensichtlich hatten es die Angreifer auf die wertvollen Honigtöpfe abgesehen. Die ganze Kolonie rüstete sich zur Verteidigung. Allgemein hielt man es jedoch für klug, sich nicht sofort in Kämpfe auf Leben und Tod einzulassen. Der Blutzoll auf beiden Seiten wäre zu hoch. Stattdessen wollte man auf einem großen Platz in Grenznähe ein Turnier veranstalten. Bei diesem Ritual konnte die Stärke und Kraft der feindlichen Verbände abgeschätzt werden, ohne gleich Leib und Leben zu riskieren.

Auf dem Turnierplatz nahm das Gewimmel zu. Amazonen aus allen Teilen der Kolonie trafen ein. Ein merkwürdiges Schauspiel begann, das in manchem an die Rituale mittelalterlicher Ritter erinnerte. Jede Kämpferin versuchte, den anderen zu imponieren. Sie streckten den Körper, reckten den Kopf, blähten den Hinterleib, stelzten herum. Einige stiegen sogar auf Steine oder Hügel, um größer zu wirken, als sie waren. Jetzt kam es zu den ersten Feindberührungen. Die Rivalinnen umkreisten sich, trommelten und dengelten auf den Körper der anderen ein. Manche versuchten, blitzschnell die Gegnerin aus dem Gleichgewicht zu bringen. Nur wenige Sekunden dauerte das Gerangel, dann stelzte die imponierendere der beiden Amazonen siegreich davon. Neue Paarungen formierten sich.

In Wirklichkeit finden auf diesem Turnierplatz keine Ritterspiele statt. Und unser Beobachter vor Ort ist kein Hofschreiber, sondern Ameisenforscher. Bert Hölldobler widmet sein Leben als Soziobiologe den Winzlingen der Gattung Formicoidea. Und weil er deren Geschichten so spannend zu erzählen weiß, bekam er für sein Buch »The Ants«, das er zusammen mit seinem renommierten Harvard-Kollegen Edward O. Wilson schrieb, den Pulitzerpreis. Homo sapiens ist seiner Meinung nach nicht die einzige globale Erfolgsgeschichte der Evolution: Die andere handelt von den wimmeligen Sechsbeinern, die sich in rund zwanzigtausend Arten aufgesplittet haben. »All die faszinierenden Eigenschaften der staatenbildenden Insekten«, erklärt Hölldobler, »sind Hervorbringungen ihrer Netzwerke.« Eine Ameise kommt selten allein. Die eigentliche lebendige Einheit ist die Kolonie. Hölldobler bezeichnet sie als Superorganismus. Als Kooperation von Millionen Artgenossinnen besitzt sie Fähigkeiten, die ihre Mitglieder einzeln niemals besäßen. Mehr noch: Kein Forscher wäre in der Lage, aus einer noch so sorgfältigen Untersuchung einer einzelnen Ameise auf das Verhalten der Gemeinschaft zu schließen. Die Kolonie ist eindeutig mehr als die Summe ihrer Ameisen. »Die staatenbilden Insekten machen uns vor«, meint Bert Hölldobler, »wie effizient Netzwerke sein können.«

In der Netzlogik heißt dieses Phänomen Emergenz. Es besagt, dass die Qualität einer höheren Stufe von Komplexität nicht aus den einfacheren Komponenten, die sie hervorbringen, vorausgesagt werden kann. Die neue Eigenschaft ist nicht in den Elementen selbst angelegt, sondern tritt erst in deren Vernetzung auf. Zerschneidet man das Netz, um nur einzelne Knoten zu analysieren, kann man das gesamte Gebilde unmöglich verstehen. »Mehr ist anders.« Als der US-Festkörperphysiker und Nobelpreisträger P. W. Anderson 1972 einen Artikel in »Science« so betitelte, formulierte er ein universell gültiges Gesetz. Denn auch in der unbelebten Natur wimmelt es von Emergenzen. An jedem Wasserhahn können wir uns davon überzeugen: Wasserstoff und Sauerstoff, die Bestandteile von H_2O, sind beides gasförmige, leicht entzündliche Stoffe – in der Verbindung zu Wasser bekommen sie die völlig neuen Eigenschaften »flüssig« und »nicht brennbar«. Systeme, ob biologisch oder soziologisch, sind in der Lage, spontan und überraschend etwas Neues zu entwickeln. Einzige Voraussetzungen für ihre Innovationen sind genügend vernetzte Komponenten, starke Wechselwirkungen und genug Zeit.

Dieser Phasenübergang von der Ameise zur höheren, komplexeren Stufe der Kolonie beschäftigt Bert Hölldobler und seine Kollegen immer wieder: Wie kommt der Sprung der Eigenschaften genau zustande? Die einzelne Ameise, die Fichtennadeln trägt und auf einen Haufen legt, weiß nichts vom Projekt »Nestbau« – wie kann

MEHR IST ANDERS

sie, ohne zentrale Steuerung, daran mitwirken? Wie entsteht aus der Interaktion allersimpelster Lebewesen, deren Gehirn die Größe eines Sandkorns hat, eine kollektive Intelligenz, die sogar in der Lage ist, die Taktik eines kompletten Kriegszuges auszuklügeln?

Auf dem Turnierplatz der Honigtopfameisen sucht man vergeblich nach einem Feldherrn, der von seinem Hügel aus das Getümmel überblickt und so die Kopfstärke und Strategie der gegnerischen Verbände abschätzen kann. Zentrale Heeresleitung? Fehlanzeige. Und dennoch gibt es einen Zeitpunkt, wo allen Beteiligten des rituellen Kräftemessens klar ist, welche Seite den Sieg davonträgt. Genauso klar ist dann jeder Turnierteilnehmerin, ob sie selbst zu den Siegreichen oder zu den Besiegten zählt. Wie kommen sie zu diesem Ergebnis? Spüren sie Macht oder Ohnmacht der eigenen und der feindlichen Truppen aufgrund rätselhafter Instinkte? Nach den Turnierregeln gilt die Kolonie mit den meisten Kriegerinnen als die überlegene. Können Ameisen also zählen? Wenn ja, wer sollte im Namen der Kolonie die Erhebung durchführen, und wie gibt er/sie das Ergebnis bekannt? Die Antwort darauf enthüllt das Wunder der Emergenz: die Hervorbringung von Neuem aus der Vernetzung von vielen.

Beim Insektenturnier gibt es tatsächlich eine Instanz, welche die beiden Parteien auszählt. Einzelne Ameisen sind dazu nicht in der Lage. Ihre Gehirne wiegen wenige Milligramm, sie beherrschen gerade mal ein Repertoire von zwanzig bis vierzig Verhaltensweisen, einfache Tätigkeiten wie Futtersammeln, Nestsäubern, Larvenpflege. Oder eben Schaukämpfen. Dabei gibt es eine Reihe einfacher Rückkopplungen. Etwa die Häufigkeit, mit der eine Ameise eine Nestgenossin oder eine Gegnerin trifft; wie oft sie auf besonders groß gewachsene Exemplare trifft, die nur in reifen, kopfstarken Kolonien geboren werden; oder wie lange es dauert, bis sie auf eine Gegnerin trifft, die noch ohne Kampfpartnerin herumläuft: Wenn sie lange warten muss, ist die Zahl der Gegner eher niedrig. Jede einzelne Ameise bildet sich auf diese Weise eine »Meinung« über den Feind: Mehr oder weniger als wir? Sind wir in der Überzahl: Vorwärts, Attacke! Sind es die anderen: Die eigene Haut retten, Rückzug! Äußerst einfache, lokale Rechenoperationen, die jedoch, werden sie von einigen hunderttausend Individuen gleichzeitig ausgeführt, zu einem globalen Bild der Lage und zu intelligentem Verhalten der Kolonie führen. Sie agiert wie ein hochverschalteter Parallelrechner, der die lebenswichtige Entscheidung über Angriff oder Flucht trifft.

JEDE EINZELNE AMEISE BILDET SICH AUF DIESE WEISE EINE »MEINUNG« ÜBER DEN FEIND: SIND WIR IN DER ÜBERZAHL: VORWÄRTS, ATTACKE! SIND ES DIE ANDEREN: DIE EIGENE HAUT RETTEN, RÜCKZUG!

Der Insektenforscher und Naturphilosoph William Morton Wheeler beschrieb bereits 1911 in einem Essay die Ameisenkolonie als Organismus. Er sah in ihr eine Einheit, »die ihre Identität im Raum bewahrt und sich dem Zerfall widersetzt, weder ein Ding noch ein Begriff, sondern ein kontinuierlicher Strom oder Prozess ist«. Stabile Identität plus Stoffwechsel, das waren für Wheeler Merkmale eines Lebewesens. Nach seinem Tod geriet die Vorstellung vom »Superorganismus« für Jahrzehnte in Vergessenheit, bis die Soziobiologie sie in den sechziger Jahren wiederbelebte. Aufgrund intensiver Beobachtungen an Labor- und frei lebenden Kolonien, unterstützt durch neue chemische Analyseverfahren, enträtselten Wilson und Hölldobler viele der Geheimnisse um die Frage, auf welche Weise sich Ameisen vernetzen. Zu achtzig Prozent kommunizieren sie mit feinst dosierten Pheromonen. Jede dieser chemischen Substanzen formuliert eine Botschaft oder einen Befehl; möglich sind auch Kombinationen von mehreren Botenstoffen zu komplexeren Mitteilungen, um die Arbeiterinnen zu koordinieren. Diese Stoffe sind das Nervensystem des Superorganismus. Darin, so Hölldobler, erfüllt die Königin die Funktion des Fortpflanzungsorgans, das Kollektiv der Arbeiterinnen ist Gehirn, Herz und Verdauungstrakt in einem, der Austausch von flüssigem Futter unter den Koloniemitgliedern ist mit Blutkreislauf und Lymphsystem vergleichbar.

Als Netz vollbringen die Sechsbeiner wahre Wunder. Sie überleben in einer Großstadt wie Paris genauso wie in der Wüste Namib, wo ihnen zur Not Tautropfen als Tränke reichen. Kaum ein Landfleck, den sie nicht besiedelt hätten. Eine grobe Schätzung geht von der schier unvorstellbaren Zahl von zehntausend Billionen Exemplaren weltweit aus. Rechnet man eine Ameise mit durchschnittlich zweieinhalb Milligramm und einen Menschen mit siebzig Kilo, kommt man zu einem erstaunlichen Ergebnis: Alle existierenden Angehörigen der Gattung Formicoidea wiegen genauso viel wie die gesamte Sechs-Milliarden-Menschheit!

Mehr noch als an nackten Zahlen lässt sich ihr Erfolg an ihren Erfindungen ablesen. Serge Arron, Professor an der Universität Brüssel, bescheinigt ihnen Eusozialität, die höchste Form von Gemeinschaft: »Sie arbeiten bei der Pflege der Jungen zusammen, alle Generationen sind daran beteiligt, auch die unfruchtbaren Arbeiterinnen. Deren Arbeitsteilung ist weit entwickelt.« Blattschneiderameisen beispielsweise sind die ersten Gärtner der Geschichte. Ihre Erntetrupps schwärmen im Regenwald aus und schneiden für die

Kolonie jeden Tag eine Menge Blattgrün, die der täglichen Futter-ration eines ausgewachsenen Pferdes entspricht. Dann wird es von Arbeiterinnen auf Straßen, deren Mittelstreifen aus Pheromonen bestehen, zu unterirdischen Nestkammern transportiert. Dort dient es als Nährboden für die Kultivierung von Pilzen, von denen sich die Kolonie ernährt. Andere Arten züchten Blattläuse, so wie Menschen Kühe halten. Die Läuse werden gehätschelt und beschützt und täg-lich zu ihren Futterplätzen getragen; derartig gepäppelt produzie-ren sie einen nährstoffreichen Saft, mit Honig vergleichbar, den die Ameisen-Hirten abmelken. Afrikanische Treiberameisen wiederum haben sich auf die Jagd verlegt. Sie schwärmen in breiter Front aus und töten, was sie antreffen. Die Jagdstrecke reicht von Insekten über Schlangen bis zu – in seltenen Fällen – Kleinkindern. Auch bei diesen Raubzügen gibt es keine zentrale Befehlsgewalt. Alle Aktio-nen beruhen auf den Wechselwirkungen zwischen manchmal meh-reren Millionen Individuen, die Milliarden von Pheromonbotschaf-ten austauschen.

Mehr ist anders. Bienen optimieren dieses Prinzip seit zweihun-dert Millionen Jahren. Ebenfalls mit großem Erfolg. Staunend beob-achten wir Menschen, wie effizient ein Bienenstock die interessanten Nektarquellen in seiner Umgebung aufstöbert und aberntet. »Wo ist dieser Geist des Bienenschwarms, wo wohnt er?«, wollte der Schrift-steller Maurice Maeterlinck um die Jahrhundertwende wissen. Die Antwort hätte ihn vielleicht enttäuscht. Der Geist hat kein Zuhause, er ist der Schwarm selbst. Er formt sich aus dem Verhalten zehn-tausender Bienen, die agieren und aufeinander reagieren und Reak-tionen wiederum beantworten und so fort. Aus den Rechenoperatio-nen aller winzigen Gehirne, deren Ergebnisse ausgetauscht werden, entsteht die kollektive Intelligenz. Der Vorteil zeigt sich etwa bei der Futtersuche. Unabhängig voneinander streichen Arbeiterinnen in Erkundungsflügen über Land und spähen nach besonders nektarrei-chen Plätzen. Wenn sie fündig geworden sind, kehren sie in den Stock zurück und teilen Himmelsrichtung und Entfernung in Form eines Tanzes mit. Doch mit jeder tanzenden Späherin, die von ihren Nektarquellen erzählt, wird die Nachrichtenlage unübersichtlicher. Der Staat hat die Qual der Wahl: Wohin fliegen? Das Dilemma löst sich nach einfachen Rechenregeln auf. Erstens tanzen die Bienen unterschiedlich erregt, um die Aufmerksamkeit der anderen auf sich zu ziehen. Zweitens werden ihre Angaben von weiteren Bienen über-prüft, die ausschwärmen und bei der Rückkehr gegebenenfalls in

DER GEIST HAT KEIN ZUHAUSE,
ER IST DER SCHWARM SELBST

den Tanz einfallen und damit bestätigen: »Da draußen warten wirklich reiche Quellen.« Je mehr zur Futterquelle fliegen, desto größer die Zustimmung. Wie oft in komplexen Systemen, steigt der Erregungspegel im Stock nicht linear, sondern exponentiell. Plötzlich bricht der ganze Schwarm wie eine dunkle, summende Wolke in die richtige Richtung auf. Der Tanz gleicht einer Urabstimmung, in diesem Fall einem Votum mit den Flügeln. Wer die größte Bestätigung findet, setzt sich durch. Kevin Kelly schreibt: »Es ist eine Wahlversammlung von Idioten für Idioten und mit Idioten, und es funktioniert fantastisch.« Während eine einzelne Biene sich maximal sechs Tage an eine Futterstelle erinnern kann, verfügt der Schwarm als Ganzes über ein Gedächtnis von drei Monaten – zweimal so lange, wie eine Arbeiterin durchschnittlich lebt.

Ähnliche Emergenzen haben wir bereits bei den Raben gesehen, die an ihren gemeinsamen Schlafplätzen eine Art Infobörse betreiben, wo die Schwarmmitglieder Hinweise auf günstige Futterplätze austauschen. Oder beim Gehirn, das aus rund hundert Milliarden Nervenzellen besteht und wo man in jeder einzelnen von ihnen grandiose Leistungen wie Gedächtnis oder Intelligenz vergeblich sucht. Nur als Netz, zehntausendfach verschaltet, können geistlose Neuronen Geist erzeugen. Er ist nichts anderes als eine emergente Eigenschaft großer »Schwärme« von Zellen.

Solche Hervorbringungen kennzeichnen nicht nur die biologische Evolution. Sie prägen auch die menschliche Gesellschaft. Was weiß man beispielsweise über eine Fußballmannschaft, wenn man elf Spieler einzeln analysiert? Jedenfalls nichts über sich aufschaukelnden Kampfgeist oder sein Gegenteil, lustloses Ballschieben, nichts über intelligente Spielzüge oder taktische Missverständnisse – solche Eigenschaften besitzt nur das Team als Ganzes. Analog könnte ein Soziologe, der einzelne Menschen – und sei es noch so genau – beobachtet, daraus nicht schließen, wie das Dorf, die Stadt oder das Land beschaffen ist, aus dem sie jeweils stammen.

Kultur und Gesellschaft, Städte und Staaten, Regeln und Gesetze lassen sich als Emergenzen betrachten, als komplexere Hervorbringungen, die aus einfacheren Aktionen von Menschen oder Gruppen entstanden sind. Justiz zum Beispiel: Streit und Hader zwischen Menschen ist so alt wie die menschliche Gesellschaft selbst. Parallel entwickelten sich die Methoden der Schlichtung und Rechtsprechung Im Laufe der Zeit, wenn Rede und Gegenrede lange genug hin und her gegangen sind, bilden sich feste Regeln heraus, nach denen ein

Fall entschieden wird. Daraus werden später mündliche, wiederum später schriftlich kodifizierte Gesetze. So entwickelt sich Rechtsfindung »bottom up«, aus vielen lokalen Entscheidungen, die irgendwann in intelligenten Systemen wie Legislative und Justiz münden, mit Richtern, Anklägern und Anwälten, mit speziellen Gerichtshöfen für verschiedene Arten von Fällen, mit Archiven und Gesetzbüchern, mit akademischen Fakultäten und privaten Repetitorien. Und schließlich, Gott sei Dank, mit Rechtsschutzversicherungen, damit wir uns im Paragraphendschungel nicht gänzlich verirren.

Ein anderes Beispiel liefert der Sport. Einzelne Bergbauern verfielen im Winter, wenn der Schnee Laufen oder Reiten unmöglich macht, auf eine neue Technik, schnell ins Tal zu kommen. Sie stellten sich auf leicht gekrümmte Bretter, nahmen Äste in die Hand und rutschten die Hänge hinab. Keiner von ihnen konnte ahnen, dass ihre Fortbewegungsart in Verrücktheiten wie dem alpinen Skizirkus mit Stau am Lift und Après-Ski-Disko enden würde. Touristen verhalten sich nicht anders als Schwärme. Sie befolgen einfache Regeln: Amüsiere dich während deines Jahresurlaubs maximal! Suche einen Ort mit Sonne, Sand und Salzwasser! Gib möglichst wenig Geld aus! Suche dir ein eigenes kleines Plätzchen – aber halte Tuchfühlung zu den anderen! Mit diesem überschaubaren Set an Algorithmen im Gepäck schufen die touristischen Massen innerhalb eines Jahrhunderts die größte Industrie der Welt, erfanden Benidorm und Miami, das Sonnenöl und Sangriatrinken aus Eimern. Dabei liegen das Hässliche und Erhabene oft dicht beieinander.

Prozesse wie Emergenz und höhere Komplexität sind jenseits von Gut und Böse angesiedelt. Sie beinhalten keine Moral, keinen Fortschritt zu mehr Zivilisation, keine Abkürzung ins Paradies. Sie erklimmen lediglich eine neue Ebene von Verknüpfung, eröffnen neue Möglichkeiten, bereit zum Gebrauch, aber auch dienstbar zum Missbrauch. Auch die Turniere der Honigtopfameisen haben mit Süßholzraspeln nichts zu tun. Nicht einmal mit Ritterlichkeit. Das rituelle Kräftemessen hat lediglich den Vorteil, dass es in Gegenden, wo viele Territorien aneinander grenzen und es immer wieder zu Konflikten kommt, eine hohe Zahl von Toten zu vermeiden hilft. Sie würden, auf der Ebene der Kolonie, einen schwächenden Energieverlust bedeuten. Stattdessen versucht man zunächst, den Gegner einzuschüchtern und zu verjagen. Mal gibt der eine ein wenig nach, mal der andere. So eine Pattsituation kann Monate dauern. Zu welcher Kriegführung die Honigtopfameisen aber auch fähig sind, zeigt sich, wenn ihre parallel errechneten Schätzungen ergeben, dass eine Seite zahlenmäßig stark unterlegen ist. Ziemlich genau bei einem Verhältnis von zehn zu eins beginnt ein erbarmungsloser Vernichtungsfeldzug.

Die Arbeiterinnen besitzen scharfe Kieferzangen, mit denen sie ihren Opfern Beine und Köpfe abtrennen können. Zudem verfügen sie über Giftdrüsen, die bei Bedarf einen ätzenden Strahl absondern. Abrupt schlägt ritterliches Ringen in tödliches Gemetzel um. Die überlegene Streitmacht stürmt würgend und beißend vorwärts und drängt in Richtung des Looser-Nestes, vorbei an abgezwackten Körperteilen, an verkrüppelten und giftgelähmten Kämpferinnen, dringt in die Nestgänge ein, tötet die Königin, raubt Larven, Puppen und die jüngsten Arbeiterinnen. Sie werden verschleppt und dienen bis ans Ende ihres Lebens den Siegern als Sklaven.

So verlockend es auch manchmal ist, von den Kolonien der Ameisen für den Menschenstaat zu lernen: Ihre »Moral« kann nicht unsere sein.

Netzgesetz Nr. 3 | Emergenz. Das Ganze ist mehr als die Summe seiner Teile. Dieses »Mehr«, die neue Qualität, entsteht durch die jeweilige Art der Vernetzung. Sie erzeugt höhere Komplexität aus vielen einfachen Komponenten. So wächst das Einzelne über sich selbst hinaus. Mehr ist anders.

Netze antworten flexibel

Planlosigkeit erleichtert Koordination.
STANISLAW JERZY LEC

Nie war Natur und ihr lebendiges Fließen auf Tag und Nacht und Stunden angewiesen. Sie bildet regelnd jegliche Gestalt, und selbst im Großen ist es nicht Gewalt.
JOHANN WOLFGANG GOETHE

Jonglieren ist wie Sex. Man kann darüber reden, aber richtig begreift man es nur, wenn man es tut. Im Falle des Jonglierens besteht die Aufgabe darin, drei Bälle zwischen rechter und linker Hand auszutauschen, ohne je mehr als einen in jeder Hand zu halten. Klingt kinderleicht, und so sieht es auch aus. Könner lassen drei, vier, fünf Bälle fliegen, fließen, sich drehen, schweben, leben. Sie steigen und fallen und kommen doch weder oben noch unten an. Das Karussell der Bälle hat einen magischen Dreh, der das Publikum schon zu Zeiten Justinians I. faszinierte, als Jongleure im Hippodrom von Konstantinopel vor vierzigtausend Zuschauern auftraten.

Hinter der scheinbaren Mühelosigkeit verbergen sich die Aktivitäten der Hand-Auge-Koordination, ein komplexer Prozess, der noch schwieriger zu beschreiben ist als Sex. Beim Jonglieren nimmt das Gehirn kurze, von den Augen gelieferte Bewegungssignale auf und berechnet daraus nicht nur die Flugbahn der Bälle, sondern lenkt zugleich die Reaktionen der beiden Arme und Hände, sodass sich Bälle und Hände jeweils zum richtigen Zeitpunkt treffen, die

Finger kurz das Rund umfassen und es entgegen der Schwerkraft auf eine bestimmte Höhe katapultieren, worauf es wieder passgenau in der anderen Hand landet. Wenn's denn klappt! Beteiligt an diesem System sind die Rezeptoren der Netzhaut und Tastnerven der Hand, das Sehzentrum im Hirn, motorische Zentren, diverse Muskeln in Brust, Armen, Rücken und Händen – und, vor großem Publikum, vermutlich eine Menge Adrenalin.

Gute Jongleure berichten davon, dass sie gar nicht einzelne Bälle fixieren, sondern das gesamte, kreisende Gebilde visuell erfassen. Außerdem trainieren sie nicht auf das Ziel, die Bälle immer exakter auf die gleiche Höhe zu werfen. Vielmehr variieren sie absichtlich, bauen kleine Fehler ein. Serge Percelly, ein meisterhafter belgischer Jongleur, erklärt diese Methode: »Ich habe viele Fehler gemacht, aber wenn du etwas auf diese Weise lernst, lernst du es doppelt so gut, wie wenn du sie vermeidest. Denn dann kommen sie später.« Seine Reaktionen müssen geschmeidig bleiben, damit er leichte Schwankungen ausgleichen kann, die von Tagesform oder Trainingsstand herrühren können.

Die Fähigkeit, flexibel zu reagieren, gehört zu den herausragenden Merkmalen lebender Netze. Die Forschung spricht von »komplexen anpassungsfähigen Systemen«. Dazu zählen alle Arten von Systemen, die aus vielen Komponenten bestehen, hochgradig verflochten und zur Selbstorganisation fähig sind. Sie sind offen gegenüber der Umwelt, um mit ihr Informationen, Materie und Energie auszutauschen. Diese Welt ist keine statische, beständige, regelmäßige. Sie konfrontiert Netze ständig mit Neuem. Darauf muss geantwortet werden. Als wir noch als Jäger und Sammler unterwegs waren, präsentierte sich die Lage übersichtlicher. Einfache Ursache-Wirkung-Ketten bestimmten das Leben, ermöglichten uns schnelle Reaktionen: Auge in Auge mit einem wütenden Löwen sollte man nicht allzu lange darüber nachdenken, ob sich diese Situation nichtlinear aufschaukeln könnte. Man sollte entweder zuschlagen oder abhauen. Natur musste für uns berechenbar sein. Und zwar mit flinkem Kopfrechnen.

Nun haben wir zwar die Phase des Überlebens in Zweikämpfen mit Löwen hinter uns, aber dennoch klammern wir uns immer noch an einfache Kausalitäten. Seit wir das Leben erforschen, möchten wir darin Regeln und Regelmäßiges erkennen. Die Naturwissenschaftler zeigen sich geradezu vernarrt in klare Gesetze und Gleichgewichte. Der wahre Grund ist: Dafür haben sie Formeln zur Hand.

Bei Netzen jedoch versagt die lineare Sicht. Das zeigt sich schon beim Jonglieren. Wollte man allein das Kreisen der drei Bälle einschließlich des Systems Augen – Hirn – Hände in Gleichungen ausdrücken: An der Algebra der Akrobatik würde jeder Mathematiker schier verzweifeln.

PERMANENTE UNGLEICH-
GEWICHTE FORDERN
DIE NETZWERKE DER NATUR
HERAUS, SICH PERMANENT
UMZUORGANISIEREN Permanente Ungleichgewichte fordern die Netzwerke der Natur heraus, sich permanent umzuorganisieren. Sie müssen flexibel auf neue Informationen reagieren, müssen neue Anforderungen eingliedern – und dabei möglichst ihre Struktur und Stabilität bewahren. Evolution fungiert dabei als Labor ohne Leiter, als Trainingslager ohne Trainer. Sie richtet Systeme darauf aus, mittels möglichst simpler Techniken Veränderungen aufzufangen; Einfachheit hat den Vorteil, dass sie funktioniert.

Auch unser Körper ist solch ein offenes, der Umwelt zugewandtes Netz. Wir müssen Wasser, Nährstoffe, Licht und Sauerstoff aufnehmen, in Gewebe und Organe einbauen, Abfallstoffe ausscheiden und trotz gewaltiger Austauschmengen den Körper stabil und vital erhalten. Eine heikle Aufgabe, die verschiedene Regelkreise in Gemeinschaftsarbeit bewerkstelligen, ohne dass wir davon etwas mitbekommen. Für das Funktionieren unserer Organe ist beispielsweise eine konstante Temperatur lebenswichtig. Mit kleinen Toleranzen liegt sie bei siebenunddreißig Grad Celsius. Menschen haben jedoch so unterschiedliche Lebensräume wie Sahara und Arktis, Regenwälder und Trockensteppen als ihre Heimat erwählt. Außerdem schwanken die Außentemperaturen ständig, je nach Jahreszeit, Tageszeit oder Wetter. Früher glaubte man, irgendwo im Körper sei ein fester Sollwert eingespeichert. Mittlerweile geht man davon aus, dass er eher eine Art Konsens darstellt, den die Organe selbstorganisiert hergestellt haben.

Wenn nun die Umgebungstemperatur die Körpertemperatur auch nur leicht erhöht, springen sofort Regelkreise an. Der zum Zwischenhirn gehörende Hypothalamus sendet über Hormone und Nervenleitungen an den gesamten Körper die Botschaft: Wärme abgeben! Hautdrüsen sondern Schweiß ab, Blutgefäße unter der Haut erweitern sich, bewegte Gewebe leiten Wärme an kältere, ruhende ab; Stoffwechselvorgänge, die Wärme produzieren könnten, werden gestoppt. Das geht so lange, bis die Thermorezeptoren des Körpers melden: Okay, ihr könnt aufhören, das fühlt sich wieder wie siebenunddreißig Grad an! Umgekehrt führt eine leichte Abkühlung zu Gegenreaktionen. Die Hautdurchblutung wird gedrosselt, Schwitzen gestoppt, Blutgefäße verengen sich. Reicht das noch nicht, erhöht sich die Muskelspannung dramatisch: Wir zittern uns warm.

Die Kybernetiker, die sich mit solchen Regelkreisen beschäftigen, wissen mittlerweile recht gut, mit welchen Mechanismen Netze auf die Umwelt reagieren und Informationen verarbeiten. Ein Schlüsselelement ist dabei der Sollwert, beim Körper die Normaltemperatur; Sensoren sagen dem System, wie der aktuelle Zustand (Istwert) aussieht; Korrekturmechanismen gleichen die Abweichungen vom angestrebten Zustand aus. Dabei hat die negative Rückkopplung die Aufgabe, das System zu stabilisieren, indem sie »Querschläger« abfängt. Ein einfaches Beispiel ist das elektrische Bügeleisen: Stellt man eine gewünschte Temperatur ein, heizt sich das Gerät so lange auf, bis der Sollwert erreicht ist, dann wird es durch einen Thermostaten ausgeschaltet, kühlt ab bis unter den Sollwert, worauf der Regler es wieder einschaltet. Anders die positive Rückkopplung: Sie vergrößert Abweichungen, die sich erst summieren, dann potenzieren.

In diesem Tanz der Werte und Regulationen gibt es keine Dauer, kein Ende. Jeder Zustand ist wieder Ausgangslage für neue Rückkopplungsschleifen. Ihnen verdanken Netze die Fähigkeit zur Flexibilität, zum Lernen, zu Wachstum und Wandel. Kybernetisches Denken, bekannt seit den vierziger Jahren, ist ein weiterer Schlag gegen die lineare Logik, denn es verweist auf Kreisläufe und Zirkelschlüsse und, im Falle der positiven Rückkopplung, auf Prozesse, die chaotische Formen annehmen können. Kybernetische Geschmeidigkeit ist in der Natur allgegenwärtig. Sie regelt beispielsweise die Größe von Tierbeständen, ohne dass äußere Eingriffe nötig wären. So sind Lemminge, anders, als der Volksglaube vermutet, keine Pelztiere mit Todessehnsucht, sondern ein gutes Beispiel für die unsichtbare Hand der Selbstregulation. Alle paar Jahre verlassen die hamstergroßen Nager ihre Siedlungsgebiete und brechen zu weiten Wanderungen auf. »Wenn sie auf größere Hindernisse stoßen, zum Beispiel auf Flüsse oder Seen, sammeln sie sich am Ufer in großen, dicht gedrängten Scharen; dann stürzen sie sich in die Fluten und schwimmen, wobei Hunderte, tapfer mit den Wellen ringend, den Tod finden.« Der russische Zoologe F. D. Pleske hat keinen Massensuizid beobachtet, sondern einen Treck entschlossener Kolonisten, die in der Ferne eine neue Heimat suchen. Wo sie herkommen, ist nicht nur die Nahrung, sondern auch der Lebensraum knapp geworden. Lemmingbestände wachsen nicht linear, sondern exponentiell. Hat sich ihre Zahl auf einen bestimmten Wert hochkatapultiert, steigt

die Erregung plötzlich so stark an, dass ein Großteil der Tiere aus-
wandert. Lange rätselten die Zoologen: Woher wissen die Lemminge, wann das Maß voll ist? Wo ist der Regler eingebaut, der das Signal zum Aufbruch ins Ungewisse gibt?

Auch in diesem Fall kommt die Natur ohne Rechenzentrale aus.
Das Netz der Lemminge ermittelt die kritische Zahl auf intelligente
Weise dezentral. Jedes Zusammentreffen eines Tieres mit einem anderen führt nicht zu einem freundlichen Hallo, sondern löst, insbesondere wenn solche Begegnungen überhand nehmen, Stress aus.
Angesichts eines Artgenossen, der immer auch Konkurrent ist,
schütten die Nebennieren Adrenalin, Noradrenalin und Corticoide
aus. Das Herz schlägt schneller, der Blutdruck steigt, Energiereser-
ven werden mobilisiert, Magen-Darm-Trakt und Nieren deaktiviert.
Das Unbehagen wächst mit der Zahl der Artgenossen und der zunehmenden Futterknappheit. Der Körper fährt ein Krisenprogramm.
Gleichzeitig suchen immer mehr Tiere außerhalb der Kolonie nach
Nahrung, bis sich, ebenfalls durch vernetzte, hormongesteuerte Reaktionen, die Stimmung aufschaukelt bis zu dem Punkt, wo alle nur
noch eines wollen: Exodus! Und wenn auf der eingeschlagenen Route
zufällig ein Fluss liegt, dann kann es tatsächlich vorkommen, dass
sich die kleinen Nager todesmutig in die Fluten stürzen.

Bei vielen Spezies wirkt Stress, dieser hormonelle »Thermostat«,
noch unmittelbarer auf die Population ein. Er regelt die Fruchtbarkeit herunter. Wenn Tiere ständig unter Druck stehen, kommt es sel-
tener zum Paarungsakt oder die Geschlechtsreife verzögert sich.
Bei den Tupaias, südasiatischen Spitzhörnchen, werden die Männchen steril, wenn die Dichte in der Kolonie zunimmt. Von einer bestimmten Rate an setzt die Natur ihre drastischsten Regulatoren
ein: Tupaia-Mütter werden zu Kannibalen, sie fressen ihren eigenen
Nachwuchs auf. Und steigt die Alarmstimmung noch weiter, vergif-
ten sich die Spitzhörnchen selbst: Die Reinigung ihres Blutes von
Harnstoff versagt, der Stress geht ihnen buchstäblich an die Nieren,
und sie sterben innerhalb weniger Tage.

Das klingt im Einzelfall grausam, doch der Population als Ganzes
sichert Selbstbeschränkung das Überleben. Sie kann wechselnde
Umweltsituationen abfedern, etwa die Schwankungen im Nahrungs-
angebot. Ähnliche Mechanismen ermöglichen es Ameisenkolonien,
sich in Krisensituationen komplett umzuorganisieren. Sie heben sogar
die Arbeitsteilung auf. Lange Zeit galt unter Biologen die Spezialisierung von Arbeiterinnen, Soldatinnen oder Ammen als unumstöß-

lich. Neuerdings mehren sich die Hinweise, dass Kolonien auch in dieser Hinsicht flexibel agieren. Wenn es erforderlich ist, gehen ältere Ameisen auf Nahrungssuche und tauschen den Job mit Jüngeren, die stattdessen Reinigungsarbeiten im Nest übernehmen. Sterben sämtliche Arbeiterinnen, kümmern sich sofort Soldatinnen um die verwaiste Brut. Solche Anpassungsprozesse regelt das Netz mit chemischen Botschaften, die gleichzeitig von vielen Mitgliedern abgesondert werden. Der daraus resultierende »Gesamtduft« bestimmt das Tagesprogramm. Wenn beim Nestbau Arbeitskräfte fehlen, sondern immer mehr Ameisen Aufregungsdüfte ab, die der Kolonie ein deutliches »All hands on deck« zurufen: Alle mit anpacken! Für jede Aufgabe wird auf diese Weise eine Balance zwischen Nachfrage und Angebot an Helfern hergestellt. Es ist also nicht etwa die Königin, die den Staat lenkt. Er reguliert sich selbst.

Von Menschen gemachte Netzwerke folgen ebenfalls dieser kybernetischen Logik, sofern sie komplex genug und selbstorganisierend aufgebaut sind:

_Börse: Auf ein Kurshoch reagieren Anbieter und Käufer so lange mit Transaktionen, bis sich der Kurs wieder einpendelt – meistens jedenfalls.

_Ausbildung: Fehlen Lehrer, ermuntert der Staat Studenten zu den entsprechenden Studiengängen, gibt es eine Schwemme, erlässt er Bestimmungen, die den Beruf unattraktiver machen. Weil das System jedoch mit Zeitverzögerung arbeitet, funktioniert es so gut wie nie. Genauso wenig wie der »Schweinezyklus«: Bei hohen Fleischpreisen mästen mehr Bauern Ferkel, doch wenn die Tiere schlachtreif sind, ist der Preis – weil viele das Gleiche gedacht und gemacht haben – schon wieder gefallen. Ausweg: Man muss sich entgegen dem Zyklus verhalten.

_Strafverfolgung: Auf neue Spielarten krimineller Intelligenz versucht die Polizei mit neuen Taktiken zu reagieren, um solche Delikte »abzuregeln« – ein kybernetisches Räuber-und-Gendarm-Spiel.

Auch Märkte sind komplexe, anpassungsfähige Netze. Dort regiert, wie Adam Smith festgestellt hat, eine »unsichtbare Hand«. Anbieter von Waren, Diensten und Arbeitskraft treffen auf diejenigen, die Waren, Dienste und Arbeitskräfte suchen. Freie Märkte pendeln sich selbst ein. Angebot und Nachfrage auszubalancieren, en gros und en detail, damit wäre jedes noch so gut informierte Superhirn überfordert. Zu viele unbekannte Variablen bestimmen das Spiel: Moden und Geschmäcker, Werbung und technischer Fortschritt, Fleiß und Faulheit, die besten Ellenbogen und das größte Pech. Wenn schon niemand den nächsten Wimbledon-Gewinner sicher voraussagt: Wer könnte sich zu sicheren Prognosen über die Weltliga der Märkte aufschwingen?

Natürlich versucht es irgendjemand doch. Aus dem real existierenden Sozialismus sind viele lustige Anekdoten überliefert, die von den weniger lustigen Folgen handeln, wenn man Netzen die Lernfähigkeit beschneidet. Unternehmen sind grundsätzlich anpassungsfähige Systeme, offen für die Umwelt, sie produzieren Waren und Dienstleistungen, und – was noch wichtiger ist – sie verarbeiten Informationen. Sie machen sich ein Bild von den Kunden, von den Konkurrenten, vom Markt. Wenn man sie lässt. In Planwirtschaften glaubt eine Zentrale, alle wesentlichen Informationen zu besitzen. Das führt dann dazu, dass Traktoren im Winter ausgeliefert werden, zur Erntezeit aber die Ersatzteile fehlen. Zu »sozialistischen Wartegemeinschaften« vor Bäckereien, während woanders Brote an die Schweine verfüttert werden. Und zu Fleischereien, die, weil kahl und leer, mit Fliesenfachgeschäften verwechselt werden. Weshalb einige dieser Volkswirtschaften binnen Jahrzehnten gegen die real existierende Wand gefahren wurden.

Und heute? Globalisierung heißt höchste Verflechtung aller nationalen Wirtschaften. Deshalb tun wir gut daran, Technologien, Märkte, Kapital, Informationen und Massenmedien nicht mehr mit der starren Optik der klassischen Ökonomie zu betrachten. Sondern mit den neuen Linsen, die uns Chaos-, System- und Spieltheorie, Kulturanthropologie, Kybernetik und Ökologie zur Verfügung stellen. Diese Disziplinen haben sich der Aufgabe verschrieben, Prozesse und Dynamiken sichtbar zu machen. Sie untersuchen Ungleichgewichte, Rückkopplungen, den Rhythmus von kurzer Blüte und raschem Zerfall. Selbst die schönen Künste bringen uns weiter: Märkte lassen sich eher mit Wolken als mit Würfeln vergleichen, Künstler suchen das Gebrochene, Fraktale, Ungeradlinige, während sich Wirtschaft und Wissenschaft immer noch an lineare Gleichungen klammern. Der Künstler Friedrich Hundertwasser meinte: »Die gerade Linie führt zum Untergang der Menschheit.« Oft genug führt sie jedenfalls in die Sackgasse. Institutionen und Ökonomien, Fabriken und Unternehmen versagen, wenn sie um eine zentrale Befehlsstelle herum entworfen werden. Damit beraubt man sie ihrer faszinierendsten Fähigkeit: auf eine Welt im Wandel mit Wandelbarkeit zu antworten.

Netzgesetz Nr. 4 | Lernfähigkeit. Netze sind in der Lage, ihre Stabilität zu bewahren, während sie auf Veränderungen und Impulse der Umwelt reagieren. Bei Störungen von außen verändern sie das Muster ihrer Verschaltung. Je komplexer, desto mehr Optionen für den Wandel.

Netze ordnen Chaos

Im Netz verborgen liegt das Geheimnis der unsichtbaren Hand – Kontrolle ohne eine Quelle der Macht.
KEVIN KELLY

Ja mach nur einen Plan, sei ein großes Licht. Und dann mach noch einen zweiten. Gehn tun sie beide nicht.
BERTOLT BRECHT

Von wegen »panta rhei«, alles fließt, das Leben ist großer langer Fluss! Die Wirklichkeit macht keine Sprüche, jedenfalls nicht auf der Autobahn A 9 von Nürnberg nach München: Stop and go! Vor fünf Minuten noch floss der Verkehr tatsächlich. Ein harmonisches Dahingleiten auf drei Spuren, alle haben das gleiche Ziel, vorwärts, lasst uns nach Hause fahren, so schnell wie möglich. Doch von einem Moment auf den anderen kommt die Karawane ins Stocken. Hat hier jemand »Stop« gerufen? Beim weiteren Dahinkriechen – abbremsen, anfahren, abbremsen – ist nichts von Baustelle, Unfall, Sperrung zu entdecken. Irgendwann rollen alle wieder schneller, beschleunigen, massenhaftes Einverständnis, und der Verkehrsfluss verdient seinen Namen wieder. Was war? War überhaupt was?

Verkehr ist ein dynamisches System. Schwärme sind seine Akteure. Schwarmdenken hilft, Verkehr besser zu verstehen. Denn es sind die vielen kleinen Entscheidungen von Fahrern, die zur großen Entscheidung »Stop oder Go« beitragen. Zwar mangelt es nicht an Eifer, sie zu leiten, hier anzutreiben und dort zu drosseln, doch kann Planung nur einen Rahmen setzen. Um im Bild zu bleiben: Ingenieure können einen Damm links und einen rechts bauen, dazwischen braucht der Fluss jedoch ein weites Feld, in dem er mäandriert, sich windet, wie er will. Und siehe da: Alles fließt!

Automobile Hydraulik. Forscher fanden heraus, dass die Fahrzeugdichte auf der Autobahn über eine weite Spanne zunehmen kann, ohne das Gleichmaß des Verkehrsstroms zu beeinträchtigen. Doch von einem bestimmten Wert an können schon kleinste Zuflüsse den Tropfen beinhalten, der das Fass zum Überlaufen bringt. Nun reicht die Unaufmerksamkeit eines einzigen Fahrers, der beim Cassettenwechsel erst dem Vordermann zu nahe kommt, dann zu stark abbremst, um hinter sich Turbulenzen – sprich: sich aufschaukelnde Brems- und Fahrmanöver – auszulösen. Wieder so ein Schmetterling. Er wirbelt die Reaktionen von Fahrern auf Reaktionen anderer Fahrer durcheinander.

Doch in unübersichtlichen Situationen zeigt sich eine Stärke der Schwärme. Sie organisieren sich selbst. Sie sind in der Lage, chaotische in geordnete Strukturen zu überführen. Das Muster Stop-and-go formt sich allein aus den Handlungen Tausender beteiligter Verkehrsteilnehmer, obwohl sie isoliert voneinander in ihren rollenden Faradayschen Käfigen sitzen, ohne mündliche Absprachen zu treffen. Sie befolgen einfache, lokale Regeln wie »Mindestabstand halten« oder »Wird der Abstand größer: beschleunigen« und erzeugen dadurch eine beschreibbare Struktur höherer Ordnung. Typische Wellen laufen mal gegen die Fahrtrichtung, mal mit ihr, bis das Muster immer weniger Stop und immer mehr Go aufweist. Der Fluss fließt wieder. Und niemand hat Regie geführt, was ja auch ein wunderbarer Stoff für eine Komödie wäre: Durchgeknallter Cop im Polizeihubschrauber versucht, per Megaphon einen Stau aufzulösen. »Du da, im silbernen Opel, Gas geben! Und jetzt der Tanklastwagen mit der roten Reklame, ja, du, marsch, marsch!« Mein Titelvorschlag: »Traffic II – Der unendliche Stau«.

Selbstorganisation hilft Netzen, ihre Stabilität zu erhalten oder wiederzuerlangen. Nach kleinen Regeln entstehen große Strukturen. Das Faszinierende dabei: Keiner der Akteure muss das Ganze kennen, um das Ganze zu erschaffen. Es reicht, dass viele Handlungen, Planungen und Interessen in regen Austausch treten. Ein Hering muss nicht wissen, wie Formationsschwimmen idealerweise aussieht, um sein Millionenstel zur Bildung eines fünfundzwanzig Kilometer langen Heringsschwarms beizusteuern. Er befolgt lediglich lokale Regeln: Anschluss halten, Mindestabstand wahren und sonst nur schwimmen und fressen. Ameisenkolonien und Vogelschwärme organisieren sich selbst, ebenfalls die Neuronen unseres Gehirns, Dörfer und Städte entstanden ursprünglich ohne Plan, das Internet wächst ohne Anweisung irgendeines »Zentralkomitees für den Cyberspace«, Vereine, Initiativen und Demokratien formieren sich autonom, Märkte sowieso.

Selbstorganisation wurde zuerst in der unbelebten Natur entdeckt. Mathematiker und Physiker wollten wissen, nach welchen Regeln sich so wunderschön verästelte Strukturen wie Eiskristalle formen. In lebenden Netzen versteht man unter Selbstorganisation einen Vorgang, bei dem Ordnung nicht von außen vorgegeben, sondern vom Netz selbst erzeugt wird. Sie tritt auf in komplexen, nichtlinearen Systemen fern vom Gleichgewicht, in denen viele Akteure simultan handeln und ihre Aktionen aufeinander beziehen. Sie benötigt einerseits feste Systemgrenzen, um Stabilität zu gewinnen, andererseits Möglichkeiten, diese Grenzen zu überwinden. Fritjof

Capra schreibt: »In der gesamten Lebenswelt wird Chaos in Ordnung umgewandelt.« Doch Chaos ist nicht immer der unliebsame Störenfried. Es spielt bei selbstorganisierenden Prozessen besonders in der Anfangsphase eine wichtige Rolle, weil es wie ein Zufallsgenerator wirkt. Wenn beispielsweise Wasser einen Erdhang hinunterfließt, können winzigste Unterschiede im Untergrund festlegen, welche ersten Routen die Rinnsale nehmen. Doch danach organisiert sich das Wasser selbst: Es fließt, wo die »Pionierrinnsale« geflossen sind. Sie haben ein wenig Boden abgetragen und feine Rinnen geformt. Je mehr hindurchströmt, desto tiefer die Spur. Positive Rückkopplung verstärkt den Prozess.

Das gleiche Prinzip von Selbstverstärkung führt zur Bildung regionaler Ballungen von Unternehmen oder Forschungseinrichtungen. Deren Wachstum folgt stets den gleichen Mustern. Die ersten Fakultäten und Firmen im indischen Bangalore, die sich mit Software-Entwicklung beschäftigten, mögen noch relativ zufällig dort gegründet worden sein. Als sie jedoch einmal dort existierten, entstand ein Sog, weitere Institute und Unternehmen siedelten sich an. Je mehr, desto attraktiver der Standort. Für die Szene ist der Austausch von Ideen, Forschungsergebnissen und qualifizierten Mitarbeitern lebenswichtig, also gehen Neugründer dahin, wo schon viele sind, also ist Masse attraktiv. Auf diese Weise entstanden Ballungen von Forschungseinrichtungen und Firmen der gleichen Branche im Silicon Valley, in Boston oder in einer kleinen deutschen Stadt namens Heidelberg. Dem »Gesetz der zunehmenden Erträge« folgen auch Telekommunikationsnetze: Je mehr Handys in Betrieb sind, desto mehr Neukunden zieht das Netz an. Attraktion hat zumindest in diesem Fall etwas mit Größe zu tun. Size matters. Wer es biblisch mag: »Wer hat, dem wird gegeben« (Matthäus 13,12), soll Jesus gesagt haben. Der Satz bringt das Prinzip der Selbstverstärkung auf den Punkt. Es funktioniert allerdings nur so lange, bis ein Grenzwert auftritt, der abschreckend wirkt, etwa wenn wir allzu häufig das Besetztzeichen hören. Ein überlastetes Netz wirkt nicht sexy.

ATTRAKTION HAT ETWAS MIT GRÖSSE ZU TUN. SIZE MATTERS. WER ES BIBLISCH MAG: »WER HAT, DEM WIRD GEGEBEN«

Der amerikanische Ökonom Brian Arthur, der die zunehmenden Erträge lange Jahre gegen seine auf Gleichgewichte fixierten Kollegen verteidigen musste, konnte zeigen, dass bei Prozessen der Selbstorganisation anfängliche Zufallskonstellationen im weiteren Verlauf ein ungeheures Beharrungsvermögen beweisen. Es verhindert, dass sich in der harten Auslese des Marktes stets der objektiv Bessere durchsetzt. Sonst hätte QWERTY nicht überlebt. Die Buchstabenkombination bezeichnet die Tastatur von Schreibmaschinen und Computern, die sich in der englischsprachigen Welt als Standard durchgesetzt hat. Benannt ist sie nach den sechs linken Tasten in der zweitobersten Reihe. War QWERTY erfolgreich, weil unsere zehn Finger über diese Anordnung von Buchstaben am flottesten fliegen? Genau das Gegenteil ist der Fall. Als der Ingenieur Christopher Scholes die Tastatur im Jahr 1873 konstruierte, wollte er die Hände möglichst ausbremsen. Die damaligen Setzmaschinen waren nicht flink genug für die flinken Typistinnen. Doch einmal in die Welt gesetzt, entwickelte die Tastatur ein munteres Eigenleben. Remington kopierte sie, Anfänger lernten nach dem System, weitere Firmen stiegen darauf ein. Und als Schreibmaschinen und Computer längst darauf ausgelegt waren, Texte so schnell wie möglich einzugeben, war QWERTY nicht mehr totzukriegen. Der Volksmund benennt die zunehmenden Erträge in der mephistotelischen Variante »Der Teufel scheißt immer auf den dicksten Haufen«.

DER VOLKSMUND BENENNT DIE ZUNEHMENDEN ERTRÄGE IN DER MEPHISTOTELISCHEN VARIANTE »DER TEUFEL SCHEISST IMMER AUF DEN DICKSTEN HAUFEN«

Die gleiche Dynamik bewirkt, dass aus Pfaden Wege werden. Sie entstehen zunächst nicht geplant, sondern organisieren sich selbst. Gnus trampeln schmale Linien ins Gras der Serengeti, Wildschweine schlagen Breschen ins Unterholz, auf einem Uni-Campus zeichnen braune Spuren Abkürzungen in den Rasen. Ein Weg lässt sich als ein System im Ungleichgewicht betrachten. Er benötigt Energie von außen. Die bekommt er von denen, die ihn betreten. Jeder Tritt ist nicht nur ein Fortschritt, sondern auch eine Markierung. Fußgänger schreiben den Weg, den sie gehen. Andere lesen ihn, folgen ihm, verstärken ihn. Umgekehrt verfallen Wege, wenn sie nicht begangen werden. Rasen erobert kahle Stellen zurück, Brennnesseln wuchern, irgendwann ist die Spur unleserlich. Der Weg stirbt. Jeder Pfad buhlt in Konkurrenz mit anderen um die »Energie« der Fußsohlen. Die Zahl der Geher ist beschränkt. Sie müssen wählen. Selektionsdruck entsteht. Nur die Spur überlebt, die für möglichst viele eine Ideallinie hergibt.

Selbstorganisiert entstanden in vielen Dörfern ausgeklügelte Verbindungssysteme, ohne dass jemand sie am Reißbrett entworfen hätte. Motto: Der Mensch denkt, aber der Weg lenkt. Von einem guten Wegenetz werden die unterschiedlichsten Dinge erwartet. Sie sollen möglichst viele Punkte miteinander verbinden. Die Verbindungen sollen so kurz, Bau und Pflege der Wege so billig wie möglich sein. Die Ziele widersprechen sich. Die Physik nennt so etwas ein »frustriertes Problem«: Es gibt eine große Zahl von Lösungen, die alle ähnlich gut oder schlecht sind. Selbst wenn ein Computer-programm alle Varianten errechnete, bliebe noch die Qual der Wahl. Doch das Faszinierende ist: Schwärme von Fußgängern finden selbstorganisiert eine Lösung.

Ihre einfachste Regel lautet: Direttissima! Die kürzeste Verbindung zwischen Start und Ziel spart Zeit und Energie. Verzweigungen zeigen, ob in italienischen, amerikanischen oder namibischen Dörfern, meist einen Winkel von zwanzig bis dreißig Grad. Weltweit bieten sich den Forschern aus der Vogelperspektive ähnliche Netzmuster dar. Eine kleine Zahl von Hauptstraßen verbindet die wichtigsten Knoten, Nebenwege versorgen den großen Rest der Zielpunkte. In allen Siedlungen, egal in welcher Landschaft oder von welcher Kultur geprägt, überwiegt die Zahl dreiarmiger Knoten, die durch Verzweigung entstehen. Deutlich weniger häufig sind vier- oder fünfarmige Knoten. Das Netz, das sich im Laufe der Zeit herausgebildet hat, war in allen Fällen ein guter Kompromiss zwischen einem Direktwegesystem (mit sehr vielen Strängen) und einem Minimalsystem (das kostensparend nur ausgesuchte Knoten verbindet). Die Wiener Architektin Eda Schaur bezeichnet dieses Zwischending als »Netz der minimierten Umwege«.

Im Labor gab sie der Natur eine Chance. Für ihre Experimente benutzte sie schwimmende Fäden als Simulation. Auf einer Plexiglasscheibe verband sie Stäbchen (als Knoten) mit Fäden (als Wege), wobei sie ihnen ein wenig Spiel ließ. Als sie das Gebilde, ein lupenreines Direktwegesystem, in Wasser tauchte, lagerten sich einige der losen Fäden an andere an: Hauptverkehrsadern kristallisierten sich heraus, zudem überwogen dreiarmige Knoten. Als Eda Schaur die fertige Struktur fotografierte und mit Luftaufnahmen ungeplanter Siedlungen verglich, war sie vom Grad der Übereinstimmung überrascht: »In beiden Fällen war Selbstorganisation am Werk und hat ein System mit minimalen Umwegen entwickelt.« Der Weg findet mit scheinbar spielerischer Leichtigkeit seine Form. Wer sich als Wanderer auf ihn einlässt, überlässt ihm die Führung. Solvitur ambulando, es wird im Gehen gelöst. Selbst so etwas Kompliziertes wie Wegeplanung.

Die Linien, Gabelungen und Richtungen, die dabei spontan entstehen, können sich später hartnäckig halten. Ausgetretene Wildwechsel, das Wegenetz der Tiere, wurde von menschlichen Jägern und Sammlern weiterbenutzt, um leichter durchs Dickicht zu kommen. Irgendwann wurden solche Pfade zu Wegen ausgebaut. Und noch heute verläuft manches Asphaltband in historischen Bahnen: Die New York Route 5 ist auf sechshundert Kilometern identisch mit dem Iroquois Mohawk Trail; die Trecks der »Go west«-Pioniere gaben viele der modernen Fernverbindungen »from coast to coast« vor; in New York City führt der Broadway über einen alten Indianerpfad: Blechlawinen folgen den Spuren hirschlederner Mokassins.

Der Weg ist das Spiel. Ein ungeplantes Wegenetz, das einfach durch und beim Gehen entsteht, so fanden Forscher heraus, ist keineswegs ineffizienter als ein Raster vom Reißbrett, zudem abwechslungsreicher und weit flexibler als vieles, was sich Architekten, Straßenbauer und Verkehrsplaner ausdenken. Die vielen Menschen, die das Netz in Gemeinschaftsarbeit kreieren, scheinen ihm ein menschliches Maß einzuhauchen. Schon plädieren prominente Baumeister wie Daniel Libeskind für einen evolutionären Ansatz in der Planung von Städten. Sie müssten so angelegt werden, dass weit mehr Frei- und Spielräume als bisher für die Selbstorganisation ihrer Bewohner blieben. Eine Architektur des Komplexen solle das Unvorhersehbare von vornherein berücksichtigen, damit Siedlungen sich umorganisieren können, wenn neue Bedürfnisse auftreten.

Der kreativen Kraft sich selbst organisierender Netze zu vertrauen bedeutet mitnichten das Ende jeglicher Steuerung. Sie sollte sich jedoch darauf beschränken, geeignete Randbedingungen zu schaffen. Wenn der Fluss des Lebens schon mal in die richtige Richtung fließt, kann man getrost darauf verzichten, jedem einzelnen Strudel das Strudeln beibringen zu wollen. Die beiden Deiche rechts und links, die wir gegen Flut und Erosion errichten, sollten einen weiten Zwischenraum lassen, damit der Strom genug Freiheit für flexibles Fließen hat. Engt man ihn zu sehr ein, tritt er irgendwann über die Ufer.

Das gilt auch für Fußgängerströme. Die Folgen falsch verstandener Planung lassen sich auf jeder zweiten städtischen Grünfläche besichtigen. Den Landschaftsarchitekten haben vielleicht die Gärten von Versailles inspiriert, alles schön symmetrisch, abgezirkelt, die Kreuzungen rechtwinklig, eine blühende Liebeserklärung an die Geometrie, und sicher wäre der Sonnenkönig stolz auf ihn – allein, es nützt ihm nichts. Menschen laufen nicht im Quadrat. Wir laufen der Nase nach, und die sagt uns: »Direttissima!« Weicht der Weg um mehr als fünfundzwanzig Grad von der Ideallinie ab, verweigern wir den Marschbefehl. Wir schlagen uns in die Büsche, brechen Breschen in Beete, ignorieren trotzig Schilder »Rasen betreten verboten« und nehmen eine Abkürzung. Andere tun es uns nach, und mit der Zeit bekommt der Versailles-Verschnitt ein neues, menschlicheres Muster. Das Gitter zerfließt und wird zum Netz.

Netzgesetz Nr. 5 | Selbstorganisation. Komplexe, nichtlineare Systeme können sich aus eigener Kraft strukturieren und Stabilität gewinnen. Die interagierenden Elemente handeln nach einfachen Regeln und erschaffen dabei aus Chaos Ordnung, ohne eine Vision von der gesamten Entwicklung haben zu müssen.

Netze erzeugen Chaos

Nichts kann existieren ohne Ordnung. Nichts kann entstehen ohne Chaos.
ALBERT EINSTEIN

Was war das Leben? Es war nicht materiell, und es war nicht Geist. Es war etwas zwischen beidem, ein Phänomen, getragen von Materie, gleich dem Regenbogen auf dem Wasserfall und gleich der Flamme.
THOMAS MANN, »DER ZAUBERBERG«

Ein Sommertag im Jahr 1989. Zwischen dem österreichischen Eisenstadt und dem ungarischen Sopron, südöstlich von Wien, treffen sich ein paar hundert Leute. Ein ländliches Idyll aus Wiese und Wald, in dem sie ein Picknick veranstalten wollen. Kaffee, Kuchen, belegte Brote, Musik. Doch das ist nur die offizielle Version. In Wirklichkeit handelt es sich um Mitglieder der Paneuropa-Union, die hier, an der Grünen Grenze, für die Einheit Europas werben wollen. Irgendwie ist es den Veranstaltern gelungen, für das »Picknick«, das auf österreichischer Seite stattfand, den ungarischen Staatsminister und kommunistischen Spitzenfunktionär Imre Pozsgay als Schirmherrn zu gewinnen. Er hat versprochen, nachmittags das Holztor, das seit Jahrzehnten die Grenze verschließt, kurz zu öffnen, damit die ungarischen Teilnehmer auch etwas vom Kaffee und Kuchen abbekommen. Die Nachricht, dass sich der Eiserne Vorhang einen Spalt breit teilt, verbreitet sich wie ein Lauffeuer unter DDR-Bürgern, die gerade in Ungarn Urlaub machen. Ganze Konvois von Wartburgs und Trabbis machen sich auf zur Grenze. Dort warten sie erst gar nicht, bis das Kommando kommt, das Tor aufzuschließen. Sie überrennen die Grenzer förmlich, ahnend, dass niemand sie aufhalten wird. Gegen drei Uhr nachmittags schneidet einer der ungarischen Soldaten den Stacheldraht durch, der das Holztor bewehrt, massenhaft drängen Menschen von Ost nach West, fallen sich erst ungläubig, dann ekstatisch in die Arme, immer wieder jubelnd: »Die Grenze ist offen, der Weg ist frei.«

Der Schnitt durch den Stacheldraht ist wie ein Stich in einen prallvollen Luftballon. Da strömt etwas in so großer Geschwindigkeit heraus, dass es knallt, und das Gebilde drumherum bleibt als schlaffe, leere Hülle zurück. So auch die DDR: Die Spontanflucht in Ungarn war einer der Auslöser für eine nichtlineare, sich aufschaukelnde Entwicklung, die innerhalb von drei Monaten zum endgültigen Fall der Mauer, dann zum Ende eines sozialistischen Staates und schließlich zum Zusammenbruch des gesamten Ostblocks führte. Die DDR befand sich in ihrer Endphase in einem Zustand »fern vom Gleichgewicht«. Das ist zunächst einmal nicht ungewöhnlich in komplexen Systemen. Um zu leben, müssen sie Informationen und Materie zu sich nehmen und an die Umwelt abgeben. Der gegenteilige Zustand hieße totales Gleichgewicht, auch Tod genannt. Netze im Fließgleichgewicht pendeln zwischen Chaos und Ordnung. Irgendwo zwischen den beiden Extremen befindet sich eine Zone, der »Sweet Spot«, wo sich das Dynamische und Kreative mit dem Übersichtlichen und Effizienten vermählt. Diese Mischung, meint der Komplexitätsforscher Stuart Kauffman, werde von der Evolution durch natürliche Auslese begünstigt. Nur Netze am Rande des Chaos sind in der Lage, komplexes und flexibles Verhalten zu koordinieren, zu lernen, sich dem Wandel der Lebensbedingungen anzupassen, Neues hervorzubringen. Ihr Fließgleichgewicht beschreibt nicht nur das ständige Balancieren und Austarieren; es benennt auch die Flüsse von Energie, Materie und Information, die durch ihre Kanäle laufen. Am »Sweet Spot« entscheidet sich stets neu, ob die ordnenden Kräfte der Selbstorganisation die Oberhand gewinnen. Oder ob exponentielle Verläufe das Netz an seine Grenzen und darüber hinaus treiben, in Regionen, wo es bereit ist, sich radikal zu verändern.

NUR NETZE AM RANDE DES CHAOS SIND IN DER LAGE, KOMPLEXES UND FLEXIBLES VERHALTEN ZU KOORDINIEREN, ZU LERNEN, SICH DEM WANDEL DER LEBENSBEDINGUNGEN ANZUPASSEN, NEUES HERVORZUBRINGEN

Wie stand es um die DDR im Jahr 1989? Im Detail war die Situation nur schwer zu analysieren, wusste doch nicht einmal die Regierung Bescheid, hatte der Staatssicherheitsdienst längst den Überblick verloren, klangen auch die Berichte ausländischer Beobachter und Geheimdienste konfus. Die einen gingen davon aus, dass die Mauer noch »hundert Jahre steht«, wie Erich Honecker lauthals verkündet hatte, die anderen wunderten sich, dass sie nicht schon längst eingestürzt war. Dass solche Analysen schwer bis illusorisch sind, ist typisch für ein hochkomplexes System, wie es ein Staat darstellt. Zumindest eines lässt sich festhalten: Das System DDR befand sich weiter weg vom Gleichgewicht als je zuvor in seiner vierzigjährigen Geschichte. Die Lage war äußerst labil. Demonstrationen und der Druck auf die Regierung, den Bürgern mehr Freiheiten zuzugestehen, nahmen ständig zu. Zum Zeitpunkt des »Picknicks« an der ungarisch-österreichischen Grenze befanden sich fünfzehntausend DDR-Urlauber im sozialistischen Bruderland, nur drei Wochen später waren es hundertfünfzigtausend. Das kleine Rinnsal der Ausreisenden schwoll zu einem reißenden Strom an, der den realen Sozialismus deutscher Spielart hinwegspülte.

Stellen wir uns zum Vergleich vor, der Seitenschneider des ungarischen Soldaten hätte den Stacheldraht nicht am 19. August 1989 durchtrennt, sondern genau zwanzig Jahre zuvor. Damals befand sich die DDR in einer völlig anderen Lage. Stabil eingebaut in Ostblock und Warschauer Pakt, gefestigt durch die Frontlage im Kalten Krieg, stolz auf seine Position als eines der führenden Industrieländer. Die Vermutung liegt nah, dass die Flucht von dreihundert Regimegegnern in einem derart stabilen System weitaus weniger umstürzlerische Handlungskaskaden ausgelöst hätte. Die zum Chaos tendierende Wucht, mit der das Regime hinweggefegt wurde, erklärt sich aus der starren, jegliche Neuerung erstickenden Ordnung, die vorher geherrscht hatte. Ihr rigides Reglement, das sogar vorschrieb, an welchem Ort ein Arbeiter seinen Urlaub verbringen musste, hatte einen ungeheuren Innendruck aufgebaut, wie in einem Luftballon kurz vor dem Platzen.

DIE WELT IST VOLLER PLÄTZE AM RANDE DES CHAOS   Die Welt ist voller Plätze am Rande des Chaos. Wenn Palästinenser und Israelis in tiefer Harmonie zusammenleben würden, könnte ein fanatischer Selbstmordattentäter zwar Menschen umbringen, aber nicht den Frieden torpedieren; derzeit kann das schon ein Steinewerfer. Wäre die Bürgerrechtsbewegung in den USA nicht so lange brutal unterdrückt worden, hätte ein Einzelfall wie die Verhaftung von Rosa Parks nicht einen ganzen Aufstand auslösen können. Die zweiundvierzigjährige Näherin hatte einen Bus bestiegen und sich, wie es die damaligen Gesetze bestimmten, in den Bereich für Schwarze gesetzt. Als einige weiße Männer einstiegen, forderte der Busfahrer Rosa Parks auf, ihren Platz zu räumen. Sie weigerte sich, beharrte auf ihrem Recht. Die Polizei wurde gerufen, verhaftete sie – und setzte damit das Signal für den Aufruhr. Das war am 1. Dezember 1955. Geschlossen boykottierten Schwarze alle Busse. Polizisten belästigten Fahrgemeinschaften, die sich als Ersatz gebildet hatten. An den Häusern der Wortführer angebrachte Bomben wurden gefunden und entschärft. Einer von ihnen war Reverend Martin Luther King, der im eskalierenden Konflikt zu einer Symbolfigur der Bürgerrechtsbewegung werden sollte. Der »Montgomery-Bus-Boykott« hatte Erfolg: Ein Jahr später erklärte der Oberste Gerichtshof, dass Apartheit in Bussen gegen die Verfassung verstoße. Auch in diesem Fall rührt die Heftigkeit des Aufruhrs vor allem aus der allzu starren, linearen, nicht lernfähigen Ordnung in der Zeit davor.

Nach turbulenten, chaotischen Perioden treten Netze in eine neue Phase. Aus eigener Kraft gewinnen sie ihre Stabilität zurück. So

wurden aus einer DDR des Aufruhrs und Zerfalls die fünf Bundes-
länder eines der reichsten Staaten der Welt. Die USA verdankt der
schwarzen Bürgerrechtsbewegung viele hoffnungsvolle Fortschritte
in Menschenrechtsfragen; sie hat das Rassenproblem zwar nicht
gelöst, aber durch deutliche Zugeständnisse entspannt.

Netze fern vom Gleichgewicht schwanken um den »Sweet Spot«,
der in Wirklichkeit kein Punkt, sondern eine Zone zwischen Chaos
und Ordnung ist. Ihr Verhalten widerspricht einer beliebten rhetori-
schen Übung: Es ist Mode geworden, vom ökologischen Gleichgewicht zu sprechen. Man kann sicher sein, dass irgendein Redner jetzt
gerade irgendwo auf der Welt fordert, dass es wiederhergestellt
werden müsse. Die traurige Nachricht lautet: In freier Wildbahn ist
Gleichgewicht fast unauffindbar. Zu den wenigen Ausnahmen zählen
Kristalle, Steine und tote Tiere. Die haben tatsächlich ein Equilibre
erreicht, es ist ihr finales. Der Zoologe Josef Reichholf weist darauf
hin, dass es in Wirklichkeit Instabilitäten sind, die die Evolution beflügeln. Insbesondere in den zwei Erscheinungsformen Mangel und
Überfluss. Die herkömmliche Erklärung, wonach allein Mutation und
Selektion sowie die Anpassung der Arten an die Umwelt verantwortlich sind für die Entwicklung von einfachen zu immer komplexeren
Formen, hält Reichholf für unbefriedigend. Seiner Meinung nach
führen Mangelsituationen im Tierreich zu ideenreichen Spezialisie-
rungen. Indem Organismen sich neue ökologische Nischen erschließen, entgehen sie der Nahrungskonkurrenz. Dazu reicht es, dass
eine Käferart die Oberseite eines Blattes abweidet, die andere sich
auf die Unterseite beschränkt. Mangel könnte der Grund sein, warum
der Regenwald eine unglaublich große Vielfalt von Tier- und Pflanzenarten beherbergt, die jeweils kleine Bestände umfassen, denn
tropische Wälder sind relativ nährstoffarm. So bestätigt sich am
Äquator eine Regel, die meine sauerländische Großmutter als Angehörige der Kriegsgeneration gern zitierte: Not macht erfinderisch.

Aber auch Überfluss ist ein Agent der Evolution. Das zeigt die
Erfindung der Vogelfedern. Offensichtlich stammen Vögel von Reptilien ab. Aber wie konnten Schuppentiere Federn ausbilden, um
sich damit in die Lüfte zu erheben? Schon die Frage ist falsch gestellt. Hinter der federleichten Innovation stand keine Absicht, denn
Natur kennt keine Ziele. Vielmehr handelt es sich bei den Vorläu-
fern der Federn um vergrößerte Schuppen, die schon deshalb von
Vorteil waren, weil sie die Wärmeregulation des Körpers unterstütz-
ten. Die Ausprägung eines solchen »Organs« kostet jedoch Energie

in Form von Eiweiß. Erst als den Reptilien eine nie gekannte Fülle von Insekten als Nahrung zur Verfügung stand, aufgrund der Entwicklung der Blütenpflanzen, bekam die Metamorphose »Schuppen zu Federn« einen Schub. Zunächst hielten sie einfach nur warm, später gestatteten sie es einer neuen Klasse von Wirbeltieren, abzuheben in den Luftraum.

Zäh hält sich trotz all dieser Befunde die Hoffnung, irgendwo in der Natur doch noch den Garten Eden zu finden: einen gepflegten, geharkten Hort der Übersichtlichkeit, jede Blüte darin berechenbar. Jüngster Silberstreif für die Liebhaber geordneter Lebensverhältnisse war die Bekanntgabe, das menschliche Genom sei entschlüsselt. Liegt hier nicht, lange ersehnt, der Codex unserer eigenen Natur vor, alle sieben Siegel geknackt? Ergriffen von der historischen Stunde verkündete Bill Clinton, der Mensch könne jetzt erstmals »Gottes Schöpfungsplan lesen«. Offensichtlich wusste der damalige US-Präsident nichts vom tatsächlichen Herrscher im Reich der Gene: dem Chaos. Die dreißgtausend DNA-Sequenzen funktionieren eben nicht wie ein Stellwerk bei der Eisenbahn. Da gibt es Gene, die steuern die Produktion von zwanzig völlig verschiedenen Proteinen – aber welche wann wie viele? Einige Gene sind nur dafür da, andere Gene zu aktivieren, die wiederum andere ein- oder ausschalten. So entstehen Rückkopplungen und unvorhersehbare Wechselwirkungen. Für die meisten Erbkrankheiten ist nicht ein einziges Gen verantwortlich, sondern das komplexe Zusammenwirken von mehreren – welche wann warum? Die vom Erbgut gesteuerten Proteine, von denen sich in einer einzigen Körperzelle allein im Schnitt zehntausend verschiedene Formen tummeln, melden Umweltveränderungen an die Gene zurück – welche wann an wen? Statt von »Genom« sprechen die Forscher immer öfter von »Gen-Netzen«, deren Interaktionen noch weitgehend rätselhaft seien. Zu den sieben Siegeln auf dem Buch des Lebens sind eher noch ein paar hinzugekommen.

Schlägt wenigstens unser Herz »ordentlich«? Regelmäßig, das heißt gemäß den Regeln? In einer Lebensspanne von siebzig Jahren bringt es unsere Blutpumpe auf drei Milliarden Schläge. Und zumindest in unseren ruhigen Momenten scheint es uns, als folge ein Schlag dem anderen so präzise, wie das Metronom eines Klavierspielers tickt. Irrtum! Kein Kardiologe könnte auch nur auf Minuten vorausberechnen, wann ein bestimmter Pumpvorgang stattfinden wird. Das liegt daran, dass der Abstand zwischen zwei Schlägen davon abhängt, wie groß jeweils das Intervall der Schläge davor war. Obwohl sich also der Rhythmus mathematisch nicht voraussagen lässt, funktioniert er doch – eine Erkenntnis mit hohem Symbolgehalt.

Denn das Leben »am Rande des Chaos« verliert, wenn man genauer hinschaut, alles Bedrohliche. Es braucht Grenzsituationen, um sich und seine Netze ständig neu zu erfinden. Es ringt um Balance zwischen Ordnung und Chaos, droht ständig zu kippen, aber fällt nie ganz. Der Autor Kevin Kelly nennt es ein »andauerndes Beinahe-Fallen«. Wir sollten uns von dieser Vorstellung nicht quälen, sondern uns im Gegenteil beflügeln lassen. Wie den Auftritt einer Seilakrobatin. Auch sie balanciert zwischen Chaos und Ordnung, kann hoch oben auf der dünnen Brücke nicht einfach stehen bleiben und erstarren – Prinzip Ordnung –, dann würde sie sofort hinunterfallen, genauso wenig aber wird sie – Prinzip Chaos – wild hin und her hüpfen. Stattdessen pendelt sie, tänzelt vor und zurück, nach links und nach rechts, findet den »Sweet Spot«, lässt ihn los, um ihn erneut aufzusuchen. Ein Höhepunkt kybernetischer Eleganz.

Das Leben auf dem Planeten Erde beherrscht diesen Drahtseilakt perfekt. Schon seit vier Milliarden Jahren. Es hat bei der Aufführung des Schauspiels keine einzige Pause gemacht. Milliarden Jahre währendes Beinahe-Fallen. Das in Wirklichkeit ein Fließen ist. Ein Strom, der sich immer wieder selbst herstellt. Zwar erlebt die Evolution jede Menge Katastrophen, sterben ständig Milliarden Netzstränge, aber nie das ganze Gewebe des Lebens.

Netzgesetz Nr. 6 | Chaos. Lebende Netze bewegen sich in einem kritischen Phasenübergang zwischen Chaos und Ordnung. Dort finden sie Kreativität und Stabilität in optimaler Mischung. Am Rande des Chaos ringen sie um ein Fließgleichgewicht, das innovationsfeindliche Erstarrung ebenso verhindert wie krisenanfällige Anarchie.

Netze verzeihen Fehler

Ein Irrtum, der vertrieben wird, ist Teil von Gottes Plan.
WILLIAM BLAKE

Kolumbus irrte richtig.
LESTER THUROW

1988 erlebten die USA den trockensten Sommer seit hundert Jahren. In vielen Wäldern brachen verheerende Brände aus. Besonders schlimm wüteten sie im Yellowstone-Nationalpark, dem Symbol für nordamerikanische Wildnis. Heißer noch als die Flammen tobten Diskussionen durch die Medien, was zu tun sei: Löschen? Oder brennen lassen, weil Nationalparks schließlich Unberührtheit bewahren sollen? Während sich die meisten der befragten Ökologen fürs Laisser-faire aussprachen – die Brände würden schon irgendwie zum Stillstand kommen –, stand beim Publikum die Katastrophenhilfe »für die bedrohte Natur« höher im Kurs. Einmal mehr triumphierte

Populismus über bessere Einsicht. Tausende Feuerwehrleute wurden in die heiße Schlacht geschickt, hundertzwanzig Millionen Dollar ausgegeben – und kaum eines der Feuer gestoppt. Gegen ihre Gewalt wirkten wassersprühende Hubschrauber genauso lächerlich, als wolle man die Flammen auspusten.

Liegt der Yellowstone-Nationalpark seitdem als verkohltes Brandopfer in der Landschaft Wyomings brach? Asche auf dem Haupt nationalen Versagens? Keine Spur. Mit dem bloßen Auge lassen sich kaum noch Folgen der großen Feuersbrünste ausmachen. Schon Anfang der neunziger Jahre grünte und blühte es überall im Park. Heute entdeckt nur der geschulte Blick, dass sich überhaupt etwas verändert hat. Die Nachricht dürfte die feuerphobische Öffentlichkeit überraschen: Vierzehn Jahre nach dem Brandsommer ist die Artenvielfalt höher als davor! Ökologen können die dafür verantwortliche Dynamik mittlerweile recht gut beschreiben. Ihrer Meinung nach ist Feuer mitnichten ein Desaster, sondern lediglich eine Störung, die das Netz »Wald« mühelos beheben kann. Mehr noch: Es braucht diese Irritationen. Sie halten jung. Das ist wörtlich zu verstehen. Denn ein gesunder Wald zeichnet sich durch ein Patchworkmuster aus, er versammelt auf unterschiedlichen Parzellen Bäume unterschiedlichen Alters, zeigt eine bunte Mischung aus Größen, Stammdicken und Baumspezies. Feuer fügt dem Flickenteppich neue, farbige Flächen hinzu. Und tut noch einiges mehr:
__ Mineralienreiche Asche liefert einen hochwertigen Dünger.
__ Aufgrund seiner Schwärze speichert der Boden viel Sonnenwärme.
__ In der Hitze überleben eher die besonders robusten Bäume und vererben als Pioniere dem jungen Wald ihre Gene.
__ Bei einigen Kiefern- und Fichtenarten schmilzt die harzige Hülle, die die Samen umgibt: Erst Höllentemperaturen machen sie fruchtbar.

Viele vermeintliche Katastrophen sind in Wirklichkeit Katalysatoren ökologischer Erneuerung. Überschwemmungen und Dürren, Vulkanausbrüche und Erdbeben, Schneelawinen und Erdrutsche hat schließlich nicht der Mensch erfunden. Es gab sie lange vor uns, und das planetare Leben weiß damit umzugehen. Es hat seine Netze fehlertolerant ausgelegt. Ein Fehler ist für sie nicht das Ende, sondern der Anfang. Weil sie über ungeheuer viele Knoten und Stränge verfügen, bestehen sie die meisten Zerreißproben. Die Lehre des Feuers lautet: Aus der Asche erhebt sich neue Vitalität.

Die Fehlertoleranz von lebenden Netzen beruht darauf, dass sie ihre Prozesse auf Tausende und nicht selten Millionen von Komponenten verteilen. Fallen einige davon aus, funktioniert das Netz weiter. Blitzschnell werden »Umleitungen« eingerichtet. Stirbt eine Ameise, übernimmt eine andere ihre Arbeit. Fällt das eine Hirnareal aus, organisieren sich andere um und schaffen Ersatz. Streikt ein Server im Internet, suchen sich die Datenpakete in Lichtgeschwindigkeit neue Bahnen, um zum Empfänger zu gelangen. Ihre Belastbarkeit verdanken Netze meist zwei Merkmalen, Dezentralität und Redundanz. Ersteres besagt, dass viele Elemente gleichzeitig handeln, ähnlich wie bei einem Parallelrechner; man könnte sagen: Jeder Knoten ist das Zentrum. Redundanz bedeutet, dass für ausfallende Funktionen automatisch ein Ersatz einspringt. Das Prinzip wenden Techniker und Ingeniure an, wenn sie besonders sicherheitssensible Systeme konstruieren. Ein Fallschirm besitzt Redundanz, denn er verfügt für den Versagensfall über einen Reserveschirm. Atomkraftwerke sind mit doppelten, teilweise vierfachen Kühlaggregaten ausgelegt, um die Kernschmelze als GAU, als größten anzunehmenden Unfall, zu verhindern; Düsenjets können zur Not mit einem Triebwerk fliegen; Krankenhäuser haben Dieselgeneratoren installiert, falls der Strom ausfällt.

DASS WIR MENSCHEN NETZE WEIT WENIGER ELEGANT KNÜPFEN ALS DIE NATUR, ZEIGT DAS ALLTÄGLICHE NETZVERSAGEN

Dass wir unsere menschengemachten Netze weit weniger elegant knüpfen als die Natur, zeigen nicht nur Flugzeugabstürze oder der Reaktorunfall von Tschernobyl, sondern viel deutlicher das alltägliche Netzversagen. Etwa im Straßenverkehr. Ferntransport ist in Europa auf einige wenige Transitstrecken angewiesen, die sich von Flaschenhals zu Nadelöhr hangeln. Solche neuralgischen Punkte, von denen die Leistung des ganzen Systems abhängt, nennen Netzdenker den »single point of global failure«. Den Brenner zu blockieren reicht aus, um große Teile der Warenströme zwischen Süd- und Mitteleuropa zu stauen. Davon ist etwa die Autoindustrie betroffen, die bei jedem Lkw-Streik – Trucker finden garantiert den »single point of global failure« – um die laufende Produktion bangen muss. Sie hängt von pünktlicher Zulieferung der Einzelteile ab. Wenn Just-in-time zu »just im Stau« wird, stehen die Bänder still.

Es gibt eine Reihe von Systemen, die wir aus der Sicht des »Schwarmdenkens« auf ihre Fehleranfälligkeit untersuchen sollten. Wir würden eine Menge Monopole, Nadelöhre und zentralistische Verwaltungen entdecken, die nach dem Prinzip des »verteilten Handelns« umorganisiert werden könnten. Dabei ließe sich noch etwas von der Yellowstone-Story lernen: Netze dulden kleine Fehler, um große zu vermeiden. Doch wir Menschen verfallen immer wieder in

Kontrollitis. Wir unterdrücken schon winzige Abweichungen von einem Zustand, den wir für das Gleichgewicht halten – und fordern damit erst recht das Schicksal heraus. Etwa in den Wäldern. Dort wuseln unter natürlichen Bedingungen im Sommer kleine Brände durch das dichte Unterholz, verbrennen herumliegendes Laub und Baumleichen. Der US-amerikanischen Forstverwaltung waren diese lokalen Ausbrüche jedoch ein Dorn im Auge. Zu ihrer Bekämpfung ließ sie Flugzeuge kreisen, postierte Brandmelder, erfasste mit Infrarotscannern jedes Lauffeuer. Dann wurde gelöscht, was Tanks und Schläuche hergaben. Der »U.S. News and World Report« beschrieb, wie die Förster zwar einige Schlachten gewannen, aber letztlich den Krieg verloren: »Ein Jahrhundert verbissener Feuerbekämpfung hat uns eine makabre Hinterlassenschaft vermacht: Die Wälder im gesamten Westen sind voll mit zu dichten und kranken Beständen, die um so anfälliger gegen Feuer sind.«

Ohne es zu wissen, hatten die Förster über die Jahrzehnte einen gigantischen Scheiterhaufen errichtet, der in jeder Trockenzeit nur auf eine Zigarettenkippe oder einen Blitzschlag wartete, um sich prompt zu entzünden. Doch mittlerweile haben sie begriffen, wie fehlerfreundliches Forsten aussieht. Kleine Brände werden nicht nur geduldet, sondern sogar absichtlich gelegt. »Prescribed burning« heißt die Methode: Feuer auf Rezept. Denn Langzeitstudien haben ergeben, dass die Artenvielfalt auf einem Areal rund fünfundzwanzig Jahre nach einem Brand am größten ist. Von diesem Höhepunkt geht es erneut bergab: Die Baumbestände werden wieder dichter, niedrigere Gräser und Sträucher bekommen immer weniger Licht und werden in ihrer Diversität unterdrückt, Vögel ziehen fort. Bis zum nächsten Feuer.

Andere »Katastrophen«, ähnliche Effekte. Eine Lawine, die einen Berghang hinunterdonnert, mag für Menschen, aber auch für einzelne Tiere oder Bäume fatale Folgen haben. Ökosysteme begreifen sie eher wie einen Startschuss, mit dem eine neue Entwicklung anläuft. In den Alpen siedeln sich auf leer gefegten Lawinenflächen zunächst Reitgras und andere schnell wachsende Pionierpflanzen an, ihnen folgen Zwergsträucher wie die Gemsheide, danach Weiden und andere Strauchgehölze. Eine artenreiche Mischung entsteht. Auch auf Geröllschneisen in kanadischen Wäldern tummeln sich mehr Reptilien und Vögel, mehr Grizzlys und Wölfe als auf benachbarten, unversehrten Flächen. Offenbar entfesseln massive Störungen in Netzen eine Dynamik, die sie zu neuen Höchstleistungen treibt. Der Zoologe Josef Reichholf ist der Meinung, dass die Evolution »Fortschritt durch Katastrophen« erzielt. In der Naturgeschichte sind mindestens fünf Massensterben von Tier- und Pflanzenarten dokumentiert, meist bedingt durch dramatische Umschwünge der globalen Wetterlage. Doch das Killerklima gab, so Reichholf, »die entscheidenden Impulse für Neuentwicklungen«. Nach solchen Einschnitten explodierten die Spezieszahlen förmlich. So kommt es, dass heute zwar neunundneunzig Prozent aller jemals existenten Pflanzen und Tiere verschwunden sind, wir aber dennoch in einer erdgeschichtlichen Epoche leben, die hinsichtlich ihrer Artenfülle die meisten vor ihr weit übertrifft.

In lebenden Netzen sind Fehler Agenten der Vielfalt. Sind Innovatoren, kreative Impulse von außen und von innen, die auf teils drastische Weise Veränderungen anstoßen. Sie funktionieren als Zufallsgeneratoren, die Netze zu spontanen Richtungsänderungen zwingen. Ab und zu die Strategie zu ändern macht Sinn. Nehmen wir an, eine Raubfischart hat einen besonders ausgeklügelten Trick entwickelt, um kleine Fische in ihre Fänge zu locken. Verfolgt sie diese Strategie unverändert über lange Zeiträume hinweg, kann sie leicht von anderen Räubern imitiert werden. Insofern dienen ungeplante Abweichungen als eine Art eingebauter Kopierschutz. Sie erhalten den Vorsprung vor den anderen. Ehren wir unsere Fehler, denn sie bringen uns weiter!

Gleichzeitig haben Netze eine Reihe wirksamer Methoden entwickelt, damit sich die Folgen von Fehlern nicht aufschaukeln:

__Selektion. Mutationen im Erbgut schaffen die Voraussetzung für Veränderungen in den nachfolgenden Generationen. Sie müssen ihre Fitness jedoch in harter Konkurrenz mit anderen Varianten beweisen. Bringen sie einem Organismus keinen Vorteil, und das ist bei den allermeisten Mutationen der Fall, verschwinden sie wieder.

__Sex. Erbinformationen, ob in Ei- oder Samenzelle, können beschädigt oder unvollständig sein. Solche Defekte entstehen durch unvermeidliche Ungenauigkeiten bei der Vervielfältigung von Gensequenzen. Höchst unwahrscheinlich ist jedoch, dass zwei Sets genau die gleichen Fehler aufweisen. Durch die Vereinigung von Ei- und Samenzelle entsteht aus zwei unvollständigen wieder ein vollständiger Satz Erbanlagen.

__Instandhaltung. Der menschliche Körper ist, wie alle Organismen, ein autopoietisches Netz (Autopoiese: sich selbst machen). Er besteht aus Zellen, die vorwiegend damit beschäftigt sind, andere Zellen herzustellen. Auch dabei kommt es zu »Ausschussware«. Kein Problem. Alle fünf Tage bekommen wir eine neue Magenschleimhaut, innerhalb von zwei Monaten werden alle Leberzellen einmal ausgetauscht. Alle sechs Wochen erhalten wir als Geschenk der Autopoiese eine neue Haut. Großzügige Natur: Wer kann es sich schon leisten, sich in diesem Rhythmus komplett neue Kleider zu kaufen.

UNSER KÖRPER ALS EIN OFFENES NETZWERK WIRD DURCHSTRÖMT VON FLÜSSEN, AUS DER UMWELT UND WIEDER IN SIE HINEIN

Unser Körper als ein offenes Netzwerk wird durchströmt von Flüssen, aus der Umwelt und wieder in sie hinein. Deshalb ist er auch offen für Attacken von außen. Aber nicht wehrlos. Dem permanenten Ansturm der Mikroben setzt er ein effizientes Immunsystem entgegen. Es konzentriert sich nicht an einem Ort, sondern ist dezentral, redundant und deshalb als besonders flexibles und effektives Netz angelegt. Am besten vorstellbar ist es als ein gigantischer Schwarm, der eine Billion Mitglieder zählt, unter denen die weißen Blutkörperchen (Leukozyten) überwiegen. Vierundzwanzig Stunden am Tag durchstreift der Schwarm die Blutbahnen und die Lymphflüssigkeit, durchkämmt jeden Winkel zwischen Scheitel und Sohle auf der Suche nach Krankheitserregern und körperfremden Stoffen. Eine erste, gut kontrollierte Eintrittsschwelle ist der Rachen, in dessen Schleimhaut Nester von Abwehrzellen wachen. Lungenbläschen, Magen und Darm sind weitere wichtige Checkpoints. Schlüpft ein Erreger an einer Stelle durch, wird er womöglich bei anderer Gelegenheit ertappt. Redundanz ist für das Immunsystem genauso wichtig wie für Flugzeuge und Fallschirme: Stürzt es ab, sind wir am nächsten Tag tot.

Leukozyten sind keine einheitliche Masse, sondern splitten sich in Milliarden Formen auf, um die zahlreichen Varianten der Angreifer bekämpfen zu können. Bakterien, Viren, Würmer, Pilze und Protozoen schleichen sich über die Atemwege, durch die Nahrung oder beim Sex in den Körper ein. Nicht überall und automatisch gelten sie als Störenfriede. Escherichia-coli-Bakterien beispielsweise bevölkern unseren Darm, wo sie sich für reichliche Nahrungsgründe mit nützlicher Unterstützung der Verdauung bedanken. Im Blut und in der Leber hingegen kann E. coli zur tödlichen Gefahr werden. Deshalb tut die Abwehr alles, um die Bakterien dort zu finden und unschädlich zu machen. Leukozyten docken bei ihren Patrouillenfahrten durch die Körperbahnen an alle möglichen Zellen an, und jedes Mal prüfen sie: Freund oder Feind? Haben sie einen Eindringling entdeckt, alarmieren sie mittels chemischer Botenstoffe Fresszellen und andere Akteure des Immunsystems, die für die Beseitigung von

Zellen ohne Aufenthaltsgenehmigung zuständig sind. Gedächtniszellen »merken« sich das Aussehen einer fremden Substanz und regen, falls sie wieder einmal auftauchen sollte, sofort die Produktion von Antikörpern an.

Dieses verästelte, artenreiche Netz kann man sich vorstellen wie ein Intranet des Körpers: Alle reden mit allen, Informationen werden ausgetauscht und gespeichert, im Bedarfsfall wieder abgerufen und aktualisiert. Das »zweite Gedächtnis« des Körpers vergisst nichts, seine Erinnerungen zirkulieren lebenslang im Abwehrsystem. Brisant wird es allerdings, wenn jemand das Passwort knackt und ins Intranet selbst eindringt. Das Aidsvirus ist so ein Cracker. Es infiziert vor allem so genannte T-Helferzellen, schaltet damit eine der tragenden Säulen des Immunnetzes aus. Ein tödlicher Trick. Andere Infektionskrankheiten bedeuteten bei ihrem ersten Auftritt, in früheren Stadien der Evolution, eine existenzielle Bedrohung; doch dann entwickelte das Immunsystem Abwehrstrategien. Eine Grippe geht in der Regel glimpflich aus, wenn bei einem früheren Kontakt Antikörper gebildet wurden. Aus dem gleichen Grund sind Kinderkrankheiten ein Trainingslager für Leukozyten. Manche Krankheiten bringen zwar großes Unglück über einzelne Menschen, für die Menschheit jedoch sind sie, davor darf man den Blick nicht verschließen, ein wichtiger Motor der evolutionären Dynamik. Der Gesundheits-Check ist immer auch ein Fitnesstest. Er sorgt dafür, dass sich Populationen als Ganzes weiterentwickeln.

Gerade wir Menschen könnten aus der Naturgeschichte einiges über den Innovationswert von Katastrophen lehren. Vor rund fünfundsechzig Millionen Jahren beispielsweise kam es auf dem Planeten Erde zu einer Art kosmischem Super-GAU. Der größte anzunehmende Unfall wurde durch einen rund zehn Kubikkilometer großen Meteoriten ausgelöst. Er schlug am Rand der Halbinsel Yukatan in den Golf von Mexiko ein und erzeugte eine gigantische Flutwelle, die mehrere Male um den Globus schwappte. Er ließ noch in weiter Ferne Vulkane ausbrechen und trübte auf Jahre hinaus die Atmosphäre so stark, dass sie die Sonne verdunkelte. Pflanzenwelt und Meere veränderten sich in einem solchen Maße, dass die Fauna nicht mithalten konnte. Die meisten Tiere mit mehr als zehn Kilogramm Körpergewicht starben aus, darunter die damaligen Stars der Evolution, die Dinosaurier. Doch das »Web of Life« riss nicht, es verknüpfte sich radikal neu. Spezies, die bisher neben den Riesen ein unbedeutendes Leben am Rande gefristet hatten, bekamen ihre

Chance. Unter den Katastrophengewinnlern befand sich auch ein eher unscheinbares Pelztier, das einer Spitzmaus ähnelte. Es war der Vorläufer aller heutigen Säugetiere, der Ausgangspunkt einer Entwicklungslinie, die irgendwann auch zu den »nackten Affen« der Spezies Homo sapiens führte. Mit anderen Worten: Ohne den planetaren Super-GAU hätten wir nicht einmal die Chance, unsere weit verbreitete Fehlerfurcht zu pflegen. Es gäbe uns mit großer Wahrscheinlichkeit nicht.

Netzgesetz Nr. 7 | Robustheit. Rechnen, Denken und Handeln verteilen sich in Netzen auf eine Vielzahl von Komponenten. Wichtige Funktionen sind redundant, das heißt mehrfach angelegt. Versagt ein Teilsystem, springen andere ein. Das System duldet kleine Fehler, um große zu vermeiden.

Netze nutzen Symbiosen

Das Leben hat den Erdball nicht durch Kampf erobert, sondern durch Vernetzung.
LYNN MARGULIS

Trotz der Klagen über das stetige Schwinden zwischenmenschlicher Beziehungen nimmt die gegenseitige Abhängigkeit im Leben moderner Menschen in einem Maße zu wie nie zuvor.
KEVIN KELLY

Wir liegen regungslos im Sand. Über uns zwanzig Meter Wasser. Schwebend und schwarz wie Regenwolken entgleiten erst zwei, dann drei, vier riesige Schatten dem tiefen Blau. Sie ziehen knapp über unseren Köpfen gleitende Bahnen, heben und senken die Flügel majestätisch und wie in Zeitlupe. Nachdem sie vor unseren Augen zur Sonne hinaufgestiegen sind, kann es passieren, dass sie unvermutet hinter unserem Rücken wieder auftauchen. Man dreht sich herum, so schnell es die Sauerstoffflasche erlaubt, und starrt in ein meterlanges, weit aufgerissenes Maul, was einen daran erinnert, dass wir hier unten immer fremd und bedroht bleiben werden. Beim genaueren Hinsehen entdecken wir, dass kleine Fische paarweise unter der Sechs-Meter-Spannweite der Mantas mitschwimmen. Sie scheinen die grauen Riesen mit kleinen Bissen anzuknabbern. Blau blitzend tummeln sie sich sogar direkt vor dem klaffenden Maul, verschwinden in seinem Dunkel, es schließt sich, »geschluckt«, denkt man, da öffnet es sich, und zwei Blitze zischen heraus.

Warum sind wir alle hier? Die auffällig blauen Putzerfische kommen wegen der Korallenblöcke, die zu den wenigen Futterstellen weit und breit zählen; sonst besteht die Umgebung aus ozeanischer Sandwüste. Die Mantas (Teufelsrochen) kommen, weil sie genau wissen, wo die Putzerfische warten, die sie von Parasiten auf der Haut und im Maul befreien. Und diese wenig stromlinienförmigen, dafür hoch gerüsteten Säugetiere der Spezies Homo sapiens? Wir kommen als Erlebnisparasiten zur »Manta Cleaning Station« und wohnen dem Schauspiel bei, das zwei verschiedene Fischarten, die in völliger Harmonie kooperieren, aufführen. Rochen und Putzer verstehen sich zwar nicht blind, aber stumm. Im Laufe von Äonen haben sie eine Partnerschaft entwickelt, die beiden Seiten nützt. In der Biologie heißt das Symbiose, in der Wirtschaft würde man es Win-Win-Situation nennen. Jedenfalls geht es um Vorteilsvernetzung. Denn der Manta hat ein Hygieneproblem: Er kann sich nicht selbst reinigen. Ihm fehlt dazu ein beweglicher Kopf, wie ihn Vögel oder Säuger besitzen. Seine Haut ist ein idealer Nährboden für Mikroben und Schmarotzer. Ließe er sie gewähren, würden ihre Attacken ihn schwächen, auf Dauer womöglich umbringen. Er braucht also dringend eine Putzhilfe. Lippfische helfen gern. Sie weiden den riesenhaften Manta mit der gleichen Begeisterung ab wie Kühe eine saftig-grüne Wiese. Alle paar Tage trifft man sich zum Stelldichein an der Putzerstation. Die Reinigungstrupps, erkennbar an der leuchtend hellblauen Färbung, nähern sich mit eigenartig paddelnden Schwimmbewegungen, wodurch sie den potenziellen Kunden zusätzlich signalisieren: »Hier kommen harmlose Helfer!« Manchmal kann man sie dabei beobachten, wie sie gegen die Mundwinkel furchterregender Zackenbarsche trillern, die sich hier ebenfalls bedienen lassen. Tatsächlich scheint der Große den Kleinen zu verstehen und öffnet das Maul, wo noch mehr Arbeit und Futter warten.

Hundert Jahre lang waren die meisten Evolutionsforscher auf die Vorstellung fixiert, alles Leben sei Kampf. Jeder gegen jeden, nur der Stärkste überlebt, alle sind mit allen in herzlichster Feindschaft verbunden. Heute jedoch bröckelt das Konzept von Konkurrenz als einzigem Treibmittel der Evolution. Biologen haben herausgefunden, wie umfassend das »Web of Life« von Bündnissen zum wechselseitigen Vorteil zusammengehalten wird. Über Artgrenzen hinweg schmieden Tiere und Pflanzen strategische Allianzen, in denen jeder Partner jene Fähigkeiten beisteuert, die der andere nicht besitzt. Manta wird sauber, Putzer wird satt. Eine Eiche kann nicht fliegen, ein Eichelhäher sehr wohl; der Vogel kann keine Photosynthese betreiben, der Baum sehr wohl. Also bekommt das Tier von der Pflanze Eicheln als Futter und trägt zum Dank deren Samen an Standorte, wo sie zu neuen Bäumen heranwachsen können.

Eine süße Symbiose verbindet in Afrika ein Pelztier und einen Vogel. Honigdachs und Honiganzeiger haben herausgefunden, dass beide zusammen mehr ernten, als wenn jeder allein auf die Suche geht. Wenn der Honiganzeiger ein Bienennest aufspürt und zusätzlich einen Dachs entdeckt, macht er ihn durch Flattern und Schreien auf sich aufmerksam, worauf der ihm zum Fundort folgt. Allein

MANTA WIRD SAUBER, PUTZER WIRD SATT

könnte der Vogel nicht in die Bienenburg einbrechen. Honig für den Dachs, Bienenlarven und -puppen für den Finder – eine Kooperation mit reichlich Kaloriengewinn.

Dabei ist es in den meisten Fällen nicht möglich, die Beute zu hundert Prozent gerecht aufzuteilen. Bei Symbiosen fällt meistens einem der Partner ein größerer Nutzen zu. Solange eine Allianz jedoch mehr abwirft als Solostrategien, bleibt sie stabil. Das gilt für menschliche Netzwerke gleichermaßen. Handel etwa, ob auf lokaler oder globaler Ebene, ist nichts anderes als ein vieldimensionales System von Symbiosen. Mit jedem Geschäftsabschluss wird die Vorteilsverteilung neu austariert. Dabei verfolgt jeder vor allem seine eigenen Interessen. Doch wer an langfristigen Beziehungen interessiert ist, achtet darauf, dass auch die Bedürfnisse seines Partners nicht zu kurz kommen. Zwischen Eigennutz und Gemeinnutz oszilliert die Spannung im Netz.

ZWISCHEN EIGENNUTZ UND GEMEINNUTZ OSZILLIERT DIE SPANNUNG IM NETZ

In Nordafrika funktioniert eine Symbiose zwischen zwei völlig verschiedenen Kulturen schon seit Jahrhunderten. Die Kel Ewey Tuaregs leben im Aïr, einer Region mitten in der Sahara. Sie kaufen Salz in Form schwerer Barren bei den Salzsiedern der Oase Bilma und transportieren es auf dem Rücken von Kamelen einige hundert Kilometer gen Süden. Das weiße Gold der Wüste ist nicht nur Speisewürze, sondern auch ein wichtiges Konservierungsmittel. Auf den Märkten der Sahelzone wird es hoch gehandelt. Dort bieten Bauern vom Stamm der Haussa ihre Waren an. Sie haben das Getreide, das den Tuareg fehlt. »Salz gegen Hirse« lautet das traditionsreiche Geschäft. Manche der Handelsbeziehungen zwischen den Nomaden und den Sesshaften vererben sich von Generation zu Generation. Inklusive der Absprache, dass die Bauern nach der Ernte ihre Felder für die Herden öffnen: Ich lasse deine Tiere weiden, dafür düngen sie meinen Boden. Ein harmonisches Kaffeekränzchen sind die Märkte des Sahel deswegen noch lange nicht. Zwischen den Mobilen und den Festverwurzelten bleibt ein archaisches Misstrauen bestehen, jeder empfindet die Lebensweise des anderen als exotisch. Eine uralte Hassliebe, von der schon die Bibel erzählt. Zwei Brüder bringen Gott ein Opfer dar. Kain, ein Mann des Ackers, breitet die Früchte seiner Felder aus, Abel, der Hirte, »opfert von den Erstlingen seiner Herde und ihrem Fett«. Dass Gott die nomadische Gabe besser gefiel, erbost den Landmann derart, dass er seinen Bruder erschlägt.

Konfliktfrei geht es auch in modernen Systemen wie Krankenversicherung und Rente, die symbiotische Züge tragen, nicht zu. Gesunde unterstützen mit ihren Beiträgen die Kranken, Junge versorgen die Alten mit. Wie wackelig der Konsens ist, zeigt sich, seit sich in westlichen Industriestaaten die Alterspyramide dramatisch umschichtet. Das System bürdet den Jungen immer größere Lasten auf. Sie haben das Gefühl, beim Gesellschaftsvertrag übers Ohr gehauen zu werden. »Der Blinde trägt den Lahmen« war eine wunderschöne Ikone aus vergangener Zeit, die illustrierte, wie aus zwei Kranken ein funktionierendes Doppelwesen wird. Das wirkt schön versöhnlich. Doch hinter den Kulissen jeder Symbiose wird hart um Interessensausgleich gerungen. Man kann sich den Dialog etwa so vorstellen:

»Pause! Ich kann nicht mehr«, sagt der Blinde.

»Stell dich nicht so an, lass uns noch ein Stückchen weitergehen«, sagt der Lahme.

»Du musst ja nicht gehen. Ich muss gehen.«

»Ohne mich wüsstest du ja gar nicht, wo wir gerade sind.«

»Du musst nur die Augen aufhalten, das ist ein Klacks gegen meine Schlepparbeit.«

»Aber verantwortungsvoller.«

»Außerdem hast du in letzter Zeit ganz schön zugenommen.«

»Du wirst schwächer, Alter, das ist alles.«

Sie machen ihren Weg weiter gemeinsam, aber ihre Diskussion wird niemals enden.

Vordergründig auf wechselseitigen Nutzen ist auch der boomende Datentausch im Internet angelegt. Etwa bei der Musikbörse Gnutella: Jeder Teilnehmer speichert Songs auf seiner Festplatte und öffnet sie für alle anderen, die per Datenleitung darauf zugreifen. Die dafür benötigte Software ist hochmodern, das Prinzip des »reziproken Altruismus« dagegen alt: Füttere das Netz und es wird dich ernähren! So weit die Theorie. Untersuchungen ergaben jedoch, dass sich bei Gnutella, wie in vielen biologischen Netzen, mehr Parasiten als Symbionten tummeln. Mit fast siebzig Prozent überwiegen die Trittbrettfahrer, die sich Dateien über Dateien herunterladen, aber selber nichts beitragen. Irgendwann wird die Übermacht der Abstauber so groß, dass das System kollabiert.

Überall, wo Symbiosen walten, sind Parasiten nicht weit. Das bringt uns zurück zu Putzern, Mantas und den maledivischen Riffen. Eine andere Spezies, der Säbelzahnschleimfisch, hat beobachtet, wie einträglich das Reinigungshandwerk ist — und wie sich hier eine Betrugsmasche aufziehen lässt. Der Fisch mit den gewaltigen säbelförmigen Eckzähnen sieht dem Putzer ziemlich ähnlich. Zusätzlich ahmt er dessen Tanz nach, der zum Anlocken von Kunden dient. Wenn sich ein großer Fisch in Erwartung der reinigenden Generalüberholung durch seinen vertrauten Partner bereitwillig auf die Seite legt, beißt ihm der Nachahmer mit seinen scharfen Zähnen blitzschnell ein dickes Stück aus der Flosse. Der gebissene Fisch zuckt sofort herum, aber der falsche Putzer steht ganz ruhig da. »Ich weiß von nichts«, sagt seine Haltung, um das Opfer zu narren – worauf das blutige Spiel womöglich weitergeht.

Neben Symbiosen sind solche parasitären Beziehungen eine der wichtigsten Verbindungen zwischen zwei verschiedenen Spezies. Biologen schätzen, dass mehr als die Hälfte aller heute lebenden Arten Parasiten sind. Die Bandbreite reicht von blinden Passagieren, die so wenig stören, dass der Wirt sie nicht einmal bemerkt, etwa Escherichia coli im menschlichen Darm, bis zu tödlichen Invasoren wie etwa den Erregern von Pest und Cholera. Parasiten und Wirte sind in verschachtelten Netzen miteinander verbunden. So könnte man uns Menschen durchaus als Hühnerparasiten bezeichnen, weil wir uns täglich frische Eier nehmen und uns dafür bei den Legehennen mit herzlich wenig Käfigraum revanchieren.

Evolution gleicht einem fortwährenden Ringkampf zwischen Parasit und Wirt. Der eine verbessert seine Blutsaugertechnik, der andere perfektioniert Abwehrstrategien. Scheint ein Organismus immun zu sein, knackt garantiert einer der Angreifer den Code. Weil beide bei diesem Wettrüsten die Nase vorn haben wollen, kommen beide voran. Parasiten sind nicht nur Erreger, sondern auch Anreger. Sie bewegen das Fließgleichgewicht eines Netzes, stimulieren Entwicklungen. In der Natur nicht anders als in den globalen Datennetzen, wo Virenzüchter und Firewall-Erbauer in einer Spirale von Koevolution verstrickt sind: Passwörter verschlüsseln, Codes knacken, neue Sicherheitscodes programmieren, bis zur nächsten Attacke. Computersimulationen bestätigen, dass dieser Schlagabtausch aber auch befruchtende Wirkungen zeigt. Daniel Hillis, ein Experte für Künstliche Intelligenz, programmierte »Organismen«, bei denen Zahlenketten von Nullen und Einsen die Gene darstellten, und setzte sie in simulierten »Biotopen« aus. Fügte er Codes hinzu, die als »Parasiten« programmiert waren und als Konkurrenten auftraten, optimierten sich die digitalen Wesen weit schneller als in einer »sauberen« Umwelt. Sie konnten die gestellten Rechenaufgaben schneller lösen. Der Biologe und Informatiker Tom Ray stellte fest: »Die Anwesenheit eines Räubers multipliziert die Vielfalt.«

Koevolution geht jedoch nicht zwangsläufig mit heimlichen oder offenen Kämpfen einher. Manche Tier- und Pflanzenarten entwickeln sich auch in großer Harmonie gemeinsam weiter. Ein Beispiel sind die Herden der großen Grasfresser in der ostafrikanischen Savanne. Zebras, Büffel, Gazellen und Gnus sind auf den Ebenen der Serengeti meist in gemischten Verbänden unterwegs. Ihr Joint-Venture gehen sie vor allem aus Sicherheitsgründen ein. Löwen, Hyänen, Leoparden, Wildhunde und Geparden umschleichen die Herden der Herbivoren auf ihren Wanderungen. Hinter jedem Busch, an jedem Wasserloch kann der Tod lauern. Da bietet es sich an, im Konvoi zu reisen. Mehr Augen sehen mehr, mehr Nasen nehmen Witterung auf. Wenn sich noch Strauße und Giraffen hinzugesellen, die den Vorteil eines weiteren Horizontes einbringen, sinkt für alle Gesellschafter das Risiko. Die Herden sind aber nicht nur eine Sicherheits-, sondern auch eine Weidegemeinschaft, die sich innerhalb von Jahrtausenden zu einem eingespielten Team entwickelt hat: Zunächst kürzen Zebras das Steppengras, dann äsen Gnus die Stoppeln ab, während sich Thomsongazellen an das später erneut sprießende Grün halten. Die Spezialisierung vermeidet Konflikte, was besonders in mageren Jahren wichtig wird.

Auch für den Menschen könnte Vorteilsvernetzung zukünftig als Organisationsprinzip noch wichtiger werden. Der französische Biologe und Zukunftsforscher Joël de Rosnay prognostiziert zwei Entwicklungen: Erstens entstehe ein planetarer Superorganismus, der alle biologischen und technischen Netze miteinander verwebe. Zweitens werde unser Nachfolger ein »Homo symbioticus« sein, der seine Handlungen auf diesen Superorganismus abstimme und mit ihm eine symbiotische Beziehung eingehe. Schon heute gebe es Vorläufer von Mensch-Maschine-Symbiosen, etwa unsere enge Beziehung zum Auto, »das sich als Gattung der Technosphäre durchgesetzt hat«. Ihren Erfolg verdanken die Maschinenwesen dem menschlichen Wesen, das ihnen in jeder Hinsicht den Weg ebnet, ihnen Straßen und Tankstellen baut und fließbandgleich für Nachwuchs sorgt. Im gleichen Maße aber, wie automobile Technik das Geschehen auf weiten Teilen der Erdoberfläche bestimme, mache sich der Mensch seinerseits abhängig von seiner mobilen Prothese. Der nächste Schritt laut Joël de Rosnay: »Die Symbiose zwischen Mensch, Computern und Netzen ist bereits eingeleitet.«

Natur und Gesellschaft sind gleichermaßen durchdrungen von Partnerschaften und Parasitismus, geprägt von strategischen Alli-

anzen und scheinbar altruistischen Bündnissen, verstrickt in Kooperationen auf kurze Zeit und Symbiosen über lange Epochen. Man
nutzt sich wechselseitig, und man nutzt sich aus. Vor allem hängt
jeder von anderen ab. Koevolution gleicht einem Paartanz durch die
Zeit, zwei halten sich eng umschlungen, bewegen sich synchron, ziehen ihre Kreise, die aber eine Richtung haben: Optimierung; macht
der eine Tänzer einen Schritt nach vorn, zieht er den anderen mit.
Das geschieht jedoch nicht in paradiesischer Harmonie, sondern wird
mitunter begleitet von Knuffen und Schieben, und eine gehörige
Portion Egoismus tanzt immer mit.

Der evolutionäre Pas-de-deux funktioniert so lange, wie keiner
den anderen einseitig manipuliert. Das gilt für Symbionten wie für
Parasiten, denn selbst Schmarotzer sind schicksalhaft an ihren Wirt
gekettet: Schwächen sie ihn tödlich, sterben sie gleichzeitig mit ihm.
Ausbeutung ist, jedenfalls auf lange Sicht, keine erfolgreiche Strategie. Das beweist auch die Kulturgeschichte. Größenwahnsinnige
Pharaonen und prunksüchtige Sonnenkönige, die mit ihren Steuer-
forderungen die Bauern ausbluten ließen, ruinierten nicht nur die
jeweilige Landwirtschaft, sondern machten sich jeden betroffenen
Landmann zum Feind.

Aus den gleichen Gründen funktioniert Sklaverei nicht auf
Dauer: Irgendwann begehren die Versklavten auf und befreien sich
von ihren menschlichen Parasiten.

Zukunftsfähig sind allein Win-Win-Verhältnisse, bei dem das Interesse beider Seiten ausbalanciert wird. Mit den Worten des Autors
Kevin Kelly: »Flechten wir einen wimmelnden globalen Schwarm
zusammen, eine Ko-Welt größter Geselligkeit und spiegelähnlicher
Reziprozität.« In eine echte und umfassende Koevolution einzustei-
gen ist heute vielleicht eine der größten Herausforderungen für
Weltpolitik und Weltwirtschaft. Noch wird insbesondere der Nord-
Süd-Dialog dominiert vom Denken in einseitigen Profitverhältnis-
sen. »Nachhaltige Entwicklung«, wie sie vor zehn Jahren auf dem
Erdgipfel in Rio de Janeiro gefordert wurde, kann jedoch nur auf
echten Symbiosen beruhen. Wir brauchen ein Weltsystem der vernetzten Vorteile.

Netzgesetz Nr. 8 | Symbiosen. Bündnisse zu wechselseitigem Nutzen sind
eine Form von Vernetzung, bei der die Partner gemeinsam gewinnen und
verlieren, gleichzeitig lernen und lehren. Symbionten können aber auch zu
Parasiten werden und umgekehrt. Das Auftreten von Schmarotzern stimuliert oft eine Koevolution von Fortschritten.

Netze vereinen Vielfalt

Fünf Millionen Steine. Trachyt, Kalkstein, Andesit, Muschelkalk und Basalt. Sie verlassen ihr Bett aus Rheinkies, erheben sich in den Himmel, verabschieden sich ins Blaue hinein. Zwischen ihnen formen sich Höhlen, Schluchten, Gänge und Steilwände. Aus dem dunklen Massiv ragt ein Paar Felsentürme wie zwei riesige Stalagmiten hervor. Der Wanderfalke wird unruhig. Sein Lieblingsplatz in achtzig Meter Höhe ist ein idealer Ausguck, um die Zugvögel zu beobachten, denen der nahe Fluss als Fluglinie dient. Er hebt mit einem kräftigen Sprung ab, presst die Schwingen eng an den Körper, scheint eher zu fallen als zu fliegen, bremst mit einem einzigen Flügelschlag ab und greift in der gleichen Sekunde mit seinen Krallen in den Hals eines ahnungslosen Goldregenpfeifers. Er zerrupft ihn wenig später an seinem Kröpfplatz, einem geschützten Steinvorsprung an der Nordseite. Nicht weit davon, im Schatten eines Pfeilers, hat sich ein Tüpfelfarn angesiedelt. Eigentlich unwahrscheinlich, dass der Wind seinen Samen hier hochwehte. Noch unglaublicher, dass er eine Fuge fand, in der er sich festsetzen konnte. Und doch gab ein Riss im Stein dem Zufall eine Chance. Wasser fließt reichlich, ein bisschen Humus ist auch da, und der Farn gedeiht prächtig.

Gebirge? Gotteshaus! Wir befinden uns auf dem Kölner Dom. Wanderfalke, Tüpfelfarn und Goldregenpfeifer haben die Kathedrale am Rhein zu ihrem bevorzugten Biotop erklärt, diesen Felsendom aus 160 000 Tonnen Stein, auf dem es sich prima leben lässt. Gotische Fenster und neugotische Strebbögen sind ihnen schnuppe. Ohne einen Unterschied zu machen, überwuchern Flechten filigrane oder plumpe Steinmetzarbeiten. Die Wurzeln der Warzenbirke ignorieren die Gesetze der Statik. Tauben scheißen auf mittelalterliche Malkunst. Kunstbanausen sind sie allesamt. Aber erfolgreich. Hoch über den Dächern von Köln haben sie ein Ökosystem etabliert, das stabiler ist als die Stadtregierung und seine Abfälle besser entsorgt als die Stadtreinigung. Fauna und Flora sind so vielfältig, dass Biologieprofessoren mit ihren Studenten in sakraler Höhe auf Exkursion gehen. In ihre Inventare können sie aufnehmen: Spaltpilze, Blau- und Grünalgen, Kernpilze, Moose, Krusten- und Lappenflechten; kleine Wiesenstücke mit Grimmschem Polstermoos, Rispengras und Löwenzahn; Gehölze wie Salweiden, Vogelkirschen und bis zu vier Meter hohe Birken; zahlreiche Spezies von Spinnen, Ameisen und Käfern; Wachteln, Mönchgrasmücken und Zwergtaucher; Falken und Habichte.

Verknüpfte Vielfalt. Der Wanderfalke weidet den Goldregenpfeifer, den er gerade erbeutet hat, nicht vollständig aus. An dem Kadaver tun sich Tausendfüßer, Asseln, Maden und Aasfliegen gütlich. Wenn sie nicht aufpassen, werden sie jedoch selbst gefressen, etwa von Singvögeln wie dem Hausrotschwänzchen – das wiederum dem Falken zum Opfer fällt. Es ist noch nicht lange her, da wollten uns Ökologen weismachen, dass die Natur aus Nahrungsketten besteht, am besten in ordentlicher Reihenfolge: A ist Beute von B, der von C verspeist wird, und so fort. Das Bild von der Kette finden Tierfilmkommentatoren so klasse, dass sie es in jeder Dokumentation zum beliebten Thema »Fressen und gefressen werden« im Dutzend präsentieren. Allein, es ist falsch. Kette unterstellt Linearität, wo in Wirklichkeit vieldimensionale Beziehungen herrschen. Die Natur organisiert Nahrung in Netzen. Singvögel bevorzugen eine Mischkost, Greifvögel stellen den unterschiedlichsten Spezies nach, verschmähen nicht einmal Aas – und werden nicht selten von größeren Räubern geschlagen. Viele höhere Tierarten halten es wie Homo sapiens: Sie spezialisieren sich nicht auf eine Nahrungsquelle, sondern sind als Generalisten unterwegs.

Nur in sehr artenarmen Lebensräumen existiert die schulbuchhafte Nahrungskette. Im ostafrikanischen Nakuru-See, dessen Wasser extrem viel Soda enthält, können nur wenige Organismen überleben. Einer davon ist die Blaualge Spirulina platensis, die, weil konkurrenzlos, so üppig gedeiht, dass sie den See aussehen lässt wie eine sämige Suppe. Daraus schöpft fast als einzige Art der Zwergflamingo seine Nahrung, womit die Kette klar gegliedert wäre: Alge speichert Sonnenlicht, Flamingo frisst Alge – eine der seltene Ausnahmen in freier Wildbahn. Woher rührt dann dieses sture Beharren auf dem Bild von der »Kette«? Vielleicht daher, dass es sich so schön einfach beschreiben und zeichnen lässt.

Das allein wäre noch nicht tragisch. Ich habe aber den Verdacht, dass die Metapher abgefärbt hat. Zumindest ist die Analogie frappierend, mit der die meisten Volkswirtschaften Produktion und Verbrauch als Kette und nicht als Netz organisieren: Waren und Güter werden produziert, von den Abnehmern konsumiert, der Abfall wird irgendwo aufgehäuft, und – Ende! Abgesehen von zaghaften Bemühungen, zumindest einen Teil des Mülls zu recyceln, richtet sich das herrschende Modell immer noch geradlinig aus, und diese Linie führt in die Sackgasse. Der Natur hingegen gelingt es, alle Phasen von Herstellung, Verbrauch und Verwertung zu vernetzen. Das funktioniert in Wüsten, Savannen, Ozeanen und Regenwäldern und sogar auf gotischen Kathedralen. Eine ungeheure Vielfalt von Produzenten (Pflanzen), Konsumenten (Tiere) und Destruenten (Flechten, Pilze, Bakterien) verbindet sich zirkulär miteinander. Jeder bringt seine speziellen Bedürfnisse und Fähigkeiten ins Nahrungsnetz ein, macht es dadurch komplexer und stabiler. Damit liegt eine Blaupause vor, wie sich industrielle Ökosysteme gestalten ließen: als Landschaften symbiotischer Produktionsanlagen, die keine Abfallstoffe nach außen geben, sondern jeweils anderen Partnern als Rohstoffe zuleiten, die sie weiterverarbeiten. Eine ganzheitlich konzipierte Kreislaufwirtschaft wäre angelegt als Nahrungsnetz, dessen Knoten aus den unterschiedlichsten Fabriken und Branchen, Waren und Verbrauchern bestehen. So entstünde ein Verbund mit ökologischem und wirtschaftlichem Mehr-Wert.

Wer Vielfalt fördert, segelt auf einem Mehr an Möglichkeiten. Netze haben die Fähigkeit, die verschiedensten Varianten so zu verbinden, dass sie miteinander kommunizieren können, ohne ihre Unterschiede einzuebnen. Dazu ist keine andere Organisationsform in der Lage, nicht die Pyramide, nicht die Kette, erst recht nicht Zentralen mit untergeordneter Peripherie. In Hierarchien versucht das Machtzentrum, das sich je nach Architektur an der Spitze, am Anfang, in der Mitte befindet, allen anderen Elementen nicht nur seinen Willen, sondern auch seine Form aufzuzwingen. Es verdrängt Vielfalt. Wenn zu Zeiten des Absolutismus der Landesfürst konvertierte, mussten seine Untertanen bei Strafandrohung folgen, und falls es sich der Nachfolger anders überlegte, wurden die Schäfchen wieder umgetrieben. Gleichmacherei ist ein unzertrennlicher Begleiter einseitiger Machtverhältnisse. Sie färbt in dem einen Staat alle Fahnen rot, in dem anderen alle Arbeitskittel blau und bewirkt im dritten, dass sich alle mit hoch gerecktem rechtem Arm begrüßen.

Der Verlust von Vielfalt macht sich immer dann schmerzlich bemerkbar, wenn Zeiten und Umstände plötzlich wechseln. Auf veränderte Umweltbedingungen kann ein System nur dann reagieren, wenn es genügend komplex ist, das heißt auch: wenn es genügend alternative Optionen parat hat, die sofort als neue, aussichtsreiche Entwicklungsstränge taugen. Bei einer Reportagereise durch Kolumbien konnte ich beobachten, was passiert, wenn man dieses Netzgesetz ignoriert. Jahrzehntelang hatte das Land schöne Profite mit dem Anbau und Verkauf von Kaffee gemacht. Immer weitere Landstriche wurden in Plantagen umgewandelt. Kaffee wurde zum wichtigsten Devisenbringer. Er erwirtschaftete den größten Batzen im Außenhandel. Gepolstert mit satten Gewinnen, agierte die FNCC, der nationale Verband der Kaffeepflanzer, als eine der wichtigsten politischen und sozialen Kräfte, baute in der »Zona Cafetera« Straßen, Schulen und Gesundheitsposten. Die Guerilla gab Ruhe, den Pflanzern ging es relativ gut.

Doch Ende der achtziger Jahre passierte die »Umweltkatastrophe«: Erdrutschartig sanken die Weltmarktpreise für Kaffee. Der FNCC verfügte zwar über finanzielle Reserven, aber nicht über wirtschaftliche Alternativen. Doch halt, eine sehr attraktive gab es für die Cafeteros: Sie konnten Koka anbauen; der Rohstoff für die Kokainherstellung wächst auf den gleichen Standorten wie Coffea arabica und erzielt zudem bei den entsprechenden Kartellen Spitzenerlöse. Erst unter dem Eindruck von Preisschock und Drogenschwemme startete Kolumbien Programme zur Diversifizierung: Ergänzend zu den Kaffeekulturen stiegen Pflanzer in die Zucht von Seidenraupen ein oder legten Plantagen mit zahlreichen Obst- und Gemüsesorten an. Das Ziel war, sich unabhängiger von der wirtschaftlichen Monokultur der braunen Bohnen zu machen. Ein Land hatte seine Lektion in Sachen Vielfalt gelernt.

WIE MAN OPTIONEN FÜR DIE ZUKUNFT BEWAHRT, MACHEN UNS DIE NETZE DER GENE VOR

Wie man Optionen für die Zukunft bewahrt, machen uns die Netze der Gene vor. Darin streiten in heftigem Disput Mutation und Selektion um den genauen »Text« der Erbinformationen. Ergebnis dieses Ringens ist ein Phänotyp, die körperliche Ausprägung eines Organismus, der nach dem jeweils obsiegenden genetischen Programm konstruiert wird. Der Trick dabei: Die Gene speichern nicht nur die offizielle Version ab, sondern auch das Minderheitenvotum. »Unterlegene« Erbinformationen werden nicht einfach verworfen, sondern bleiben als nicht verwirklichte, so genannte rezessive Gene erhalten. Sie begleiten Generation um Generation auf deren Reise durch die Zeit. Zwischendurch schaffen sie es immer mal wieder, bis zum Phänotyp durchzudringen, der jedoch kaum Überlebenschancen hat … bis irgendwann ihre große Stunde schlägt; draußen in der Welt ist irgendetwas anders geworden, plötzlich werden Alternativen gebraucht. Vielleicht ist ein neuer Räuber aufgetaucht oder ein Krankheitserreger oder ein unbekannter Parasit, und schon bricht eine hektische Suche nach Abwehrgenen aus. Vielleicht ist eine Eiszeit hereingebrochen, und alle Organismen kramen jene Erbanlagen heraus, die sie besser gegen Kälte wappnen. Zieht euch warm an: Bewahrt Vielfalt!

Diversität entsteht oft durch das Gegenteil von Vernetzung, durch Isolation. Madagaskar wurde vor hundert Millionen Jahren vom afrikanischen Festland getrennt. Auf der Insel entfaltete sich eine Fülle von Tier- und Pflanzenarten, die nur dort und nirgendwo sonst auf der Welt vorkommen. Eine Entwicklungslinie, die Lemuren, konnte ungestört die unterschiedlichsten ökologischen Nischen besetzen und sich dabei in zweiunddreißig Varianten aufspalten. Isolation war auch der Grund für die Vielfalt von Finkenarten, die Charles Darwin auf Galápagos beobachtete; der Archipel vor Ecuador war weit artenreicher als das Festland. Und auch die Tropenwälder waren nicht immer der grüne Teppich, den sie heute bilden; vielmehr lösten sie sich während Eiszeiten inselartig auf, um danach, in Warmzeiten, wieder zusammenzuwachsen. Diese Prozesse verliefen in langen Zeiträumen, sodass sich Lebewesen in zahlreiche Arten differenzieren konnten. Die Bestände auf den »grünen Inseln« blieben so klein, dass sich genetische Veränderungen schnell durchsetzten. Wir verdanken dem Wechselspiel von Isolation und anschließender Vernetzung einen der biologisch reichsten Lebensräume der Erde. Wie wertvolle Perlen auf einer Schnur namens Äquator reihen sich die meisten der »Hot Spots«, der vierundzwanzig Regionen mit der weltweit größten Biodiversität, aneinander. Im Regenwald Panamas fanden sich allein auf einem Baum, einem Verwandten der Linde, fast zwölfhundert verschiedene Käferarten, jede auf eine leicht andere Lebensweise spezialisiert.

Auch kulturelle Eigenheiten benötigen in der Anfangsphase einen Schutzraum, in dem sie sich entfalten können. In den Alpen sprechen viele Dörfer einen eigenen Dialekt, weil natürliche Barrieren für eine genügend lange Zeit Sprachvermischungen erschwerten. Organisationen schaffen sich diesen Innenraum durch institutionelle Abschottung. Mittelalterliche Zünfte, Freimaurer, Sekten, Geheimdienste, Rotarier, Veteranenvereine: Sie alle definieren durch scharfe Grenzen, wer dazugehört und wer draußen bleibt. Mit großer Fantasie ersinnen sie Aufnahmerituale, pflegen einen eigenen Jargon, kreieren Uniformen, Trachten, Symbole, und sie formulieren einen Kanon Strafen für abweichendes Verhalten, die von Exkommunizierung bis zur Exekution reichen können. Im Binnenverhältnis entwickeln Netze vielfältige Methoden, um Unterschiede zwischen den Knoten zu nivellieren. Aggression gegen Andersartige gibt es in menschlichen wie in tierischen Gesellschaften. Bei Säugern beispielsweise fungieren Gerüche, akustische Signale und visuelle Codes als Konformitätsverstärker. Bei Menschen reicht manchmal die »falsche« Haarfarbe, um geächtet zu werden.

Dieser permanente Anpassungsdruck ist ein weiterer Beleg dafür, dass Vernetzung nicht grundsätzlich eine kuschelige Angelegenheit ist. Und das wiederum ist vielleicht eine schlechte Nachricht für Esoteriker, die allein aus der Erkenntnis, dass »alles mit allem verbunden« ist, Hoffnungen für den ewigen Weltfrieden ableiten und ganzheitliches Denken mit der Gründung einer globalen Wohngemeinschaft verwechseln. Der Soziobiologe Howard Bloom meint: »Von einem kollektiven Gehirn zu sprechen mag warm und verschwommen nach New Age klingen, aber einige der Kräfte, die es verknoten, sind weit weniger liebevoll, als wir es uns vielleicht vorstellen.«

Netze verhalten sich insofern paradox, als sie um Vielfalt und gleichzeitig um Einheit ringen. Neugier, Wachstum, Entdeckung und Grenzüberschreitung erzeugen jene Dynamik und Diversität, die sie lernfähig halten. Andererseits streben sie nach Stabilität, weshalb sie eine Toleranzspanne für Abweichungen festlegen und alles bekämpfen, was darüber hinausgeht. Die derzeit heiß diskutierte Frage lautet, welche der beiden Kräfte sich im Zuge kultureller und sozialer Globalisierung durchsetzen wird. Vormals abgegrenzte Gesellschaften vernetzen sich in planetarem Maßstab, so wie die in der Eiszeit isolierten Inseln des Tropenwaldes später wieder zusammenwuchsen. Wird uns in Zukunft im gemeinsamen Haus Erde ein vielfältiges Menü der Mentalitäten serviert oder nur noch ein kultureller Einheitsbrei aufgetischt? Wie groß ist die Spanne, innerhalb derer die Weltgemeinschaft regionale »Abweichungen« toleriert?

Fest steht, dass jedes Netz einen gemeinsamen Sprachcode benötigt, um die Kommunikation zwischen den Knoten zu gewährleisten. So hat sich Englisch als Verkehrssprache der Weltgemeinschaft herauskristallisiert, wird vielleicht eines Tages ergänzt durch Mandarin. Auch das Internet würde nicht ohne Normen funktionieren. Erst ein allgemein akzeptierter Standard, das Internet Protocol IP, konnte viele getrennte Systeme zum World Wide Web verweben, zum Netz der Netze. Mehr als dreihundert Millionen Websites sind online, und sie wuchern weiter wie das Geäst eines Dschungels, in dem die unterschiedlichsten Spezies durcheinander wimmeln: ein Hot Spot der Diversität. Professoren, Pastoren und professionelle Liebesdienerinnen siedeln nur einen Mausklick weit entfernt, Marktschreier und Konsumkritiker, Autokonzerne und Fahrradinitiativen, linke Bombenbauer und braune Hitler-Fanclubs, das Weiße Haus genauso wie der Pub an der Ecke. Das IP ermöglicht das Gespräch zwischen den vielen und Vielfältigen, dient als Esperanto für die Verständigung zwischen Computern und Servern. Eine gemeinsame Sprache in einem gemeinsamen Medium bringt Gruppen miteinander in Kontakt, die sonst nie etwas voneinander gehört hätten. Mit seiner weit verzweigten Struktur verändert das Internet die Geografie des Wissens. Klassischerweise wurde Wissen in Klöstern, Bibliotheken, Universitäten und Palästen konzentriert. Dort hütete eine kleine Elite die geistigen Schätze ihrer Zeit und bestimmte, wer daraus Nutzen ziehen durfte. Die Mehrheit der Menschen war davon ausgeschlossen. Weil Wissen Macht bedeutet, führte zentralisiertes Wissen zu Machtzentren.

Jetzt fallen einige der alten Monopole. Der revolutionäre Wandel lässt sich so beschreiben: Hierarchien horten, Netze verteilen. Das Internet streut Informationen, speichert sie dezentral, bewegt sie auf die Menschen zu. Wie durch Adersysteme, die, fein verästelt, ein Blatt mit Wasser versorgen, fließt der Datenstrom immer flächiger, kann von Millionen angezapft werden. Und er ist offen für Zuflüsse: Publizieren ist nicht mehr, wie noch im Gutenberg-Zeitalter, ein Privileg weniger, die sich Papier leisten und schreiben konnten. Im Cyberspace wird es zum Menschenrecht. Sicher haben noch bei weitem nicht alle Schichten der Gesellschaft Zugang, sind viele arme Regionen der Welt noch weiße Flecken für die Cybergeografen, wie von den Kulturpessimisten bemängelt wird. Dazu sei die Frage erlaubt, wie groß das »Digital Divide« vor dem Internet war? Wie hoch waren die Chancen beispielsweise für einen Inder, selbst für Angehörige der indischen Mittelschicht, am weltweiten Pool von Informationen, Nachrichten, Anschauungen oder wissenschaftlichen Fortschritten teilzuhaben? Verteiltes Wissen bedeutet zwar noch nicht automatisch Pluralismus und Demokratie. Aber Teilhabe und Zugänge gehören zu den wichtigsten Schritten in diese Richtung.

Netzgesetz Nr. 9 | Diversität. Netze vereinen die verschiedensten Varianten, Charaktere, Funktionen, ohne deren Unterschiede zu nivellieren. Hohe Vielfalt erschafft ein Mehr an Möglichkeiten, flexibel auf Umweltveränderungen zu reagieren.

Netze verkleinern Welten

Millionen Menschen kennen Marlon Brando. Wer kennt Salah ben Ghaly aus Berlin? Der Exil-Iraker, der einen kleinen Imbiss betreibt, hat früher an der Kunstakademie studiert und bewundert den Film-

Die Macht der Inter-
aktivität wird den Globus
auf kaum mehr als
ein Nichts reduzieren.
PAUL VIRILIO

Da kein Zentrum vorhanden
ist, kann sich jeder
einbilden, er befinde sich,
wie die Spinne in ihrem Netz,
im Mittelpunkt der Welt.
HANS MAGNUS ENZENSBERGER

star: »Er spielt sich selbst, und das ist wahnsinnig schwer. Er gehört zu den Besten der Welt.« Ein Experiment der Wochenzeitung »Die Zeit« versuchte, einen Draht der besonderen Art zwischen dem Falafelverkäufer und dem Hollywood-Heroen herzustellen. Sie sollten über eine Kette von nur sechs Freunden und Bekannten miteinander verbunden werden. Die Redakteure setzten sich ein Limit von wenigen Wochen, was für zusätzliche Spannung sorgte.

Das Spiel fand vor wissenschaftlichem Hintergrund statt. Auf das »Kleine-Welt-Phänomen« hatte erstmals der Entwicklungspsychologe Stanley Milgram aufmerksam gemacht. Er untersuchte 1967 menschliche Netze und stellte fest, dass einzelne Mitglieder von Cliquen und Freundeskreisen stärker als andere miteinander verbunden sind (was zu erwarten war) und dass sich die Muster der inhomogenen Vernetzung in völlig verschiedenen Gruppen ähneln (was eine große Überraschung war).

Seit Ende der neunziger Jahre richtet sich die Aufmerksamkeit erneut auf das »Small World«-Phänomen. Der Soziologe Duncan Watts und der Mathematiker Steven Strogatz nahmen die Struktur unterschiedlichster Netze unter die Lupe, allerdings – dreißig Jahre nach Milgram – ausgerüstet mit leistungsfähigen Computern für Modellierungen. Untersucht wurden das Nervenzellengeflecht des Wurms Caenorhabditis elegans, das Kraftwerksnetz in den westlichen Staaten der USA sowie die Verbindungen von Schauspielern, die zusammen in Filmen auftreten. Der Befund: In allen drei Fällen handelte es sich um »Kleine Welten«. Jeder Knoten war mit jedem über nur wenige Umschaltstationen verbunden. Außerdem herrschten – statt zufälliger Verknüpfung – bestimmte Regeln, die in allen drei Netzen zu ähnlichen Mustern führten. Die beiden Wissenschaftler gerieten in Aufregung: Waren sie auf ein allgemein gültiges Gesetz komplexer Systeme gestoßen? Gleichzeitig wurde ihnen klar, dass ihre Ergebnisse möglicherweise von wirtschaftlichem Nutzen sind, etwa wenn es darum geht, die Verschaltungen verschiedenster Netze effizienter zu gestalten.

Zunächst aber inspiriert ihre Veröffentlichung, in der sie die Ergebnisse ihrer Studie resümieren, »Die Zeit« zu ihrem Versuch: Berlin – Beverly Hills in Sieben-Meilen-Schritten. Welches könnte der erste Schritt in Richtung Marlon Brando sein? Der Falafelverkäufer Salah ben Ghaly schlägt seinen Freund Assad Al-Hashimi vor, der in Kalifornien lebt. Damit nutzt ben Ghaly unbewusst eine Eigenart von Netzen: Sie verfügen neben vielen kurzen Strängen über eine kleine Zahl von Fernverbindungen. Der Sprung über den Großen Teich gelingt: Der Freund springt sofort auf das Projekt an. Als Buddhist erblickt er in der Idee von der Vernetzung aller Menschen sogar etwas Spirituelles: »Ich glaube, dass alle Lebewesen miteinander verbunden sind.« Er (Knoten 2) nennt als nächsten (Knoten 3) einen Kollegen, den er aus dem firmeneigenen Fitnessraum kennt. Dessen Freundin Michelle (Knoten 4) studierte zusammen mit Christine Kutzer (Knoten 5), die einerseits Hausfrau und Mutter, andererseits Tochter einer Hollywoodgröße ist; sie unterhält demnach Verbindungen sowohl zu »Normalos« als auch zu Stars – eine ideale Umschaltstelle Richtung Brando. Die Suche nach dem Missing Link verfolgen mittlerweile auch andere Blätter. »Newsweek« und »Time Magazine« berichten. Zeitungsleser helfen mit Tipps und Namen, welche Freunde, Bekannten oder Arbeitskollegen die Kette weiterführen könnten. Aussichtsreichster Kandidat scheint ein Bekannter von Christine Kutzer zu sein, Patrick Palmer, ein Großer im Filmgeschäft. Er hatte kürzlich »Don Juan de Marcos« mit Marlon Brando produziert. Aber haben die beiden auch Kontakt? Es meldet sich immer nur der Anrufbeantworter. Palmer ist verreist. Die Zeit läuft.

So schnell schrumpft die Welt. Wenn jeder Mensch hundert Leute kennt (die wieder jeweils hundert andere kennen), dann reichen tatsächlich sechs Zwischenstationen aus, um alle Erdenbürger miteinander zu vernetzen. Jeder von uns hat das schon mal in der Praxis getestet. Wir befinden uns weit weg von zu Hause, sagen wir: auf Gorillaexkursion in Ruanda, treffen Landsleute – und schon beginnt die Suche nach gemeinsamen Bekannten: »Kennen Sie eigentlich ...« Wer das Spiel lange genug spielt, findet garantiert eine Verbindungsperson. Hier der Trost für alle von der Globalisierungsfurcht Befallenen: Ein Geflecht von Freundschaften überzieht den Planeten. Es gibt eine Art Internet emotionaler Verbindungen, und es existierte schon, lange bevor Modems erfunden wurden. Gefühle statt Glasfasern umspannen den Globus.

Aber nicht deshalb wird das »Small World«-Phänomen intensiv erforscht. Früher hatte man gedacht, Netze verknüpften sich ausschließlich nach dem Zufallsprinzip, solange die Teilnehmer die Freiheit besäßen, ihre »Links« so zu legen, wie sie möchten. Doch alle bisher untersuchten Netze erschufen in Selbstorganisation eine bestimmte Ordnung. Einige wenige Knoten sind mit sehr vielen Strängen, die meisten Knoten aber mit wenigen verbunden. Merkwürdigerweise zeigt sich dieses Muster, egal ob es sich um Flugliniennetze handelt oder um das Geflecht von Zitaten, mit denen eine wissenschaftliche Arbeit auf andere hinweist. Einige Flughäfen unterhalten weit mehr Flugverbindungen als andere; einige Darsteller haben in vielen Filmen mitgespielt und kennen deshalb mehr Kollegen als beispielsweise Nachwuchsschauspieler; einige Server im Internet wickeln weit mehr Datenverkehr ab als der Rest. Ricard Solé, Biologe an der Universität von Barcelona, entdeckte bei der Untersuchung ganz unterschiedlicher Biotope (ein See, ein Wald, ein Ästuar), dass auch sie frappierende Ähnlichkeiten in der Vernetzung aufwiesen. In Ökosystemen sind einige Tier- und Pflanzenarten mit sehr viel mehr anderen verbunden als der Rest, sie fungieren offensichtlich als Schlüsselspezies. Solé ist der Meinung: »Offenbar gibt es in der Natur einige universelle Organisationsprinzipien. Wenn wir sie herausarbeiten, bringt uns das vielleicht eines Tages zu einer allgemeinen Theorie komplexer Systeme.«

DAS INTERNET WÄCHST GANZ ÄHNLICH WIE EIN ÖKOSYSTEM Das Internet wächst ganz ähnlich wie ein Ökosystem. Vor den Usern breitet sich ein wuchernder Dschungel aus, mit digitalem Dickicht und Lichtungen, mit Trampelpfaden und Datenautobahnen, mit übersichtlichen Portalen und verzweigten Routen. Jeder kann einen weiteren Baum hineinpflanzen, und jeder Pflanzer ist frei, eigene Wege durch das Dickicht anzulegen. Es gibt keine Instanz auf der Welt, die Anweisungen herausgibt, wie die mehr als dreihundert Millionen Websites per Links und Hypertext miteinander zu verbinden seien. Und doch kristallisiert sich, wie im echten Wald, jene typische Struktur der »Small Worlds« heraus, in der nur wenige Seiten und Server eine Schlüsselrolle spielen. Im Cyberspace reichen maximal neunzehn Klicks, um von jedem beliebigen Ort zu jedem anderen zu reisen. Dass mehr Schritte erforderlich sind als in menschlichen Netzen, ist auf eine simple Tatsache zurückzuführen: Internet-Seiten haben durchschnittlich nur sieben Links, während es ziemlich traurig wäre, wenn jeder von uns nur mit sieben Leuten in Kontakt stünde.

Der Vorteil der selbstorganisierten, inhomogenen Struktur: Sie stärkt die Stabilität des Internet. Ausfälle treffen mit großer Wahrscheinlichkeit einen der weniger wichtigen Knoten. Das System als Ganzes zuckt nicht einmal. Ein Ökosystem verkraftet das Aussterben einzelner Pflanzen und Tiere, das Gehirn das Absterben von durchschnittlich tausend Neuronen am Tag, das Internet lokale Serverausfälle. Die systemeigene Robustheit kann jedoch nur Fehler und Versagen abfedern, die »schicksalhaft« mal diesen, mal jenen

Knoten treffen. Anders sieht die Sache aus, wenn ein Netz gezielt attackiert wird. Kennt jemand die Lage der vielfach verbundenen Schaltstellen, die Achillesfersen des Netzes, kann er es empfindlich treffen. Es mehren sich die Warnungen von Experten, die befürchten, Angriffe von Crackern oder Cyberterroristen auf bestimmte »Backbone Server« könnten das WWW lahm legen. Auf der Basis der »Small World«-Theorie ließen sich Schwachstellen orten, könnte man Umleitungen und Reserverouten vorschlagen.

Neben solchen Sicherheitsanalysen gibt es noch weitere praktische Möglichkeiten, Netzgeografie zu nutzen:

__Suchmaschinen. Eine genaue Kartierung der Kleinen Welten liefert Hinweise auf »Abkürzungen«, etwa als Orientierung bei Recherchen in den weltweiten Datennetzen. Die Vision lautet, Suchmaschinen so intelligent zu machen, dass sie den Benutzer mit möglichst wenigen Klicks zur gesuchten Informationsquelle führen.

__Seuchenbekämpfung. Das Interesse von Epidemiologen konzentriert sich auf jene Menschen, die einen besonders großen Kreis von Freunden, Bekannten und Kollegen und damit täglich zahlreiche Kontakte haben. Sie sind Knoten, über die sich möglicherweise Infektionskrankheiten besonders schnell ausbreiten können. So wird vermutet, dass der so genannte HIV-Patient Nr. 1, ein amerikanischer Flugbegleiter, mit zweieinhalbtausend Männern Sex gehabt habe. Eine solche Kombination von ansteckend plus mobil, das zeigen auch Epidemien wie BSE und Maul-und-Klauen-Seuche, ist besonders gefährlich.

__Marketing. In den USA stellte sich heraus, dass Mund-zu-Mund-Propaganda einer der wichtigsten Kanäle ist, über die ein Buch bekannt und eventuell zum Bestseller gemacht wird. Die Suchaufgabe lautet auch hier: Finde die Hochvernetzten und begeistere sie!

__Naturschutz. In den Kleinen Welten der Ökosysteme spielen einige Spezies eine Schlüsselrolle. Von ihnen hängen sehr viele andere ab. Das sind allerdings meist nicht, wie man meinen könnte, die großen, charismatischen Tierarten, Lieblinge des Publikums wie Löwe, Elefant oder Gorilla, sondern eher kleine, unscheinbare Arten. Krill beispielsweise ist eine tragende Säule maritimer Ökosysteme: Ohne Krill keine Wale, Robben, Pinguine. Angesichts bedrohter Lebensräume und chronisch knapper Gelder könnten »Small World«-Analysen helfen, Schutzbemühungen auf Schlüsselspezies zu konzentrieren.

Netze verkleinern die Welt allerdings nur für die Vernetzten. Der Abstand zwischen zwei Punkten schrumpft, sobald sie verbunden sind, ob durch eine Straße, eine Telefonleitung oder Freundschafts-bande. Umgekehrt ändert sich die Geografie für alle nicht Ange-schlossenen. Je mehr Teilnehmer sich in einem Netz versammeln, desto größer sind die Isolation und die Nachteile für alle, die draußen bleiben. Wenn es nur zehn Faxgeräte in Deutschland gäbe, machte es wenig, wenn ich keines hätte – bei zehn Millionen sieht die Sache anders aus. Man erwartet von mir, angeschlossen zu sein. Das erklärt den Sog, den Netze ausüben. Durch sie schrumpfen Zeit und Raum. Das spaltet Kulturpessimisten und Cyberutopisten. Die einen fürchten, durch Vernetzung ständig mit Fremdem und Un-wägbarem konfrontiert zu werden. Die anderen arbeiten an einer ra-dikalen Neudefinition von Nähe, die sich nicht mehr nach physischer Nachbarschaft, sondern nach emotionaler Zugehörigkeit bemisst. Erstere leiden an Überforderungsangst, für Letztere wird Marlon Brando zu einem Erdenbürger, der nur sechs Kumpel entfernt in Los Angeles lebt.

Knoten Nr. 6 musste allerdings erst noch gefunden werden. Pa-trick Palmer, das Missing Link in der Kette vom Falafelverkäufer zum Filmstar, rief wochenlang nicht zurück. Die Leser wurden genau-so nervös wie die Redakteure. Eine Frauenzeitschrift regte an: Ver-gesst Brando, wie wär's mit Brad Pitt? Eine Reihe von Vorschlägen traf ein, eine neue Kette zu konstruieren; eine davon, die über einen Anwalt in der Filmbranche geführt hätte, wurde getestet, endete aber in der Sackgasse. Gott sei Dank sagt die Regel »Sechs Grade der Trennung« nur, dass zwei beliebige Bewohner der Erde nicht mehr als sechs Bekannte voneinander entfernt sind – und nicht, wie lange es dauert, genau diese sechs zu finden. Wochen später melde-te sich Palmer. Ja, er habe mit Brando »Don Juan de Marcos« pro-duziert. Nein, Freunde seien sie nicht, aber man trete sich spora-disch, Brando wohne nicht weit entfernt. Okay, er werde versuchen, ihn anzurufen. Die Kette war komplett. Und die Welt schien wieder ein Stück zusammengerückt zu sein. Wer weiß, vielleicht treffen sich Salah ben Ghaly und Marlon Brando mal auf eine Portion Fala-fel, in Hollywood oder Berlin.

Netzgesetz Nr. 10 | Small World. Obwohl selbstorganisiert, verknüpfen sich lebende Netze nicht nach dem Zufallsprinzip. Sie zeigen immer ähn-liche Muster: Eine kleine Anzahl von Knoten ist hochgradig, der überwie-gende Teil gering vernetzt. Die inhomogene Struktur wirkt stabilisierend, denn zufällige Ausfälle treffen mit hoher Wahrscheinlichkeit gering ver-netzte Knoten. Das System funktioniert weiter.

Netzlogik ist gut für kleine Planeten
Hokuspokus, Homo sapiens!

Menschen sind nie nur aus purer Neugier zu Forschern, Entdeckern, Wissenschaftlern geworden. Hinter ihren Grenzüberschreitungen steckte als heimliche Agenda immer auch der Wunsch, sich ein weiteres Stück Erde untertan zu machen. Vielleicht sogar selbst zum Schöpfer zu werden. Dabei hat der Mensch eine paradoxe Erfahrung machen müssen: Je erfolgreicher er nach dem Göttlichen strebte, desto stärker wurde seine Rolle im Weltgeschehen entzaubert. Von wegen »Zentrum des Universums«! Die Entthronung begann mit Kopernikus, der nach langen Blicken durch sein Fernrohr dem Abendland mitteilte: Wir Erdenbürger sind allesamt Randexistenzen; wir kreisen mit unserem Heimatplaneten auf banalen Bahnen um einen Stern. Die kopernikanische Wende war ein gewaltiger Fortschritt für die Wissenschaft, aber auch eine Schlappe für das Selbstbewusstsein des Menschen. Als Trost blieb ihm die Gewissheit, nach dem Ebenbild Gottes geschaffen zu sein – bis Charles Darwin kam und enthüllte: Wir unterscheiden uns weniger von den haarigen Baumhanglern, den Affen, als all jenen lieb war, die Menschenkinder für gottesgleiche Genies hielten. Die moderne Biologie setzte noch eins drauf: Von wegen »Krone der Schöpfung«! Nicht einmal die erfolgreichste Spezies aller Zeiten sind wir. Gemessen an Lebensspanne und Verbreitung hinkt Homo sapiens niederen Tieren wie Termiten und Ameisen hinterher, den Bakterien sowieso.

Die vorerst letzte Folge aus der Reihe »Der Mensch wird entthront« präsentieren Netzdenker und Komplexitätsforscher. Sie ziehen uns einen weiteren Zahn: die westliche Vorstellung vom Individuum als einzigartigem, autonomem Wesen. Denn wir sind nicht Einzelne, sondern in Wirklichkeit vernetzt mit allen anderen, hochgradig verbunden und wechselseitig abhängig, ergo niemals allein. Streben nach Unabhängigkeit ist ein wichtiges politisches Ziel – eine biologische Kategorie ist es nicht. Außerdem verbindet uns das unsichtbare Gewebe des Lebens nicht nur mit über sechs Milliarden Artgenossen, sondern auch mit einem Planeten, der zu schrumpfen scheint, der droht, seinen Bewohnern zu klein zu werden. Unser Überlebensfaden ist verknüpft mit den Subsystemen des Raumschiffs Erde: mit dem Klima, der Artenvielfalt, den Energievorräten, schließlich mit der Erneuerungsfähigkeit von Savannen, Wüsten, Wäldern, Seen, Flüssen, Ozeanen. Die Botschaft mahnt zur Bescheidenheit: Der Mensch ist ein Knoten des »Web of Life«, aber nur einer von ganz vielen. Es kommt noch schlimmer: Von wegen »alles unter Kontrolle«! Nicht einmal die von uns gemachten Welten verhalten sich so, wie wir es gern hätten. Ob in Wirtschaft und Gesellschaft, im Internet oder auf der Autobahn: Überall ringen die Kräfte »Chaos« und »Ordnung« miteinander. Und wir stehen am Rande und können oft nur fassungslos zusehen.

Die Chaos-Uhr

Entzauberung bedeutet nicht Tristesse. Kontrollverlust heißt nicht Ohnmacht. Vielmehr befreien wir uns vom Ballast alter Dogmen. »Die Welt als Uhrwerk«: So hatten sich das ganze Generationen von Naturforschern und Philosophen vorgestellt. Darunter so geniale Köpfe wie Newton, Descartes, Laplace. Sie alle waren beseelt von der Vision, das Universum komplett erklären zu können. Darin sollten Ursache und Wirkung so präzise aufeinander folgen wie eine Sekunde auf die andere, sollten Gleichmaß und ewige Gesetze herrschen, sollte der Mensch, das Vernunftwesen, ewige Gesetze erkennen und für seine Zwecke nutzen. Vielleicht nehmen wir die Sache am Ende selbst in die Hand, das flackerte als Versprechen stets im Hintergrund: der Traum vom großen Uhrmacher.

Wie steht es, im Licht der neuen Komplexitätswissenschaften, um das Projekt Weltmechanik? Eine ziemlich merkwürdige Uhr steht da vor uns. Manchmal rasen ihre Zeiger, ein andermal kriechen sie in Zeitlupe. Unerwartet bricht sie in turbulentes Läuten aus, um danach jahrelang zu schweigen. Es kann passieren, dass sie spontan alle ihre Zahnrädchen, Rotoren, Federn und Haken umorganisiert. Vielleicht fällt ihr ein, nicht mehr am Kirchturm zu prangen, sondern als Armbanduhr ein wenig in der Welt herumzuwandern. Selbstandig bespricht sie mit allen erreichbaren anderen Uhren die Zeitläufte und wie man darauf zu reagieren habe. Zusammen bilden sie einen Schwarm, der völlig neue und unverständliche Dimensionen hervorbringt: Zeitblasen, Parallelepochen, Kreiszeiten, wirre Minutengeflechte, Tempo turbulente. Und manchmal, wenn man genau hinsieht, allerdings nur für einen sehr kurzen Augenblick, zeigt die Chaos-Clock tatsächlich genau die Zeit, die wir von ihr erwarten. Das erstaunt uns dann am meisten.

Bevor wir jedoch krampfhaft versuchen, die Uhr-Metapher in die Zukunft hinüberzuretten, schlage ich eine andere vor: Ersetze Uhrwerk durch Netzwerk! In diesem Bild verdichten sich die wissenschaftlichen Ergebnisse der vergangenen hundert Jahre: lebende

Netze als Systeme, in denen zahlreiche Komponenten verbunden sind, die miteinander agieren und reagieren, die zwischen Chaos und Ordnung balancieren, fern vom Gleichgewicht leben, Umweltveränderungen flexibel beantworten, Fehler verzeihen und in Selbstorganisation Neues hervorbringen können.

Vorschlag für eine Bionik der Netze

So spannend ist Fußball: Man stellt ein gutes Team zusammen, trainiert es, motiviert es, schneidet vor dem Match vielleicht noch akkurat den Rasen, spielt neunzig Minuten lang streng nach den Regeln – aber trotz aller Versuche, das Ergebnis in jeder denkbaren Hinsicht zu beeinflussen, kennt es keiner im Voraus. Es lässt sich nicht berechnen. Nicht einmal, wenn Champions auf Looser treffen: Wie wird die Tordifferenz am Ende lauten? Die Anzahl der Möglichkeiten ist einfach zu groß. Unendlicher Spielraum. Jeder Supercomputer würde heiß laufen, bevor er auch nur einen Bruchteil der potenziellen Züge und Gegenzüge berechnet hätte. Die gleiche Unvorhersehbarkeit gilt, aufgrund unglaublich vielfältiger Wechselwirkungen, für die Evolution von Netzen. Auch sie sind Systeme mit Spiel- und Winkelzügen, mit aufflackernder Spontaneität, mit Abwärtsspiralen und sich selbst beflügelnder Euphorie, mit Allianzen und überraschenden Einzelgängen.

Lasst fahren alle Hoffnung, die Welt in den Griff zu kriegen! Arrangiert euch mit der eigenen Dynamik der Netze, nutzt ihre kreative Kraft! Lasst uns in friedlicher Koexistenz mit dem Chaos leben!

Wenn wir die Gesetze der Netze verstehen lernen, gewinnen wir plötzlich wieder Boden unter den Füßen. Zwar ist klar, dass wir diese fluiden, dynamischen, verknäuelten Gebilde nicht bis ins Letzte kontrollieren können, doch gleichzeitig erfahren wir, dass wir dennoch nicht ohnmächtig sind. Wir sind in der Lage, Netze zu beeinflussen. Wir können – als Knoten, als Teil des Ganzen – von innen Impulse geben. Und wir können von außen Rahmenbedingungen setzen, die zumindest eine Richtung für die weitere Entwicklung festlegen.

Das Denken der Akteure im Wirtschaftsgeschehen wird allerdings weiterhin geprägt von der klassischen Ökonomie mit ihren starren Gleichungen und Gleichgewichten. Mechanistische Weltsicht gehört zum Mainstream auch bei den Protagonisten in Kultur und Gesellschaft. Obwohl sie selbst ein »vernetztes Leben« führen und sich ihre Aktivitäten in Netzwerken entfalten, haben sie bisher von den Erkenntnissen der Netzdenker, von deren dynamischer Sicht von »Leben« noch wenig profitiert. Dabei gibt es große regionale Unterschiede: In den USA finden Kybernetiker und Komplexitätsforscher mehr Gehör, und zwar in allen Bereichen der Gesellschaft, während Europa hinterherhinkt. Vielleicht liegt der Vorsprung in der amerikanischen Mentalität begründet, in der Mobilität und Veränderung seit den Tagen des »Go west«-Pioniertums einen weit höheren Stellenwert haben als in der Alten Welt, in der eher Verwurzelung und Tradition hochgehalten werden.

Um aus den eingeschliffenen Bahnen auszubrechen, brauchen wir eine neue Form angewandter Forschung, die systematisch die Eigengesetzlichkeiten von Netzwerken untersucht und ihre Ergebnissen allen Bereichen der Gesellschaft zugänglich macht. Analog zur Bionik (wo Biologie Technik inspiriert) brauchen wir »Netzlogik« als neue Disziplin, eine Bionik der Netze. Sie darf jedoch nicht zu einer »Wissenschaft von allem« verkommen. Ihr Nutzen liegt vielmehr darin, exemplarisch Netze zu untersuchen, Funktionsprinzipien herauszukristallisieren und sie im nächsten Schritt auf die Praxis zu übertragen. Auf diesem Wege könnte sie das Knüpfen neuer, vom Menschen gemachter Netze, die Begleitung und Lenkung ihrer Evolution inspirieren.

Dabei geht es nicht um plattes Plagiieren. Netzlogik sollte die alten Fehler der Bionik nicht wiederholen. Als bionisches Denken aufkam, versprach man sich sogleich Wunder von der neuen Denkrichtung – woran die Bioniker, scharf auf Forschungsgelder, nicht ganz unschuldig waren. Das Versprechen lautete, die Natur verfüge über Millionen Patente, die man nur lesen müsse, um sie sich in Form technischer Erfindungen vergolden zu lassen. Doch der Umgang mit dem Werkzeug der Evolution will gekonnt sein. Der Mensch hat nicht deshalb fliegen gelernt, weil er die Mechanik des Vogelflugs eins zu eins imitierte. Im Gegenteil: Alle Versuche mit federleichten Gleitschwingen, zuletzt von Otto Lilienthal, endeten als Bruchlandung. Erst durch die Umsetzung grundlegender Kenntnisse über Luftverhältnisse, Masse und Antriebskräfte, also die Abkehr vom Vogelmodell, konnte der Traum vom Fliegen verwirklicht werden.

Heute arbeiten Bioniker an der Perfektionierung mit, etwa indem sie Haihaut auf Tragflächen kleben. Sie haben das Geheimnis des scheinbar mühelosen Schwimmens gelüftet: Die Haut des Meeresräubers ist überzogen mit ultrafeinen Rauungen, die bremsende Wirbel verhindern. Da Luftströmung ähnlich funktioniert, verringert ein Düsenflugzeug, dem eine künstliche Haihaut aufgeklebt

WIR BRAUCHEN »NETZLOGIK« ALS NEUE DISZIPLIN, EINE BIONIK DER NETZE wird, seinen Luftwiderstand und spart so tonnenweise Treibstoff. Bionisches Denken braucht beides: kühne Visionen und Bescheidenheit bei den Anwendungen.

Auch Netzlogik sollte sich auf sensibles Forschen und Fragen verstehen: Welche Prinzipien des einen Netzes, zum Beispiel des Immunsystems, lassen sich auf ein anderes, zum Beispiel das Internet, übertragen? Was können wir in beiden Richtungen lernen? Inspiriert uns die Schönheit der Architektur natürlicher Netze, selbst elegantere Netze zu knüpfen? Die Anwendungsbereiche sind unglaublich weit gesteckt und vielfältig. Schließlich wird heute jede Institution, jede Firma, jedes politische, kulturelle und soziale System abgeklopft: Wie lernfähig? Wie wandelbar oder wie starr? Wie isoliert oder wie gut vernetzt? Wie kommunikativ? Wie kreativ? Freiraum für Selbstorganisation? Vielstufige Hierarchie oder dezentrales Entscheiden? Alles und jeder wird einer Art permanentem Netz-Check unterzogen. Letztlich geht es um unsere Fitness unter den Bedingungen von Lebensbeschleunigung, um unsere Netzfähigkeit im Zeichen der Globalära.

Netzlogik beruht auf 5-D-Denken. Zu den drei Dimensionen des Raumes und einer Prozessdimension kommt eine fünfte hinzu: die Netzdimension. Sie gibt an, in welcher Quantität und, noch wichtiger, in welcher Qualität ein System vernetzt ist. Das fünfte »D« beschreibt, wie ein lebendes Netz
— sich selbst organisiert
— Symbiosen nutzt
— chaotische Prozesse ordnen kann
— starre Strukturen mit einem Schuss Chaos befruchtet
— eine fehlerfreundliche Architektur findet
— sich mit negativen Rückkopplungen einpendelt
— mit positiven Rückkopplungen wächst
— die Informationen seiner Knoten dezentral verarbeitet
— Entscheidungen »schwarmartig« trifft
— flexibel auf geänderte Vorzeichen in der Außenwelt antwortet.
Das »Mehr« beim 5-D-Denken ist die Netzlogik. Dabei sollten wir uns allerdings vor den Nebelschwaden des Zeitgeistes hüten: Wie alle suchenden und forschenden Generationen vor uns haben wir blinde Flecken und begrenzte Horizonte. Manchmal wähnen wir uns auf einer Aussichtsplattform mit 360-Grad-Panorama, während wir in Wirklichkeit einen Tunnelblick auf die Welt werfen. Der Zeitgeist zu Beginn des 21. Jahrhunderts predigt Wandel. Er fordert Flexibi-

lität. Er beschleunigt alle technologischen, kulturellen, politischen und wirtschaftlichen Prozesse. Könnte es nicht sein, dass wir viel zu sehr auf Veränderung fixiert sind? Dass wir die Eigenschaften und den Wert von Beständigkeit, Fortwähren, Verwurzelung derzeit ausblenden und noch viel zu wenig verstehen? Wir sollten anerkennen, dass die Dialektik zwischen Beharren und Wandeln so alt ist wie menschliche Kultur. Jede Epoche findet dabei ihre eigene Gewichtung – die flugs von den nachfolgenden Generationen verworfen und neu austariert wird. Jede Balance, das auf jeden Fall lehrt Evolution, ist nur eine »vorläufig endgültige«. Das gilt auch für die derzeitige.

Wer nicht genau hinschaut, dem erscheint in den Netzen alles gleich wichtig, jeder ist gleich mächtig, und alle gehören dazu. Doch ein Netz ist, wie gesagt, keine kuschelige Angelegenheit. Es geht darin auch um Kampf, im Extremfall auf Leben und Tod. Betrachten wir das Internet, Paradebeispiel eines dezentralen, selbstorganisierten Geflechts: Darin liefern sich Neonazis E-Mail-Bombardements mit linken Anarchisten, wollen multinationale Konzerne Geld verdienen und Cyberpunks genau das verhindern, versucht ein liberaler Mullah mit seiner Website seinen fundamentalistischen Rivalen auszustechen, graben Globalisierungsgegner den Neoliberalen das Wasser ab. Keiner liebt seine Feinde, manchmal nicht einmal seinen Nächsten, einen Mausklick weiter. Alle buhlen um Aufmerksamkeit. Netze funktionieren nicht wie im richtigen Leben: Sie s i n d das Leben.

Ihre vitalen Eigenheiten erfreuen nicht jeden Erdenbürger. Es gibt immer noch genug Menschen, die mit klaren Kommandos besser zurechtkommen als mit freier Entscheidung. Die sich nach starken Männern mit einfachen Wahrheiten und eindeutigen Parolen zurücksehnen. Doch es werden weniger. Im Gegenzug wächst die Zahl derjenigen, die Netzdenken als Befreiung begrüßen. Zu ihnen zähle auch ich mich. Wir empfinden den Verlust von Kontrolle über jeden einzelnen Schritt einer Evolution nicht als Nachteil, sondern als Chancenraum. Wir betrachten Netze wie unsere Kinder: Wir geben ihnen das Beste mit auf den Weg, ohne zu wissen, wohin sie am Ende genau gehen werden; wir fangen sie auf, bevor sie fallen, lassen sie aber sonst »an der langen Leine« laufen; wir freuen uns über jede ihrer überraschenden Ideen und Wesenszüge. Begleitung und sanfte Lenkung statt Kontrolle, das ist das Wesen von Netzdenken. Ich sehe viel Wunderbares, Staunenswertes, aber auch Herausforderndes auf uns zukommen. Neue Vokabeln könnten unseren Dialog mit allem Lebendigen bereichern: Hingabe, Vertrauen, Respekt. Statt um Gegensätze geht es um Übergänge, statt Festgefügtem erleben wir Fließendes. Statt vom Clash der Atome und der Kulturen erzählen die Netzgesetze von Zusammenarbeit und gegenseitigem Gewinn.

Wissenschaft im 20. Jahrhundert war geprägt von der Suche nach den kleinsten Einheiten. Wenn Atome und Gene enträtselt seien, die kleinsten Bausteine des Lebens, dann ließe sich auch das »große Ganze« erklären. So weit die Hoffnung. Physiker und Biologen waren sehr erfolgreich bei ihrer Entdeckungsreise, so erfolgreich, dass wir heute Atomkerne spalten und Genome klonen können. Zum Dank erhob ein ganzes Jahrhundert das Atom zur Ikone. Ihm wurden Denkmäler gebaut, von denen das Atomium in Brüssel nur das bekannteste ist.

Doch bei der Erklärung des Weltgeschehens sind die klassischen Wissenschaften in zahlreichen Sackgassen gelandet. Um wieder herauszufinden, werden entscheidende Impulse von der Netzlogik ausgehen; diese Voraussage wage ich. Das Netz wird zur Ikone des biologischen Zeitalters, an dessen Beginn wir stehen. Und wer weiß, vielleicht widmen wir dem Netz eines Tages aus Dankbarkeit ein Monument. Oder anders: In hundert Jahren werden wir herausfinden, dass es sich selbst eines errichtet hat – in Gestalt eines durch und durch vernetzten Globus.

Vom Nutzen der Netzlogik

Das Konzept der lebenden Netze ist, wie jedes abstrakte Modell, natürlich nur ein Modell. Es ist wie mit Landkarten: Egal wie genau sie gezeichnet sind – sie bleiben Karten, nicht das Land selbst. Probieren wir es also aus, wie sich mit Netzlogik durchs vernetzte Leben navigieren lässt. Sie kann uns in der Tat auf vielen Gebieten weiterbringen.

Das Ende der Kontrolle. Wenn jede unserer Handlungen möglicherweise einen Wirbelsturm verursacht, sollten wir ein Weilchen nachdenken, bevor wir in Aktion treten. Andererseits ist jede unserer Taten eingebunden in vielerlei Abhängigkeiten. Wir unterliegen Einflüssen, die aus der Fremde, aus der Anonymität, womöglich von der anderen Seite des Globus kommen. Insofern plädiert das Netz für mildernde Umstände: Der Kontrollverlust muss mitbewertet werden. Bei jeder gesellschaftlichen Kursänderung taucht von neuem die Frage auf: Wer steht eigentlich am Ruder? Je öfter wir erleben, dass sich komplexe Systeme der totalen Steuerung entziehen, desto fragwürdiger wird die Existenz eines Kapitäns auf der Brücke. Das gräbt beliebten Verschwörungstheorien das Wasser ab. Natürlich existieren in Netzen lokale Machtzentren, doch eine Lenkung des ganzen vernetzten Globus wie ein Marionettentheater ist im Lichte von Netzlogik eine lächerliche Vorstellung.

Propaganda hat es schwer in einer vernetzten Welt. Je nach Geschmacks- und Glaubensrichtung werden »das Kapital«, »das Weltjudentum« oder »die Mullahs« beschuldigt, heimlich das Ruder in der Hand zu haben und unser Leben aus der Ferne zu dirigieren. Remote Control. Jenes Netzwerk aus Millionen miteinander verbundener Netze, als das sich die globalisierte Welt heute präsentiert, versagt sich einem umfassenden Plan. Jeder noch so geniale Marionettenspieler wäre schlicht überfordert, die Puppen tanzen zu lassen: Er würde sich in den vielen Fäden verheddern. Zivilisation ist die Geschichte von kulturellen Leistungen, die niemand gewollt, die niemand geplant hat. Netzlogik lenkt den Blick auf diese unerwarteten Hervorbringungen. Macht erwächst aus dem parallelen Handeln von Milliarden Verbrauchern, Managern, Politikern, Wählern, Sportlern, Zeitungslesern. In Netzen ohne Zentrum verteilt sich Macht. Sie fließt. Sie ist ein flüchtiges Medium mit einer fließenden Logik, bestimmt von Dynamik, Erosion und Emergenz.

Soziale Netze. Netzlogik wirft ein neues Licht auf den alten Dualismus zwischen Individuum und Gesellschaft. Einerseits ist jeder von uns eingebunden in zahlreiche soziale und wirtschaftliche Abhängigkeiten, trägt die Folgen von Ereignissen, die woanders passieren und sich seinem Einfluss entziehen – Netze nehmen gefangen. Andererseits haben wir die Möglichkeit, jederzeit selbst die Initiative zu ergreifen, Botschaften und Impulse einzuspeisen, die sich in den Kleinen Welten rasch verbreiten und manchmal ungeahnte Effekte auslösen können. Jeder kann zu einem »aktiven Knoten« werden – Netze machen frei.

Zufälle lenken die Geschichte. Die Entdeckung des »Schmetterlingseffekts« ändert auch das Verständnis kultureller Evolution. Ursprünglich hatten sich Historiker auf Helden konzentriert: Kriegsherren, Fürsten, Päpste, geniale Wissenschafter und Unternehmer wurden als die zentralen Akteure der Kulturgeschichte porträtiert. Dann übernahm Ende der sechziger Jahre eine junge Riege strukturell denkender Wissenschaftler die Meinungsführerschaft. In ihren Augen war jedes menschliche Handeln eingebunden in ein enges Korsett aus wirtschaftlichen und gesellschaftlichen Zwängen. Bedingungen seien zu untersuchen, nicht einzelne Menschen. Heute schlägt das Pendel wieder in die andere Richtung aus. Chaos und Zufall müssen als Gestaltungskräfte berücksichtigt werden. Netzlogik bezieht einzelne Menschen ein, betrachtet ihre Taten als – mehr oder weniger – zufällige »Anfangsbedingungen« eines Systems. Sie sind Auslöser selbstverstärkender Prozesse, die im weiteren Verlauf der Entwicklung eine bestimmte Richtung geben. Das Treiben eines Adolf Hitlers erscheint aus dieser Perspektive weder komplett als einmaliger historischer Zufall erklärbar noch als zwangsläufig und aus den Zeitbedingungen vorhersehbar.

Ökonomie im Netz. Die Arbeitswelt von morgen wird viel mehr als heute aus Unternehmen bestehen, die als Netze organisiert sind. Sie werden auf ständigen Wandel getrimmt. Und sie verlassen herkömmliche Grenzen, indem sie eine Vielzahl von Mitarbeitern, Managern, Kunden, Zulieferern und Partnern integrieren. Unternehmen wachsen über sich selbst hinaus. Immer öfter werden sie dabei mit anderen Firmen strategische Allianzen eingehen. Das Netz dominiert aber auch auf der Ebene der Berufstätigen. Outsourcing bedingt, dass mehr Menschen als bisher freiberuflich arbeiten werden. Viele von ihnen werden sich zu Arbeitsgemeinschaften zusammenschließen, um sich gegenseitig mit Wissen und Infrastruktur zu ergänzen. Je nach Projekt bilden sich wechselnde Teams, lösen sich wieder auf, wenn die Aufgabe erledigt ist. In der Arbeitswelt von morgen hat jeder von uns neben dem offiziellen einen heimlichen Zweitjob: Pflege das Netz!

Konzepte inklusive Chaos. Netzlogik bietet hervorragende Inspirationen für alle, die sich hauptberuflich mit Planung beschäftigen: Konzernstrategen, Organisationsberater, Verkehrs- und Stadtplaner, Ingenieure, Architekten. In diesen Berufsgruppen zeigen sich besonders häufig Symptome von akuter Kontrollitis. Planen heißt für sie: die Zukunft kontrollieren. Städte, Unternehmen, Datennetze, Hausgemeinschaften und Verkehrsnetze sollten jedoch so geplant und angelegt werden, dass sie auf neue Entwicklungen reagieren können. Sie brauchen Raum für Unvorhergesehenes und Überraschendes. Für Spontaneität. Für Selbstorganisation. Kurz, für die Unwägbarkeiten des vernetzten Lebens.

Körper im Fließgleichgewicht. Bei Ärzten ist nach wie vor die Ansicht verbreitet, Körper seien nichts anderes als Maschinen und als solche zu behandeln. Sie sehen nicht Patienten, sondern Röhren, Pumpen, Gelenke, Ablagerung, Verschleiß. Ist ein Einzelteil defekt, muss es repariert werden. Ist es völlig marode, wird es ausgetauscht.

Krankheit hat in dieser Sicht den Charakter einer partiellen Betriebsstörung, die durch Kurieren der Symptome behoben werden kann. Der Arzt als Klempner. Wie wäre es stattdessen mit dem Arzt als Netzwerker? Er betrachtet den Körper als ein System von Systemen, untersucht sein Fließgleichgewicht, berücksichtigt die Interaktionen mit der Umwelt, mit der Familie, mit Kollegen, fühlt sich in die Wechselwirkungen zwischen Mentalem und Körperlichem ein. Und er wird den Patienten stets als Ganzes behandeln, nicht einzelne Knoten. Therapie kommt vom griechischen Wort für »pflegend begleiten«: Der Arzt wird zum verständigen Begleiter, der den Kranken auf dem Weg der Heilung unterstützt: zum helfenden Mitreisenden.

Forschung ohne Grenzen. Interdisziplinarität wird in Sonntagsreden von Politikern immer wieder gern gefordert. In der Praxis bleibt es beim Kästchendenken. Ein Geisteswissenschaftler redet anders als ein Naturkundler, deshalb reden beide aneinander vorbei. Ein Lichtblick in diesem Nebel von Nichtverstehen sind diejenigen Wissenschaften, die sich mit Komplexität beschäftigen. Bei ihnen ist es guter Brauch, dass Soziologen, Biologen, Mathematiker, Ökonomen, Robotiker und Computerfreaks an einem Tisch sitzen. Und miteinander diskutieren. In einer gemeinsamen Sprache, die sie kollektiv weiterentwickeln. Netzlogik könnte zur Standardausrüstung für Expeditionen in die Grenzgebiete zwischen den Wissenschaften werden.

Global Generation. Kulturgeschichte ist eng verbunden mit der Evolution der Netze von Mobilität und Kommunikation, Wirtschaft und Politik. Sie wurden geknüpft, ausgeweitet, verdichtet, bis sie den ganzen Globus umspannten. Eine ihrer überraschenden Folgen ist die »Global Generation«: junge Menschen aus der urbanen Mittelklasse, eine Gruppe, die zum ersten Mal in der Geschichte ein umfassendes, globales Bewusstsein besitzt. Sie betrachtet den gesamten Blauen Planeten als ihre Heimat. Einem Teil von ihr geht es nur darum, die Welt in einen einheitlichen Marktplatz umzuwandeln, um grenzenlose Profite also. Andere sind bereit, Verantwortung für globale Probleme zu übernehmen, die über den nationalen Horizont hinausgehen. Grundsätzlich sehen weder die multinationalen Konzerne noch deren Kritiker eine Alternative zur Globalisierung. Netzlogik kann helfen, deren Rahmenbedingungen zu verstehen: ihre Emergenzen und Turbulenzen, Fehlertoleranz von selbstorganisierten Prozessen, Fließgleichgewichte und Symbiosen.

So viel Wandel war nie. Die Weltbevölkerung wächst exponentiell. Die Leistungen von Computern folgen brav dem Mooreschen

Gesetz und verdoppeln sich alle achtzehn Monate. Die Zyklen, in denen technische Produkte durch ihre verbesserten Nachfolger ausgetauscht werden, verkürzen sich. Die Finanzströme fließen schneller als je zuvor. Selbst die Kulturszene scheint ihren Puls zu beschleunigen, macht Metamorphose zum Tagesprogramm. Wandel wird zur erosiven Naturgewalt. Sie fegt über den gesamten Globus hinweg, dreht ihn, rüttelt ihn, kehrt das Unterste zuoberst. Doch wir sollten darin nicht nur das Bedrohliche sehen. Es ist ein Prozess der kreativen Zerstörung. So wie das Feuer im Yellowstone-Nationalpark einer neuen Diversität von Pflanzen und Tieren den Weg bahnte, so wird der Wirbelwind der Globalisierung ungeheure Kräfte von sozialer Innovation und kultureller Evolution freisetzen. Die brauchen wir dringend. Denn die blaue Kugel schrumpft. Ihre Bewohner vermehren sich in Millionenschritten. Zwangsläufig intensivieren sich die Beziehungen zwischen ihnen, im Guten wie im Schlechten. Die Netze werden engmaschiger, die Abhängigkeiten in alle Himmelsrichtungen größer. Wenn wir in diesem Prozess eine Rolle spielen wollen, müssen wir ihn mit völlig neuen Linsen und Optiken betrachten. Das Denken in komplexen adaptiven Systemen bietet sich an. Netzlogik ist gut für kleine Planeten.

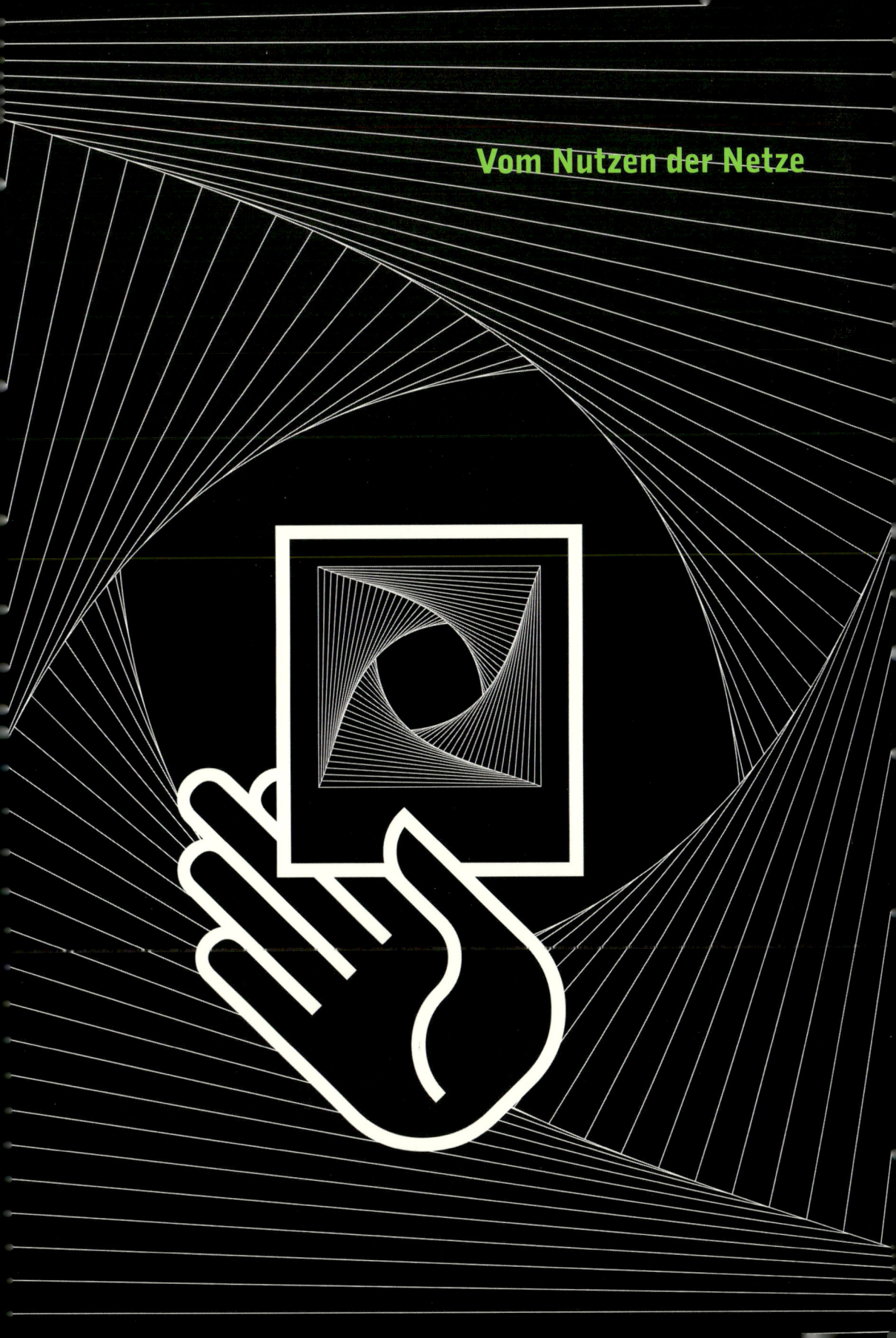

Vom Nutzen der Netze

रवि चन्द्र मंगल बुध गुरु शुक्र शनि

Work the network: Pflege das Netz

Navigation ist die Königin
der Wissenschaften
in dieser neuen Welt aus
Welten – dem Netz.
PETER GLASER

Die Erkenntnis, alles sei mit allem vernetzt und jeder Mensch mit jedem, versetzt nicht jeden Zeitgenossen in helle Begeisterung. Das fängt schon damit an, dass einem auf Anhieb ein Dutzend Leute einfällt, mit denen man partout nicht verbunden sein möchte. Afghanische Taliban, chinesische Scharfrichter, palästinensische Selbstmordattentäter und bayrische Finanzbeamte, um nur einige zu nennen. Auch diejenigen, denen jetzt schon alles zu viel ist – jede Menge Fernsehkanäle, Datenbanken, Micro-Discs, SMS, Newsletter, Chatrooms –, fürchten Vernetzung eher, als dass sie sie begrüßen. In ihnen grummelt das Gefühl wachsender Überforderung: Muss ich das wirklich alles lesen/hören/sehen? Was ist wichtig? Wo sind eigentlich die Nachrichten zum Sich-danach-Richten? Immer mehr Menschen empfinden den westlichen Lebensstil als Zivilisation, die droht, wie ein modernes Atlantis in den Datenfluten zu versinken.

Nicht zuletzt sperrt sich unser ausgeprägter Individualismus gegen die Erkenntnisse der Netzlogik. In den europäisch beeinflussten Gesellschaften weit stärker als in asiatischen, wo Buddhismus und Hinduismus schon seit Jahrtausenden die Vorstellung einer allumfassenden Vernetzung lehren. Individualistische Ethik stellt die Frage, wo denn die Freiheit des Einzelnen bleibe, die Autonomie im Handeln, die Spielräume für Gut und Böse, wenn wir doch alle in die Fesseln unzähliger Abhängigkeiten verstrickt seien.

Die Angst, ausgeliefert zu sein. Fast täglich tauchen Ereignisse wie aus dem Nichts auf, die tief in unseren Alltag eingreifen. Die Ursachen der Pleite einer renommierten Fluglinie, eines Kurssturzes an der Börse, einer politischen Eskalation lassen sich in vielen Fällen gar nicht eindeutig zurückverfolgen. »Das Böse« hat keine Adresse und keinen Personalausweis. Anonyme Kräfte scheinen die Welt zu regieren, gesichtslos, zeitlos, ortlos. Den Nationalstaaten entgleitet die Selbstbestimmung; die letzte verbliebene Supermacht: mitten ins Herz getroffen; multinationale Konzerne reüssieren auch nur so lange, wie wir ihre Produkte kaufen. Wir wissen nicht einmal, wo wir uns beschweren sollen, wenn wir mit den Verhältnissen unzufrieden sind. Bei der Landesregierung? In Berlin? In Brüssel oder gleich bei den Vereinten Nationen (wo man uns vermutlich herzlich auslachen würde – die Uno und Macht, haha)? Die Kritiker der Globalisierung irren umher und suchen einen Ansprechpartner für ihren bunten Mix aus berechtigten Sorgen und sonderbaren Verschwörungstheorien. Macht wird zur Fata Morgana: Immer wenn man ihr Zentrum gefunden zu haben glaubt, entfleucht es in dunstige Fernen. Am Ende halten unterbezahlte Polizisten als Prügelknaben her. Die Krawalle von Göteborg bis Genua erscheinen eher als Verzweiflungstaten denn als »Muskelspiel« der Globalisierungskritiker.

Verfangen wir uns also in den Maschen der Netze? Absolut nicht! Denn gleichzeitig haben wir mit ihnen wunderbare Werkzeuge in der Hand, uns zu engagieren, uns einzumischen, uns selbst als Strippenzieher zu betätigen. Aus den Netzgesetzen folgt nicht einseitige Abhängigkeit, sie erzählen davon, dass jeder von uns zu einem aktiven Knoten werden kann, der Signale in alle Richtungen ausstrahlt. Wenn die Impulse Kraft haben, können sie andere anstecken, sich aufschaukeln, Turbulenzen entfachen, gewaltige Lawinen auslösen.

Netze haben kein Zentrum, also kann sich jeder als Zentrum betätigen. Es hängt, wie so oft, von uns selbst ab, ob wir an den Fäden hängen wie eine Marionette oder ob wir sie selbst in die Hand nehmen. Die Hilfsmittel dazu liegen vor uns. Datenverarbeitung und Kommunikation sind kein Privileg von Eliten mehr, sondern massentaugliche und, zumindest in entwickelten Gesellschaften, demokratisierte Techniken. Sie sind die ersten Medien, die uns nicht zu passiven Empfängern degradieren, sondern zu aktiven Sendern ertüchtigen. Computer, Modems und Handys werden mit einem eingebauten Imperativ ausgeliefert, der da lautet: Nutze die Netze – hier hast du das Zeug dazu!

So weit die Hardware. Fehlt nur noch die richtige Software. Netzlogik hilft uns, das »Web of Life« zu verstehen und uns souverän darin zu bewegen. Zu navigieren. Stränge zu knüpfen. Sie zu pflegen. Ein Set neuer Kompetenzen ist gefragt, über das in Zukunft jeder verfügen sollte, der die Chancen des vernetzten Lebens ergreifen will. Die Qual der Wahl wird uns auf Schritt und Tritt begleiten: Was speichern, was löschen? Und, besonders wichtig: Wann sollten wir besser abschalten, uns »vom Netz nehmen«?

Mit Hilfe technischer Prothesen katapultieren wir uns hinein in den Cyberspace, und wenn wir »drin« sind, fragen wir uns irritiert, ob er nicht vielleicht ein paar Nummern zu groß ist für uns. Wir sind uns selbst vorausgeeilt, nun haben wir Mühe, uns wieder einzuholen. Auch unsere Denkstrukturen hinken hinterher. Sie sind geprägt von Epochen, als die Welt noch lokal und übersichtlich war oder es dem Einzelnen zumindest so schien. Bewältigung von Komplexität gehörte nicht zu den überlebenswichtigen Erfordernissen des Alltags. Heute jedoch sind wir ohne diese Fähigkeit verloren.

Konstruktiv gedacht: Wir brauchen einen Kanon neuer Kulturtechniken, eine Wissenschaft der Netze, die sich im Begriff der Navigation verdichtet und möglichst bald Teil der Allgemeinbildung werden sollte. In der Sprache der Pädagogik: Das Ziel sind umfassende soziale, organisatorische und kommunikative Fähigkeiten, die es uns ermöglichen, Vernetzung als Option und Bereicherung zu empfinden. Netzlogik gibt uns einen Ariadnefaden als Wegweiser durch labyrinthische Welten in die Hand.

Dass in diesem Buch mehr von den Chancen der zunehmenden Vernetzung als von den Risiken die Rede ist, liegt sicher auch an meinen eigenen, überwiegend positiven Erfahrungen. Fast mein ganzes bisheriges Berufsleben habe ich in Netzwerken von Freiberuflern verbracht. Meist handelte es sich um lockere Zusammenschlüsse, die sich spontan bildeten, geleitet waren von gemeinsamen Interessen und Aufgaben und aufgelöst wurden, wenn neue Projekte andere Konstellationen erforderten. Dabei haben wir das Netz als flexibelste aller Organisationsformen schätzen gelernt, seine großzügigen Spielräume, sein schnelles Reaktionsvermögen, seine Lebendigkeit als lernendes System.

Freiberuflernetze, die in den achtziger Jahren entstanden, nahmen viele Gedanken der New Economy in den Neunzigern vorweg. In den wilden Pioniertagen propagierten auch Start-ups und dot.coms flache Hierarchien, umfassende Kommunikation, strategische Allianzen. Networking gehörte zu den edelsten Tugenden. Dann kam der Crash auf dem Neuen Markt, und mit den sinkenden Kursen erodierten auch die einstigen Glaubenssätze. Man sollte allerdings nicht den Fehler machen, den Schatz interessanter Erfahrungen, die junge, innovative Unternehmen gesammelt haben, mit dem allgemeinen Kehraus wegzufegen. Auch wenn viele Firmen ihre Reputation verspielt haben, bleibt vieles von ihrem ideellen Repertoire wahr und richtig.

SOLANGE ES NOCH KEINE SEMINARE FÜR NETZNAVIGATOREN GIBT, MÜSSEN NETZWERKER, WIE BEIM KOCHEN OHNE REZEPT, AUF IHR GEFÜHL VERTRAUEN

Solange es noch keine Seminare für Netznavigatoren gibt, müssen Netzwerker, wie beim Kochen ohne Rezept, auf ihr Gefühl vertrauen: Hier ein Quäntchen Chaos, dort eine Prise Vielfalt als Würze, bei zu starken Turbulenzen das Ganze in eine Struktur geben und mit viel Kommunikation, der Hefe eines jeden Netzes, aufgehen lassen – et voilà, selbst dröge und verkrustete Organisationen kommen auf einen neuen Geschmack. Auf den folgenden Seiten erwartet Sie jedoch keine Strickanleitung für Netze; vielmehr finden Sie eine Mischung aus Tipps, erprobten Modellen und einigen Verrücktheiten, die zum Weiterdenken anregen sollen. Dreiunddreißig Vorschläge als Fundus, die eigenen Fähigkeiten als Netzwerker auszuloten und zu verbessern. Lassen Sie sich inspirieren, Netze zu knüpfen, in Netzen zu navigieren, vernetzt zu denken. In welchen Netzen Sie auch immer unterwegs sind: Sie werden sehen, dass Komplexität nicht das Problem ist, sondern die Lösung. Und dass Networking eine faszinierende Methode ist, Menschen zusammenzubringen.

1 Die Kraft der Knoten

Mit der Gefahr wächst das Rettende. Die gleichen Strukturen, die ein Problem zu globalen Dimensionen aufblasen, können helfen, ihm beizukommen. Heute fällt es leichter denn je, für eine Initiative auf der ganzen Welt Mitstreiter zu finden; Kommunikation und Mobilität sind einfach, schnell und billig geworden. Wer die Netze nutzt und sich geschickt anstellt, kann sogar die Regierungen von hundert Staaten dazu bringen, einen Antirüstungsvertrag zu unterschreiben. Judy Williams weiß, wie das geht. 1991 – sie hatte damals bereits elf Jahre lang als Lobbyistin für verschiedene politische Organisationen gearbeitet – nahm sie den Auftrag eines Vereins von Vietnamveteranen an, eine Kampagne gegen Landminen anzuzetteln. Mit dem Trauma der eigenen Kriegserlebnisse im Kopf, wollte sich der Verband nicht länger mit der Tatsache abfinden, dass alle zwanzig Minuten ein Mensch auf eine Mine tritt und Tausende auf diese Weise getötet oder grauenhaft verstümmelt werden.

Beim Veteranenverband handelte es sich um eine kleine Organisation mit wenig Geld. Was kann eine einzelne Frau, ausgerüstet mit einem Telefon und einem Faxgerät, schon gegen die Interessen einer mächtigen Industrie ausrichten, die mit den Minen Millionen verdient? Doch Judy Williams übernahm den Job. Am Anfang kontaktierte sie eine Handvoll Organisationen, die sich ebenfalls für einen weltweiten Bann engagierten. Williams schaffte es, das bunte Völkchen der Aktivisten in einem Netzwerk zusammenzuführen. Dann kam der technische Durchbruch: Als die Möglichkeiten von E-Mail und Internet hinzukamen, lebte das Netz auf und wuchs innerhalb kürzester Zeit zu einer mächtigen Bewegung heran. 1996 waren es schon fünfhundert, anderthalb Jahre später tausend Organisationen, die in sechzig Ländern Lobbyarbeit betrieben.

Jede Gruppe verpflichtete sich zwar auf das Hauptziel, das weltweite Minenverbot, behielt aber sonst ihre Selbständigkeit, jede entschied für sich, mit welchen politischen Mitteln sie gegenüber der jeweiligen Regierung vorgehen wollte. Von ihrem Haus im amerikanischen Bundesstaat Vermont aus sorgte Judy Williams dafür, dass die Kommunikation funktionierte und jeder Aktivist Bescheid wusste, was die anderen gerade taten. Kunstgriffe und Kniffe, die an einem Kampagnenort erfolgreich angewendet worden waren, wurden von anderen Mitgliedern blitzschnell in die eigene Strategie eingebaut. Ein bis dahin unbekannter Typus politischer Bewegung zeigte Kontur: an den Graswurzeln angesiedelt, aber elektronisch beflügelt.

Als sich im September 1997 die Abgesandten von neunzig Staaten in Oslo trafen, um Abkommen zum Verbot von Landminen auszuhandeln, war das nicht nur der Höhepunkt der Kampagne, sondern auch die heißeste Phase in Sachen Kommunikation. Teilweise waren die Aktivisten besser vernetzt als die Politiker. In Echtzeit sandten sie Nachrichten über Fort- oder Rückschritte bei den Verhandlungen von Norwegen aus an die regionalen Mitglieder, damit diese postwendend Druck auf ihre Regierungen ausüben konnten. Die Cyber-Lobbyisten verbuchten einen Riesenerfolg: Der Vertrag von Oslo wurde formuliert und in den folgenden Jahren von hundertzwanzig Ländern unterschrieben. Judy Williams erhielt 1997 den Friedensnobelpreis.

»E-Mail war wahnsinnig wichtig für unseren Erfolg«, sagt die Aktivistin. Das Netz schuf die Bedingungen, unter denen der Schneeball zur Lawine werden konnte. Im Cyberspace herrscht ein Stückchen mehr Chancengleichheit als in der realen Welt, denn hier kommt es weniger auf Geld und Macht an als auf Cleverness und Glaubwürdigkeit. John Perry Barlow, bekannt geworden als Textschreiber der Rockgruppe Grateful Dead und bekennender E-Optimist, verkündet selbstbewusst: »Meine Homepage hat mehr Besucher als die von General Motors.« Egalitäre Effekte: Ein Monitor ist ein Monitor, und der wird auch nicht größer, wenn man »Whitehouse.gov« anklickt. Die elektronischen Netze sind zwar kein Wert an sich. Aber sie ermöglichen demokratische Teilhabe, denn sie sind ein wirkungsvolles Instrument, um sich mit Millionen Gleichgesinnter oder Mitstreitern zu verbinden. Nehmen Sie Kontakt auf!

2 **Banker, Kicker, Mönch: Wie man ungewöhnliche Allianzen schmiedet**

Ein beliebter Fehler beim Knüpfen eines neuen Netzes besteht darin, nur ähnliche Elemente zu vermaschen. Gleich und gleich gesellt sich gern, heißt es, aber das hat den Nachteil, dass deren Liaison meist auch das Gleiche entspringt. Die Ergebnisse sind vorhersehbar.

Wenn Sie elf Kicker zusammenbringen, haben Sie eine Fußball-mannschaft, deren Welt ein Fußball ist, die an Fußbälle denkt und, wenn's gut geht, Fußball spielen kann. Eine Gruppe Broker ist fixiert auf Hausse und Baisse, eine Klosterbruderschaft festgelegt auf Ora et labora. Interessant wird die Sache, wenn es Ihnen gelingt, Banker, Kicker und Mönche in ein Team einzubinden, sagen wir mal, für ein Brainstorming zum Thema »Was ist Glück?« Auf die Thesen dürfte man gespannt sein!

Die zugrunde liegende Knüpftechnik ist der Musikkomposition abgeschaut. Spannung entsteht durch Melodie und Kontrapunkt, durch betonte Taktschläge im Kontrast zu unbetonten Synkopen, durch den Wechsel von melodischen und dissonanten Passagen. Durchgehende Harmonie (in der Oper) wird genauso schnell lang-weilig wie der ritualisierte Hahnenkampf (in der politischen Arena). Niemand erwartet einen Knaller, wenn nach einer Bundestagswahl die Vorsitzenden der vier Parteien zur Elefantenrunde ins Fernseh-studio eilen. Sie erzählen nicht, sie verlautbaren. Immer dieselbe Konstellation, austauschbare Gesichter, voraussagbare Plattitüden. Was würden sie wohl sagen, ließe man sie etwa von Banker, Kicker, Mönch befragen? Auf die Story dürfte man gespannt sein!

Ähnlich heruntergekommen sind jene Veranstaltungen unter dem Titel »Schüler fragen, Minister antworten«. Ursprünglich eine gute Idee: Man wollte ältere Männer, die mit den Hebeln der Macht hantieren und über Zukünfte entscheiden, mit der Jugend konfron-tieren, die zwar noch keine Entscheidungen treffen darf, aber viel Zukunft vor sich hat. Doch mittlerweile fügen sich beide Seiten in die erstarrten Regeln des Rituals: Die Schüler sind artig und fassen sich kurz, die Politiker texten ohne Punkt und Komma. Anfang der neunziger Jahre fiel uns beim Umweltmagazin »natur« ein Dreh ein, wie wir das Schauspiel unterminieren könnten: Die Entscheidungs-träger müssten dazu verdonnert werden, den Zukunftsmenschen aus-schließlich zuzuhören. Politiker, die nichts sagen: Das Konzept eines »Kindergipfels« war geboren.

Nach vorbereitenden Veranstaltungen kamen im September 1991 rund 35 000 Kinder in Frankfurt zusammen. Sie wählten Sprecher aus, die Spitzenpolitikern, Unternehmern und Gewerkschaftsfüh-rern frank und frei erklärten, welche Sorgen und Wünsche in Sa-chen lebenswerter Umwelt sie bewegten. Das Gespräch zwischen so verschiedenen Gruppen konnte nur gelingen, weil Moderatoren zwi-schengeschaltet waren, die beide Sprachen kannten. Pädagogen halfen den Kindern, Visionen zu formulieren, ohne nachzuplappern, was gut meinende Umweltaktivisten normalerweise so vorbeten; und die Redakteure waren in Frankfurt vollauf damit beschäftigt, die Redelust der Politiker einzudämmen. Es funktionierte, und in den folgenden Jahren fanden Kindergipfel an vielen Orten statt, nicht nur in Deutschland, sondern auch in Nachbarländern. Als Faustregel fürs Netzeknüpfen lässt sich ableiten: Je verschiedener die Elemente, die man aus Gründen der Spannung einbindet, desto aufwendiger die Kommunikation.

Bei Fallbeispiel 2 handelt es sich ebenfalls um ein spannendes Experiment. 1996 wollte der Chemiekonzern Hoechst seine Reputation in Sachen Ökologie verbessern, die nach einer Serie von Störfällen und Kommunikationspleiten arg lädiert war. Auf die Anfrage, ob wir – ein Team von Publizisten – an dem Auftrag interessiert seien, den Umweltbericht des Unternehmens »journalistisch aufzupeppen«, antworteten wir mit einem Gegenvorschlag: Wie wäre es, ihn komplett von unabhängigen Umweltjournalisten schreiben zu lassen – ohne jegliche Zensur seitens der Pressestelle? Hoechst ließ sich auf dieses Wagnis ein. Wir suchten und fanden Reporterinnen und Autoren, die sonst für Magazine wie »Der Spiegel«, »stern« oder »GEO« schrieben und die neugierig darauf waren, ob sie bei Recherchen innerhalb eines bis dato fast hermetisch verschlossenen Chemieriesens wirklich freie Hand bekämen.

Das Risiko war groß, für alle Seiten. Hoechst wusste nicht, ob das Unternehmen im eigenen Umweltbericht eventuell bloßgestellt würde. Die Autoren, darunter der ehemalige Umweltminister von Hessen und spätere Außenminister Joschka Fischer, setzten sich dem Verdacht aus, auf der Lohnliste der Industrie zu stehen, falls sie Fakten »schönschrieben«. Und unser Team balancierte an einer Schnittstelle, die es bis dahin in dieser Form noch nie gegeben hatte. Um uns abzusichern, hatten wir vertraglich festgelegt, beim ersten Zensurversuch seitens des Chemiekonzerns die Zusammenarbeit zu beenden und die Gründe für diesen Abbruch zu veröffentlichen; unsere Arbeit stand schließlich unter Beobachtung von Kollegen, denen der »Spiegel« für eine entsprechende Enthüllung ganz sicher mehr geboten hätte, als wir an Honoraren zahlen konnten. »Zensur bei Hoechst« – nach der Schlagzeile hätte sich die halbe Medienzunft die Finger geleckt.

Doch die Allianz Chemiekonzern/Umweltjournalisten hielt. Bis auf eine Intervention eines Werksleiters, der allerdings sofort von der Chefetage zurückgepfiffen wurde, konnte jeder Artikel so erscheinen, wie er recherchiert worden war. Darunter so heikle Themen wie die Ergebnisse einer Allensbach-Umfrage, wonach die Glaubwürdigkeit des Konzerns mehr als im Keller war – unter anderen Umständen sicher ein Fakt, den man gern unter den Tisch hätte fallen lassen. »Chemie in der Stadt. Umwelt, Sicherheit, Gesundheit« lautete das Titelthema unserer Zeitschrift »Change«. Das Magazin wurde auch in der kritischen Presse überwiegend zustimmend rezensiert und erhielt sogar einen renommierten Preis für »Ökologische Kommunikation«. Davon hätten die Hoechster in den Jahren davor sicher nicht zu träumen gewagt. Faustregel 2 fürs Netzeknüpfen: Die überraschendsten Ergebnisse erbringen Allianzen aus ehemaligen Gegnern.

Die Kontrastmethode funktioniert in vielen Bereichen. Staaten und Nichtregierungsorganisationen gehen ungewöhnliche Koalitionen ein, wie die sehr interessanten Projekte des Public-Private-Partnership zeigen, in denen öffentliche und private Institutionen zusammenarbeiten. Aber auch Freiberufler, Agenturen und Verbände sollten überlegen, wie sie ganz bewusst »Störelemente« in ihre kreative Arbeit einbauen. Ein Verbund von Forschern könnte Künstler als »kreative Agenten« integrieren. Anders herum könnten Künstler mit Wissenschaftlern kooperieren. Ein katholischer Kirchentag sollte Sikhs, Hindus und Muslime einladen. Architekten unterhalten sich mit Kamelnomaden. Sogar für den Laden an der Ecke ergeben sich Möglichkeiten. Wie wäre es statt der üblichen Paarungen Metzger/Bäcker oder Lotto/Schreibwaren mit neuen Kombinationen: Damenfriseur plus Spielhalle plus Wettbüro zum Beispiel. Da hätten Frauen, Männer und Kinder endlich mal ein gemeinsames Austlugsziel in der Innenstadt, das jede Fraktion beglückt.

Das heißt nun nicht, dass man in völlig beliebiger Weise Menschen und Module zusammenwürfeln sollte. Es geht mir vielmehr darum, zu zeigen, wie man Erstarrungen aufbricht. Verabschieden Sie sich von langweiligen Ritualen, verfremden Sie Bilder, integrieren Sie exotische Stimmen in den Chor! Als Belohnung erhalten Sie ungewöhnliche Erlebnisse, frische Farben, nie gehörte Töne.

3 **»Best before«: Ein Ablaufdatum für Netze**

Netze sind wie alles Lebendige vergänglich. In der Natur jedenfalls. Sie wachsen, erblühen, machen Metamorphosen durch und tauchen völlig verwandelt wieder auf. Homo sapiens dagegen hofft verzweifelt auf Ewigkeit. Organisationen, die er gründet, sollen am liebsten noch die nächste Eiszeit überdauern. Menschen führen hundertjährige Kalender, erobern tausendjährige Reiche, bauen eine Uhr, die zehntausend Jahre halten soll, so wie die »Uhr des langen Jetzt«, die der amerikanische Visionär Steward Brand plant. Nichts gegen Dauerhaftigkeit, doch meist ist sie nicht von jener Dauer, die man sich vor ihr erhofft.

Hier eine interessante Alternative: Man gründet ein Netz und versieht es von vornherein mit einem Ablaufdatum. Das funktioniert wie ein Ultimatum an sich selbst: Wir arbeiten fünf Jahre zusammen; was bis dahin nicht geschafft ist, bleibt unerledigt, weil wir dann nämlich etwas anderes anpacken. So dachte beispielsweise die Initiative »Smart Valley« in Kalifornien. Gemeinsam setzten sich Softwarefirmen, Computerhersteller und Gemeinden in den Kopf, innerhalb von fünf Jahren möglichst viele Schulen, Arztpraxen, Bibliotheken und Behörden im Silicon Valley ans Internet anzuschließen. Mit vier Millionen Dollar Mitgliedsbeiträgen akquirierten sie erfolgreich weitere hundert Millionen Spendengelder und investierten sie in Computer und Leitungen. So konnte Zukunftstechnik für die breite Bevölkerung bereitgestellt werden. Das Ziel wurde erreicht, und die Gründer hielten Wort: Fristgerecht löste sich die Initiative im November 1998 auf.

Ein freiwilliges »Best before«-Datum bündelt die Aktivitäten auf Ziele hin und verhindert, dass ein Netz nur deshalb weiter gepäppelt wird, weil es nun mal da ist und weil Etats und Posten zu vergeben sind. Institutionen, die sich eigentlich überlebt haben, gibt es eh zu viele.

4 **Sorge für zunehmende Erträge!**

Netzgesetz Nr. 5 besagt, dass sich nach dem Prinzip der Selbstorganisation dort etwas ansammelt, wo bereits etwas existiert; oder in der biblisch-populären Fassung: »Wer hat, dem wird gegeben.« Der neue Schuhladen eröffnet vorzugsweise dort, wo andere bereits gut verkaufen. Die Attraktivität der Ansammlung steigt mit jedem Neuzugang. Nun hat ein Netzknüpfer zwei Möglichkeiten. Er kann warten, bis auch sein Gebilde die kritische Masse erreicht und von allein »anziehend« auf andere wirkt. Oder er beschleunigt den Prozess, indem er selbst für zunehmende Erträge sorgt. Dabei kann er sich folgenden Effekt zunutze machen: Bei Netzen, die zwecks »Umsatz« zwischen den Teilnehmern geschaffen werden, beispielsweise Handels- oder Telefonnetzen, wächst der Nutzen des Verbunds mit jedem Teilnehmer. Und zwar nicht proportional, sondern im Quadrat. Das funktioniert wie bei der Einladung zu einer Promiparty: Solange noch kein Star zugesagt hat, ziert sich die Szene. Doch wenn der Gastgeber damit prahlen kann, Madonna, Brad Pitt und Julia Roberts kämen garantiert, dann strömen auch die anderen »It-People« herbei. Ein Sog erzeugt einen stärkeren Sog.

Mit einem einladenden »Join the party« formierte sich 1998 auch das Netzwerk Living Lakes. Die internationale Organisation macht auf die Bedrohung der großen Gewässer aufmerksam, die überall mit den gleichen Problemen kämpfen. Seen wirken wie Magneten, sie ziehen Urlauber, Häuslebauer und Wirtschaftsbetriebe in Massen an, aber ihr Umwelthaushalt verkraftet diesen Ansturm nicht. So lag der Gedanke nahe, Lösungen, die an einem See gefunden wurden, auf andere zu übertragen. Was fehlte, war ein Netz, über das Umweltaktivisten und Institute verschiedener Länder nützliche Informationen austauschen konnten.

Beim Werden und Wachsen von Living Lakes wirkte sich das Prinzip der zunehmenden Erträge segensreich aus. Mag der Grundgedanke einer neuen Organisation noch so plausibel klingen, die Leute stürzen dennoch nicht gleich herbei und werden begeistert Mitglied. Jeder von uns kennt das: Wir haben mit unseren bestehenden Engagements genug zu tun, für Neues müssen wir Altes umschichten. Daraus folgt: Wir wollen überzeugt werden. Am Anfang von Living Lakes gab es die Idee eines gleichermaßen reiselustigen wie redegewandten Umweltschützers vom Bodensee. Nach vielen Besuchen am kalifornischen Mono Lake und Diskussionen mit dem ansässigen Mono Lake Committee gewann er dessen Vertrauen und einen ersten Partner. Solche Aufbauphasen sind mühsam, weil das Ertragsgesetz leider auch im Umkehrschluss gilt: »Wer nichts hat, dem wird, wenn überhaupt, nur zögernd gegeben.«

Aufgrund guter Kontakte in Spanien konnte der See La Nava ins Netz geholt werden. Weil jetzt schon drei Länder abgedeckt waren, ließ sich ein multinationaler Konzern dafür gewinnen, Geld in das Seen-Netz zu pumpen. Mit drei Seen plus Sponsor war bereits eine »kritische Masse« erreicht, die auch Mitstreiter in Japan und Südafrika anzog. Und viele Seen plus Sponsor erregte schließlich die Aufmerksamkeit der Expo 2000, die Living Lakes zum weltweiten Projekt erklärte. Von da an wuchs der Verbund als Selbstläufer. Mittlerweile sind Ökogruppen von sechzehn Seen dabei.

Zentrales Argument für den Beitritt ist natürlich nicht, dass schon andere Mitglied sind, sondern die Aussicht auf einen »Mehr-Wert«. Das Netz muss einen größeren Effekt erwirtschaften als die Summe seiner Mitglieder. Meist besteht der Zusatznutzen in Informationen, an die man ohne Vernetzung nicht herangekommen wäre. Bei Living Lakes springt das »Intranet« beispielsweise an, wenn die Papierfabrik an See A behauptet, der Einbau einer weiteren Klärstufe sei viel zu teuer; dann ergeht eine Recherchebitte an die Aktivisten an See B, wo bereits Daten und Kostenrechnungen vorliegen; damit ausgerüstet, gewinnen die Kollegen an See A einen strategischen Vorsprung vor Behörden und Betrieben. Ein anderer Mehr-Wert ist mehr Macht. Als eine spanische Provinzregierung auf den Gedanken kam, La Nava das Wasser abzugraben, sah sie sich plötzlich mit Petitionen aus fünfzehn Ländern überschüttet. Das beeindruckt Politiker und Medien deutlich mehr als ein Flugblatt der örtlichen Umweltgruppe.

Fazit: In der Gründungsphase brauchen Netze einen Anschub, bis die kritische Masse erreicht ist. Die Ziele sollten klar formuliert, die Struktur offen, die zu erwartenden Synergien überzeugend sein. So strukturiert, sorgen Organisationen für Schneeballeffekte: Kooperation erzeugt mehr Kooperation, Innovation provoziert neue Innovationen, Vertrauen gebiert wachsendes Vertrauen.

5   Sorge für Ballungen!

Eine weitere Netzknüpftechnik heißt »Ballung von Bausteinen«. Auch bei dieser Methode geht es darum, das Mehr der Komplexität abzuschöpfen. Wie aber erschafft man ein komplexes System? Am besten fängt man mit einem einfachen, funktionierenden System an. Nach und nach fügt man andere Module hinzu, die ebenfalls für sich lebensfähig sind, verdichtet sie, vernetzt sie miteinander. Klingt sehr theoretisch, hat sich aber in der Praxis bewährt. Ein faszinierendes Beispiel ist die neue Fabrik des Autoherstellers MCC im lothringischen Ort Hambach. Hier wird seit 1997 der Kleinstwagen »smart« zusammengebaut, und das auf eine ganz spezielle Weise.

Bei der herkömmlichen Montage steht irgendwo eine Fabrik, aus allen Himmelsrichtungen treffen per Lkw die Einzelteile ein, »just in time«, genau in dem Moment also, wo sie eingebaut werden sollen. Die Lieferanten sind Teil einer Kette, stehen jeweils nur mit dem Auftraggeber in Kontakt und Vertragsverhältnis. Anders in Smartville, wie die innovative Anlage in Hambach getauft wurde. Hier spielt der Hersteller MCC nicht die Rolle des patriarchalen Hausherrn, eher die eines Moderators, der Firmen aus ganz Europa an einem Fleck vereinigt hat. VDO (Cockpit), Bosch (Frontmodul), Eisenmann Surtema (Lackierung), Dynamit Nobel (Außenverkleidung) und andere haben zusammen fast die Hälfte der Investitionen aufgebracht und ihre Produktionsanlagen direkt auf dem Werksgelände angesiedelt. Aus geknebelten Lieferanten wurden gleichberechtigte Partner, »von denen wir brutalst abhängen«, so der Werksleiter.

Der Grundriss der Fabrik wurde als Pluszeichen gestaltet. Diese Form spart Platz und verkürzt die Wege zwischen dem Montageband und den Partnerfirmen, die an den vier Armen andocken. Das schlägt sich wohltuend in den Produktionszeiten nieder: Ein Smart läuft in der Rekordzeit von viereinhalb Stunden vom Band. Doch das ist nicht der einzige Vorteil des Prinzips »Ballung der Bausteine«. Ein anderer betrifft den reibungslosen Betrieb. Im Gegensatz zu einem System mit weit verstreuten Lieferanten, das schon ein kleiner Lkw-Streik kollabieren lässt, hat sich Smartville vom Geschehen auf den Autobahnen weitgehend emanzipiert. Auch die Kommunikation lässt sich effizienter organisieren. Modulhersteller, die früher fast ausschließlich auf ihren Kunden fixiert waren, sprechen in Smartville auch untereinander über Produktionstechnik; in den »Gesprächen unter Nachbarn« werden Reibungsverluste abgebaut und manch clevere Lösungen ausgetüftelt. Ballung bedeutet Verzahnung. Aus höherer Komplexität entsteht eine neue Qualität, ein Zusatznutzen, in Hambach symbolisiert durch das riesengroße »Plus« der Fabrikanlage.

Das kommt davon, wenn sich Exoten finden. Denn auf die Idee eines winzigen Flitzers, der als Kultobjekt die Metropolen Europas mobil macht, kam kein Autoingenieur, sondern ein Uhrmacher. Nikolaus Hayek, als Hersteller der »Swatch«-Uhren weltbekannt und erfolgsverwöhnt, forderte mit einem fachfremden Konzept die Blechbiegebranche heraus. Der Smart sollte sein wie eine Swatch: jung, bunt, trendig und vor allem schlank zu produzieren. Nachdem Hayek bei verschiedenen Adressen in der Autoindustrie abgeblitzt war, gründete er MCC als Joint Venture mit Mercedes. Eine Mischehe, deren Mitgift aus den unkonventionellen Ansichten des Schweizers und der konventionellen Fixierung der Stuttgarter auf Qualität und Sicherheit bestand. Trenduhr und Edellimousine – dies noch als Nachtrag zu den wunderbaren Kreationen ungewöhnlicher Allianzen.

6

Aufruf zur E-Müll-Vermeidung

Publizieren ist heute gleichermaßen Menschenrecht und Massenvergnügen. Wer über Computer, Browser und Modem verfügt, kann seine Gedanken im Handumdrehen – das heißt: per Mausklick – veröffentlichen. Kann dichten, anklagen, reklamieren, aufrufen, abstreiten, kommentieren, werben, flirten. Kann Weltverbesserungspläne und Palmtopgebrauchsanleitungen einspeisen, kann jiddische Witze und Bilder von Bonsaibäumen sammeln, kann die sprachlichen Entgleisungen eines Helmut Kohl (Bimbes) oder George W. Bush (Bushism) dokumentieren. Was die eifrigen Web-Verleger oft vergessen: Sie entscheiden selbst, ob sie zur Intelligenz des Internet beitragen, quasi als Nervenzelle eines globalen Gehirns, oder ob sie den Cyberspace als Deponie für geistigen Müll missbrauchen. Für viele Vielschreiber gilt leider: »Denn sie wissen nicht, was sie tun.«

Glücklicherweise wirken im Web auch Selbstreinigungskräfte, ähnlich denen eines Flusses, der eingeleitete Abwässer biologisch abbaut. Die ökologische Planstelle von Bakterien, die an den Metabolismen von Schmutz und Putz beteiligt sind, nehmen im Datenfluss diejenigen User ein, die Nervensägen ins Visier nehmen und sie zum Verstummen bringen. Ihr Arsenal reicht von Antwortmails, »He, du gehst hier allen ziemlich auf den Geist«, bis hin zu regelrechten Kriegshandlungen, die mit elektronischen Flammenschwertern ausgetragen werden. Flame Wars nennt die Community das organisierte Lospreschen auf Rücksichtslose, die gegen die ungeschriebenen Gesetze der Nettikette verstoßen. Eines der wichtigsten lautet: Nerv nicht – sonst kommt der Mann mit dem Flammenwerfer.

Zu den Ersten, die den lodernden Hass der Gemeinde zu spüren bekamen, gehörte die Anwaltskanzlei Canter & Siegel aus Phoenix, Arizona. Sie hatte 1994 mit einer Mailaktion Tausende von Internet-Newsgroups mit Werbebannern zugepflastert, um für ihre Beratung in Einwanderungsangelegenheiten Reklame zu machen. Wildes Werben war und ist im Netz absolut verpönt. Entsprechend wütend fiel das Echo aus. In einer ersten Welle überfluteten Erwiderungsmails die Server der Kanzlei und setzten sie schachmatt. Alle anderen Kanäle nach draußen, Fax und Telefon, wurden ebenfalls verstopft. Höhepunkt der Strafaktion war ein Programm, das ein norwegischer Student schrieb, eine Art Löschroboter, der überall im Netz herumwuselte und dabei jede Nachricht schluckte, die erkennbar von Canter & Siegel stammte. Die Kanzlei hat nie wieder herumgemüllt. Potenzielle Nachahmer waren gewarnt.

Meine Hasslieblinge sind jene Zeitgenossen, die glauben, alle zwei Tage ihr Gutmenschentum dadurch zur Schau stellen zu müssen, dass sie Protestbriefe gegen das Unrecht in der Welt – eben nicht verfassen, das wäre ja noch eine Leistung, nein, nur weiterleiten. Mit einer schmissigen Unmutsbekundung über die Abholzung des Regenwaldes, »c/o Brasilianische Regierung, Brasilia«, oder gegen das »Verbrecherische Regime der Taliban« demonstriert man im Freundeskreis echtes Engagement. Die Sache hat nur einen Haken: Taliban sind meist mit anderem beschäftigt, als in ihre Mailboxen zu schauen und sturzbetroffen die Protestpost aus Oberbayern oder Niedersachsen zu lesen.

In dem Moment, wo man auf die Mailingliste der edlen Seelen gerät, hat man verloren. So ein Mausklick dauert keine Sekunde, und schon wissen fünfzig Freunde und Verwandte Bescheid: Der/die Sowieso lässt sich nichts gefallen, der/die muckt auf. Und weil das Aktivieren des Feldes »Weiterleiten« im E-Mail-Browser so ruckzuck geht, bleibt auch keine Zeit zum Nachdenken. So fordern mich die Empörten beispielsweise auf, mich gegen die Zucht von Bonsaikatzen zu empören. Ein amerikanischer Anbieter, so streuen Tierfreunde mit blutendem Herzen, stecke Katzenjunge in Flaschen, pumpe sie mit Wachstumshemmern voll, damit sie winzig bleiben und im Glas ihr restliches Leben fristen. Das sei ja eine ganz perverse Idee: Nur weil die Wohnungen immer kleiner würden …!

Der Skandal mit den klitzekleinen Katzen ist nur einer von vielen, die im Internet herumgeistern. Es handelt sich um Hoaxes, Fabeln aus lauter Jux und Dollerei, mit denen sich die Netzgemeinde selbst immer wieder einem Intelligenztext unterzieht – und oft scheitert. Wer den Katzen-Hoax erfand, lässt sich übrigens auf einer Website nachlesen, die eigens für solche modernen Märchen eingerichtet wurde, www.urbanlegends.com. Deshalb hier der dringende Appell an alle, die guten Willens sind: Bitte erst dort nachlesen, bevor Ihr mich gegen angeblich gefälschte Filmaufnahmen von CNN aufwiegelt oder mein Mitleid für krebskranke Kinder in Südsibirien weckt, die sich auf Nachfrage als reine Erfindung erweisen.

Aber das Schöne an elektronischer Kommunikation ist ja, dass der Verkehr in beiden Richtungen funktioniert. Während man sich über massenhafte und den Briefkasten verstopfende »reale« Postwurfsendungen meist folgenlos ärgert, muss ein elektronischer Kettenbrief mit netten Bumerangeffekten rechnen. Wenn mich mal wieder eine Mail auffordert, eine Heilsbotschaft fünfmal nachzubeten und zwanzigmal weiterzuschicken (sonst: ewige Verdammnis, mindestens ein Autounfall in naher Zukunft, so geschehen einem Vierundzwanzigjährigen irgendwo, der auch nicht ...), habe ich eine relativ harmlose Abwehrstrategie. Der Absender erhält folgende Mail zurück: »Hallo und danke, dass Du Dir die Zeit nimmst, diesen Kettenbrief zu lesen. Es gibt da einen kleinen Jungen in Baklaliviatatlaglooshen, der keine Arme, keine Beine, keine Eltern, keine Eingeweide und zwei Geschlechtsorgane hat. Das Leben dieses armen Kindes könnte gerettet werden, weil jedes Mal, wenn diese E-Mail weitergeleitet wird, eine Deutsche Mark auf das ›Kleine, hungernde, arm-, bein-, eingeweide-, elternlose, doppeldödel Jungen aus Baklaliviatatlaglooshen Spendenkonto‹ überwiesen wird. Sende diese E-Mail innerhalb der nächsten 47 Sekunden an 5 Personen. Wenn Du es quasi aus Versehen an 4 oder 6 Leute weiterschickst, wirst Du auf der Stelle sterben.« Kaum denkbar, dass jemand dieses »Nicht stören«-Schild an der Mailbox übersieht.

Belästigung ist nicht der einzige Grund, sich zu wehren. Die Müll-Mailere hat auch ökologische Aspekte. Bandweite (die Gesamtheit von Speicher- und Übertragungskapazitäten) steht nicht unbegrenzt zur Verfügung, sie ist die Lebensenergie des Internet. Kettenbriefe schlucken Bandweite. Herunterladen braucht Zeit. Onlinestunden kosten Geld. Das Netz zieht Strom. Wer jetzt denkt, och, meine kleine Mailaktion wird wohl nicht so ...: Wenn eine Botschaft vom Empfänger nur an zehn Adressen weitergeschickt wird, schaukelt sich die Briefwelle innerhalb von Stunden zur Springflut auf. Vermeidet Nonsense, schützt die Bandweite!

7 Füttere das Netz mit Nützlichem ...

... und es wird dich ernähren! So lautet die frohe Botschaft aus den Weiten des elektronischen Raums. Neben den Müllhalden entdeckt man im Netz überwältigend viele interessante, nützliche, überraschende, weiterführende Informationen, die Goldnuggets im Geröll. Fleißige Menschen haben sie dort deponiert. Unerheblich, ob auch Autoreneitelkeit im Spiel ist, jedenfalls haben sie den kategorischen Imperativ des Internet verstanden: Stelle Brauchbares bereit, wenn du selbst abzapfen möchtest! Nun stellt sich sofort die große Frage: Was ist brauchbar? Was der eine für genial hält, gilt dem anderen als Megaquatsch. Und doch lässt sich eine Faustregel aufstellen: Wertvoll ist jede Information, in deren Erarbeitung jemand viel Zeit investiert hat und die nicht leicht reproduzierbar ist.

Durch die Maschen dieser Definition würde etwa jemand fallen, der alle Primzahlen zwischen 1 und 1 000 000 auf seiner Website auflistet: Er mag ziemlich lange daran gerechnet haben, allein, ein Computer erledigt die gleiche Arbeit in Nullkommanix. Vergebliche Liebesmüh auch jene Homepages, die scheußliche Fotos vergangener Mallorca-Urlaube einem Weltpublikum anbieten, in Wirklichkeit aber nur die fünf verbliebenen Freunde interessieren. Glücklicherweise tummeln sich im Netz neben den Tumben die vielen Tollen. Da stellen Schüler ihre Referate anderen zur Verfügung, die vor der gleichen Aufgabe stehen, da recherchiert ein Philosophiestudent eine liebevolle Linksammlung zu Paul Virilio, bieten Institute und Professoren ihre Forschungsergebnisse säuberlich geordnet zum Download an, veröffentlichen Verlage so hervorragende Online-Magazine wie »Telepolis«. Wenn es stimmt, dass die Netze unsere neue Heimat sind, haben wir hier Beispiele vorbildlicher Nachbarschaftshilfe.

Man stelle sich die Millionen Internetnutzer als Bienenschwarm vor, der seinen Stock verlässt und sich auf die Suche nach Nektar macht. Diesen Schwarm kann keiner auf Dauer mit knalligen Farben oder Marktschreierei täuschen! Wenn er an einer Stelle keinen Honig saugen kann – Informationen, Unterhaltung oder Kontakte –, dann schwirrt er weiter und kommt nie wieder. Je mehr Angebote um die knappe Aufmerksamkeitsspanne der Schwärmer wetteifern, desto größer wird zukünftig der Druck, Sinnvolles und Vertrauenswürdiges ins Netz zu stellen. Qualität setzt sich auch im Reich des Virtuellen durch.

8 Kommunikator, unser heimlicher Zweitjob

Jedes Netz ist ein informationsverarbeitendes System. Ob Nahrungsnetz eines Sees, New Yorker Börse, Sportverein: Infos kommen von außen, werden interaktiv ausgewertet und fließen in die Entscheidungen und Handlungen des Netzes ein. Schmiermittel all dieser Prozesse ist Kommunikation. So weit, so einfach. Leider funktioniert das Gespräch im Netz oft hundsmiserabel. Reihenweise versagen Organisationen und Organisatoren auf diesem Gebiet. Wie oft hört man Manager sagen: »Wenn unsere Firma wüsste, was sie alles weiß.« Mit anderen Worten: Wissen ist irgendwo gespeichert, aber weil derjenige, der es hat, nicht mit demjenigen redet, der es braucht, bleibt es eine brachliegende Ressource. »Die Rechte weiß nicht, was die Linke tut«: Das kann nur passieren, wenn sich nicht mal die beiden »Hände« einer Institution verständigen. Meist folgt noch ein drittes Statement: »Da sollten sich mal alle Beteiligten an einen Tisch setzen ...« Doch eine einmalige Veranstaltung, eine kurze Sitzung wird das große Schweigen mit Sicherheit nicht beenden. Netze sind auf permanente Informationsflüsse angewiesen, wohl dosiert, in den richtigen Kanälen.

Im vernetzten Leben wird jeder von uns zukünftig einen heimlichen Zweitjob haben – als Kommunikator. »Pflege das Netz!«, lautet die Stellenbeschreibung. Ob wir uns nun über den neuen Job freuen oder nicht: Bedauerlich ist jedenfalls, dass wir ihn als ungelernte Hilfskräfte machen müssen. Niemand hat uns zu Kommunikatoren ausgebildet. Das ist übrigens auch der Grund, warum so viele Unternehmen, Gruppen und Institutionen auf diesem Gebiet so kläglich versagen. Und was ist mit den eigens ausgebildeten, quasi hauptamtlichen Kommunikatoren? Wer einmal erlebt hat, wie chaotisch es in einem Institut für Publizistik, einer Rundfunkanstalt oder der Presseabteilung eines großen Konzerns zugeht, wird nicht mehr vermuten, dass von hier die Hoffnungsträger kommen.

Kommunikation ist vor allem eine charakterliche Haltung. Bin ich offen, teile ich meine Informationen, bin ich neugierig auf andere, übernehme ich Verantwortung für ein Thema auch ohne offiziellen Auftrag. Entscheidend sind zweitens die organisatorischen Strukturen: Wer darf mit wem reden? Behindern Hierarchien den freien Fluss der Informationen? Hortet eine Zentrale alles Wissen, oder ist es dezentral gespeichert? Und drittens ist Kommunikation eine Frage der Technik. Die nötigen Hilfsmittel, um uns schnell und effizient mit anderen auszutauschen, haben wir heute in der Hand. Nun erwarten Chefs und Kollegen von uns, dass wir sie auch nutzen. Fazit: Innerhalb des (imaginierten) Ausbildungsgangs zum Netznavigator sollte Kommunikation zum Hauptfach erklärt werden.

9 Netze verankern

Wenn sich alles bewegt, bewegt sich nichts mehr. Paul Virilio hat dieses Paradoxon »rasender Stillstand« genannt. Veränderung ist immer ein relativer Prozess: Sie braucht feste Bezugspunkte, um messbar und spürbar zu sein und damit wir nachprüfen können, ob sie uns nach vorn gebracht hat oder in Wirklichkeit ein Rückschritt ist. Dazu müssen wir unverrückbare Koordinaten anpeilen und wären damit wieder bei der Navigation. Gerade fließende, flexible Netze, die frei zwischen Chaos und Ordnung schwimmen, brauchen Ankerpunkte, Häfen, Felsen in der Brandung. Vernetztes Leben ist gleichsam eine Expedition durch schwere See. Ohne Stabilität als Gegengewicht zur allseits geforderten Flexibilität verlieren die Mitglieder eines Netzes schnell die Orientierung.

Der Philosoph und Unternehmensberater Reinhard Sprenger beobachtet bei internationalen Konzernen das Phänomen der »multikulturellen Mehrwegmanager«, die mehr aus Not als aus Neigung »ein Leben im Terminal führen«. Ortsbindung gelte als politisch unkorrekt. Anzeichen von Überforderung nähmen zu. Als Gegenreaktion wachse das Bedürfnis nach Geborgenheit, nach einem festen Rahmen, nach so etwas wie Heimat. Unternehmen, die ihre Mitarbeiter an sich binden und für sich begeistern wollen, so Sprengers Fazit, müssten wieder das Vertraute, die Nahwelten pflegen. »Eine Firma ist ein Ort, kein Flüchtlingswohnheim.« Nur wenn sie selbst eine Identität bewahrt, gibt sie ihren Mitarbeitern Möglichkeiten, sich mit ihr zu identifizieren.

Der Architekt Daniel Libeskind argumentiert ähnlich, wenn es um das Profil von Städten geht. Je mehr Zeit Menschen in virtuellen Realitäten verbrächten, desto wichtiger würden gleichzeitig die realen Räume. Diese Wechselwirkung sieht er als einen Dialog: »Die Verdeckung der Realität durch die Virtualität wird mit einem Verlangen der Menschen nach intensiverer Erfahrung einhergehen.« Dreidimensionale Städte sind, anders als »virtual cities«, mit der Nase, den Ohren, dem Tastsinn, mit dem ganzen menschlichen Sensorium erlebbar. Historische Gebäude, vertraute Gerüche und regionaltypische Architektur werden zu wichtigen Referenzpunkten der kommenden Globalbürger. Ein Netz braucht Wurzeln, daraus speist es seine Lebendigkeit.

10   Lass sie um dich schwärmen!

Keiner von uns ist annähernd so schlau wie wir alle zusammen. Den Effekt kennen wir von guten Brainstormings. Egal wie lange sich fünf Menschen zu Hause ins stille Kämmerlein setzen und wie kreativ sie über ein Konzept oder Projekt nachdenken: Wenn die fünf sich treffen und gemeinsam grübeln, kommt dabei in der Regel eine Menge mehr heraus. Da fliegen Assoziationen hin und her, auf den verrückten Vorschlag des einen reagiert ein anderer mit einem vernünftigen, ein Gag provoziert eine tragfähige These. Dieses Mehr bringt nur der »Schwarm« als Ganzes hervor.

Kreativsitzungen sind nicht die einzige Form, um uns Schwarmdenken zunutze zu machen. Im Internet und zahlreichen Intranets

wächst die Zahl so genannter Newsgroups. Es gibt sie für die ausge-
fallensten Computerprogramme, für sämtliche sexuelle Spielarten,
für Nazis genauso wie für libertäre Politik, von Altägypten bis Zy-
tologie. Ein Thema wird über Monate oder Jahre von den Usern diskutiert. Die Foren funktionieren wie ein Schwarzes Brett, auf das
man Fragen und technische Probleme, Suche und Biete pinnen kann.
In den Gruppen herrscht eine erstaunlich große Hilfsbereitschaft.
Hier wird »reziproker Altruismus« gelebt: Ich tue dir Gutes, dafür
tun mir andere einen Gefallen, wovon wiederum auch ich profitiere
– und allen ist geholfen. Die Anonymität in den Netzen ist geringer,
als die Kulturpessimisten vermuten.

Eine Newsgroup ist ein Schwarm von Menschen, die gleichzeitig
über ein Thema nachdenken. Sie gleichen einem Parallelrechner,
der Probleme viel schneller als sein seriell arbeitender Kollege be-
wältigt und zudem komplexere Aufgaben lösen kann. Newsgroups
ahmen ein wichtiges Prinzip der Evolution nach: kollektive Intelligenz erzeugen durch verteiltes und vernetztes Denken. Wie schlaue
Schwärme verhalten sich auch jene Foren, in denen Menschen Informationen über Produkte austauschen. Jeder, der nach dem Kauf
von Rollerskates, eines Walkman oder eines Autos eine gute oder
schlechte Erfahrung gemacht hat, veröffentlicht sie im Forum. Andere Teilnehmer bekommen die Chance, die Kritik zu kritisieren. So
entsteht kollektives Wissen über Waren und Hersteller, auf das vor
einer Kaufentscheidung stehende Leute Zugriff haben.

Verkäufer in Fachgeschäften bekommen immer öfter zu spüren,
dass der wissende Kunde auch ein mündiger ist, den man nicht leicht
beschwatzen kann. Sie treten, ohne es zu wissen, gegen die gesam-
melte Erfahrung und geballte Intelligenz des Schwarms an. Interessanter Nebeneffekt: Mit den Produktforen werden Märkte wieder
zu Gesprächsstätten. Wie früher auf Basar und Jahrmarkt werden
nicht nur Dinge gehandelt, sondern auch jede Menge Tratsch und
Tipps. Märkte finden ihre Sprache wieder, sie lässt sich nicht auf
Preise und Prozente reduzieren: Es ist eine menschliche Sprache.

11   Nomaden als Vorreiter

Offiziell firmiert unsere Kultur noch als Projekt Sesshaftigkeit. Tatsächlich erodiert unsere Standorttreue jeden Tag ein bisschen mehr.
Westliche Städte sind nicht mehr die Heimat von Festverwurzelten,
sondern Durchgangsstationen, Transiträume, Bewegungsflächen für
Umtriebige. Freunden wir uns also mit dem Gedanken an, dass wir

das Zeitalter der Ansiedlung verlassen und eintreten in die Ära der permanenten Passage. Was liegt näher, als Tipps und Techniken bei jenen abzuschauen, deren ganzes Leben eine einzige Abfolge von Ankünften und Abschieden ist, bei den Nomaden? Sie sind die traditionellen Mobilitätsexperten, ihre Moral heißt Migration, ihr Ziel ist immer der Weg. Gehen wir also in die Lehre bei den wahren Wegekundigen.

Dazu müssen Sie nicht auf einem Kamelrücken durch die Sahara reiten. Durchaus visionär sind dagegen die kulturellen Werte, die Hirtenvölker und Karawanen-Clans bei ihren Wanderungen entwickelt haben. (Zu diesem Zweck sei ein sehr einseitiges Hinsehen erlaubt; es gibt hässliche Aspekte wie Blutrache und rigides Patriarchat, die hier natürlich nicht zur Nachahmung empfohlen werden.) Die schönsten nomadischen Metaphern beinhalten eine Fülle von Anregungen, die bei unserer Reise durchs vernetzte Leben ins gedankliche Gepäck gehören:

__ Nomaden ziehen von einem Land ins andere, ohne sich um Schlagbäume und Visumzwänge zu scheren. Sie zeigen uns, wie wahres Weltbürgertum aussehen sollte: Es ist Grenzen los.

__ Nomaden reagieren auf das, was der Weg bereithält. Das arabische »Il-Rah« bedeutet nicht einfach Route, er gilt als Lebensweg, als Schicksalslinie. Sie wird aber mitnichten fatalistisch verfolgt. Hirten umgehen Dürreregionen und weichen Fluten aus, und wenn sich eine Gelegenheit zu Tausch und Handel ergibt, wird sie ergriffen. Sie inspirieren uns, beim Navigieren in den Netzen nicht dogmatisch auf einem eingeschlagenen Kurs zu beharren, sondern die Augen offen zu halten für die Chancen links und rechts des Weges.

__ Nomaden sind gewohnt zu teilen. Die Herden und die wenigen Gebrauchsgegenstände sind nicht Eigentum eines Einzelnen, sondern der Sippen. Sie inspirieren uns, erworbenes Wissen mit anderen zu teilen und damit Gemeinschaften zu stärken.

__ Nomaden verdichten komplexes Wissen zu einfachen Geschichten. Sie schreiben sie nicht auf, sie erzählen. Sie inspirieren uns, der Informationsgesellschaft ein Gesicht zu geben, eine Stimme, einen menschlichen Klang.

__ Nomaden reisen mit leichtem Gepäck. Sie packen so viel wie nötig und so wenig wie möglich ein, schließlich ist die Ladekapazität ihrer Kamele begrenzt. Sie inspirieren uns, die eigenen Besitztümer zu prüfen, Ballast abzuwerfen nach dem Motto: Brauche ich das alles wirklich?

_ Nomaden benutzen umweltfreundliche Vehikel. Kamele, Schafe und Ziegen sind sparsam im Verbrauch, hinterlassen Dünger statt Abfallbergen, erschaffen Reichtum aus Kargheit. Sie inspirieren uns, Autos zu bauen, die mit null Emissionen fahren und eines Tages aus so verträglichen Materialien bestehen, dass man sie sogar essen könnte.
_ Nomaden sind stets bereit, ein Lager abzubauen und Weidegründe zu verlassen, wenn es die Umstände erfordern. In einer Wissensgesellschaft ändern sich die Umstände sehr viel schneller als bisher. Sie inspirieren uns, lieb gewonnene Gewissheiten bei Bedarf aufzugeben und unsere »Festplatte« freizumachen für neue Ideen.

12 Sei ein Segler!

Ein Navigationsbriefing des Schriftstellers Hans Magnus Enzensberger: Damit sich der Einzelne in den Verstrickungen der zunehmenden Vernetzung behaupten kann, empfiehlt er, wie auf einem Segelschiff, einen flexiblen Kurs. Mal mit dem Wind segeln, mal gegen ihn kreuzen. Was bedeutet: Manchmal muss man den Rückenwind des Mainstream nutzen, um zu seinen Zielen zu gelangen, dann wieder sollte man sich bewusst dagegenstemmen, um vorwärts zu kommen. Wann die eine und wann die andere Strategie greift, verrät Enzensberger leider nicht. Mein Tipp: Finger in den Wind halten und nach Gefühl entscheiden.

13 Trau schau wem?

Freiheit erhöht Komplexität, denn sie eröffnet Handlungsmöglichkeiten. Vertrauen reduziert Komplexität, denn da gibt es jemanden, auf dessen Wahl ich mich verlassen kann, sodass ich nicht alles selber prüfen und entscheiden muss. So stehen wir wieder einmal vor einem Paradox: Unter den Vorzeichen von Globalität und Komplexität gewinnen uralte Werte an Bedeutung: Glaubwürdigkeit, Sachautorität und eben Vertrauen. Weil ich nicht jedes Problem bis ins Letzte durchdenken, nicht jedes Produkt selber testen, nicht jedes Szenario durchspielen kann, delegiere ich diesen Aufwand an jemanden, der das bereits gemacht hat und dessen Urteile ich anerkenne.

Allerdings, und das ist neu im vernetzten Leben, ist Vertrauen nicht notwendig an eine Person gebunden. Damit haben wir in der Vergangenheit nicht die besten Erfahrungen gemacht. Die einstige Dreieinigkeit von Lehrer, Pfarrer und Bürgermeister, die in ländlichen Gegenden das Sagen hatte, missbrauchte ihre Autorität und manipulierte Schutzbefohlene zugunsten eigener Interessen. Dadurch hat die allgemeine Vertrauensseligkeit einen tiefen Sprung bekommen. Die moderne Alternative lautet: Wir schenken unser Vertrauen einer kollektiven Intelligenz. Auch hier entstammen die schönsten Beispiele dem Internet. In den bereits erwähnten Foren, in denen Verbraucher die Güte und die Schwächen von Produkten diskutieren, findet man Kritiken, Gegenkritiken, Punktwertungen. Sie bieten uns Gelegenheit zu überprüfen, ob die eigenen Erfahrungen mit der allgemeinen Bewertung übereinstimmen; wenn das über längere Zeit öfter der Fall ist, wird man Vertrauen in die Kompetenz dieser Website setzen. Nicht einer berät mich, sondern eine ganze Gemeinschaft.

14 Generalisten als Expeditionsleiter

Die Wirklichkeit zerfällt. Vielleicht sind wir es auch selber, die das Bild von der Welt auflösen wie in einem Kaleidoskop. Wir betrachten sie als ein Mosaik bunter Splitter und gründen für jeden dieser Wirklichkeitsfragmente eine eigene wissenschaftliche Disziplin, wie es sich gehört, mit Lehrstuhl, Jahreskongress und Fachzeitschrift. Wenn die Wissenschaftler dieser neuen Disziplin lange genug geforscht haben, stoßen sie garantiert auf Fragen, die sich nur beantworten lassen, wenn sich die Fakultät aufteilt in Unterfakultäten, wie es sich gehört, mit Lehrstuhl, Jahreskongress und Fachzeitschrift. Und so weiter. Einen Überblick haben die wenigsten Wissenschaftler, nicht einmal über die eigene Disziplin.

Eine Tendenz zur Zersplitterung beobachten Soziologen auch in der Gesellschaft. Sie präsentiert sich mehr und mehr als ein Patchwork aus unterschiedlichsten Cliquen und Lebensstilen, Kulturen und Subkulturen. Bei Jugendlichen lässt sich das an der Zahl von Musikstilen ablesen, über die Gruppenzugehörigkeit definiert wird; Kenner unterscheiden mittlerweile mehr als fünfzehn Spielarten von Techno. Jeder Flicken im gesellschaftlichen Gewebe entwickelt eigene Rituale und Symbole, Kleiderordnungen und Versammlungsorte, meist auch eine Sprache, die nur Eingeweihte verstehen.

Nimmt man beide Bereiche zusammen, Wissenschaft und Gesellschaft, zeigt sich einerseits also eine zunehmende Fragmentierung, die zu höherer Komplexität führt. Auf der anderen Seite fehlen aber die klugen Köpfe, die in der Lage wären, diese Komplexität in den Griff zu bekommen. Dafür sind Spezialisten und Fachwissenschaftler völlig ungeeignet. Fixiert auf ihr Fach, sind sie mit Denkmustern anderer Disziplinen überfordert. Der »Spezialist als Ignorant« (Ortega y Gasset) ist zum Normalfall des Wissenschaftsbetriebes geworden. Statt das Netz zu betrachten, zerschneidet er es in kleinste Fädchen, die er unters Mikroskop legt. Sprachlosigkeit herrscht längst nicht mehr nur zwischen einem Biologen und einem Soziologen: Auch ein Experte für südafrikanische Wüstenflora und einer für funktionale Morphologie bei Pferden sind sich im Jargon fremd wie Chinesisch und Polnisch. Weit und breit kein Übersetzer in Sicht.

Woher soll also das vernetzte Denken kommen, die angemessene Antwort auf vernetzte Probleme? Ein Ausweg aus der Falle des Kästchendenkens ist die Rehabilitierung einer geächteten Spezies: des Generalisten. Der Begriff war durch eine Reihe bekennender Ignoranten, worunter sich insbesondere Spitzenpolitiker hervortaten, auf den Hund gekommen. Generalisten hängt der Ruf an, von allem ein bisschen, aber nichts richtig zu verstehen. Aber wir brauchen sie, die Menschen mit Über-Blick, die mit einem Querschnittswissen an Dinge herangehen. Sie sollten von den unterschiedlichen Fachrichtungen gerade so viel wissen, dass sie sich in deren Gedankengebäude sicher bewegen können, aber nicht so viel, dass sie sich darin verlieren. Sie sollten mehrere Jargons beherrschen, um als Dolmetscher zwischen den Disziplinen zu vermitteln. Außerdem sollte zu ihrem Studium generale das Fach Netzlogik gehören. (Nur wo, außer vielleicht am Santa Fe Institute in New Mexico, kann man sie lernen?) Der wahre Generalist ist also ein weiser Mensch mit weitem Horizont und multiplen Fähigkeiten. Davon können wir in Zukunft nicht genug bekommen.

Wir brauchen sie, um interdisziplinär an jene Themen heranzugehen, vor denen das Spezialistentum notwendigerweise kapituliert. Davon tauchen immer mehr auf. Nehmen wir den Komplex »Entwicklung und Umwelt«, der eine der zentralen globalen Fragen aufwirft: Wie erlangen die armen und ärmsten Länder einen höheren Wohlstand, ohne dabei Raubbau an ihren ökologischen Reichtümern zu treiben? Um das Konzept einer solchen »nachhaltigen Entwicklung« zu entwerfen, müssen Menschen ganz unterschiedliche Kenntnisse in einen Topf werfen: Biodiversitätsforscher, Wirtschaftswissenschaftler, Soziologen, Ethnologen, Religionskundler, Politologen, Finanzexperten – es gibt wenige, die nicht ins Team gehören. Vergessen werden leider meist die Moderatoren, die das bunte Völkchen zusammenhalten und zum Ziel führen. Für diese Aufgabe eignen sich am besten »Überblicksexperten«, die es gewohnt sind, vernetzt zu denken.

Aufregende Fortschritte sind in den kommenden Jahren immer dann zu erwarten, wenn Wissenschaftler unterschiedlicher Herkunft zusammenarbeiten. Biologen plus Informatiker gleich Bioinformatik: Hier entsteht ein »Think Tank« für Künstliche Intelligenz und Software, die sich Prinzipien der Evolution zunutze macht. Gentechnik plus Medizin gleich Genmedizin: Daraus resultieren Therapien, die auf das individuelle Genprofil eines Patienten maßgeschneidert werden. Oder Nanotechnik plus Medizin gleich Schwärme von winzigsten Robotern, die im Körper defekte Zellen und Organe reparieren. Solche Erkundungsreisen in die Grenzgebiete brauchen Expeditionsleiter mit Übersicht: Heuern wir Generalisten an!

15 5-D-Denken

Auf einem voll vernetzten Planeten hat die herkömmliche Art, Probleme zu lösen, ausgedient. Lineares Eine-Ursache-eine-Wirkung-Denken führt nicht nur zu falschen, sondern manchmal sogar zu katastrophalen Ergebnissen. Drastische Beispiele liefern immer wieder die Großprojekte der klassischen Entwicklungshilfe. Einsträngiges Denken klingt in etwa so: »Wir brauchen Strom, also bauen wir einen Damm.« Erst hinterher stellt man fest, dass unglaublich viele Phänomene miteinander vernetzt sind: Wasserhaushalt, Schlammablagerung, Versalzung der Böden in bewässerten Gebieten, Stromverteilung, Umsiedlung vieler tausend Menschen, ihre religiösen Bindungen an die Heimat, technische Folgekosten. Großbauten wie der Assuan-Staudamm in Ägypten lösen ein Problem – und produzieren hundert neue.

Um Komplexität zu erfassen und zu bewältigen, brauchen wir eine neue Analysemethode. Ich nenne sie 5-D-Denken. Zu den drei Dimensionen des Raums und der Prozessdimension (Zeit) kommt demnach eine fünfte hinzu: die Netzdimension. Sie beschreibt, auf welche Weise in einem komplexen System Knoten und Stränge verschaltet sind, analysiert also die Qualität der Vernetzung und wie sie sich im Laufe eines Prozesses verändert. 5-D-Denken erzeugt Strukturwissen, eine Art Netzkarte, die beschreibt, wie sich die verschiedenen Variablen zueinander verhalten.

Mit dieser Karte in der Hand hat man die Wechselwirkungen und Zielkonflikte eines Netzes vor Augen. Man erkennt, dass es nicht reicht, nur an einem Knoten anzusetzen, um eine bestimmte Wirkung zu erzielen. Unsere Situation als »Systementwickler« ähnelt der eines Schachspielers, der vor einem besonders vertrackten

Spielaufbau sitzt: Alle Figuren hängen mit Gummibändern zusammen; bewegt man eine Figur, bewegen sich auch alle anderen. Deshalb sollte man mehr als einen Moment lang überlegen, wie die Fäden verlaufen, bevor man zum vermeintlich genialen Zug ansetzt.

5-D-Denken muss außerdem berücksichtigen, dass sich die meisten komplexen Probleme gleichzeitig auf verschiedenen Ebenen auswirken, lokal und global. Um im Bild vom Schachspiel zu bleiben: Die Figuren stehen nicht auf einer Fläche, sondern in verschiedenen »Etagen«. Außerdem handelt es sich bei ihnen nicht um willenloses Holzspielzeug, sondern sie sind lebendig, haben ihren eigenen Strategien und Winkelzüge, was die Sache für den Spieler noch einmal komplizierter macht. Das ist durchaus wörtlich gemeint: Das Beispiel der Staudämme zeigt, dass sich Menschen nicht wie Figuren verschieben lassen.

Wie verschafft man sich ein realistisches Bild einer derart verzwickten Lage? 5-D-Denken erfordert eine spezielle Art zu sehen. Planer und Strategen beispielsweise lieben den Blick nach vorn, sie haben ihre Vision im Visier, die Ziele, die sie erreichen wollen. Doch lebende Netze haben eine Geschichte, die man ebenfalls kennen sollte. Mit dem »Blick zurück« wird ein 5-D-Denker zum Chronisten von Prozessen, ohne die man zukünftige Entwicklungen nicht verstehen kann. Auch der Überblick, eine Perspektive wie vom Dach eines Wolkenkratzers, reicht nicht aus: Man erkennt zwar die Strukturen des Häusermeeres, weiß aber nichts über einzelne Gebäude und ihre Bewohner. Vielleicht muss man sogar in deren Garten graben, das heißt unter die Oberfläche schauen. Nehmen Sie noch den Panoramablick hinzu, denn er erfasst auch Dinge links und rechts des Weges; sie sollte man schon deshalb nicht übersehen, weil Seitenaspekte unter neuen Umständen plötzlich ins Zentrum des Geschehens rücken können. Aus all diesen Facetten ergibt sich eine zusammengesetzte Perspektive, die alle Aspekte miteinander in Beziehung setzt. Das macht Mühe, aber es lohnt sich.

Denn auch das Gegenteil, nennen wir es den »verwirrten Blick«, wird praktiziert. Jemand versucht sich ein Bild von einer komplexen Situation zu machen, doch weil er nicht fähig ist, vernetzt zu denken, beschränkt er sich auf das Sammeln von Informationen über den Systemzustand. Je weniger er durchschaut, desto verzweifelter häuft er Schnipsel und Häppchen an. Der Staatssicherheitsdienst der ehemaligen DDR hat diese »Strategie« perfektioniert. Aufgabe der Stasi war es, der Regierung ein realistisches Bild von der Lage der Republik zu zeichnen. Sie sollte als geheimes Frühwarnsystem regimekritische Strömungen aufspüren. In der Endphase der DDR beschäftigte die Geheimpolizei rund 90 000 hauptamtliche und lenkte 173 000 »informelle« Mitarbeiter. Insgesamt waren 2,5 Prozent der DDR-Bevölkerung damit beschäftigt, ihre Kollegen, Nachbarn und sogar Freunde auszuspionieren. Alle Spitzeldateien zusammen enthielten die Namen von sechzehn Millionen Menschen. Über sie besaß die Stasi Milliarden von Informationen, war jedoch nicht in der Lage, sie zu relevantem Wissen zu vernetzen. Die entscheidenden Ereignisse des Jahres 1989, die zum Zusammenbruch des sozialistischen Regimes führten, überraschte sie in grenzenloser Ahnungslosigkeit. Die Stasi war gerade dabei, den Machthabern einzuflüstern, die Mauer werde noch hundert Jahre stehen, da fiel sie und war weg – und die Stasi gleich mit.

Faktenhuberei herrscht auch in vielen Unternehmen, die aus Unsicherheit über die eigene Lage und das Umfeld haufenweise Statistiken und Reports erstellen lassen. Motto: Als sie das Ziel aus den Augen verloren, verdoppelten sie ihre Anstrengungen. Doch keine noch so dicke Studie beseitigt vollständig das Restrisiko, das unausweichlich nach jeder Entscheidung übrig bleibt. Gegen den Fetisch der exakten Fakten setzt 5-D-Denken das Rechnen mit Wahrscheinlichkeiten. Das ist ehrlicher, meint Klaus Mainzer, der sich an der Universität Augsburg mit komplexen Systemen beschäftigt, »weil viele Phänomene einfach nicht berechenbar sind«, und nützlicher, »weil Wahrscheinlichkeiten der Wirklichkeit näher kommen als vermeintlich genaue Zahlen«. Diese Erkenntnis hat sich weder in Universitäten noch in Managementseminaren durchgesetzt. Organisation wird immer noch wie eine Maschine verstanden, die man nur nichtig ölen muss, dann läuft der Laden. Zu hoffen ist nur, dass 5-D-Denken möglichst schnell die alte, deterministische Logik verdrängt. Es wäre beruhigend zu wissen, dass alle, die Verantwortung für komplexe Prozesse übernehmen, Politiker, Unternehmer, Manager und Planer, sich von Entscheidungen in monokausalen Ketten verabschieden und stattdessen beginnen, in mehrdimensionalen Netzen zu denken.

16 Vernetzt denken, vernetzt fühlen

»Ich ersticke hier in Komplexität!« Diesen Seufzer stieß der ehemalige Chef der Deutschen Bank, Hilmar Kopper, angesichts mehrerer Meter Akten aus. Wie ihm ergeht es vielen Managern: Vor einer Entscheidung studieren sie stapelweise Berichte und Tabellen, um sich abzusichern, und werden doch das flaue Gefühl nicht los, immer noch zu wenig zu wissen. Sie haben Recht. Notwendigerweise bleibt in komplexen Situationen eine »irgendwie« nicht fassbare Grauzone übrig. Auch noch so umfassendes 5-D-Denken kann dieses Restrisiko nicht beseitigen. Dennoch tun Entscheidungsträger, was von ihnen erwartet wird: Sie entscheiden. Wie Hilmar Kopper ziehen viele von ihnen eine Instanz zu Rate, die merkwürdigerweise jeder einem anderen Körperteil zuordnet: Bauchgefühl, der »richtige Riecher«, innere Stimme, sicheres Händchen. Mit einem Wort: Intuition.

Als heimlicher Berater beeinflusst sie weit mehr unserer Entscheidungen, als uns bewusst ist. Sie kann eine gute Analyse nicht ersetzen, aber hervorragend ergänzen. Intuition beruht keineswegs auf Hellseherei oder sonstigen esoterischen Energien, sie ist nichts anderes als eine besondere Form von Lebenserfahrung. »Voll ausgebildete Intuition ist eine Form der Erkenntnis«, sagt der Wirtschaftsprofessor Walter Simon. »Je offener jemand für seine Gefühle ist, umso sicherer und geübter wird er, Personen und Situationen gefühlsmäßig zu erfassen.« Eine ungeheure Fülle von Ereignissen, Stimmungen und Prozessen fließt zusammen und wird zu einem kaum benennbaren, aber deutlichen Gefühl verdichtet. Man kann auch sagen: Wir reduzieren Komplexität auf einen kurzen Nenner, den wir bei Bedarf als Urteil »aus dem Bauch heraus« reaktivieren.

Intuition ist unser Sinnesorgan für vernetzte Situationen. Wir können es benutzen, um ein Gespür für Wechselwirkungen eines Problems und deren mögliche Folgen zu bekommen. Komplexe Systeme lassen sich nicht mit einfachen mathematischen Formeln fassen. Sie haben mehr Ähnlichkeiten mit Wolken, Wind oder Wüstendünen als mit Waschmaschinen. Wenn wir auf sie einwirken, sollten wir es mit Sensibilität tun. Wir sollten erspüren können, ob ein System gerade stabil ist oder ob es sich »auf der Kippe« befindet, und danach unser Verhalten ihm gegenüber ausrichten.

Zwischenmenschliche Situationen sind hochkomplex. Schon der einzelne Mensch ist im wahrsten Sinne »unberechenbar« – wie viel mehr sind es Beziehungsnetze. Um das Verhalten einer Gruppe abzuschätzen, ob bei einer Firmenfusion, veränderten Aufgaben oder neuen Chefs, bleibt nur die gekonnte Verbindung von Logik und Intuition. Dazu sollten sich auch jene bekennen, die alles jenseits von Zahlen und Fakten als »Gefühlsduselei« abtun. Wissenschaftliche Erkenntnisse untermauern die Bedeutung einer ausgewogenen Mischung von vernetztem Denken und Fühlen. Die Hirnforschung hat gezeigt, dass Kognition und Emotion untrennbar sind. Gefühle sind für das Gehirn unabdingbare Filter, Affekte dienen als Motivatoren, um unsere Aufmerksamkeit zu steigern, als Assoziationshelfer sorgen sie für kreative Impulse.

So widersinnig es klingt: Wir lernen angesichts zunehmender Vernetzung und Komplexität wieder, uns der Welt sensibel zu nähern. Mit einem neuen Vokabular: Manchmal, ungefähr, Gespür, wahrscheinlich, Vertrauen, Gefühle. Wir benutzen Kopf und Bauch. Wir erschaffen eine Poesie des Wissens.

17 Surfen im Netz der Worte

Sie kennen das: Die Gedanken kreisen, es sind immer dieselben Gedanken, und sie kreisen immer um denselben Punkt. Bei verzwickten Problemen können Sie folgenden Trick anwenden: Nehmen Sie sich ein Lexikon (die Tageszeitung, eine Gebrauchsanweisung für Aquarien ...), schlagen eine Seite auf und deuten blind mit dem Finger auf irgendein Wort. So weit der handwerkliche Teil. Jetzt beginnt der kreative: Überlegen Sie, was der herausgepickte Begriff mit Ihrem Problem zu tun haben könnte. Geben Sie jedem Gedanken, der jetzt kommt, Raum, spielen Sie mit jedem Wortwitz, der Ihnen durch den Kopf geht.

Sagen wir, mich machte gerade die Frage gaga, ob ich mit einem bestimmten Team weiter zusammenarbeiten will oder nicht. Weil ich bei »A« aufgeschlagen habe, lande ich bei »Album«. Die Assoziationskette rattert los: Album – Erinnerung – gemeinsame Erlebnisse? – Familienalbum – Fotos – Verbrecherkartei – Poesiealbum – Eine Schallplatte ist ein Album – Musik – Ist die Tonlage Dur oder Moll? ... Mir fällt ein, dass die Stimmung im Team während der vergangenen Monate eher negativ war. Aus dem Fluss der Assoziationen tauchen neue Sehweisen und Fragen auf und durchbrechen den Kreisverkehr der Gedanken. Die Blockade löst sich. Der Weg für eine Lösung wird frei.

Und was hat das, bitte schön, mit Netzen zu tun? Der Trick macht sich die Tatsache zunutze, dass auch Begriffe miteinander vernetzt sind. Über eine Kette von verbindenden Bedeutungen und Analogien kommt man rasch von einem Knoten im Gewebe der Semantik zum anderen. Das hilft einem in Situationen, wo die Überlegungen in der Sackgasse stecken: Irgendein Wortfaden führt immer hinaus!

18 Selektion als Kulturtechnik

Die meisten Menschen glauben, unser Gehirn sei dazu da, Information zu verarbeiten. In Wirklichkeit ist es hauptsächlich damit beschäftigt, möglichst viel Information zu vernichten. Die Neurowissenschaftler haben sogar die genaue Vernichtungsrate ermittelt: Von einer Million Informationen lasse das Gehirn nur eine »übrig«, das heißt ins Bewusstsein gelangen. Alles andere werde aussortiert. Ins Unterbewusstsein. Oder ins Vergessen: Delete complete! Das neuronale Netz filtert aus einer Unmenge an Wort-, Bild-, Ton-, Tast- und Befindlichkeitsinformationen genau jene heraus, die wir brauchen, um uns schnell zurechtzufinden. Selektion ist ein uralter Mechanismus, die unser Überleben sichert. In der Savanne, im Wald, in der Wüste. Aber auch im Datendschungel?

Biologische Evolution rechnet in Jahrmillionen, kulturelle Evolution in Jahren. Kann unser jungsteinzeitliches Gehirn vor postmodernen Herausforderungen bestehen? Information veraltet heute im Handumdrehen, aus den Kommunikationsnetzen prasseln täglich neue Ideen, Irritationen, Innovationen auf uns ein. Wir können uns nur noch bedingt auf die eingebaute Filterfunktionen des Gehirns verlassen. Selektion wird zusätzlich zu einer zentralen Kulturtechnik werden müssen, die wir erlernen und trainieren.

In der Computersprache lautet das Problem: Was bearbeiten wir sofort, was später? Was speichern, was löschen wir? Vor allem werden wir uns daran gewöhnen müssen, uns von Dogmen, vermeintlichen Gewissheiten, Wahrheiten von gestern zu verabschieden. Aussortieren heißt das Gebot der Stunde, auch in der Welt der Waren. Deren Angebotsfluten stressen uns nicht weniger als der »Information Overload«. Während die Navaho-Indianer nur wenige hundert Arten von Gegenständen kannten, umfasst heute ein durchschnittlicher Versandhauskatalog rund hunderttausend Artikel. Doch was sind die wahren Waren?

In Amerika organisieren sich Tausende konsummüder Menschen in so genannten Simplicity Circles, die an einfacheren Lebensstilen basteln. Konzentration auf das Wesentliche paart sich in den Gruppen mit ökologischem Bewusstsein. Medienwirksam rief die Bewegung sogar einen »Buy Nothing Day« aus: An einem bestimmten Tag im November, so die Anregung, solle man sich von den Netzwerken des Konsums abkoppeln und vierundzwanzig Stunden lang absolut nichts kaufen. Wenn die Kasse nicht klingelt, hat auch die Seele Ruh.

19   Robots als Suchhunde

Die Technik der Informationsüberflutung liefert auch die geeigneten Mittel zu deren Eindämmung. Bozos (Netzjargon für Nervensägen) verstopfen die Mailbox? Dagegen helfen Bozofilter. Sie werden als digitale Müllschlucker installiert und auf unliebsame Absender und bestimmte Stichworte programmiert, die in der Nachricht vorkommen. Damit halten Sie sich all die netten Angebote vom Leib, Ihre Brust zu vergrößern, den Penis zu verlängern oder die Schulden zu konsolidieren. Dave Farber, Professor an der Universität Pennsylvania, hat die New York City Filters entwickelt, eine Software für dicht bevölkerte Netze, in denen besonders viel »Spam« (Mail-Müll) kursiert; sie sortiert automatisch Briefe aus, die über eine bestimmte Häufigkeitsrate hinaus beim Empfänger eintrudeln.

In Zukunft werden Programme für uns suchen gehen, im Aufbau jenen ähnlich, die für uns aussortieren. So genannte virtuelle Agenten werden beauftragt, in Netzen und Datenbanken umherzustreifen und nach Informationen Ausschau zu halten. Nicht einer, sondern ein ganzes Agentennetz, unermüdlich, rund um die Uhr. Interessiert an Aktienkursen? Dann geben Sie die genaue Zusammensetzung Ihres Depots ein und lassen die Agenten nach relevanten Finanznachrichten stöbern. Bei Kursschwankungen, die aus dem Rahmen fallen, werden Sie per E-Mail alarmiert. Auf Jobsuche? Schicken Sie einen Job-Robot los, der für Sie das Netz nach passenden Angeboten durchkämmt.

Zukünftig werden solche Automaten auf neuronalen Netzen basieren, die wie gelehrige Schüler trainiert werden können. Unsichtbar und allzeit hilfsbereit beobachten sie alle Aktionen ihrer menschlichen Meisterin und registrieren deren Vorlieben: welche Webseiten sie regelmäßig aufsucht, welche Art von Information sie mag, welche Links sie verfolgt und welche nicht. Sobald sich feste Muster herauskristallisieren, richten die Agenten Abkürzungen ein, Routinen, die das Surfen erleichtern.

Mit den Agenten nähert sich das Netz dem »echten Leben« an. Es wird organischer. Einige ganz kühne Programmierer glauben, ihren digitalen Kreaturen eines Tages nicht nur einen hohen IQ, sondern sogar Emotionen und eine Art Bewusstsein mit auf die Reise geben zu können. Sie sollen nicht stur ihre Sisyphusdienste verrichten, sondern zu motivierten Mitarbeitern werden, die Freude über ein aufgespürtes Dokument empfinden und deshalb beim nächsten Mal umso eifriger suchen. Ein anderer Weg, dem Internet Intelligenz einzuhauchen, sind »lebende Links«. Wird ein Hyperlink oft angeklickt, verstärkt sich die Verbindung, wird er selten genutzt, verblasst sie. Damit ahmt man die Funktionsweise des menschlichen Gehirns nach, wo sich Synapsen, die »Links« zwischen Nervenzellen, intensivieren, je nachdem, wie oft sie aktiviert werden. Das Netz bekommt ein Gedächtnis.

In diese Richtung arbeitet bereits die Suchmaschine Google. Sie berücksichtigt bei der Auflistung von Fundstellen, wie stark eine Website mit anderen verbunden ist. Dies basiert auf der Annahme, dass eine Seite, auf die viele Links hinweisen, von der Netzgemeinschaft als besonders interessant eingestuft wird. Google zapft die kollektive Intelligenz der Nutzer an, um »schlauere« Trefferlisten zu erstellen, und hat sich damit die Gunst des Publikums erworben. In kürzester Zeit eroberte sie einen Spitzenplatz unter den beliebtesten Suchmaschinen.

Die große Vision hinter all dem lautet, erprobte Funktionsprinzipien der Natur für den Aufbau von Datennetzen zu nutzen. Die Evolution hat im Verlauf von Jahrmilliarden Selektionsmechanismen optimiert, von denen bionische Konzepte lernen könnten. Haben nicht »Organismus« und »Organisation« die gleiche Wurzel? Da sprudelt eine noch weitgehend unerschlossene Inspirationsquelle.

20 Ehre deine Fehler ...

... zumindest die kleinen, denn sie bringen dich weiter! Sie sind so etwas wie eine Impfung für das System: Eine kleine Dosis Erreger dringt ein, Antikörper werden gebildet, und wenn später eine massivere Attacke auftritt, ist das Immunsystem vorbereitet und fängt sie ab. Mit anderen Worten: Fehler sind keine Katastrophe, sondern ein notwendiges Stimulans der lernenden Organisation. Sonst stirbt sie schon an einem kleinen Schnupfen.

21 Vermeide Fehler ...

... zumindest die großen, denn sie bringen dich um! Für ein Netz kann es tödlich sein, wenn wichtige Knotenpunkte außer Gefecht gesetzt werden, sei es durch inneres Versagen, sei es durch Attacken von außen. Für Netzwerker gibt es eine wirksame Gegenstrategie. Ihr Credo lautet: Nicht alles auf einen Knoten setzen, sondern Alternativen einweben, also das, was Ingenieure Redundanzen nennen. Wie das in traditionellen Gesellschaften funktioniert, erlebte ich im Norden Somalias, wo ich als Reporter einige Wochen bei Hirtennomaden verbrachte. Mit ihrer Wirtschaftsweise bewegen sich die Somali auf kargem Grund, immer auf der Suche nach Wasser und Weide, oft am Rande einer Dürre. Für ein solchermaßen fragiles System sind eingebaute Reserven überlebenswichtig.

Wie sichern sich die Nomaden ab? Sie konstruieren ihre Clans wie multinationale Konzerne, die ihre Geschäftsrisiken clever auf verschiedene Branchen streuen. Die meisten Männer einer Großfamilie ziehen mit den Herden umher. Frauen bleiben in Siedlungen zurück, wo sie Felder mit Sorghum und Millet, den örtlichen Hirsearten, bebauen. Junge Männer heuern auf Ölfeldern in den Golfstaaten an oder verdingen sich als Hilfsarbeiter im reicheren Ägypten. Andere Mitglieder der Familie lassen sich in der Hauptstadt nieder, um Kontakt zu Behörden oder einflussreichen Persönlichkeiten zu halten; sie betreiben kleine Kaufläden oder leben vom grenzüberschreitenden Handel.

Diese weit verzweigte Struktur erweist sich als extrem krisenfest. In langen Dürrezeiten helfen die sesshaften ihren nomadisierenden Verwandten mit Getreide und Geld aus. Und umgekehrt: Als in Mogadischu der Bürgerkrieg tobte und das Land in Anarchie versank, flüchteten die Stadtbewohner auf die Dörfer oder schlossen sich den Herdenzügen an. Aus den Golfstaaten fließen Devisen in die Clankassen, harte Währung wird für die internationalen Handelsbeziehungen gebraucht. Obwohl Somalia eine der am stärksten nomadisch geprägten Gesellschaften Schwarzafrikas ist, verlassen sich die Clans nicht allein auf das Hirtentum. Mit ihrem Sicherheitsnetz trotzen sie seit Jahrhunderten sehr erfolgreich Kriegen, Krisen und korrupten Regierungen. Die traditionelle Flexibilität hilft, auf neue Situationen geschmeidig zu reagieren. In einer widrigen Umwelt wurden die Nomaden zu Profis in Sachen Krisenmanagement.

Übertragen wir diese in Jahrhunderten gelernte Lektion auf andere »widrige Umwelten«, auf die harte Konkurrenz in der Wirtschaft, das schlüpfrige Parkett der Politik, das Rangeln von Lobbyisten und Verbänden, dann ist die Diversifizierung die Erfolg versprechende Strategie. Man sollte Netze so konstruieren, dass sie Platz haben für Subsysteme, die im Notfall Funktionen anderer übernehmen. Zu jeder Hauptidee sollte es noch eine Nebenidee geben, die man weiter verfolgt. Wissen und Macht konzentriere man nicht an wenigen Orten in der Organisation, sondern verteile sie auf viele. So verhindert man, dass alles den Bach runtergeht, nur weil ein Knoten ausfällt.

22 Veränderung verändern: Der Hacker in uns

Hacker sind besser als ihr Ruf. Das Wort hat in Deutschland vermutlich deshalb einen negativen Beigeschmack, weil es so nach hacken und kaputtmachen klingt. In Wirklichkeit versteht die Cyberszene unter einem Hacker einen Technikfreak, dem angesichts einer Software sofort durch den Kopf schießt: Wie kann ich das umprogrammieren? Gehackt werden Computerprogramme, Telefonserver, ja sogar elektronisches Spielzeug. Dass sie auch Zugangscodes knacken, hat den Hackern die Bewunderung der Freakgemeinde und Wutausbrüche von Systemoperatoren eingetragen; bei ihren Hack-Attacken legen sie Schwachstellen offen, was unterm Strich jedoch oft dazu führt, dass Computer und Programme sicherer werden. Hacker verändern nichts um der Veränderung willen: Sie wollen Technik besser machen (im Gegensatz zu so genannten Crackern, die tatsächlich nur auf Vandalismus aus sind).

Eine Hackerhaltung sollte auch das Management menschlicher Netze auszeichnen: Kultur des Veränderns versus kulturelle Erstarrung. Ein fröhliches »Jetzt mal was anderes« gegen das vermuffte »Das haben wir schon immer so gemacht«. Wenn sich in Redaktion, Verein oder Firma satte Zufriedenheit breitmacht, weil alles super läuft, sollten alle Alarmlämpchen aufleuchten. Das Netz ruht sanft. Aber die da draußen, die schlafen nicht. Sie warten auf ihre Gelegenheit. Einfacher, als eigene Strategien zu entwickeln, ist es, die erfolgreichen der anderen zu kopieren. Und je länger ein Netz die gleiche Masche fährt, desto leichter ist es, sie zu imitieren. Das Netz wacht auf und erkennt: Ups, ich bin nicht mehr der Einzige auf diesem Feld!

Unter dem Vorzeichen der Internetökonomie ist dieses Augenreiben an der Tagesordnung: Kaum hat ein Unternehmen eine Marktnische erobert, sagen wir, mit Online-Auktionen, schon wimmelt es dort von Konkurrenten. Jede Menge Nachahmer lauern im Stand-by-Modus. Dagegen hilft nur der Einbau eines Kopierschutzes: Bevor jemand meine Idee klaut, »hacke« ich sie lieber selbst. Ich erstelle Version 2.0, 3.0 und so weiter, verbesserte Versionen in einer Evolution ohne Grenzen. Sie hält die Gehirnwindungen elastisch, nicht nur bei einem selbst, sondern auch bei den verehrten Koevolutionären.

Eine Kultur der Veränderung zeichnet sich dadurch aus, dass Wandel grundsätzlich als etwas Positives wahrgenommen wird. Und zweitens durch eine Ermunterung an alle im Netz, als »Verbesserer« aktiv zu werden. Hört sich banal an, hat doch jede zweite

Firma ein betriebliches Vorschlagswesen. Irrtum! Zwar werden Topmanager nicht müde, den Wert von Innovation zu betonen, doch die betriebliche Praxis sieht anders aus. Bei Befragungen gab eine Mehrheit von Mitarbeitern an, aufgrund von kreativen Vorschlägen Nachteile erfahren zu haben. Offensichtlich verunsichert der Wille zum Wandel, wenn er nicht aus der Führungsetage kommt.

In einem Frankfurter Chemiewerk konnte ich miterleben, was geschieht, wenn die richtige Idee dem »falschen« Kopf entspringt. Ein ungelernter Arbeiter hatte etwas Großartiges ausgetüftelt. In seiner Freizeit hatte er sämtliche Abläufe und Reaktionen in seiner Anlage in einen Heimcomputer einprogrammiert, um sie zu verstehen, deshalb das Modell. Kollegen kamen vorbei und ließen sich anhand der Simulation zeigen, was eigentlich in den Kesseln und Rohren, an denen sie täglich hantierten, vor sich ging. Ihre Aha-Erlebnisse brachten den Tüftler auf den Gedanken, man könne seine »SimFactory« zur Schulung von Chemiearbeitern einsetzen. Er reichte einen entsprechenden Vorschlag ein – und stieß nur auf Ablehnung. Sein Konzept wurde als Anmaßung eines Unqualifizierten betrachtet. Jahrelang legte ihm ein Werksleiter Steine in den Weg, bis eines Tages die Konzernspitze aufmerksam wurde, eine dicke Prämie zahlte und den Arbeiter zum Schulungsleiter machte.

Dieses Happy End ist in Unternehmen allerdings nicht der Regelfall. Oft geht die Sache anders aus, innovative Geister werden nicht motiviert, sondern entmutigt. Darin zeigt sich: Eine Kultur des Wandels lässt sich nicht verordnen, sie entwickelt sich »bottom up«, wächst von unten nach oben. Jeder Teilnehmer im Netz sollte sich um ihr Wohlergehen sorgen. Eigentlich braucht sie zum Gedeihen gar nicht viel: einen Nährboden (Hackermentalität als Basis), viel Sonne (sprich Anerkennung), regelmäßiges Gießen (finanzielle Belohnungen) und ein mildes Klima (der Angstfreiheit).

23   Artenvielfalt: Die Geraden und die Schrägen

Wenn Ihr Netz aussieht wie ein schleswig-holsteinischer Acker nach der Flurbereinigung, mit einer aufgeschossenen Rübe als höchster Erhebung, dann haben Sie was falsch gemacht. Es sollte vielmehr wie ein Zoo angelegt sein, der auch komischen Käuzen, Paradiesvögeln und Tausendsassas ein Plätzchen bietet. Am besten kopieren Sie in Sachen Speziesreichtum gleich das Modell Regenwald: Je mehr Tier- und Pflanzenarten auf engem Raum zusammenleben, desto stabiler das Ökosystem. Also: Integrieren Sie verquere Charaktere und Exoten in Ihr Team, schaffen Sie Reservate und Nischen, die vielleicht jene zarten Ideenpflänzchen beschützen, die heute verrückt erscheinen, aber morgen, wenn sich mal wieder alles geändert hat, plötzlich zum tragenden Entwicklungsast werden. In der Evolution wie in der Marktwirtschaft ist die Suche nach neuen Optionen nie zu Ende. Es ist gut, in verschiedene Himmelsrichtungen auszuschwärmen, um sie aufzustöbern.

24 Als Chaospilot durch die Turbulenzen

Eine Szenerie vollkommener Ordnung: Im Kunstunterricht saß Thomas R. neben mir, und immer, wenn der Lehrer »freies Malen« ausrief, jeder also wild drauflos pinseln durfte, griff er nach weißem Papier und einem Lineal und überzog das Blatt mit einem Rautenmuster. Danach malte er die Kästchen aus. Eins blau, eins gelb, immer dasselbe Muster. »Man muss Chaos in sich tragen«, schrieb Friedrich Nietzsche, »um einen tanzenden Stern zu gebären.« Manch einer gebiert nicht einmal eine trudelnde Taschenlampe.

Ortswechsel. Am Institut für Publizistik zu Münster waren Anfang der achtziger Jahre Vollversammlungen, »VauVau« genannt, beliebte Veranstaltungen. Dort konnten Studenten im Kleinen Politik machen, die im Großen folgenlos blieb. Zunächst wurde diskutiert, was man eigentlich diskutieren wolle, um dann festzustellen, dass erst einmal geklärt werden müsse, wer die Tagesordnung mitentscheiden dürfe, was lange Debatten über die Rednerliste nach sich zog, die in der Neuwahl eines Versammlungsleiters gipfelten, worauf die Frage nach der Rechtmäßigkeit der Wahl … Fazit nach qualvollen Stunden im Saal: Ohne ein Quäntchen Ordnung geht es selbst bei der Geburt eines Sterns nicht ab.

Offenbar kommt es auf die richtige Balance zwischen kreativem Chaos und stabilisierender Ordnung an (siehe Netzgesetze Nr. 5 und 6). Ein Netzwerker muss den Balancierstab immer wieder neu ausrichten, um das Abrutschen in das eine oder das andere Extrem zu verhindern. Das bayerische Unternehmen »Biologik – Die Netzwerk AG« macht diesen Drahtseilakt zum Programm: Statt einem Business-Plan zu folgen, wächst sie nach dem Prinzip des organisierten Chaos. Die ordnende Hand der beiden Geschäftsführer reicht nur so weit, festzulegen, dass sich die Firma mit Umwelttechnologie und Raumplanung beschäftigt. Jenseits dessen führt das Netzwerk ein turbulentes Eigenleben. Je nach Projekt bilden sich autarke Teams, die sich aus einem Dutzend Mitarbeitern und zahlreichen externen

Partnern in aller Welt rekrutieren und dabei Aufwand und Ertrag selbst verantworten. Ist Arbeit getan, wird Team wieder aufgelöst.

Faszinierend ist vor allem die Akquisitionsmethode: Es gibt nämlich keine. Stattdessen folgt das Unternehmen der Spur des Zufalls. Als ein Spezialist für Pflanzenkläranlagen nach preisgünstigen Steuerungen für die Anlagen suchte, sprangen die Biologiker an und konstruierten Module, die sämtliche Marktpreise unterboten. Über das Thema Abwasser bekamen sie Kontakte zu kommunalen Behörden und Politikern; seitdem beraten sie Gemeinden bei ökologischen Fragen. Dabei erfuhren sie von interessanten, aber brachliegenden Grundstücken, also stiegen sie in die Entwicklung von Immobilien ein. Das hing wiederum mit der Machbarkeitsstudie für einen ökologischen Industriepark in Thailand zusammen, wo man gleich auch ein Regionalbüro gründete, was zu dem Auftrag führte, im Raum Bangkok die Verstromung von Deponiegasen zu testen. Vielleicht gibt es hinter den Aktivitäten doch ein System: spähenden Auges durch die Welt gehen, Gelegenheiten links und rechts des Weges entdecken und sie – carpe diem! – flugs ergreifen. Dabei streckt das Netzwerk seine Äste in alle Richtungen aus, wuchert gleichsam wie ein Rankgewächs, das sich dort festkrallt, wo es die besten Wachstumsbedingungen entdeckt.

»Unsere Mitarbeiter müssen Selbstläufer sein«, sagen Hannes Schürger und Hans-Peter Anders, die beiden Geschäftsführer. Kontrolle? Von einer bestimmten Komplexität an könne man eine Firma sowieso nicht im Detail steuern. Ehrlicher sei es, lieber gleich das »Ende der Kontrolle« auszurufen und das Chaos als gestaltendes Element der Geschäftsprozesse in Dienst zu stellen. »Für komplexe Lösungen«, sagt Schürger, »braucht man Partner mit ganz unterschiedlichen Fähigkeiten.« Die Aufgaben änderten sich von Tag zu Tag – carpe diem! –, da biete allein die wechselnde Kooperation im Netz die erforderliche Flexibilität.

Mittlerweile sind die Verflechtungen der Firma nach innen und außen derart kompliziert geworden, »dass wir jemanden einstellen müssten, der als Netzwerker ausschließlich die verschiedenen Module miteinander verbindet«. Turbulenzen sind der unvermeidliche Preis für Lernfähigkeit und radikale Erneuerung. Gute Chaospiloten erschüttert das nicht. Sie glauben an Biologik als Business-Modell der Zukunft. Der von ihnen zu Recht verehrte Kevin Kelly schreibt: »Jetzt überlässt uns der Bios seinen Verstand – wir übernehmen seine Logik.«

Doch so einfach ist es nicht. In der New Economy, die Kellys Buch »Das Ende der Kontrolle« zur Bibel machte, glaubten Start-ups und dot.coms, ganz ohne Hierarchie auszukommen. Gleiche unter Gleichen, man kann ja über alles reden. Es ging in Multimedia-Agenturen und bei Internetportalen zu wie in einer basisdemokratischen Vollkornbäckerei: vollkommen chaotisch. Wenn jeder mit jedem sprechen muss, dauert das ziemlich lange und wird zusehends unübersichtlich. Mit wachsender Größe stieg die Komplexität in den hoffnungsfrohen Nachwuchsfirmen, und es setzte ein, was schon die »VauVaus« an der Uni zu politischen Schlachtfeldern hatte werden lassen: die Zersplitterung in Gruppen, Grüppchen und Cliquen, die sich gegenseitig befehdeten.

Heute sind wir an einem Punkt der Diskussion, wo sich die New Economy nach dem Scheitern vieler ihrer Firmen fragt: Was bleibt vom kreativen Chaos der Anfangstage? War der egalitäre Anspruch nur Illusion? Überfordert er die Menschen, die sich, an ihm orientiert, zu einem Team zusammenschließen? Die Szene wird empfänglicher für die Erkenntnis, dass Hierarchie Komplexität reduziert. Sie kanalisiert Informationen, bündelt Entscheidungen, gibt Kommunikationswege vor. Marschieren wir jetzt also stramm zurück zu Hierarchie, Chefgehabe, altbekanntem »Alles hört auf mein Kommando«? Diesen Rückfall halte ich für wenig wahrscheinlich. Gleichzeitig haben nämlich die schwerfälligen Supertanker der Old Economy erkannt, dass sie wendiger werden müssen, um auf plötzlich einsetzende Seitenströmungen reagieren zu können. Das geht nur mit weniger Hierarchie. Gesucht wird also ein Konzept, das beide Erfahrungen zusammenführt. Die Synthese heißt CHAORD.

25 Chaordische Prinzipien

CHAORD hilft aus dem Dilemma. Das Konzept, das CHAos und ORDnung miteinander versöhnen will, stammt von Dee W. Hock, bekannt durch sein Konzept der Kreditkarte Visa. Mitte der sechziger Jahre dachte man in den USA über neue Formen nach, bargeldlos zu zahlen. Hock wurde von der Bank of America mit einem Pilotprojekt beauftragt. Er erkannte zwei Dinge: Erstens hätten Kreditkarten nur dann Aussicht auf Erfolg, wenn sie weltweit gelten würden. Und zweitens: Eine weltweite Organisation mit der dafür erforderlichen Infrastruktur müsse ganz anders aussehen als die üblichen Kommando-und-Kontrolle-Institutionen, die damals das amerikanische Bankwesen beherrschten. Hock leistete unendlich mühsame

Überzeugungsarbeit, um sein Layout der neuen Struktur zu erklären: ein Zusammenschluss gleichberechtigter Partner, der Macht und Funktionen in höchstem Maße verteilt und dem Prinzip der Selbstorganisation folgt. Hock setzte sich durch. Der Ausgang der Geschichte ist bekannt: Visa wurde ein Welterfolg. Fast zwanzig Millionen Geschäfte akzeptieren heute die Karte, eine Milliarde Menschen nutzen ihre Dienste.

Ist Visa ein Chaord, ein chaotisch geordneter Komplex, Mr. Hock? »Vielleicht zu zwanzig Prozent.« Nach wie vor beharrten Banken auf einigen der althergebrachten, starren Organisationsformen, auf die sie sich seit eh und je verlassen hatten. Aber Visa sei ein Prototyp gewesen, schreibt Hock im Magazin »Brand Eins«, der Weg führe in die Richtung von Institutionen, die sich eher wie ein Vogelschwarm denn als Eisenbahn organisierten: »Wenn die Lokomotive ausfällt, steht der Zug. Wenn ein Vogel abstürzt, bleibt der Geist des Schwarms dennoch lebendig.« Zum Wesen einer chaordischen Organisation gehöre es, Fehler zu machen und daraus zu lernen, Vielfalt zuzulassen, der spontanen Selbstorganisation ausreichend Raum zu geben. Kurz: Sie solle sich an »grundlegenden Organisationsprinzipien der Evolution und der Natur« ausrichten.

In solch einem bionischen System übernehme die Führung ganz andere Aufgaben als bisher. »Sie muss verstehen, wann Chaos gebraucht wird, wann Ordnung und wie beides in ein Verhältnis gebracht wird.« Damit ihr Gebilde nicht ungewollt abdrifte, müsse die Führung eindeutige Werte formulieren und mit einem klaren Orientierungssinn wahrnehmen, ob die große Vision und die momentane Bewegungsrichtung übereinstimmen. Seine Sicht von Organisationen als lebenden Wesen setzt Dee Hock gegen das herkömmliche Modell der hierarchischen Institution. »Wir wissen heute, dass das Organisationsmuster des Universums aus komplexen Netzen von Verästelungen und Verbindungen besteht.« Hock kommt zu dem Schluss: »Kontrolle macht da wenig Sinn.«

Die Kunst des Chaord besteht darin, lernende Organisationen zu schaffen. Aus Misserfolgen können sie dabei genauso viel lernen wie aus ihren Erfolgen – wenn nicht sogar mehr. Zur »Lernmethode« gehört, möglichst viele Entscheidungen dort zu treffen, wo die entscheidungsrelevanten Informationen eintrudeln. Eben nicht in der Zentrale, sondern an der Peripherie des Netzes, bei Knoten an der Schnittstelle zur Außenwelt. Ein Verkäufer weiß nun mal mehr über die Wünsche und Träume der Kunden als die Stabsabteilung im Elfenbeinturm. Flache Hierarchien mobilisieren dieses Umweltwissen, setzen es schneller in Entscheidungen um als vielstufige.

Ein entspannterer Umgang mit dem Chaos täte vielen gut. Steuern zu wollen, was nicht zu steuern ist, verursacht nur Stress. Ein Beispiel aus der Natur illustriert, dass Chaos oft der einzige Ausweg ist. Sie können das kleine Experiment leicht nachmachen: Sie sperren ein halbes Dutzend Fliegen und die gleiche Zahl Bienen jeweils in eine leere Flasche, die Sie waagerecht hinlegen, Boden Richtung Fenster. Jetzt öffnen Sie die Flaschen (Kids, don't try this at home!). Sie können nun Wetten entgegennehmen, ob es die Fliegen oder die Bienen als Erste schaffen werden, aus der Falle zu entfliehen. Bienen stehen für effiziente Kommunikation in einem durchorganisierten Staat, Fliegen für wildes Herumsausen als Überlebenskünstler – wer wird das Rennen machen?

Die Bienen suchen mit Fleiß und Akribie jeden Millimeter des Flaschenbodens ab, der dem Licht zugewandt ist und wo sie den Weg in die Freiheit vermuten, bis sie irgendwann an Erschöpfung sterben. Diszipliniert bis in den Untergang. Die Fliegen dagegen schwirren in heller Aufregung hin und her, suchen, jede für sich, den Ausweg und entkommen nach und nach, jede für sich, dem Gefängnis. Was sagt uns der Geist aus der Flasche? Manchmal ist es besser, auf straffe Organisation und koordiniertes Vorgehen zu verzichten. Und er sagt: Gib dem Zufall eine Chance – er könnte deine Rettung sein!

26 Schritt für Schritt statt Fünfjahresplan

Was für viele Frauen Cellulitis, ist dem Management die Kontrollitis: eine lästige Erscheinung, leider aber weit verbreitet. Mittelchen dagegen werden an jeder Ecke angeboten, jedoch sind weder straffere Haut noch freiere Organisation auf Rezept zu haben. Lassen wir Bindegewebsschwäche mal beiseite: Was kann ein Netzwerker tun, um sich vom Kontrollwahn zu befreien? Die Kunst besteht darin, die Fäden zwar nicht aus der Hand zu geben, sie aber so locker zu führen, dass genug Spielraum für Spontaneität bleibt.

Schritt Nr. 1: Ja, mach nur einen Plan – und schmeiß ihn weg.

Schritt Nr. 2: Wer das Planen absolut nicht lassen kann, sollte zumindest gleich mehrere Pläne entwerfen. Plan A, Plan B, Plan C. Die nennen wir Szenarien, was nicht nur besser klingt, sondern auch den Vorteil hat, dass man nicht zum sturen Festhalten an einem einzigen Ziel verführt wird, weil alternative Entwürfe vorliegen. Die Zukunft hat viele Facetten.

Schritt Nr. 3: Misstraue Prognosen! Mit den vermeintlich wissenschaftlichen Voraussagen stürzen regelmäßig auch die schönen Planungen ab, die sich auf sie verlassen haben. Es gab mal eine Staatsform, die machte Fünfjahrespläne zur großen Mode. Und immer kam alles anders als geplant. Zu einem Zeitpunkt saß Václav Havel als Dissident im Gefängnis und Erich Honecker auf dem Präsidentenstuhl – fünf Jahre später hatten die beiden die Position gewechselt. Keiner von beiden hätte die Scharade geglaubt, egal wer sie ihm geweissagt hätte. So viel zur Eintrittswahrscheinlichkeit von Prognosen.

Schritt Nr. 4: Rechne mit dem Unberechenbaren! Das gilt auch für die eigene Karriere. Die herrschende Praxis bei der Rekrutierung von Nachwuchs geht immer noch vom Ideal der totalen Planung aus und bevorzugt Planungstypen. Im Assessment Center gilt die Frage als chic: Wo sehen Sie sich in fünf Jahren? Die Kandidaten mit den überzeugendsten Antworten kommen eine Runde weiter. Wo aber werden sie tatsächlich in fünf Jahren sein: Zentralkomitee? Oder Gefängnis? Man sollte lieber Menschen auswählen, die auch dann noch navigieren können, wenn sich alle Koordinaten radikal geändert haben.

Schritt Nr. 5: Handeln Sie Schritt für Schritt! Man kann die Methode »iteratives Verfahren« nennen oder lieber »Système D«, das in Frankreich so genannte und perfektionierte Durchwursteln. Jedenfalls ist es in einer komplexen Welt sinnvoller, das nächstliegende Problem zu lösen, als hypothetische Endzustände zur Leitlinie zu machen.

Planungswütige und Kontrollbesessene haben ihre besten Zeiten hinter sich. Die Zukunft gehört den aufgeklärten Opportunisten. Das sind Menschen, die so flexibel sind, ihre Agenda durch Gelegenheiten ändern zu lassen. Heißt das »Anything goes«? Nicht unbedingt. Auch unter ihnen wird es Menschen geben, die »das Gute« wollen. Aber nicht als fernes Ziel. Sondern als Wegbegleiter im Hier und Jetzt.

27   Ein Markt für Symbiosen

In der Politik ist oft die Rede von »Netzwerk«, wo sich lediglich ein Verein zur Vetterleswirtschaft gefunden hat. Solche Seilschaften streben, wie beim Bergsteigen, einem klaren Ziel zu: Man will hoch hinaus, und dort will man möglichst lange bleiben. Meist gibt es einen Vorgeher am Seil, den das Team auf den Gipfel bringen will, auf dass er sie mitziehe. In den Niederungen der Politik geht das so:

Wir sorgen dafür, dass du Minister wirst, dafür machst du uns zu Staatssekretären! Eine typische Symbiose, wie sie uns die Evolution in faszinierender Fülle vormacht, und doch bereitet sie uns Unbehagen, denn ihr Tun und Treiben entzieht sich der demokratischen Kontrolle. In der Natur sind Symbiosen als Vorteilsvernetzungen gang und gäbe, sie verbinden Pflanzen und Tiere zu wechselseitigem Nutzen. In modernen Staaten muss wegen des Anspruchs auf Transparenz ein weiterer, unsichtbarer Partner einbezogen werden: Die Gesellschaft sollte ebenfalls profitieren, darf jedenfalls keinen Schaden davon haben.

Die Star Alliance, zu der sich große Fluglinien wie Lufthansa, Thai Airways, Varig und Singapore Airlines zusammengeschlossen haben, wurde sicher nicht aus Menschenfreundlichkeit gegründet. Erklärtes Ziel ist, gemeinsam auf einem erbittert umkämpften Markt der Konkurrenz Anteile abzuringen. Win! Das wissen Wölfe: Im Rudel jagt es sich leichter. Indem die Gesellschaften ihre Liniennetze miteinander verknüpfen, kann jede von ihnen mehr Destinationen und Flüge anbieten als allein. Win-Win!! Auch die Passagiere haben eine Menge Vorteile von der Symbiose, weil sie mit einheitlichen Standards weltweit rechnen können, Bonusmeilen sammeln und mit einem Ticket mehr Ziele erreichen. Würde der Nutzen für die Verbraucher nicht überwiegen, könnte sich ein solcher Verbund nicht auf Dauer auf dem Markt halten, womöglich würden ihm die Kartellwächter den Garaus bereiten. Insofern profitieren auch die Kunden als unsichtbare Teilhaber vom symbiotischen Spiel: Win-Win-Win!!!

Jeder braucht Freunde. Erst recht in der rauen Wildnis der Märkte. Niemand kann alles allein machen, deshalb wird die Frage, ob man mit den richtigen Partnern im richtigen Netz ist, in Zukunft über Erfolg oder Misserfolg entscheiden. Der Trend zu strategischen Partnerschaften hält an. Nissan verkauft Volkswagen in Japan, VW vertreibt Nissans in Europa. Ein Verbund von DaimlerChrysler, Ford und anderen entwickelt die Brennstoffzelle als neuen Autoantrieb. IBM und Apple basteln gemeinsam an der nächsten Generation von Betriebssystemen. Der Pharmariese Aventis verbündet sich mit der viel kleineren Biotechnologiefirma Millennium. Wie gesagt, im Markt ist der Mensch nicht gern allein.

Win-Win-Netze werden für alle Bereiche der Gesellschaft immer wichtiger. Das Prinzip machen auch Selbsthilfegruppen und Forschungsinstitute zu ihrem Programm. Das Schmieden solcher Verbünde ist eine Kunst, die gelernt sein will, leider aber nirgendwo gelehrt wird. Da hätten wir ein weiteres Fach für unseren imaginären Studiengang Netzlogik: die Kunst der Kombinatorik. Man stelle sich ein Kollegium von Betriebswirten, Biologen und Soziologen vor, das den angehenden Netzwerkern die nötige Sensibilität vermittelt. Denn Symbiosen entstehen, wenn wir uns in die potenziellen Partner hineindenken, ihre Bedürfnisse kennen lernen und überlegen, was wir ihnen geben können. Wer nur auf den eigenen Vorteil fixiert ist, wird als Netzwerker scheitern.

28 Partner und Parasiten

Der Partner von heute ist der Konkurrent von morgen. Dies nicht als Appell zum Misstrauen, sondern als Ansporn, beweglich und erfinderisch zu bleiben. Allianzen sind vergänglich!

29 Animiert zur Entscheidung

Egal, welches Problem Sie gerade haben: Power Point wird es lösen. Das beliebte Präsentationsprogramm scheint allgegenwärtig zu sein. Wo auch immer Wissenschaftler, Politiker und Manager vertrackte Zusammenhänge übersichtlich darstellen wollen, blättern sie per Beamer diese bunten, übersichtlichen Folien eine nach der anderen herunter. Die Sache hat jedoch einen Haken. Die Folien suggerieren eine Eindeutigkeit, die in der Realität außerhalb des Besprechungsraums nicht existiert. Viele der dargestellten Phänomene besitzen eine hohe Komplexität und folgen eher einer fließenden, prozessualen als einer mechanistischen Logik. Deshalb brauchen wir neue Formen der visuellen Präsentation, die Phänomene vernetzt darstellen, ihre nichtlineare Dynamik abbilden, ihre spontanen Emergenzen sichtbar machen.

Um es gleich zu sagen: Dieses Visualisierungsprogramm existiert noch nicht. Es muss erst noch entwickelt werden. Als erste Inspirationsquelle für die Programmierer und Designer empfiehlt sich der Besuch in einem Museum für moderne Kunst, Abteilung Kubismus. Maler wie Pablo Picasso schufen Bilder, die mehrere Ansichten eines Objekts – von vorn und von der Seite, in Ruhe und in Bewegung – auf einer Ebene vereinigten. Was auf ihre Zeitgenossen befremdlich wirkte, kann uns heute weiterbringen. Wir brauchen ähnliche Multiperspektiven, um die verschiedenen Aspekte eines komplexen Problems in Beziehung zu setzen.

Eine andere interessante Technik der visuellen Darstellung sind so genannte Mind Maps. Sie zeichnen Begriffsgeflechte, Assoziationsketten oder Personennetze als ein System von Knoten und Beziehungssträngen: Kartenmaterial für Netznavigatoren. Mind Maps haben allerdings immer noch den Nachteil, ein statisches Bild der Lage zu zeichnen. Für Entscheidungsträger wäre es jedoch hilfreich, per Knopfdruck Entwicklungen in Gang setzen zu können, am besten zwischen mehreren Szenarien hin und her zu zappen wie zwischen Fernsehkanälen. Fortschritte bei Multimedia und Computersimulationen lassen uns auf neue, bewegte Visualisierungstechniken hoffen, die dem breiten Publikum zur Verfügung stehen werden. In Avantgarde-Werkstätten wie dem Zentrum für Kunst und Medientechnologie in Karlsruhe oder dem MIT in Boston sind sowohl die technische Ausrüstung als auch das kreative Vermögen für solche Entwicklungen vorhanden. Bitte, Programmierer und Künstler, rauft euch zusammen und schreibt uns so ein kubistisch-biologisches 5-D-Programm!

30 Die Sprache der Unschärfe

Wir sind von Kindesbeinen an auf exakten Ausdruck getrimmt. Wenn etwas schwarz ist, sollen wir »schwarz« sagen und nicht »irgendwie eigentlich ziemlich dunkel«. Das funktioniert prima, solange die Wirklichkeit pechschwarz oder porentief weiß ist. Aber so zeigt sie sich selten. Komplexität präsentiert sich als Lichtspiel der tausend und abertausend Schattierungen. Statt der Kategorien »richtig« und »falsch« hantiert sie mit einem entschiedenen »Sowohl-als-auch«.

Das zeigt sich sogar in simulierten Welten. Der Psychologe Dietrich Dörner machte bei einem Planspiel am Computer Testpersonen zu Ministern der virtuellen Republik Tanaland, deren Schicksal sie per Tastenbefehle lenken sollten. Dörner beobachtete, dass sich die guten Problemlöser durch eine bestimmt-unbestimmte Wortwahl auszeichneten. Sie vermieden Ausdrücke wie »immer«, »alles«, »nie« und sagten stattdessen »häufig«, »ein bisschen«, »gelegentlich«. Damit wiesen sie auf Sonderfälle hin, erkannten Haupt- und Nebentrends, benannten die Rahmenbedingungen einer Situation. Diejenigen, die unscharf formulierten, vermieden häufiger Fehlschlüsse und -entscheidungen als Kandidaten, die in absoluten Kategorien dachten. Wir leben nun mal in einer »unscharfen Welt«. Um Komplexität angemessen zu beschreiben, bedarf es unscharfer Ausdrucksformen, einer Art Fuzzy-Sprachlogik, die wir pflegen und wertschätzen sollten.

31 Langer Blick statt kurzem Atem

Sten Nadolny beschreibt in »Die Entdeckung der Langsamkeit«, wie Kapitän John Franklin aus dem Handicap der Langsamkeit (er konnte nicht einmal den Flug eines Balls verfolgen) eine Gabe machte, mit deren Hilfe er schließlich eine ganze Expedition rettete, weil er die langsamen, aber lebensentscheidenden Entwicklungen sah, die all die Hektiker an Bord nicht wahrnahmen. Die Gabe des »langen Blicks« brauchen wir heute, in der schnellen Welt, dringender denn je. Zum 5-D-Denken gehört die Analyse von Prozessen, deren Geschichte vermutlich tief greifende Folgen für die Zukunft haben wird. Doch Informations-Fastfood und das Lärmen der Aktualität drohen uns die Sinne zu verkleben, die wir brauchen, um die Herkunfts-/Zukunfts-Dimension eines komplexen Problems zu verstehen. Und die erschließt sich nicht oft im Rhythmus von Stunden oder Tagen, sondern will über längere Zeiträume verfolgt werden. Die Abendnachrichten werden es nie schaffen, uns das Nahostproblem, die ethische Dimension des Klonens oder die Folgen eines Mega-Mergers zu erklären. Deshalb greifen wir zu Wochenzeitungen oder Monatsblättern oder am besten zu einem Buch.

Entschleunigung ist das Gegengewicht zu einer Beschleunigung, die im Takt von SMS und E-Mails zunimmt. Wir können uns dem reißenden und wirbelnden Mainstream, der alles beherrschenden Zeitströmung, nicht komplett entziehen. Aber wir können auf kleine Zeitinseln fliehen – ein Buch ist so ein Refugium –, wo die Dinge gemächlicher laufen und sich die Stunden dehnen. Downshifting nennt die Trendforschung das Bemühen, Komplexität durch bewusst erlebte Langsamkeit zu vermindern. Es muss nicht gleich Kritik am Turbokapitalismus dahinterstecken. Vielmehr sorgt sich eine zunehmende Zahl von Menschen um seelische Ausgeglichenheit angesichts dessen, was täglich an Informationen und Handlungsbedarf »in Echtzeit« auf sie einprasselt. Stress, die Modedroge der New Economy, verliert parallel zu deren Kursverfall an Statuskraft.

Ein guter Netzwerker sollte sich als Slobby betätigen, als Lobbyist für Slow Motion. Erst in Zeitlupe offenbaren sich die wesentlichen Faktoren einer Entwicklung. Deshalb sollte, wann immer möglich, in Netzen die langsamere Gang- und Denkungsart geübt werden. Wenn Sie den Ort eines Brainstorming frei wählen können, entscheiden Sie sich gegen den Frankfurter Flughafen und für ein Benediktinerkloster im Voralpenland. Speisen Sie keine neuen Ideen ins Netz ein, wenn die alten noch nicht verarbeitet sind. Das gilt auch für Märkte. Ein typischer Fehler hochinnovativer Unternehmen besteht darin, sich bei der Produktentwicklung im Geschwindigkeitsrausch selbst zu überholen. Sie wundern sich dann, dass ihr neuestes Modell gegen das allerneueste alt aussieht und sich am Ende keines von beiden rechnet.

Eine andere Übersetzung für Slobby lautet »slower but better working people«. Dahinter steht die These, dass nicht Hektiker unterm Strich am meisten schaffen, sondern die Bedachtsamen. Vor allem bleiben sie einem Netz länger erhalten. Die so genannte Burnout-Rate, Ausfälle aufgrund des Gefühls, seelisch ausgebrannt zu sein, nimmt kontinuierlich zu. Unternehmen bieten ihren Mitarbeitern mittlerweile Seminare für Zeitmanagement an, um dem Burnout vorzubeugen.

Nicht mit dem pädagogischen Zeigefinger, sondern mit Spaßaktionen wirbt der »Verein zur Verzögerung der Zeit« für die Entdeckung der Langsamkeit. So organisierte er einen Wettlauf, bei dem Sprinterinnen in Model-Kostümen antraten, um die hundert Meter in nicht weniger als einer Stunde zurückzulegen. Der tiefere Sinn hinter dem medienwirksamen Klamauk sei es, so der Sozialpsychologe und Mitbegründer Peter Heintel, »die Eigenzeit wieder zu spüren, die Souveränität über seine Tage wiederzuerlangen«. Das vernetzte Leben macht uns abhängig von Rhythmus und Takt elektronischer Medien, dabei verliert man leicht seine persönliche Zeithoheit. Die Schnelle Welt verheizt Menschen. Doch das Prinzip der »nachhaltigen Nutzung«, von dem in der Umweltdebatte so viel die Rede ist, sollte nicht nur für biologische, sondern auch für menschliche Ressourcen gelten. Leben und Arbeiten ohne Raubbau – das verspricht wahre Effizienz, die von Dauer ist.

32 Info-Fasten, jeden vierten Freitag

Der Computer ist das trojanische Pferd. Ganz unschuldig steht er in einer Zimmerecke, sieht aus wie ein Fernseher und lädt ein zu Moorhuhnschießen und »Myst« knacken und fröhlichem Surfen im Internet. Prima Spaßmaschine! Doch das stimmt nur auf den ersten Blick. In Wirklichkeit dringt, gut getarnt via PC, die Arbeitswelt ins Wohnzimmer ein. Das fängt harmlos an, mal eben nach der Tagesschau den Kontostand bei der Online-Bank checken, und es geht weiter, mal eben für die Hausaufgaben der Tochter in der elektronischen Encyclopædia Britannica nachschlagen. Freiberufler schalten den Computer auch samstags ein, mal eben die Mails durchgehen, und schon absolvieren sie ein paar Extrastunden. Flugs verwandelt sich die Spaßmaschine in ein Arbeitsgerät.

Neben Radio, Fernsehen, Tageszeitung, Telefon und Fax umgarnt uns nun ein weiteres Netz im Haushalt. Einerseits verlangen wir danach, andererseits wächst die Zahl der Menschen, die schon vorher die Zeitungen ungelesen stapelten und denen jetzt erst recht alles zu viel wird. Das Gefühl permanenter Überforderung nagt an vielen Zeitgenossen. In dieser Situationen bekommt das Wort »abschalten« eine neue Dimension: Schalten Sie nicht nur gedanklich ab, gehen Sie einen Schritt weiter – schalten Sie die Netze ab, disconnect!

Nun ja, nicht für immer. Wer freitags auf Fleisch verzichtet, muss nicht unbedingt Vegetarier sein, nicht mal gläubiger Christ, sondern vielleicht nur jemand, der sich bewusst ernährt. Genau das möchte ich vorschlagen: einen bewussten Konsum von Nahrung aus dem Netz und einen Tag Info-Fasten im Monat. Wenn das im Monatsrhythmus nicht machbar ist, verlegen Sie das Medienfasten eben auf eine Woche in Urlaubsnähe. Sie lesen keine einzige E-Mail und ziehen den PC-Stecker. Die Zeitung bekommt der Nachbar geschenkt. Der Briefkasten wird erst morgen geleert. Sie schalten das Telefon auf Nacht und verstecken das Handy unter einem dicken Kissen. Sie gehen nicht ins Kino, ignorieren das Info-Screen in der U-Bahn, würdigen Flugblattverteiler keines Blickes. Der Fernseher bleibt dunkel, die Stereoanlage stumm, das Radio hat Sendepause. Laptop und Palmtop liegen im verschlossenen Arbeitszimmer. Sie dagegen liegen in der Badewanne. Alle Netze schweigen. Kerzen brennen. Kann sein, dass Sie ein wenig singen. Vielleicht nicht mal das. Und dann werden Sie ruhig.

33 Der finale Imperativ

Seid Netz zueinander!

Die Macht der Netze

der Zeichen
UdSSR
USA
England
Frankreich
Neuseeland
Australien
Norwegen
Argentinien
Chile
Stationen

Die Globos kommen
Lebensstile einer vernetzten Generation

Auf der Reise in den
Weltraum haben wir
die Erde als Heimat erlebt
LYNN MARGULIS

Die Erde ist ein Ort. Sie ist eine blaue Kugel ohne Horizont, ein Ganzes, Ungeteiltes: große Heimat. Natürliche Barrieren wie Ozeane und Bergketten trennen nicht mehr, Mobilität triumphiert über Schwerkraft. Nationale Grenzen sind durchlässig geworden wie ein alter Deich: Es rieselt hindurch. Es fließt durch Tausende von Netzen, die der Mensch um die blaue Kugel herum geknüpft hat. Es strömt über Straßen, Gleise, Fluglinien und Seefahrtsrouten, es gurgelt durch Pipelines, Kanäle und Wasserrohre, es rauscht durch Stromleitungen, Datahighways, Telefonnetze, Verkehrsleitstellen, Glasfaser- und Kupferkabel und die Geldnetze der Börsen und Banken. Das große Fließen. Bis ins All reichen die Netze, als Verbund von Satelliten und Sonden. Einen vielschichtigen Kokon haben wir gesponnen, der unsere gesamte Spezies umhüllt und einen Schutzraum errichtet, in dem sich vielleicht die nächsten Schritte unserer Evolution vollziehen.

Da entsteht etwas Größeres, wir sind daran beteiligt, aber wie so oft haben wir keine Ahnung, wohin das alles führen wird. Im Spiel der Evolution sind wir die Teile, deren Ganzes mehr ist als unsere schiere Summe. Deshalb haben wir wenig Chancen vorauszusagen, was dieses »Mehr« eines Tages ausmachen wird. Aber zumindest eine grobe Richtung ist absehbar: Die weltweiten Netze werden – in ungebrochener Tradition – ausgedehnt, verdichtet und intensiviert; das treibt den Prozess der Globalisierung wirtschaftlich, aber auch politisch und kulturell in neue Dimensionen; irgendwann entsteht eine Weltgesellschaft, die in all ihren Äußerungen den Globus als Ganzes zum Referenzpunkt haben wird. Was die Menschen auch denken, lieben, träumen, schaffen: Sie werden es denken, lieben, träumen, schaffen an einem größeren Ort. Dieser Ort ist die Erde.

Globales Bewusstsein ist jedoch keine ferne Vision. Seine Vorboten sind bereits unter uns. Einer davon ist ein Phänomen, das ich als Global Generation bezeichne. Zu ihr zähle ich Menschen, die sich in ihren Handlungen und Gedanken auf die Erde als ein Ganzes beziehen. Nicht immer bewusst, meist ist es eher ein Spüren, so wie man sein Alter, seine Körpergröße, sein Geschlecht immer mitspürt, ohne daran zu denken. Zwischen Ende der sechziger und Ende der siebziger Jahre schlug die Geburtsstunde der neuen Generation, der Globos. Weltläufige Menschen hatte es auch früher schon gegeben, allerdings nur als kleine Elite: Diplomaten, Reiche, Kaufleute, Bildungsbürger auf Sinnsuche. Das wirklich Neue an der Global Generation ist, dass zum ersten Mal in der Geschichte globales Bewusstsein zur mentalen Ausstattung von Zigmillionen gehört. Diese Demokratisierung von Weltläufigkeit unterscheidet die Globos wesentlich von Nachkriegseltern und den Baby-Boomern. Zwar gehört beileibe nicht jeder nach 1970 Geborene dazu. Aber in ihrer Altersgruppe formuliert »Think global, act local« zum ersten Mal den Mainstream des Denkens.

Es gibt eine Menge guter Gründe, sich zu fragen, wes Geistes Kinder die Globos sind, woran sie glauben, wofür sie sich engagieren. Zeichnen wir also ein erstes Porträt, geben wir ihnen ein Gesicht: Ibrahim aus Kerala, Einar aus Reykjavik, Stine aus München und Gheena aus Nairobi sind vier von den Zigmillionen. Ich habe sie auf verschiedenen Reisen als Reporter kennen gelernt. Wenn sie sich zufällig treffen würden, wäre es wie bei einer Überraschungsparty: Man hat lauter Freunde eingeladen, die sich vorher noch nie begegnet sind, aber man weiß: Die werden Spaß miteinander haben. Zumindest werden sie verstehen, was der andere meint. Grenzenlos. Südindien, Island, Bayern, Kenia bezeichnen Herkunftsländer, sind für sie nur noch geografische Namen. Ihre Heimat ist größer.

Ibrahim, Einar, Stine, Gheena. Four of the First Global Generation. Das muss ich auf Englisch sagen, ihnen zuliebe, denn Englisch ist ihre gemeinsame Sprache. Alle vier sind eingeloggt in die globalen Netzwerke. Sie fischen in den Flüssen der Medien, Daten, Waren, Finanzen, Bewegungen. Alle vier fühlen sich wohl in der Stadt, in der sie wohnen. Es ist nicht die Stadt ihrer Geburt, sondern ihrer Wahl. Sie dient als Hauptquartier. Von dort brechen sie auf, dorthin kehren sie zurück. Und zwischendurch sind sie ziemlich viel unterwegs. Sie fühlen sie sich mit denen verbunden, die ein ähnliches Leben führen, an das Gleiche glauben, die gleiche Sprache sprechen. Nähe kennt keine Kontinente. Sie wird hergestellt mit E-Mails und Flugzeugen. Global Generation, here it comes.

Ibrahim ist einunddreißig Jahre alt und lebt in Kerala. Der Bundesstaat im indischen Süden ist gesegnet mit tropischer Fruchtbarkeit. Maharadschas, Missionare und Marxisten machten einen guten Job und investierten schon früh in Gesundheit und Bildung. Auch Ibrahim konnte studieren, obwohl sein Vater nur ein kleiner Angestellter war, die Mutter keine Ausbildung hatte und sechs Kinder ernährt werden mussten. Nach seinem Deutschstudium arbeitete Ibrahim im Tourismus. Als der Software-Boom losbrach, stieg er in die neue Branche um. Erst als Angestellter, dann selbständig. Heute beschäftigt er sechs Ingenieure, die kommunale Programme schreiben. Jagdkataster für das Saarland, Hundesteuerwesen für Heidelberg. Der Satellit beamt die Ergebnisse gen Westen, in Gegenrichtung fließen harte Euro. So wie sein kleines Start-up wächst, so blüht auch sein Wohnort Trivandrum auf. Dieser Aufstieg ist kein Sonderfall. Die Mittelschicht Indiens, die wie Ibrahim einen westlichen Lebensstil pflegt, umfasst mittlerweile rund zweihundert Millionen Menschen, so viel wie halb Europa.

Gheena, sechsundzwanzig, aus Nairobi. Sie wohnt nicht in der Innenstadt, einer grauen Betonwüste, sondern an der Peripherie, eingebettet in grüne Hänge und Haine. Fünf Tage die Woche arbeitet sie bei einer Fluglinie im Ticketverkauf, am sechsten besucht sie einen Kurs in Textverarbeitung. »Computer – was ist das?«, hatte ihr Vater gefragt. Er ist Bauer, Analphabet, ein bescheidener, aber relativ erfolgreicher Viehhändler vom Stamme der Kikuyu. Gheena durfte nach Nairobi, die Highschool besuchen, Englisch lernen, eine Büroausbildung machen. Mädchen bekommen selten solche Chancen. In der Familie N'Duma gibt es nur Mädchen. Also durfte die Älteste lernen. Sie wohnt in einem winzigen Appartement, das sie sich mit einer Kollegin teilt. Samstags gehen die beiden in die Disco »Florida 2000«, tanzen nach Afropop oder englischem House-Techno. Von einer Leinwand blitzen die Stars von MTV.

Stine, dreißig, stammt aus Ahlen in Westfalen. Der Vater war Bergmann, die Mutter führte den Haushalt. Ein Leben mit Engen und Zwängen. Luft verschaffte eine Reise um die halbe Welt: Australien, finanziert durch sechs Monate Fabrikarbeit. Zweiter Schritt in die Ferne war das Studium in einer süddeutschen Stadt, der dritte ein Praktikum in der Metropole München. Als Expertin für Geografische Informationssysteme, einem Computersystem, das Daten in Karten verwandelt, hat Stine den Globus beruflich immer im Blick. Privat ist sie genauso mobil wie vernetzt. Fernseher, Videorecorder, PC, Laptop, Palmtop, E-Mail, zwei schnurlose Telefone, Abonnement für eine Tageszeitung, U-Bahn-Anschluss in Minutennähe, BahnCard für Tickets zum halben Preis, jährlich eine Reise, jede zweite davon interkontinental. Nichts Ausgefallenes, die typischen Insignien der urbanen Nomaden.

Einar, neunundzwanzig, aus Reykjavik. Aus dem Flugzeug wirkt Island so isoliert. Eisige Insel inmitten atlantischer Einöde. Ab und zu spuckt die Erde Feuer, bebt, taut Gletscher und verwandelt sie in vernichtende Fluten. Auf Meereshöhe bietet sich jedoch ein heimeligeres Bild. Island liegt mitten in der Welt. Fast jeder hat ein Handy, Internet gehört zum Haushalt wie die Waschmaschine, die Jugend spricht meist hervorragend Englisch. Einar kommt viel herum. Als Verkäufer in einem der hippen Modeläden an der Bergstaarstræti verdient Einar zwar nicht besonders viel Geld. Aber da er noch bei den Eltern wohnt, kann er sein Gehalt in der Freizeit verjubeln. Vier Flugstunden sind es bis New York, nur zwei bis London. Einar besucht Freunde, geht Shoppen, hält Ausschau nach den neuesten Trends. Das Wochenende verbringt er am liebsten beim Rave in Reykjavik. Von Freitag spät nachmittags (Aufwärmtrinken in der Clique) bis Sonntagmittag (wenn die letzte Techno-Bar schließt) zieht er durch ruhelose Polarnächte. »Unsere Szene ist heißer als die von Ibiza«, sagt Einar. Er hat den Vergleich.

Vier Persönlichkeiten, die viel gemeinsam haben. Globos sind, so paradox es klingt, ein Kollektiv von Individualisten. Die Gängelweisheiten der Alten haben sie abgehängt: kein Sex vor der Ehe, Leben heißt Arbeiten, spare für später, haste was, dann biste was. Ibrahim, der Muslim, hat eine Hindu geheiratet – eine Provokation, die gleich zwei Familien auf die Palme brachte. Stine ist aus der Kirche ausgetreten. Gheena würde nie stumm erleiden, was sich ihre Mutter von der Sippe des Ehemanns hat gefallen lassen. Einar verkehrt offen in der Gay-Szene. Wie die alten Dogmen verlieren auch ihre Verkünder, die Repräsentanten der traditionellen Institutionen, an Gewicht und Stimme, die Altvorderen, der Bürgermeister, der Vereinsvorsitzende, der Mullah und der Pfarrer.

Die Kinder der Freiheit fühlen sich frei in ihren Bezügen und Beziehungen. Räumliche Grenzen sind ein Hinderungsgrund, aber nur ein kleiner, der sich leicht aus dem Weg räumen lässt. Stellen wir uns vor, die vier träfen sich tatsächlich auf einer Party: Ibrahim und Einar, der Inder und der Isländer, würden im Gespräch mehr Gemeinsamkeiten entdecken, als jeder von ihnen mit seinen Eltern hat. Ob sie Whiskey oder Wasser trinken, wäre Ausdruck des persönlichen Geschmacks, nicht von Religion oder Moral. Würde Gheena mit Ibrahim beim Tanzen (Bombay-Drum'n-Bass-Afro-Hiphop) anbandeln, dann aus Lust und Liebe, aber nicht als Akt verwandtschaftlicher Heiratspolitik. Gheena und Stine könnten eher zusammen eine Wohngemeinschaft bilden als mit ihren Eltern leben. Hier verlaufen Friktionen zwischen zwei Generationen. Sie grenzen ab. Markieren Übergänge. Verkünden Neubeginn.

Nach Expertenschätzungen pflegt schon mehr als eine Milliarde Menschen einen globalisierten Lebensstil. Die Globos, ein Phänomen der Metropolen, des Mittelstandes, der Mobilität, der multimedialen Vernetzung, werden in den nächsten Jahren überall auf der Welt in Machtpositionen drängen. Schon aus diesem Grund lohnt es sich nachzusehen, wer hier in den Startlöchern steht. Fünf Dinge gehören zu ihrem mentalen Rüstzeug: das Bild vom Blauen Planeten, grenzenlose Mobilität nach Ende des Kalten Krieges, die Konfrontation mit globalen Problemen, die Nutzung weltumspannender Netze, schließlich das Erlebnis einer sich beschleunigenden wirtschaftlichen und kulturellen Globalisierung. Aus dieser Gemengelage formt sich ein völlig neues Phänomen heraus: ein »Global Spirit«, der zum ersten Mal in der Geschichte eine Ahnung davon vermittelt, wie echtes Weltbürgertum als bestimmende planetare Kraft wirken könnte. Schauen wir uns die Anfänge im Einzelnen an.

Das Bild vom Blauen Planeten gehört heute selbstverständlich zur Ikonografie des Alltags. Es ist so allgegenwärtig, dass es schon wieder unsichtbar wird. Doch die Menschen Ende der sechziger Jahre fanden es aufregend, als hätte man den Mann im Mond fotografiert. Ein Bild, das alles ändert. Vorher kannte man zwar Luftaufnahmen, und es gab Globen. Völlig unvorstellbar war jedoch, wie die Erde von außen wirken würde, als dreidimensionales Ganzes.

Jurij Aleksejewitsch Gagarin hatte als erster Mensch das Privileg dieser ungeheuren Perspektive, als er 1961 mit der Raumkapsel Wostok in einer Erdumlaufbahn kreiste. Der Russe wurde berühmt, seine Abenteuer im All begeisterten die Zeitgenossen. Dennoch hatte er gegen eine Grundregel der Medienwirksamkeit verstoßen: Liefere Fotos! Erst durch Bilddokumente wird ein Ereignis real. Das hatten die Amerikaner, später dran als die Konkurrenz, besser verstanden. Ihre Apollo-Astronauten veranstalteten nicht nur die aufregendere Show, landeten auf dem Mond und sprachen brillante Drehbuchtexte in den Äther: »Eine kleiner Schritt für mich, ein großer für die Menschheit.« Sie machten auch die pfiffigere Werbung: Sie schossen jenes Foto, das zur Ikone eines ganzen Jahrhunderts werden sollte. Es zeigt die Erde, vom Mond aus gesehen. Blau schimmernd, rund und zerbrechlich wie eine Glaskugel, ein Planet der Ozeane, ein lebendiger Lichtblick inmitten unendlicher Schwärze.

Und wie das Schönste beim Reisen die Heimkehr ist, kam mit den Astronauten auch die Menschheit zufriedener zu sich zurück. Die Pläne von der Kolonie im All, vom Exodus auf den Mars konnten mit der ruhigen Gewissheit ad acta gelegt werden, dass wir angesichts dieses lebensfeindlichen Universums besser zu Hause bleiben. Der amerikanische Astronaut Eugene A. Cernan formulierte ein neues, globales Heimatgefühl: »Wenn man aus der Erdumlaufbahn hinabblickt, sieht man Seen, Flüsse, Halbinseln. Man erkennt, wie die Sonne über Amerika unter- und über Australien wieder aufgeht. Man blickt zurück nach Hause und sieht nichts von den Schranken der Hautfarbe, der Religion und der Politik, die unsere Welt teilen.«

Das Foto vom Blauen Planeten war ein kleiner Klick für den Astronauten, aber ein großer für die Menschheit. Er hat ihr geholfen, erwachsen zu werden. In der Entwicklung von Kindern gibt es jenen Moment, da sich ein Baby zum ersten Mal in einem Spiegel erkennt. Es sieht sich von außen und als Ganzes. Die Außensicht auf den Heimatplaneten markierte gleichsam das Spiegelerlebnis unserer ganzen Spezies.

Das alles passierte vor der Geburt der Globos. Als sie die Szene betraten, war der Erkenntnisschock bereits in Gewohnheit umgeschlagen. »Blue Planet« gehört selbstverständlich zum Ideeninventar von Gheena, Einar, Ibrahim und Stine. Sie tragen Plastiktüten, die mit seinem Konterfei für Recycling werben, er dreht sich als Bildschirmschoner, begegnet ihnen fünfmal im Jahr als Titelbild eines Magazins, ziert Ökolyrik, untermalt Globalisierungsproteste und dient als allgegenwärtiges Icon für E-Mails und Internet. Surf the Planet – ist er nicht niedlich?

Grenzen und Gräben. Die Kriegs- und Nachkriegsgeneration war traumatisiert von Zerstörung, Völkermord und Hunger. Sie war verwurzelt an Orten, die Westfalen oder Kerala, Rauchbucht oder Massai Mara hießen und die sie Heimat nannte. Die Welt der Kinder definiert sich durch neuartige Koordinaten: Schüleraustausch mit Lyon, erste Weltreise nach dem Abitur, Auslandssemester in Sydney. Bei jedem Ausflug knüpfen sie neue Kontakte, weben Faden für Faden zu einem Internet der Freundschaften. Von solcher Umtriebigkeit hätten die Eltern nur träumen können. Kaum waren die Schrecken des Zweiten Weltkriegs ausgestanden, zerschnitt der Kalte Krieg den Globus in zwei Hälften: Mitten durch Europa wurde 1961 eine Mauer gezogen und zu einem hermetischen, tödlichen Wall ausgebaut.

Er trennte Familien, stoppte den Verkehr, leitete Warenströme um, verhinderte Verständigung. Nachrichten wurden zensiert, gefärbt, gefälscht – in beiden Richtungen. Die Menschen waren weit weniger vernetzt als heute, Propaganda konnte ungefiltert in Köpfe sickern, weil es keinen kommunikativen Abgleich gab. Mobilität war weniger eine Frage der Fortbewegungsmittel als eine des Rechts auf Fortbewegung. Es wurde beschränkt durch Reiseverbote, Sperren, Passentzug. Diese Hermetik verbreitete sich weltweit, denn die Supermächte kannten keine Hemmungen, ihren Konflikt auf alle Kontinente zu exportieren. Überall wurden neben den sichtbaren Eisernen Vorhängen noch heimliche Barrieren hochgezogen. Die ärmeren Länder in Afrika, Südamerika und Asien mussten sich entscheiden: Wes Freund, wes Feind? Vom jeweiligen Bekenntnis hing es ab, ob Washington oder Moskau die Alimente zahlte. Der Kalte Krieg war eine Phase der Stagnation. Er lähmte den Prozess der Weltwerdung. Auf der mehrfach geteilten Erde bekamen globale Fürsorge und globales Bürgertum wenig Chancen auf Entfaltung.

Alles änderte sich schlagartig, als 1989 erst die Berliner Mauer fiel und dann der Ostblock kollabierte. Die USA hatten den Kalten Krieg gewonnen. Die eiserne Zeit endete nicht mit Pauken und Trompeten, eher mit einer leisen Implosion. Die Global Generation nahm die Mauer genau in dem Moment bewusst wahr, als sie einstürzte. Sie war jung, in der Phase des Erwachens, wo man politische Interessen entdeckt. Mit einem Mal standen alle Grenzen offen: die Einladung, auf eine sehr lange Reise zu gehen.

Radioaktive Wolken und Erdgipfel. Bedrohung von außen schweißt im Inneren zusammen. Interessanterweise gilt das auch für jene Gefahren, die der Menschheit als Ganzes drohen. Zwar sind die meisten ökologischen Probleme »hausgemacht«, dennoch wirken sie gleichsam wie von außen kommend, weil ihre Tragweite über den Einflussbereich von einzelnen Ländern weit hinausreicht. Die Sicherheit von Kernkraftwerken ist seit dem Reaktorunfall von Tschernobyl keine nationale Angelegenheit mehr, denn die radioaktiven Wolken, die freigesetzt wurden, versetzten Menschen rund um den Globus in Panik. Auch das laufende Großexperiment mit dem Weltklima, bei dem schädliche Gase massenweise in die Atmosphäre geblasen werden, kann nicht von einem Staat, sondern nur durch eine internationale Anstrengung gestoppt werden. Das schmiedet die Völker zur Risikogemeinschaft zusammen.

Aber mit der Gefahr wächst das Rettende. Bereits Anfang der siebziger Jahre formierte sich eine breite Protestfront von Natur- und Umweltschützern gegen den drohenden ökologischen Kollaps. Es gelang, wovon vor ihnen Gewerkschaftsfunktionäre oder Frauenrechtlerinnen immer nur geträumt hatten: Innerhalb von nur fünfundzwanzig Jahren eroberten sie die öffentliche Moral und die politische Meinungsführerschaft; damit waren sie die erfolgreichste soziale Bewegung des Jahrhunderts. Das heißt nicht, die Umwelt sei gerettet. Immer noch wird millionenfach gesündigt. Aber immerhin wagt es niemand, sich auf die politische Bühne zu stellen und zu verkünden, Regenwald, Artenvielfalt und Klima seien ihm vollkommen schnuppe. Der Erdgipfel 1992 in Rio de Janeiro formulierte mit dem Konzept der »nachhaltigen Entwicklung« einen Weltkonsens. Die Globos, die an die Hebel der Macht gelangen, können ihm entsprechen oder widersprechen – ignorieren können sie ihn nicht. Permanent werden sie mit sozialen und ökologischen Problemen konfrontiert, die nur multinational gelöst werden können. Eine Ko-Welt entsteht, angestoßen vom Zwang zur Kooperation.

An die Existenz des Internet haben wir uns schon so sehr gewöhnt, dass wir vergessen, wie sehr es unseren Alltag verändert hat. Du siehst jeden Morgen dein Gesicht im Spiegel, aber die Falten fallen dir erst auf, wenn du ein Foto von vor zehn Jahren daneben hältst. Das Internet als Medium der Massen ist gerade mal zehn Jahre jung. Vor dem World Wide Web gab es zwar kleine Datennetze, die von Verteidigungs- und von wissenschaftlichen Institutionen betrieben wurden. Aber sie blieben zunächst lokale, voneinander isolierte Einrichtungen. Erst die Erfindung des leicht zu bedienenden Standards WWW begründete 1991 jenen Boom, der bis heute anhält. Jedes Jahr toppt das Internet seine Rekorde an neuen Nutzern, angeschlossenen Servern, gespeicherten Websites. Globos bewegen sich mit großer Leichtigkeit durch die elektronischen Räume des Cyberspace: Sie sind mit ihm aufgewachsen. Anders als die Generation der Achtundsechziger, die alternative Lebensziele gegen den Widerstand traditionsverhafteter Eltern durchsetzen mussten und zu einem »langen Marsch durch die Institutionen« aufbrachen, stand den Globos von vornherein nichts und niemand im Weg. Ihre Eltern hatten zu akzeptieren, dass Computer, englische Sprache, Auslandsreisen, Internet die Zukunft bedeuten – ohne den Kindern dahin folgen zu können.

Die Welt ist zehn Jahre alt. Mit diesem Slogan priesen die Investmentbroker von Merrill Lynch vor einigen Jahren »die jüngste Volkswirtschaft der Welt: die globale Wirtschaft«. Sicher, auch vor 1990 hatten internationaler Handel und globale Arbeitsteilung gewaltige Dimensionen erreicht. Doch in der Ära der offenen Grenzen, des

Freihandels und expandierender Datennetze konnten Finanzströme plötzlich in Echtzeit fließen. Das ganze Rund des Globus bot sich als möglicher Marktplatz dar und wurde in blitzartigen Kampagnen erschlossen. Seitdem stöbert die Global Generation in den Filialen von Bata und Body Shop, kauft Klamotten von Donna Karan und Nike, zappt sich durch CNN und MTV, isst Sushi-Falafel-Pizza-Burger, sieht die deutsche Krimiserie »Derrick« in hundertzwölf Ländern der Erde und findet im Supermarkt, egal wo auf der Welt, vorne rechts immer das Gemüse und die Süßigkeiten kurz vor der Kasse. Und sie hat sich daran gewöhnt, über Waren, Bilder und Informationen aus allen Teilen der Erde zu verfügen — jederzeit und überall.

Mauerfall, Internet-Geburt, Erdgipfel, Globalisierungswelle sind die vier Schlüsselerlebnisse, die das Denken der Globos entscheidend geprägt haben. Sie fallen in die Zeit, als Einar, Stine, Gheena und Ibrahim erwachsen wurden. Ihr Aktionsradius erweiterte sich, und die neuen Medien lieferten ihnen die idealen Vehikel, um die Welt in großer Geste zu umarmen. Ibrahim erinnert sich an seine erste Arbeitsstelle als Dolmetscher in einer Softwarefirma: »Wir hatten eine Standleitung von Trivandrum nach Leverkusen. Freunde, die ich hier in Indien als Touristen kennen gelernt hatte, konnten mich zum Billigtarif anrufen.« Die Kontakte halfen ihm später, als er die eigenen Softwaregeschäfte in Deutschland anschob. Stine erfuhr an der Universität, wie schnell das Internet den Standard für wissenschaftliches Arbeiten verschärfte: »Die meisten Forscher und Institute stellen ihre Studien ins Netz. Deshalb wird erwartet, dass man deren Ergebnisse quasi in Echtzeit zitiert.« Einar informiert sich auf den Websites der internationalen Schwulengemeinde »über angesagte Events« und organisiert gleich noch seine Ausflüge dorthin. Gheena erhielt später als ihre Altersgenossen in den reicheren Industrieländern Zugang zum Datahighway. Erst vor kurzem öffneten in Nairobi die ersten Internet-Cafés. Meist handelt es sich weder um gemütliche Cafés noch um schnelles Internet. »Aber eine langsame Leitung ist besser als keine«, sagt Gheena, die per E-Mail Kontakt zu ihrem saisonweise in Kairo arbeitenden Freund hält.

Nomaden im Netz. Einst hatten die Cyberutopisten vorausgesagt, die digitale Kommunikation werde den materiellen Verkehr erheblich reduzieren. Niemand müsse sich mehr von A nach B bewegen, virtuelles Surfen werde reales Reisen abschaffen. Wie so oft irrten die Prognostiker, das Gegenteil trat ein: Digitalität beflügelt Mobilität. Und umgekehrt. Informationen aus dem Netz helfen, Reisen vorzubereiten, Kontakte über Kontinente hinweg zu pflegen, Produkte auf fernen Märkten zu verkaufen. Gleichzeitig provoziert die explodierende Zahl von Geschäfts- und Urlaubsreisen einen regeren Nachrichtenverkehr. Wer viel reist, funkt viel. Flugzeug und Internet gehören zusammen wie seinerzeit Eisenbahn und Telegraf: eine sich beschleunigende Koevolution.

Ausgestattet mit Palmtop, elektronischem Routenplaner und »Fly around the world«-Tickets bewegt sich die Global Generation auf einem Planeten, der einen atemberaubenden Prozess der Schrumpfung durchläuft. Ein Düsenflugzeug ist fünfzigmal schneller als ein Segelschiff um 1900, sodass sich die Welt um den Faktor 50 verkleinert. Noch schneller schlägt der Takt der Informationen. Bit-Pakete pulsieren mit Lichtgeschwindigkeit durch die Nervenstränge der Datennetze. Für Reykjavik rückt Washington genauso nah heran wie Wladiwostok.

WAS BEDEUTET BESCHLEUNIGUNG FÜR DIE NEUEN NOMADEN: SIND SIE DIE TREIBENDEN KRÄFTE? ODER DIE GETRIEBENEN? Doch was bedeutet Beschleunigung für die neuen Nomaden: Sind sie die treibenden Kräfte? Oder die Getriebenen? Haben sie die soziale Kontrolle von Dorf und Familie nur deshalb abgelegt, um sich nun den anonymen Abhängigkeiten der globalen Netze auszuliefern?

Wenn man sie danach fragt, wissen sie es oft selbst nicht. Es gibt eine Gruppe von Globos, bei denen Mobilität zur Maxime wurde. Jedes Molekül scheint zu schwingen. Lust an Umtriebigkeit, vermischt mit der allgegenwärtigen Forderung nach Flexibilität, erzeugt ein diffuses Gefühl von Freiheit. Vielleicht macht genau diese Mixtur das »Mehr« beim extremen Lebensstil des »Miles & More« aus. Sie hasten von einer Abflughalle zur nächsten, bevölkern Lounges, ziehen alle zwei Jahre um, pendeln täglich zur Arbeit und zurück, nutzen jede freie Minute zu Ausflügen und Ausbrüchen. Sie haben zwar eine feste Wohnung, aber das will wenig heißen. Städte verlieren ihre Statik, sind nicht länger ein Hort der Sesshaftigkeit, sondern Sammelplätze für die urbane Karawane. Ob freier Nomade oder Opfer eines kapitalistischen Arbeitsethos, der aus ihrer Verfügbarkeit Rendite schlagen will, muss jeder der »Flexecutives« (Flexible Executives) für sich selbst definieren. Sicher ist nur, dass das allgemeine Migrantentum drastisch zunehmen wird. Man ist unterwegs als Pendler, Tourist, Geschäftsreisender, Pilger, Matrose, Flüchtling, Soldat, Wanderarbeiter, Hirte, Reiseleiter, Wandergeselle, Forschungsreisender, Trucker ...

Die Vorhut der postmodernen Völkerwanderung rekrutiert sich aus den Globos. Sie wissen: Wer seine Chancen und Aussichten verbessern will, muss den richtigen Standort zur richtigen Zeit finden. Sie verfallen in milde Panik, wenn sie ahnen, woanders könnten die Tage bereichernder und die Nächte spannender sein. Nie genug Zeit, all das zu tun, was man tun möchte. Leben als letzte Gelegenheit. Der Aufenthalt in der Gegenwart verkürzt sich, die Zukunft expandiert. Und niemand in Sicht, der wüsste, wie es weitergeht. Ungewissheit liegt in der Logik des Wandels: Technische, soziale und kulturelle Neuerungen setzen sich in immer kürzeren Zyklen durch, das beschränkt die Treffsicherheit von Vorhersagen für die Zukunft auf wenige Monate. Regelmäßig versagen die Prognostiker, und oftmals wäre es besser, sie schwiegen ganz. Aus dieser Richtung hat die Global Generation wenig Weisung zu erwarten. Sie nimmt es gelassen, ist sie es doch von Kindesbeinen an gewohnt, mit einem Minimum an Gewissheiten auszukommen. Auch das unterschiedet sie von ihren Eltern.

Der Nachkriegsgeneration und den Baby-Boomern war der Lebenslauf noch von unangefochtenen Autoritäten diktiert worden. Was tun, was denken – dafür gab es eherne Regeln. Die nach 1970 Geborenen entgingen einigen Gängelungen der Tradition. Das »eigene Leben«, selbst komponiert und selbst verantwortet, erstreckt sich als riesiger Möglichkeitsraum vor ihnen. Und jeder muss entscheiden, ob er es als Vakuum fürchtet oder als Freiraum entdeckt. Bei nicht wenigen gewinnt man den Eindruck, als sehnten sie eine übergeordnete Instanz zurück, die mit Erklärung, Orientierung und, wenn nötig, mit Strenge durchs Leben führt. Ein verständlicher Wunsch angesichts des Drucks, sich permanent neu entscheiden zu müssen, und der Angst, an irgendeiner der zahlreichen Weggabelungen falsch abzubiegen. Die Elterngeneration erlebte, wie dramatisch sich alle Verhältnisse durch Krieg, Vertreibung, Inflationen ändern können.

DIE GLOBAL GENERATION LEBT MIT DEM BEWUSSTSEIN, WANDEL NICHT EINFACH HINZUNEHMEN, SONDERN IHN ZU GESTALTEN. ER IST EINE DER WENIGEN KONSTANTEN IHRER BIOGRAFIE

Wandel bedeutete Leiden. Die Global Generation lebt mit dem Bewusstsein, Wandel nicht einfach hinzunehmen, sondern ihn zu gestalten. Er ist eine der wenigen Konstanten ihrer Biografie.

Über ihrer Bastelei an den eigenen Biografien kommt den Globos das Träumen abhanden. Statt Flower Power und »Für eine bessere Welt«-Protest kultivieren sie einen coolen Pragmatismus, der seine Bezugs- und Belohnungspunkte im Hier und Jetzt festlegt. Utopien liegen ihnen fern. Stine arbeitet ehrenamtlich bei der Bahnhofsmission. Nächtens spannen sie und andere Freiwillige die unterste Ebene des sozialen Netzes auf und umsorgen Obdachlose, Junkies und geschlagene Frauen. Hauptmotiv ist dabei nicht, die Gesellschaft zu verändern, sondern die eigene Herzensbildung: »Mich reizt der Griff ins pralle Leben. Ich begegne den Schattenseiten und Nachtgestalten, das verhindert, dass ich zu einem genusssüchtigen Yuppie werde.« Sie tut etwas für sich, indem sie anderen hilft.

Ähnlich klingt der aufgeklärte Egoismus bei Ibrahim: »Am besten kann ich etwas für mein Land tun, wenn ich als erfolgreicher Geschäftsmann dazu beitrage, es zu entwickeln.« Er glaubt an die Vorreiterrolle der Softwarebranche: »Sie wird die gesamte indische Gesellschaft mitziehen.« Globos geben sich erfrischend ideologiefrei. Niemand hat gerufen: »Infonauten aller Länder, vereinigt euch«, kein Manifest ihre Werte formuliert. Aber gerade deshalb kann man davon ausgehen, dass sie die Gesellschaft nachhaltig verändern werden. Ideale haben eine kurze Halbwertszeit. Aufgeklärter Egoismus ist langlebiger: Er wird sofort belohnt, denn zur sozialen Anerkennung kommen die eigenen Lustgefühle. Kein Wunder, dass bei den meisten soziologischen Studien zu den Werten der Dreißig- bis Fünfunddreißigjährigen eine überwiegende Mehrheit angibt, optimistisch in die Zukunft zu blicken.

GLOBOS GEBEN SICH ERFRISCHEND IDEOLOGIEFREI. NIEMAND HAT GERUFEN: »INFONAUTEN ALLER LÄNDER, VEREINIGT EUCH«

Erfreulicherweise verfallen sie dabei nicht in blinde Euphorie. Das wappnet sie gegen jene Visionen vom globalen Glück, die auch in der Postmoderne zahlreich in Umlauf sind. Eine der prominentesten lautet: Den Garten Eden erschaffen wir uns nicht auf Erden, sondern im Cyberspace! Wenn nur jeder ans Internet angeschlossen sei, so das Credo, würden sich Demokratie, Bildung und Wohlstand für alle ganz von allein einstellen. Die Predigten von Digitalpropheten wie Bill Gates oder Nicholas Negroponte werden zwar viel beachtet und oft zitiert: Allein, den Jungen fehlt der Glaube. Sie bezweifeln, dass man den Weltfrieden wie eine Software installieren kann. Peace 2.0 von Windows – eine Lachnummer. Allein die Tatsache, dass jeder mit jedem in Verbindung treten kann, wird keine Harmonie unter den Völkern verbreiten. Genauso gut könnten die Netze zu jenem Ort werden, wo sich Kulturen in ihrer Fremdheit begegnen und bekämpfen, wo es zum »Clash of Civilizations« kommt. Vernetzung ist keine Verheißung, sondern ein Instrument, das sich zu Wohl und zu Wehe gleichermaßen benutzen. Vor allem: Sie ist kein Utopia, sondern real. Das Leben der Globos ist von den verschiedensten Netzen durchwirkt, und deren freudige wie frustrierende Aspekte gehören zur Alltagserfahrung. Sie erzählt nicht nur von neuen Freiheiten, sondern auch davon, wie Netze zu Fallstricken werden.

Die Achterbahnfahrt der Gefühle angesichts technischer Novitäten
gliedert sich in vier Phasen: Neugier, Frust, Virtuosität, Verschwinden. In der Neugierphase wird gehofft und gekauft: ein satelliten-
gestütztes Navigationssystem fürs Auto, das Handy mit Internet-
monitor, eine intelligente Hifi-Anlage, die unseren Musikgeschmack
speichert. Die Zeit der Verzweiflung folgt auf dem Fuße: Bis man den
Autonavigator programmiert hat, kann man genauso gut mit der
Bahn hinfahren, das WWW-Handy meldet »warten warten warten«,
die Anlage spielt verrückt. Erst nach einer Durststrecke kommt die
Stunde der Meister: Wer sich erfolgreich durch Bedienungsanlei-
tungen vom Volumen eines Volkslexikons gequält hat, lässt seine
elektronischen Diener fortan bei jeder Gelegenheit springen. Fahrten
nur noch mit Beifahrerin »Carin«, dem Car-Informationssystem, im
Wohnzimmer werden nun jedem Besucher die musikalischen Fin-
gerabdrücke abgenommen.

In der letzten Phase der Aneignung wird die neue Technik unsichtbar. Man hat sich so daran gewöhnt, dass man sie nicht mehr
wahrnimmt. Der Fortschritt hilft dabei, indem er die Geräte einfacher, vor allem winziger macht. So geht es den neuen Netzen wie
den alten: Im Laufe der Zeit verschwinden sie. Wir nutzen seit Ge-
denken das Stromnetz, bedienen aber immer nur kleine, weiße
Schalter. Pipelines und Raffinerien wirken ebenfalls dezent im Hintergrund: Wir tanken nur. Trinkwasser kommt aus der Wand, Fäka-
lien verschwinden in der Erde: Mehr wollen wir über Kanalisation
auch nicht wissen. Ampeln schalten auf Rot, schalten auf Grün, die
Leitzentrale lenkt: Wir fahren. Zug um Zug vertrauen wir unser
Schicksal den Netzen an. Wie sehr unsere Effizienz auf ihrem reibungslosen Funktionieren beruht, bleibt verborgen, solange sie
funktionieren. Erst beim Stromausfall geht uns ein Licht auf: Wir
hängen am Netz. Wehe, wenn es versagt!

Das vernetzte Leben spielt sich nicht auf der futuristischen Kommandobrücke von Raumschiff Enterprise ab, wie in den fortschritts-
verliebten siebziger Jahren fantasiert wurde, sondern auf dem Boden
der Banalität. Man kann es sich mühelos ausmalen, denn alle Zutaten
sind bereits vorhanden oder kurz vor dem Durchbruch: Die Waschmaschine spricht mit dem Herd, die automatischen Fenster verständigen sich mit dem Kühlschrank, zusammen bestellen sie Milch,
Suppe und Putzmittel beim Supermarkt. Die akute Sehnenscheiden-
entzündung stammt nicht vom Zappen durch die Fernsehkanäle,
sondern vom Nachrichtentippen auf dem Handy. Dort erscheint

WIR HÄNGEN AM NETZ. WEHE, WENN ES VERSAGT!

sonntags eine Botschaft vom Geistlichen Short Message Service: »Auf deinem Weg begleite dich Gottes Segen, der dir Kraft gibt bei allem, was vor dir liegt.« Im mobilen Büro wuseln allmorgendlich die Kolleginnen mit ihren Rollcontainern durch die Flure, auf der Suche nach einem freien Steckplatz für PC und Telefon. Der Aufzug spricht zu uns, das Auto befiehlt im Fahrlehrerton, bei der nächsten Gelegenheit rechts abzubiegen, der Schnellfotoautomat fragt mit säuselnder Frauenstimme, ob es nicht Zeit für neue Passbilder wäre.

Nutella gibt es auch im »Hakumatt«-Supermarkt, Nairobi downtown, wo Gheena regelmäßig einkauft; umgekehrt freut sich Stine über »feine kenianische Böhnchen«, wenn bei uns im Winter der Vitaminspiegel sinkt. Passagieren wird empfohlen, ihre Bordkarte aufzubewahren, sonst sind sie nach der Landung aufgeschmissen: Die Flughafenarchitektur gibt keinerlei Hinweis darauf, ob sie sich jetzt in MUC, LAX oder ZUR befinden. Die gleichen Terminals überall. Was den nicht zu unterschätzenden Vorteil hat, dass man sofort weiß, wo die Toiletten sind. Wenn nicht, kann man wiederum das Handy fragen, das per Global-Positioning-System erst den Standort ermittelt und dann den richtigen Weg weist. Die Möglichkeiten der Vernetzung sind endlos. Aber machen wir uns nichts vor: Sie werden den uralten Funktionen von Essen und Verdauen, Arbeiten und Schlafen, Zeugen und Gebären keinen futuristischen Glamour verleihen. Das vernetzte Leben besteht, wie sein unvernetztes Vorgängermodell, zunächst einmal aus einer Aneinanderreihung schlichtester Verrichtungen. Der Alltag holt Raumschiff Enterprise auf die Erde zurück.

DER ALLTAG HOLT
RAUMSCHIFF ENTERPRISE
AUF DIE ERDE ZURÜCK

Für die Global Generation geht von Globalität keine Magie aus. Sie ist Alltag. In dieser Sicht ist sie den Zeitgenossen weit voraus. »Die Herausbildung der Weltwirtschaft ging nicht mit der Herausbildung einer Weltgesellschaft einher«, sagt der einst international gefürchtete Finanzspekulant George Soros. Das Kapital prescht voran, der Staat hinkt mit Zähmungsversuchen hinterher. Bis dahin stimmt der Befund von Soros. Doch er übersieht, dass die Weltgesellschaft, deren Fehlen er beklagt, bereits als zartes Pflänzchen heranwächst. Sie folgt der wirtschaftlichen Globalisierung auf dem Fuße, zeitverzögert zwar, aber getragen von den wichtigsten internationalen Kräften. Aus meiner Sicht keimen in der Global Generation bereits Anfänge eines zukünftigen Weltbürgertums. Nicht weil sie mobil, informiert, vernetzt ist. Sondern weil Mobilität, Informationen und Vernetzung eine neue Kultur globaler Koordination hervorbringen. Globos denken und handeln nach Leitlinien, die sich, wie der Londoner Soziologe Martin Albrow meint, »stets auf reale oder vorgestellte Zustände« des Planeten Erde und seiner Bewohner beziehen.

Damit werden sie zu einer interessanten Zielgruppe, um die sich jeder bemühen sollte, der im globalen Maßstab etwas verändern will. Multinationale Konzerne begehren sie als Mitarbeiter und als Konsumenten. Die Globalisierungskritiker, die sich an der rein gewinnorientierten Welteroberung reiben und nach Alternativen suchen, umwerben sie als Mitstreiter. Das Projekt einer Globalisierung nach den Richtlinien einer sozialen Marktwirtschaft ist nur mit den Globos, aber nicht gegen sie zu verwirklichen.

»ONE WORLD«, DIE EINE WELT, UN MUNDO UNIDO: DIE PAROLE GILT ALS FESTSTELLUNG UND FORDERUNG ZUGLEICH

»One World«, die eine Welt, un mundo unido: Die Parole gilt ihnen als Feststellung und Forderung zugleich. Einerseits pointiert sie das Lebensgefühl, freudig über die gefallenen Grenzen hinwegzuschreiten. Gleichzeitig benennt sie eine gigantische Aufgabe: Die Welt als Ganzes ist ihr zu Obhut und Pflege anvertraut. Politiker hält man für überfordert. Unternehmen wird misstraut. Der Uno haftet das Image der Ohnmacht an. Und dennoch müssen für mehr globale Probleme globale Lösungen gefunden werden denn je. Von wem, wenn nicht von mündigen, vernetzten Weltbürgern? Auf der Tagesordnung stehen Raubbau an den Energievorräten und Regenwaldabholzung, Energievergeudung und Erderwärmung, Artenschwund und Wüstenausbreitung, Aidsepidemie und Drogenhandel sowie so komplexe Probleme wie Armut, Bevölkerungswachstum oder Bürgerkriege.

So viel Verantwortung macht schwindlig. Nicht jeder stellt sich ihr. Die Verführung ist groß, global zu denken, um lokal nicht handeln zu müssen. Einar zum Beispiel glaubt nicht »an den Quatsch mit der Klimakatastrophe. Alles Panikmache. Und ehrlich gesagt: Wenn es in Island wärmer würde, hätte ich nichts dagegen.« Ibrahim lassen zwar die Probleme eines Entwicklungslandes wie Indien nicht kalt, er sieht sich jedoch außerstande, selbst etwas zu tun: »Zunächst muss ich mal meine Firma ans Laufen bringen. Vielleicht habe ich später den Kopf frei.« Stine spendet regelmäßig für Greenpeace. Gheena sorgt sich um das Aussterben von Tieren und Pflanzen. Der Nationalpark am Rande von Nairobi kommt ihr vor wie »eine kleine Arche«, es sei traurig, dass wilde Tiere immer weniger Platz zum Leben hätten. Aus dem Fernsehen weiß sie, dass in Brasilien die Tropenwälder brennen. Aber es tröstet nicht, dass woanders alles noch viel schlimmer ist.

Zumindest in einer Hinsicht leben die Globos beruhigter als ihre Eltern: Kaum einer von ihnen befürchtet, dass noch einmal ein Weltkrieg ausbrechen könnte. Mit dem Ende des Kalten Krieges scheint die Gefahr einer Eskalation zwischen den Supermächten gebannt. Europa, USA, Russland und China sind wirtschaftlich so stark verflochten, dass jeder von jedem abhängt. Wer dem anderen schadet, stürzt mit in den Abgrund. Eigennutz macht friedlich. Der amerikanische Autor Thomas Friedman hat eine interessante Gesetzmäßigkeit gefunden: den Hamburger-Indikator. Er entdeckte, dass bisher kein Staat, in dem McDonald's-Restaurants betrieben werden, gegen einen anderen Staat Krieg geführt hat, in dem es ebenfalls McDonald's gibt. Frieden auf Burger-Basis.

Auf den ersten Blick klingt der Zusammenhang konstruiert. Auf den zweiten erscheint er absolut plausibel: Der Betrieb einer Hamburgerkette lohnt nur in Ländern, die über eine zahlungskräftige Mittelschicht verfügen. Und die hätte im Falle eines Krieges viel zu verlieren, selbst wenn sie persönlich nicht bedroht wäre: Die Weltwirtschaft leidet auf jeden Fall, und damit leiden auch deren Protagonisten. Die Globos stehen lieber für Fleischbrötchen an, als Fäuste zu schwingen. Marken sind ihnen wichtiger als Nationen. Ihre Pazifismus-Parole lautet: Esst Burger, sichert den Frieden!

Auch die Mobilität der Globos wirkt erfreulich völkerverbindend. »Der Fremdenverkehr und das Reisen fördern den Frieden. Es ist beinahe unmöglich, ein Volk zu hassen, das man näher kennen gelernt hat«, meinte der Schriftsteller John Steinbeck. Ausnahmen bestätigen die Regel, wie die islamistischen Attentäter von New York und Washington zeigen, die jahrelang im Westen gelebt hatten, bevor sie eincheckten, um ihre Gastgeber in die Luft zu sprengen. Die breite Masse der Mobilen jedoch ist weit entfernt vom Fundamentalismus. Die Globos erforschen auf ihren Reisen fremde Mentalitäten, spüren Gemeinsamkeiten und Unterschiede auf.

Wer, wenn nicht sie, hat das Zeug zum Unterhändler eines kommenden »Common Sense«? Sie verteidigen keine Heimat, hängen ihr Herz nicht an Hymnen. Ohne der Illusion zu verfallen, da sei ein Heer von Gutmenschen unterwegs, halte ich ihre umfassende Perspektive für einen ungeheuren Fortschritt. Sie fördert den sorgsamen Umgang mit der blauen Kugel, lenkt den Blick auf die Rahmenbedingungen des vernetzten Lebens. Die blaue Kugel ist beschränkt in der Kapazität für Milliarden Menschen, limitiert im Ertragen ökologischer Lasten, fragil im Ausbalancieren kultureller Konflikte.

Darauf wir. Keine Chance auszuwandern. Wir müssen auskommen mit dem, was wir haben. Vor allem aber miteinander. Die Globos haben erkannt, dass sie Teil eines größeren Ganzen sind.

Die Erde ist ihr Ort.

Fellache, Pharao und das ganz große Grab
Das Prinzip Emergenz

Melange, Mischmasch, ein bisschen von diesem, ein bisschen von jenem, auf diese Weise entsteht Neues in der Welt.
SALMAN RUSHDIE

Stellen wir die Pyramide auf die Spitze, kehren wir in der Geschichte des alten Ägypten das Unterste zuoberst! Die Pharaonen, die Stars vom Nil, verschwinden plötzlich unten im Schatten. Dafür bekommt die breite Basis Oberwasser: die zigtausend Fellachen, die das Land am Strom bebauten. Auf den schmalen Streifen links und rechts vom Nil erwirtschafteten die Bauern, ausgerüstet nur mit einfachen Holzhacken, jenen sagenhaften Reichtum, mit dem die erste Hochkultur der Welt über Jahrtausende hinweg bis in unsere Tage glänzt: Die Fellachen verdienen unsere Aufmerksamkeit, denn sie erinnern daran, dass eine Kultur nicht von oben nach unten entsteht, sondern in der umgekehrten Richtung. Sie entfaltet sich von der Basis her, ohne Plan, ohne Steuerung, ohne Ziel, sie entsteht spontan, wenn sich Menschen zu Gemeinschaften vernetzen. Kultur ist ein emergentes Phänomen.

Also eine Gedenkstunde für den unbekannten Fellachen. F. lebt im vierten Jahrtausend vor unserer Zeitrechnung. Das Niltal ist spärlich besiedelt, verstreut liegen die Gehöfte und Felder, die jeweils von einem Clan bewirtschaftet werden. Die Bauern essen, was sie ernten: Brot aus Getreide, vor allem Hafer und Emmeran, einer Weizenart. Daraus braut F. auch das schwache Bier, das er und seine Familie zu fast allen Mahlzeiten trinken. Das wahre Lebenselixier aber ist der Nil. Im Herbst, wenn es am Oberlauf in Strömen regnet, wallt eine gigantische Flutwelle durchs Tal. Sie spült fruchtbaren Schlamm auf die Felder, den besten Dünger, den die Götter schicken können. Die Erde scheint vor Erleichterung zu seufzen, ein Jahr lang hat es sie nach Wässerung gedürstet. F. hilft ein wenig nach. Mühsam, immer mit gebeugtem Rücken unter praller Sonne, hebt er Kanäle aus, um die segensreichen Fluten tiefer ins Landesinnere zu locken. Seine Nachbarn machen es genauso.

Gelegentlich treffen sich alle, trinken Bier und reden, worüber Bauern so reden, über Technik und die Ernte. Natürlich geht es immer auch darum, wer von ihnen wohl der geschicktere Kanalbauer ist. Irgendwann kommen F. und seine Kollegen darauf, dass sie viel längere und tiefere und stabilere Wassergräben anlegen könnten, wenn nicht jeder für sich, sondern alle zusammen grüben. Sie treffen eine Abmachung.

Im nächsten Frühjahr beginnen sie, Dämme quer zur Fließrichtung des Nils anzuhäufen. Als im Herbst das Hochwasser kommt, teilen sie den Strom und leiten seine Arme in riesige Becken, die sie vorher sorgfältig eingeebnet haben. Von dort aus laufen Stichkanäle bis an den Rand der Wüste. Bevor der Pegel wieder sinkt, riegeln sie die Becken gegen den Fluss ab und speichern so das kostbare Nass für die nächsten Monate. Es passieren einigen Dammbrüche und Rückschläge, aber nach einigen Jahren funktioniert die Methode. Die vorher isolierten Kanäle verschmelzen zum kollektiv betriebenen Netz.

Der Nil dient auch als Nachrichtenkanal. Durch Mund-zu-Mund-Propaganda wissen F. und seine Nachbarn, dass andere Clans zur gleichen Zeit auf ähnliche Ideen gekommen sind. Irgendwann spielt sich eine Alarmkette ein: Fellachen am Oberlauf informieren per Stafette ihre Kollegen weiter unten, wann die »großen Wasser« kommen. Die Flut, gefürchtet wegen ihrer saisonalen Schwankungen, trifft die Kooperativen nicht mehr unvorbereitet.

Mit Netzlogik betrachtet, haben die Bewässerungssysteme zwei interessante Emergenzen. Erstens zwingt das Netz dazu, die Arbeiten unter den Beteiligten abzustimmen — wer kümmert sich wann um was? Die Fellachen lernen, die einmal angelegten Systeme instand zu halten, indem sie Planungen aufstellen und Regeln für den Fall, dass jemand schludert. Mit eigens entwickelten Messtechniken können die Fellachen feststellen, wie groß ein Stück Land war, das der Nil fortgespült hat. Vermutlich benutzen die Vermesser gespannte Seile als Maßeinheit — so wird ihr Netz förmlich mit den Händen greifbar. Mit der Zeit wächst ein Koordinierungswissen, mit dem man später noch Größeres organisieren wird.

Die zweite Hervorbringung der Wassernetze sind reichere Ernten. Mit der verfeinerten Anbaumethode steigen die Erträge pro Hektar um ein Vielfaches. Mit dem Zubrot, das die Fellachen produzieren, können sie Priester und Verwaltungsbeamte durchfüttern, eine neue Schicht in der Gesellschaft, die von körperlicher Arbeit freigestellt wird. Im Gegenzug sorgen sich die Geistesarbeiter um das allgemeine Seelenheil, sprechen Recht (viel Besitz bedeutet viel Streit), treiben Steuern ein, organisieren Städte als Herrschaftszentralen. Wir haben die zweite Stufe der auf der Spitze stehenden Pyramide erreicht: eine Kaste von Koordinatoren, die von den Fellachen gesponsert wird. Wie alle organisatorischen Wasserköpfe neigte er zu einem expansiven Parasitentum: Die Bürokraten quetschen die Bauern aus, so gut es geht. Immer drückender ist die Last der Tribute, die F. und seine Kollegen Weizen- und Wasserwerker zu zahlen haben.

Erst um 3300 vor unserer Zeitrechnung schält sich, nach vielen Kriegen zwischen Clans und Königen im ganzen Niltal, ein einheitliches Gebilde heraus, das sich vom Mittelmeer bis zum Ersten Katarakt erstreckt: das ägyptische Großreich. Mit dem Pharao als Alleinherrscher (die dritte Stufe unserer Pyramide) verlagern sich Macht und Entscheidung noch weiter nach oben. Was als selbstorganisierter Prozess unter den Fellachen begonnen hatte, wird zu einem rigide geführten Staatsapparat, der mal von Memphis, mal von Theben aus das Land am Nil regiert. Jetzt steht die Pyramide wieder richtig herum: Wir sind angekommen beim prunkvoll Hof haltenden Pharao, der gleichzeitig Gott und König ist und dessen Herrscherherrlichkeit heute noch die Fantasien der Menschen bewegt.

Ich will nicht behaupten, dass es eine direkte Ursache-Wirkung-Kette von den Bewässerungsnetzen der Fellachen zur Entstehung des Gottkönigtums gibt. Das wäre einsträngig gedacht. Unzählige andere wirtschaftliche, kulturelle und politische Faktoren haben ihren Anteil an der Evolution eines komplexen Gebildes wie der ägyptischen Hochkultur. Mir geht es um das Wunder der Emergenz, die schöpferische Kraft von Vernetzung. Die Fellachen wollten zunächst mehr Weizen, mehr nicht. Doch aus der Vernetzung ihrer Anstrengungen, aus den spontan organisierten Bewässerungssystemen entstand Höheres: eine komplexe Gesellschaftsstruktur. Die Fellachen handelten nach der Logik eines Schwarms: Jedes Mitglied verfolgt seine eigenen (lokalen) Interessen, aus der Vernetzung entspringt jedoch eine kollektive (globale) Intelligenz.

Auch in anderen Regionen entstanden »hydraulische Gesellschaften«, wie der Historiker August Karl Wittfogel sie nennt. Im Zweistromland, an Jangtse und Hwangho in China, in Japan und Peru standen die Bauern vor ähnlichen Problemen wie in Ägypten: Das Land war potenziell fruchtbar, allein das Wasser fehlte. Aufbau und Pflege von Bewässerungsnetzen, so Wittfogel, rufe geradezu nach zentralistischer Herrschaft. Der babylonische König Hammurabi zwang um 1800 vor unserer Zeitrechnung die Bauern zur Sorgfalt: »Wenn ein Mann seinen Deich dicht zu halten versäumt und nicht notfalls verstärkt und der Deich bricht, sodass das Wasser Ackerland fortschwemmt, soll der Mann, in dessen Deich der Bruch entstanden ist, das Korn ersetzen, das vernichtet wurde.«

Um die Bauern vor Attacken von außen zu schützen, bildeten sich Heere als Dauereinrichtung. Zu den soldatischen Mitessern kamen städtische Eliten, die versorgt werden wollten. Neue Berufe und Fähigkeiten wie Schreiber, Mathematiker, Astronomen, Ärzte und Rechtsgelehrte kristallisierten sich heraus. Tributzahlungen und Lagerhaltung machten die Schriftform nötig. Das löste weitere kulturelle Entwicklungsschübe aus. Doch was blieb für die Bauern? Sie waren als Freie gestartet und fanden sich als Knechte einer ausufernden Bürokratie wieder. Ohne Erlaubnis konnten sie ihr Land nicht verkaufen, durften nicht einmal die Scholle verlassen.

Auf der anderen Seite stellt die entstehende Hierarchie eine Reduktion von Komplexität dar: Der Einzelne musste sich nicht um die anspruchsvolle Logistik der Bewässerungsnetze kümmern. Das erledigten »die da oben«. Außerdem kann das System schneller reagieren, wenn nicht jeder Fellache mit jedem reden muss. Schon bei einer Gruppengröße von fünfzig Personen gibt es 3×10^{23} mögliche Beziehungen, sprich endlose Diskussionen. Eine zweistufige Hierarchie, die Multiplikatoren einschaltet, verarbeitet Informationen viel effizienter und kann Entscheidungen zeitnah treffen. Schon im alten Ägypten zeigte sich ein spannendes Dilemma der Vernetzung: Sie beseitigt das eine Problem, indem sie eine neue Stufe erklimmt, auf der sich jedoch andere Probleme zeigen. Das spricht nicht gegen Evolution. Nur gegen die Hoffnung, irgendwann erreiche das Spiel einen paradiesischen Endzustand. Die Welt macht nicht Feierabend.

In den modernen Metaphern der Netze sind die Wasserwerke von Nil und Jangtse, Euphrat und Tigris unsterblich geworden. Wir sprechen von Datenfluss, von der Flut der Informationen und von den Dämmen dagegen, von Streaming und Surfen, vom Senden und Empfangen auf allen Kanälen. Netzlogik ist Fließlogik. Noch etwas hat sich seit den Tagen des alten Ägypten bis in den Cyberspace hinein erhalten: Menschen knüpfen Netze aus wirtschaftlichen Gründen, doch dann entfalten diese Maschen- und Machwerke ihre eigene kulturelle Dynamik. Sie machen, was sie wollen. Ein Beispiel für solche »Nebenwirkungen« ist die Seidenstraße, über die vom zweiten Jahrhundert vor unserer Zeit an die ersten Karawanen in Ost-West-Richtung zogen. Auf schmalen Pfaden durchquerten sie die

Gebiete der heutigen Länder Irak, Iran, Afghanistan und Indien. Die Wege dienten zunächst als lokale Handelsverbindungen. Als sie sich nach und nach verbanden, wurde daraus ein Routensystem, das sechstausend Kilometer umfasste und von China bis zum Mittelmeer reichte. Händler waren damals mutige Menschen, die Hochgebirgsketten überwanden und sich durch Wüsten schlugen, um am Zielort Baumwolle, Seide, Gewürze, Glasmalereien gewinnbringend zu verkaufen. Fluchtpunkte der strapaziösen Reisen waren Oasen und befestigte Karawansereien, die Schutz vor Räuberbanden und plündernden Nomaden boten. Hier traf man neben Händlern auch Militärs und Diplomaten, Mönche und Pilger.

Die Seidenstraße war nicht nur eine frühe Form von Fernhandel. Fünfzehnhundert Jahre lang diente sie auch der Nachrichtenübertragung zwischen den Hochkulturen Asiens und des Mittelmeers, zwischen Morgen- und Abendland. Christentum, Nestorianismus und Islam fanden auf diesem Weg neue Gläubige in Asien, der Buddhismus wanderte gen Westen. Ausgetauscht wurden in den »Chatrooms« der Oasen auch Rechtsbestimmungen und mathematische Formeln, Magie, Märchen, Musik und Maltechniken. So wurde wie nebenbei aus einer holprigen Transportroute ein gigantisches transkontinentales Kulturprojekt.

Die Straßen des Römischen Reiches waren zwar zentral geplant, aber auch sie zeigten überraschende Randeffekte. Das Netz der solide gepflasterten »Viae« bildete das militärische und administrative Rückgrat des Imperiums. Jede Ausweitung seiner Grenzen wurde sogleich durch den Bau neuer Straßen und Brücken abgesichert. Fünfzehntausend Kilometer entstanden allein in Britannien während der dreihundert Jahre dauernden römischen Fremdherrschaft. Dieses expansive Netz war Chefsache. Julius Cäsar verlieh sich selbst den traditionellen Titel des »Curator viarum«, des Hüters der Straßen. Die Armee besorgte die Instandhaltung der fünfschichtigen, wunderbar glatten Pisten, die meisten Verkehrsteilnehmer waren Legionäre in Marschformation. Aber es gab auch Passanten, die im Namen eines anderen Herrn unterwegs waren. Christliche Apostel nutzten im ersten Jahrhundert unserer Zeitrechnung die Vorzüge des schnellen Reisens. Die Missionare trugen die subversive Botschaft, es gebe weit höhere Instanzen als den Kaiser, in kürzester Zeit bis in die hintersten Winkel des Reiches und schwächte damit den Einfluss der Zentralregierung empfindlich. Christianisierung als Emergenz eines strategischen Wegenetzes: So hatte sich das der

Hüter der Straßen wohl nicht vorgestellt. Es kam aber noch schlimmer. Als erster Großstaat mussten die Römer schmerzlich erfahren, dass man Straßen immer in beiden Richtungen benutzen kann. Den Gegenverkehr bestritten germanische Völker, die vom vierten Jahrhundert an nach Italien einfielen. Im Jahr 410 eroberten die Westgoten unter ihrem Anführer Alarich die Hauptstadt Rom und versetzten dem Imperium Romanum den Todesstoß.

Auch die modernen Autobahnen entwickelten sich ganz anders, als es sich die Urheber erträumt hatten. Als das Internationale Arbeitsamt in Genf 1931 die Werbetrommel für ein europaweites Fernstraßennetz rührte, klangen die Argumente nicht anders als heute fürs Internet: Die Wirtschaft werde einen ungeahnten Aufschwung erleben, die Arbeitslosigkeit verschwinden, das neue Netz werde die Völker vereinen und versöhnen. Der erste Bauherr im großen Stil hieß dann allerdings Adolf Hitler, der erkannte, wie gut sich Masseneinsätze mit Hacke und Spaten für die faschistische Propaganda eigneten. Sechs Jahre später schickte er seine Panzer über gut geteerte Rollbahnen in den Blitzkrieg, um ein tausendjähriges Reich zu errichten. Weitere sechs Jahre später rollte allerdings die Rote Armee über den deutschen Asphalt: in Gegenrichtung.

Technische Systeme entwickeln sich in der Regel anders, als seine Erfinder und Erbauer es planen. Mal wenden sie sich gegen sie, mal werden sie von den Gegnern benutzt. Egal, ob sie aus wirtschaftlichen oder militärischen Gründen errichtet wurden, in jedem Fall orchestrieren Netze ihre eigene kulturelle Begleitmusik. Durch ihre ungeplanten, spontanen Effekte verändern sie den Ton, das Spiel, die Dramaturgie der Landschaften, die ihre Gastgeber sind. Das Schild »Bitte verlassen Sie diesen Raum in dem Zustand, in dem Sie ihn vorzufinden wünschen« bleibt für Netze ein frommer Wunsch, an den sie sich noch nie gehalten haben.

Liebling, ich habe die Erde geschrumpft!
Wie sich Vorstellungen von Raum und Zeit verändern

Die Macht der Interaktivität wird den Globus auf kaum mehr als ein Nichts reduzieren.
PAUL VIRILIO

Der Raum ist der Feind. Er liegt uns im Weg, steht zwischen uns und unseren Zielen. Deshalb machen wir ihn klein, lassen ihn möglichst verschwinden. »Raumwiderstand« sagen die Planer und überlegen, wie er am besten überwunden werden kann. Merkwürdig, dieser permanente Kriegszustand mit dem Raum, in dem wir doch andererseits wohnen, arbeiten, Freizeit verbringen: unserem Lebensraum. Zwei Gründe machen diese Feindschaft plausibel. Der eine hängt mit dem Energiespargebot der Evolution zusammen, das da lautet: Minimiere den Aufwand! Fortbewegung bietet zwar die Aussicht auf neue Horizonte und bessere Chancen anderswo, ist aber aufwendig und kostet Kalorien, die wir gerne sparen möchten. Der zweite Grund ist schlicht die menschliche Ungeduld. Haben wir einmal ein Ziel ausgeguckt, wollen wir auch dorthin. Am besten sofort. So mühelos wie möglich.

Der Drang in die Ferne sorgte schon in den Urhorden der Hominiden für Unruhe. Irgendwann vor siebzigtausend Jahren verließen sie, auf der Suche nach besseren Lebensbedingungen, die ostafrikanische Savanne. Seitdem hat der moderne Mensch immer neue Medien und Vehikel erfunden, um möglichst reibungslos durch die Räume zu rauschen. Es ist beileibe nicht so, wie viele Zeitgenossen glauben, dass erst Industrialisierung und Postmoderne den einst als unfassbar riesig erscheinenden Planeten auf handliche Dimensionen verkleinerten. Sie haben die Luft aus der großen Kugel nur schneller herausgelassen als frühere Epochen. Das macht mehr Wind, ändert aber nichts an historischen Tatsachen: Seit jeher brüten die schlauesten Köpfe über der Frage, wie Menschen, Waren und Informationen schneller, einfacher und bequemer von A nach B kommen.

Sind zwei Punkte an ein Netz angeschlossen, rücken sie näher zusammen, als wenn sie, bei gleicher Kilometerdistanz, unverbunden wären. Das gilt für alle Arten von Netzen, die wir in den vergangenen zehntausend Jahren angelegt haben: Pfade, Wege und Straßen, Kanäle und Ozeanlinien, Eisenbahnen, Stromleitungen, Telegrafen, Telefone, Fluglinien, Pipelines für Wasser, Gas und Erdöl, Sendenetze von Radio und Fernsehen, elektronische Post und Internet. Der Anschluss an die Systeme dient als Eintrittskarte in die Welt der kürzeren Wege. Globalisierung ist die Geschichte von Netzen, die seit Jahrhunderten immer engmaschiger über alle Kontinente ausgeworfen werden. Die Expansion geht mit einer zunehmenden Beschleunigung einher, die in Überschallflugzeugen und Datentransfer in Lichtgeschwindigkeit ihren vorläufigem Höhepunkt gefunden hat.

NETZVERDICHTUNG HAT DIE WELT Netzverdichtung hat die Welt klein und schnell gemacht.
KLEIN UND SCHNELL GEMACHT

Quer durch alle Epochen standen Regierungen vor der Aufgabe, ihren Machtbereich durch Netze zu erschließen und abzusichern. Im Römischen Reich dienten Straßen gleichzeitig der Nachrichtenübertragung. Im Abstand von Tagesritten richtete die Armeeverwaltung Stationen ein, wo die Pferde gewechselt wurden. Das englische und deutsche Wort »Post« erinnert noch an diese Posten. Irgendwann im vierten Jahrhundert wurde das Reich jedoch so groß, dass Botschaften zwischen Zentrale und Peripherie viel zu lange brauchten. Das Imperium war schneller gewachsen als seine Straßen- und Nachrichtennetze, es zerbrach.

Rund vierzehnhundert Jahre später in Frankreich: dasselbe Problem, eine neue Lösung. »Die Einrichtung des Telegraphen ist in der Tat die beste Antwort auf jene Publizisten, die Frankreich für zu großflächig halten, um eine Republik zu bilden. Mit dem Telegraphen schrumpfen die Entfernungen, und riesige Bevölkerungsmassen werden gewissermaßen an einem Punkt versammelt.« Mit diesen Worten macht Claude Chappe, Erfinder der optischen Telegrafie, 1790 Werbung für seine Idee, Botschaften zu übermitteln, ohne dass sich Boten bewegen müssen. Signale wurden mittels Masten mit schwenkbaren Armen weitergegeben, deren Konstellation jeweils einen Buchstaben darstellte. Bedient wurden die Masten von Angestellten mit Ferngläsern, die nach Botschaften der Station vor ihnen spähten und sie an die Station nach ihnen weitergaben.

1794 nahm die erste Telegrafenlinie ihren Betrieb auf, Paris – Lille. Der Nationalkonvent finanzierte sie ausdrücklich wegen ihrer politischen und militärischen Bedeutung. Die Revolution ordnete den Raum neu: »Die Einheit der Republik«, betonte ein Funktionär, »kann dank der innigen und augenblicklichen Verbindung, die sie zwischen allen ihren Teilen herstellt, gefestigt werden.« Das neue Kommunikationsnetz schuf von Paris bis an die Peripherie einen homogenen Herrschaftsbereich. Erstmals wurde Regieren in Echtzeit möglich. Es sei denn, Nebel versperrte die Sicht.

»Durch die Eisenbahnen wird der Raum getötet, und es bleibt uns nur noch die Zeit übrig. Mir ist, als kämen die Berge und Wälder aller Länder auf Paris angerückt. Ich rieche schon den Duft der deutschen Linden; vor meiner Türe brandet die Nordsee«, schrieb der Schriftsteller Heinrich Heine. Das war 1843, Heine lebte in der französischen Hauptstadt, und die Bahn feierte gerade mal ihren achtzehnten Geburtstag. Aber schon in diesem frühen Stadium wurde deutlich, wie stark das Netz der Gleise und Bahnhöfe die Geografie eines ganzen Kontinents verändern würde. Die Reisezeit zwischen Dresden und Leipzig verringerte sich von einundzwanzig auf drei Stunden, von Köln nach Berlin brauchte man nur noch vierzehn Stunden statt einer Woche in der Zeit, bevor es die Eisenbahnverbindung gegeben hatte.

Vordenker wie der Nationalökonom Friedrich List meldeten sich zu
Wort, die nach einem Katalysator für die aufstrebende Stahlindus-
trie suchten; Kohle und Erz sollten, so seine Vision, durch die Bahn
so nah zusammenrücken, wie es in England von Natur aus der Fall
war. »Der wohlfeile, schnelle, sichere und regelmäßige Transport
von Personen und Gütern ist einer der mächtigsten Hebel des Natio-
nalwohlstands und der Zivilisation.« Wie List erhofften sich viele
Zeitgenossen, das neue Netz werde den damaligen Flickenteppich
aus Territorialstaaten zusammenbinden. In seinen »Gesprächen mit
Eckermann« sagt Goethe: »Mir ist nicht bange, dass Deutschland
eins werde. Unsere guten Chausseen und künftigen Eisenbahnen
werden schon das ihrige tun.« Und er behielt Recht.

Das Dortmunder Institut für Raumplanung hat untersucht, in
welchen Schritten der Schienenverkehr die Topografie Europas um-
krempelte:

—1840, Ära der Postkutsche. Seit dem Römischen Reich haben
sich die Reisegeschwindigkeiten nicht wesentlich erhöht. Cäsars Legionäre kamen genauso schnell voran wie Napoleons Truppen. Auf
einer ausgebauten Chaussee erreicht ein Wagen zehn Stundenkilo-
meter. Von Dortmund aus ist Aachen einen Tag weit entfernt.

—1854, rasche Ausbreitung der Eisenbahn. Sie erreicht durchschnittliche Geschwindigkeiten von dreißig bis vierzig Stundenkilometern. Für die Ruhrgebietsstadt Dortmund liegen Berlin und die
holländischen Nordseehäfen im Eintagesradius.

—1910, vollendetes europäisches Eisenbahnnetz. England und
Skandinavien rücken näher.

—1970, das gleiche Netz, aber elektrifiziert. Stockholm und Mai-
land sind innerhalb eines Tages erreichbar.

—1996, Hochgeschwindigkeitszüge erreichen durchschnittliche Reisegeschwindigkeiten von hundertzwanzig, auf Neubaustrecken sogar
zweihundertfünfzig Stundenkilometern.

—2010, Hochgeschwindigkeit über nationale Grenzen hinweg. Dortmund – Rom dauert keinen Tag lang. Die Eisenbahn ist dreißigmal
schneller als die Postkutsche zweihundert Jahre zuvor.

Ihre Stärken als Massentransportsystem konnte die Bahn erst
entfalten, als sich einzelne regionale Linien zu einem flächigen Netz
verbanden. Dafür gaben die unabhängigen Gesellschaften einige
ihrer Eigenheiten auf. Technische Normen ersetzten Lokalkolorit.
Lokomotiven und Waggons mussten hinsichtlich Spurbreite, Brems-
system, Pufferhöhe und Kupplung »kompatibel« gemacht werden.

Darum kümmerte sich in Deutschland bereits ab 1847 der Verein Deutscher Eisenbahnverwaltungen, der bald auch ausländische Gesellschaften als Mitglieder aufnahm. Wessen Norm sollte gelten? Eine alles entscheidende Frage, die sich bei technischen Neuheiten quer durch die Technikgeschichte stellt. In der Frühphase eines Mediums, ob bei Farbfernsehen, Videorecorder oder Personal Computer, ringen die Anbieter der unterschiedlichen Systeme darum, den Standard für alle anderen festzulegen. Dabei wird mit harten Bandagen gekämpft. Es geht schließlich um Marktanteile in Boombranchen, also um viel Geld. Schon bei der Eisenbahn zeigt sich ein Trend, der bis in die Ära des Internet gültig geblieben ist: Derjenige bestimmt den Standard, der als Erster im Markt erfolgreich ist.

George Stephenson war nicht nur Gewinner des legendären Wettrennens von Rainhill 1829, das er mit der Lokomotive »Rocket« und einer Geschwindigkeit von sechzehn Stundenkilometern für sich entschieden hatte. Er war auch der beste Vermarkter seiner Technik. Eisenbahngesellschaften überzeugte er damit, dass er abgestimmte Lösungen für das komplette Netz entwickelte: Lokomotiven und Wagenparks, Bahnhöfe, Unter- und Oberbau der Gleise, alles aus einer Hand. Wenn sich also heutzutage Manager etwas darauf einbilden, »Systemlösungen« anzubieten: Stephenson ist ihnen vorausgedampft. Mit seinem ganzheitlichen Marketing konnte er eine Gleisbreite von exakt 1435 Millimetern durchdrücken. Fast die ganze Welt brachte er auf Spur. Erst seit überall die gleichen Standards gelten (mit wenigen Ausnahmen), kann das Netz seine Vorzüge vollständig ausspielen. Die Situation der Eisenbahnpioniere ähnelt jener vor Einführung des Internet Protocol im Cyberspace: Jeder wurschtelte vor sich hin, und erst, als man sich auf eine einheitliche technische Sprache einigte, zog das neue Medium als Magnet die User an.

Mit der Zahl der Ziele, die angeschlossen werden und schnell erreichbar sind, wachsen die Vorteile eines Netzes für die Nutzer. Im modernen Bahnnetz werden Städte zu Nachbarn, die einst unerreichbar weit voneinander entfernt waren. Für einen Osloer klang »Madrid« Mitte des 19. Jahrhunderts wie ein verwunschener Ort, und was wussten die Römer von St. Petersburg? Dank der Eisenbahn verflüchtigten sich nicht nur zeitliche Distanzen, sondern auch kulturelle Vorbehalte. Sie dampfte los und ließ den Kontinent wirtschaftlich und politisch zu sich selbst kommen. Michail Gorbatschow hatte Ende der achtziger Jahre das Wort vom »gemeinsamen Haus Europa« geprägt. Seine Vision wird inzwischen von einem viel weitergehenden Szenario abgelöst. Die Europäische Union ist durch Hochgeschwindigkeitszüge, Flugverbindungen, Telefon und Internet im Eiltempo zusammengewachsen, sie öffnet ihre Grenzen nach Osten und integriert Schritt für Schritt weitere Länder. Europa wird zu einem wichtigen Baustein für das gemeinsame Haus Erde.

In den USA war die Eisenbahn von Anfang an ein strategisches Vehikel. Ihr heimlicher Auftrag lautete: Go west! Erschließe den weiten, wilden Westen und sorge dafür, dass die junge Föderation von Bundesstaaten nicht auseinander fällt! Entlang der Schienenstränge wurden Handelsposten und Städte gegründet, womit die Bahn als Medium der Pioniere den Planwagen ablöste. Nebenbei veränderte sie nicht nur die Wahrnehmung von Raum, sondern auch den Umgang mit der Zeit. Vor Einführung von Eisenbahn und Telegraf tickten die Uhren in jeder Stadt anders. An manchen amerikanischen Bahnhöfen hingen drei Uhren mit drei verschiedenen Zeiten.

Das war in der Neuen Welt nicht anders als in der Alten. London lebte vier Minuten früher als Circencester, Bridgewater hinkte vierzehn Minuten hinter der Hauptstadt her. Das bunte Uhrenchaos hatte niemanden gestört, solange der Verkehr so langsam war, dass auf dem Weg von hier nach dort die Zeitdifferenz quasi versickerte. Doch in den schnellen Verkehrsnetzen prallten die Unterschiede aufeinander. Sie verlangten eine einheitliche Zeit, sonst funktionierte kein Fahrplan. Deshalb tagte 1884 in Washington eine Konferenz, um Standardzeiten festzulegen. Deutschland führte sie zehn Jahre später ein. Die Macht übergreifender Netze war stärker als partikularistische Interessen.

Indirekte Netzeffekte wie implodierende Räume, universelle Zeit und technische Normen drückten der Moderne ihren Stempel auf. Angesichts solcher geradezu unheimlicher Nebenwirkungen stellt sich eine grundsätzliche Frage: Warum greift der Mensch überhaupt immer wieder zur Organisationsform Netz? Meine These lautet: Er kann gar nicht anders, es entspricht seiner Natur. Die Spezies Homo sapiens ist Teil einer Evolution, die sich auf allen drei Ebenen – Materie, Leben, Geist – in Netzen organisiert. Diese drei Ebenen bilden insofern eine Einheit, als auf jeder höheren die Gesetze der darunter liegenden durchschlagen, zwar nicht mit den gleichen Ergebnissen, aber nach ähnlichen Mustern. Das liegt daran, dass sie in ihrer Funktion aufeinander aufbauen: Nur auf der Basis der anorganischen Stoffe hat sich Leben entwickeln können, auf der Evolution von Leben beruht wiederum die Tatsache, dass Phänomene

wie Geist, Bewusstsein und Psyche existieren. Wie im Abschnitt
»Die Gesetze der Netze« gezeigt, finden wir auf allen drei Ebenen
verwandte Funktionsprinzipien: Selbstorganisation, Entwicklung zu
höherer Komplexität, Ordnung aus Chaos, Fließgleichgewichte.

Als Teil einer Natur, die alles Leben in Netze einbindet, kopieren
wir zwangsläufig deren uralte Masche und organisieren zentrale
Aspekte unseres Lebens in Netzen. Folgerichtig sind die menschengemachten Netze nur auf den ersten Blick technische Bauwerke. In
Wirklichkeit handelt es sich um natürliche Gebilde in dem Sinne,
dass sie in der Struktur ihrer Knoten und Stränge, ihren Mustern
also, biologische Vorbilder nachahmen. Schienennetz, Autobahn,
Internet: Das ist die Fortsetzung der biologischen Evolution mit anderen Mitteln.

SCHIENENNETZ, AUTOBAHN, INTERNET: DAS IST DIE FORTSETZUNG DER BIOLOGISCHEN EVOLUTION MIT ANDEREN MITTELN

So banal es klingt — wir knüpfen Netze, weil sie nützlich sind.
Für uns soziale Lebewesen sind sie die ideale Verkehrsform:
__ Netze sind in der Lage, Waren, Güter und Nachrichten zu vertei-
len, aber nicht nur als »Einbahnstraße«, sondern als Austausch in
alle Richtungen.
__Durch Vernetzung entstehen Synergien. Eine Eisenbahnlinie wie
die erste deutsche Strecke von Nürnberg nach Fürth mögen die
Zeitgenossen ja ganz aufregend gefunden haben, aber erst im Ver-
bund von einigen hunderttausend Kilometern entfaltet sich die ganze
Magie des Schienenmediums. Das Ganze ist weit mehr als die Teile,
also streben wir danach, diesen Mehr-Wert abzuschöpfen.
__Wichtigster Pluspunkt der Netze ist ihre Flexibilität. Kulturelle
Entwicklung vollzieht sich in viel kürzeren Zyklen als die biologische Evolution. In rascher Folge wechseln Herrscher, Erfindungen,
Revolutionen, Kriege, Allianzen, Wirtschaftssysteme, Konjunktu-
ren. Da ist Wandelbarkeit — bei gleichzeitiger Bewahrung einer eigenen Identität — ein unschlagbares Argument.

In der ersten Phase expandieren Netze, weil eine bestimmte Zahl
von Interessenten der Meinung ist, dass der Anschluss Vorteile
bringt. Später wachsen sie einfach deshalb weiter, weil schon so
viele »drin« sind. Wo schon viel ist, besagt das Gesetz der zunehmenden Erträge, kommt noch mehr hinzu. Gleichzeitig steigt der
Nachteil für alle, die »draußen« bleiben. Für eine Stadt, die keinen
eigenen Bahnhof besitzt, kann der Zug der wirtschaftlichen Entwicklung schnell abgefahren sein. Das nächste Stadium im Lebenslauf eines Netzes ist seine Verdichtung: Das System wird immer
engmaschiger, die Betreiber schließen Lücken.

Netzverdichtung zieht sich als roter Faden durch die Zivilisationsgeschichte. Ein Abriss in Kürze: Als Jäger und Sammler zur Sesshaftigkeit übergehen und Bauern werden, steigt die Weltbevölkerung sprunghaft an. Kultiviertes Land wirft weit höhere Erträge ab
als die gleiche Fläche Wildnis, die man auf der Suche nach Nahrung
durchstreift. Weil Agrargesellschaften mehr Menschen auf einem
Fleck ernähren können, entstehen Dörfer, später Städte. Neu ge-
gründete Orte werden mit bereits bestehenden verbunden, ein Wegenetz entsteht und greift in die Landschaft hinaus. Gleichzeitig macht
sich eine »bäuerliche Dynamik« bemerkbar, deren wichtigste Beweg-
Gründe Knappheit und Armut sind. Bauern kämpfen permanent
gegen den Abtrag fruchtbarer Krume durch Wind und Regen sowie
gegen Schädlinge; außerdem führt die Zusammenballung sesshafter
Menschen an einem Ort dazu, dass sich von einer kritischen Masse
an Epidemien im Handumdrehen ausbreiten. Der Ausweg für beides
heißt Auswandern. Mit jeder Migration weiten sich die Netze von
Verkehr und Kommunikation aus, werden auf andere Kontinente
exportiert, gleichzeitig verbinden sie Einwanderungsländer wie die
USA und Australien mit dem Mutterland.

Sesshaftigkeit führt zu Netzverdichtung, weil man in Dörfern
und Städten den Nutzen von Arbeitsteilung entdeckte. Wenn nicht
jeder alles macht, sondern sich Berufe spezialisieren, steigt insgesamt die Effizienz. Noch interessanter wird die Sache, wenn der Austausch über die Stadtmauern hinausgeht. »Xi'an, verkauf mir Gewürze, dann kriegst du Baumwolle aus Damaskus«: ein Gespräch
auf der Seidenstraße. »Du, Brüssel, lieferst mir fein geklöppelte
Spitzen, dafür verkaufe ich, Lübeck, dir feines Marzipan«: ein Handel in der Hanse, dem Städtenetz von England bis ins Baltikum. »Du,
Indien, lieferst uns Tee und Tuche und bekommst von uns, England,
Webstühle dafür«: ein Deal in kolonialen Zeiten. Der Philosoph Hermann Lübbe hält »expandierende Beziehungsverhältnisse und wechselseitige Abhängigkeiten von räumlich und sozial entfernten Anderen für ein Charakteristikum der zivilisatorischen Evolution«. Netze
organisieren Arbeitsteilung und Austausch über Kontinente hinweg.

Reibungslos funktioniert das selten. Bis ins Zeitalter der Postkutsche hinein bedeutet Mobilität eine ziemliche Quälerei. Das englische Wort für reisen, »travel«, hat die gleiche Wurzel wie das
französische »travail«: Fortbewegung als harte Arbeit. Die Pisten
sind schlecht, Briefe kommen erst nach Wochen an. Nur unter
großen Mühen kann im 18. Jahrhundert ein Gelehrter wie Albrecht

von Haller mit seinen verstreut lebenden Kollegen korrespondieren. Er schrieb jeden Tag einen Brief und pflegte so ein europaweites Netz von zwölfhundert Korrespondenten. Mit ihnen diskutierte er botanische Phänomene genauso wie medizinische Probleme, stellte als »Fernschreiber« Diagnosen und verschrieb Medikamente für Patienten, die er nur vom Papier her kannte. Private Kurierdienste waren für ihn, was für einen Forscher heute E-Mail und Internet sind. Er war weit und breit ein Ausnahme-Vernetzter.

Die Industrialisierung bescherte den Netzen von Wirtschaft, Verkehr und Kommunikation einen Wachstumsschub wie nie zuvor. Der Umwelthistoriker Rolf Peter Sieferle sieht die Ursache dafür im Übergang vom solaren zum fossilen Energiesystem. Die solare Variante: Bauern benötigen Saatgut und ein Stück Land, das sie bebauen, danach müssen sie sich auf die Sonne als Energiespender verlassen; die scheint oder scheint nicht und erweist sich so als unzuverlässiger Mitarbeiter. Die fossile Revolution: Als im 18. Jahrhundert die ersten Kohlelagerstätten entdeckt und erschlossen werden, gibt es plötzlich Energie im Überfluss. Jedenfalls so lange, wie der Vorrat reicht. Wenn die Kohleflöze ausgeräumt sind, wandert der Bergbau weiter, um noch unberührte Vorkommen zu erschließen. In der industriellen Landschaft entstehen Bergwerke und Stahlhütten, Bahnhöfe und Binnenhäfen als die zentralen Knotenpunkte von Förderung, Produktion und Umschlag.

Die prinzipielle Endlichkeit jeder Fundstätte erzeugt jene Not, die Ingenieure erfinderisch macht. Ein Großteil ihrer Innovationen betreffen die Verkehrs- und Kommunikationsnetze. Großindustrie ist ohne Eisenbahn und Telegraf, ohne Massentransport und dessen Fernsteuerung nicht denkbar. Die Investoren überhäufen die wie Pilze aus dem Boden schießenden Betriebsgesellschaften mit Kapital. Alle wollen beim großen Boom dabei sein (was einmal mehr an den Hype um die New Economy erinnert). Das Bahnnetz wuchert metastasenhaft in ganz Europa: 1840 waren es rund 3000 Schienenkilometer, 1860 schon 52 000, 1890 insgesamt 220 000. Es braucht nur ein halbes Jahrhundert, um einen ganzen Kontinent zu erschließen.

EISENBAHN UND TELEGRAFIE WAREN DIE SCHLÜSSEL-TECHNOLOGIEN, DIE DIE ERSTE GROSSE WELLE DER GLOBALISIERUNG AUSLÖSTEN

Eisenbahn und Telegrafie waren die Schlüsseltechnologien, die die erste große Welle der Globalisierung auslösten. 1866 wurde das transatlantische Telegrafenkabel verlegt, und fortan war der Finanzplatz New York nur noch ein paar Morsezeichen von Paris und London entfernt. Damals gab es keine Devisenkontrollen, man konnte ohne Pass im Gepäck von einem Land ins andere reisen. Die Auslandsdirektinvestitionen, Indikator für eine globalisierte Wirtschaft, kletterten bis 1914 auf Höchststände, die danach über Jahrzehnte nicht wieder erreicht wurden. Aufschlussreich ist, wie beispielsweise die Siemens-Familie internationale Märkte unter sich aufteilte: Ein Bruder residierte in London, einer in München, einer in St. Petersburg. Von dort aus verkauften sie ihre Telefone und Straßenbahnen in alle Himmelsrichtungen. Die Transportkosten waren nied

DER PLANET ERDE rig, der Export boomte, und der Planet Erde schrumpfte von Größe
SCHRUMPFTE VON GRÖSSE XXL auf M wie Medium.
XXL AUF M WIE MEDIUM

Um weltweite Beziehungen richtig in Schwung zu bringen, musste es jedoch gelingen, die Netze der Mobilität und der Information voneinander abzukoppeln. Noch bis Mitte des 19. Jahrhunderts waren Nachrichten- und Verkehrssystem untrennbar verbunden wie siamesische Zwillinge, Beispiel Postkutsche. Der Nachteil liegt auf der Hand: Die Informationsübertragung dauerte zu lange. Das erste Medium, das verkehrsfreien Datentransfer auch für die breite Masse der Nutzer bereitstellte, war das Telefon. Es ist nun mal leichter, elektrische Impulse durch einen Draht zu schicken, als tonnenschwere Züge über ein Gleis zu ziehen. Entsprechend schnell setzte sich das Telefon auf dem Markt durch.

Hermann Lübbe sieht in der Trennung von Fortbewegung und Information eine gesellschaftliche Umwälzung von ähnlicher Dimension wie einst der Übergang zum Buchdruck, die aber diesmal gleich den ganzen Globus erfasste. Telefonie schuf die Voraussetzungen für Fax, Internet und Mobilfunk, jene Medien also, die seit Anfang der neunziger Jahre als Motoren die zweite große Welle der Globalisierung antreiben. Auf dieser Basis ist eine Wirtschaft entstanden, die weltweit als eine Einheit agieren kann, und zwar in »zeitloser Zeit«, in Echtzeit. Durch den jüngsten Wachstumssprung der Netze schrumpfte der Planet diesmal von Größe M auf S: Welcome to the Small World!

Ist das ein Grund zur Freude, klein und fein, oder Anlass zur Panik – Liebling, ich habe die Erde geschrumpft? Zunächst können wir nur eines feststellen: Die Schrumpfung des Raums ist Fakt. Die Kleine Welt ist das Ergebnis einer historischen Entwicklung, die Römer und Mongolen einschließt und an der die Geschichte christlicher Missionierung einen nicht zu unterschätzenden Anteil hat (»Katholizismus« ist vom griechischen Wort für »das Ganze betreffend« abgeleitet). Beteiligt sind Entdecker und Eroberer, die vom

15. Jahrhundert an Europa auf alle Kontinente exportierten, und später Kolonialherren und Imperialmächte, die in ihren Mitteln und Wegen die eigentliche Globalisierung vorwegnahmen. Mit anderen Worten, die Idee, weltweit zu agieren, ist nicht gerade neu. Um sie zu verwirklichen, wurden immer effizientere Netze geknüpft, ausgeweitet und intensiviert. Weltverschmelzung ist das Ergebnis von zehntausend Jahren Netzverdichtung.

Neue Perspektiven sind die Folge. Der Raum wird abgewertet, die Zeit zum alles entscheidenden Faktor. Chronografie sticht Geografie. Das hat gewaltige Auswirkungen auf unser soziales Zusammenleben, glaubt der Philosoph und Künstler Peter Weibel; die Nahgesellschaft werde sich in eine Ferngesellschaft verwandeln, weil die Menschen per Telefon und Internet global in Echtzeit agieren können. »Wir stehen mit einer Masse von Menschen abstrakt in Verbindung, die durch die Telemedien zu unseren Nachbarn werden.«

Stellt sich automatisch die Frage: Was ist mit den Menschen von nebenan, verlieren wir den unmittelbaren Kontakt? Die bleiben, da bin ich mir sicher trotz aller Unkenrufe über zunehmende Anonymität und Isolation, unsere Nachbarn, und wir werden froh sein, dass sie da sind. Jedenfalls die netten. Die Erweiterung unseres sozialen Radius bedeutet nicht, dass das Modell »von Angesicht zu Angesicht« ausgedient hat. Bei Geburt eines neuen Netzes wird, das ist guter alter Brauch unter Kulturkritikern, der Tod des jeweils älteren geweissagt. Die Eisenbahn schlachtet die Pferde, Video kills the Radiostar, Fernsehen schafft das Lesen ab. Unnötig zu erwähnen, dass sich Vierbeiner, Radiogeräte und Bücher schlicht weigerten, den Prognosen der Pessimisten zu folgen: Sie sind quicklebendig. Mit der Nachbarschaft verhält es sich genauso.

WIE SIEHT DIE NEUE GEOGRAFIE DER ERDE AUS? EINE WICHTIGE EIGENSCHAFT VON NETZEN IST IHRE DEZENTRALISIERENDE WIRKUNG

Wie sieht die neue Geografie der Erde aus? Eine wichtige Eigenschaft von Netzen ist ihre dezentralisierende Wirkung. Das zeigte sich schon während der ersten Welle der Globalisierung, deren wichtigstes Vehikel die Eisenbahn war. Hauptstädte und Häfen, die vorher als bedeutende Knotenpunkte herausragten, bekamen nun Konkurrenz im Hinterland. Das ausgreifende Netz von Schienen und Bahnhöfen erschloss auch die Peripherien der Länder, ländliche Gebiete, einstige weiße Flecken. Weil jedoch die Baukosten enorm sind und jede Form von Transport, egal ob von Gütern oder Menschen, mit einem Energieaufwand verbunden ist, wird die Zahl der Knoten zwangsläufig klein gehalten, was dem einzelnen Knoten einen hohen Stellenwert verleiht. Ein Bahnhof fungiert als Zentrum, an dem sich die nähere Umgebung orientiert; er ist ein regionaler Anziehungs-punkt. Ganz anders wiegt der Wert eines Knotens in elektronischen Netzen. Die Zahl der Umschaltpunkte und Teilnehmer lässt sich fast unbegrenzt steigern. In den hoch verdichteten Informationsnetzen ist tatsächlich kein Zentrum mehr erkennbar. Die vielen sprechen mit den vielen. Jeder kann sich als Mittelpunkt fühlen.

Rein technisch ist es egal, wo man sich einloggt ins große Gewe-be: im Sauerland, in der Sahelzone oder in South Carolina. Von dort aus kann man Wissen abfragen, online shoppen, seine Jobs erledi-gen. Doch zerrinnen deshalb tatsächlich die klassischen Zentren zu Staub? Überlagert der Cyberspace die Geografie der Realwelt? Werden Links wichtiger als Straßen? Erster Einwand: Wer will schon im Sauerland wohnen, geschweige denn im Sahel. Es ist uns eben nicht egal, wo unser »biologischer Restkörper« morgens aufwacht, ob wir auf Wüste, Beton oder Betonwüste blicken. Zweitens ist Me-diennutzung kein einstufiges Verfahren: Sender – Botschaft – Emp-fänger und fertig. In Wirklichkeit verarbeiten wir Informationen zu Wissen in einem Prozess, in dem unsere direkte soziale Umwelt eine wichtige Rolle spielt.

Im Kreis der Familie und von Freunden diskutieren wir Fußball- und Wahlergebnisse, die neuesten Regierungspläne, Klatsch und Tratsch, die Weltläufte. Das spricht gegen das Klischee vom leicht verfetteten Cyberfreak mit Frischluftdefizit, der seine Nächte ein-sam am Rechner und die Tage im Bett verbringt. Im Gegenteil: Menschen, die Internet oder SMS stark nutzen, so fanden Forscher heraus, haben überdurchschnittlich viele soziale Kontakte. Will sagen: Elektronische und reale Räume ergänzen sich und brauchen einander. Städte haben nichts von ihrer magnetischen Anziehungs-kraft verloren, sie faszinieren als Orte der Verdichtung, der Vielfalt, der Konflikte und Kompromisse. Gerade die Protagonisten der Netze – Wissenschaftler, Forscher, Journalisten, Webdesigner, Bro-ker – schätzen Städte als Stätten der Inspiration. Im regen Aus-tausch entstehen jene kreativen Impulse, die anschließend in die Netze eingespeist werden. Die Global Generation konzentriert sich in den mobilen und vernetzten Metropolen, von wo aus sie ihr »Leben auf der Durchreise« organisiert. Die noch junge Globalisierung kon-zentriert sich auf eine Zahl von rund fünfunddreißig Städten, in denen die Leitstellen der internationalen Finanzströme residieren. Die Soziologin Saskia Sassen zählt Megacitys wie New York, Sin-gapur, London, Paris, Frankfurt, Zürich dazu, in jedem Land eine.

Heute verleihen nicht Regierungssitze, sondern die Hauptquartiere der multinationalen Konzerne den Glanz der Macht. Es ist das Kapital, das die Kapitalen krönt.

»Die Global City existiert in einem weltumspannenden Netzwerk«, sagt Sassen und bezeichnet sie als »Plattformen für die globalen Operationen von Firmen und Finanzen«. Gleichzeitig werden die Global Citys zu den bevorzugten Bühnen, auf denen die Gesellschaften widerstreitende Interessen und soziale Kämpfe ausfechten, schon deshalb, weil sich hier die alles entscheidenden Publikumsmassen konzentrieren. Die Gewinner und die Verlierer der Globalisierung prallen aufeinander. Netzverdichtung verdichtet auch die Konflikte einer schrumpfenden Welt, logischerweise an den Orten der gößten Zusammenballung. Von wegen »Das Ende der Stadt« – ihre Zukunft hat gerade erst begonnen.

Die Freiheit der Vernetzten
Keine Demokratie ohne Teilhabe an Informationen

In informationstechnisch hoch integrierten Gesellschaften wird die Wiederkehr totalitärer Herrschaftssysteme immer unwahrscheinlicher
HERMANN LÜBBE

Wie produziert man auf effektive Weise Hass? Man isoliere zwei Völker voneinander, verhindere, dass sie an freie Informationen von außen kommen, dann überflute man sie mit Lügen und Verleumdungen aller Art, die ein teuflisches Bild der jeweils anderen Seite malen. Das funktioniert, todsicher. In Informationswüsten gedeiht die Saat der Propaganda am besten. So auch Anfang der neunziger Jahre im ehemaligen Jugoslawien, als der Konflikt zwischen den Republiken Serbien und Kroatien ausbrach. Der Balkan war informatorisch eine Dürreregion, es gab keine unabhängigen nationalen Zeitungen und Rundfunkstationen, die regierende Partei kontrollierte und zensierte alle wichtigen Medien. Mit der Dauer des Konflikts wurde die Isolation schleichend verschärft. In der Frühphase galt es als »unpatriotisch«, Zeitungen aus den anderen Republiken zu lesen. Als der Kampf dann offen ausbrach, verstopften die Machthaber die Kommunikationskanäle komplett. Telefongespräche zwischen Belgrad und Zagreb wurden fast unmöglich. Die Zeitungsredakteure erhielten Order, ein »realistisches« Porträt des Feindes zu zeichnen, was nichts anderes hieß, als ihn in den schrecklichsten Farben zu schildern. Die Maschinerie der Hassproduktion lief auf vollen Touren.

Doch die Gegner des Kriegs durchschauten diesen Mechanismus des Bösen. Sowohl in Zagreb als auch in Belgrad formierten sich pazifistische Gruppen, die beschlossen, das Bombardement der Propagandisten zu unterminieren. Sie wollten Konfrontation durch Kommunikation überwinden. Als erste, noch primitive Informationsbrücke wurden Faxe nach London geschickt und von dort aus der jeweils anderen Seite zugesendet, denn Auslandsleitungen funktionierten weiterhin. Doch das Verfahren war langsam und teuer. Dann kam Eric Bachman, ein amerikanischer Friedensaktivist und Computerfreak, auf die Idee, in Deutschland und Österreich Mailboxen einzurichten, damit Aktivisten auf beiden Seiten der Front direkt miteinander kommunizieren konnten. Computer, die tagsüber Patientendaten verwalteten, wurden nachts zum subversiven Gespräch zusammengeschaltet. Das Netz wurde ZaMir getauft: »für den Frieden«.

Über den Draht im Untergrund organisierten Hilfsorganisationen humanitäre Einsätze, wurden Flüchtlinge von ihren Verwandten aufgespürt, dokumentierte der Holländer Wim Kat in seinen »Kriegstagebüchern« eindrücklich, wie die Menschen in Zagreb verzweifelt versuchten, ein einigermaßen normales Leben zu führen. In den elektronischen Räumen wurden komplette Friedenskonferenzen abgehalten, mit digitalen »Delegationen« aus aller Welt. Journalisten, denen von der Zensur das Wort verboten worden war, konnten im Friedensnetz veröffentlichen, das Kosovo-Krankenhaus in Sarajewo zu Antibiotikaspenden aufrufen. Das Internet, einst von Militärs erfunden, hatte seinen ersten Kriegseinsatz, allerdings »za mir« – für den Frieden.

DAS INTERNET, EINST VON MILITÄRS ERFUNDEN, HATTE SEINEN ERSTEN KRIEGS-EINSATZ, ALLERDINGS »ZA MIR« – FÜR DEN FRIEDEN

Sind Informationen nicht frei zugänglich, lassen sich Menschen leichter manipulieren. Mit der steigenden Bedeutung der Medien wurden auch die Methoden zu deren Missbrauch ausgefeilter. Ihren strategischen Wert erkennt man daran, dass sich die Prioritäten der Militärs geändert haben. Einst stürmten feindlichen Truppen als Erstes das Königsschloss, später nahmen sie Bahnhöfe und Fabriken ins Visier, heute besetzen sie die Fernsehsender. Wer den Äther beherrscht, kontrolliert die Köpfe. Doch seit der Erfindung des Internet lässt sich im Kampf um die Köpfe nicht mehr so schamlos tricksen wie vorher. Die digitalen Datennetze machen den Demagogen einen Strich durch die Rechnung. Je dichter die Infonetze geknüpft sind, desto dünner ist die Luft für Zensur, Propaganda und Unterdrückung der Pressefreiheit. Sie werden zu Netzwerken der Freiheit.

Es ist diese emanzipatorische Wirkung, die das Internet von anderen, älteren Netzen unterscheidet. Das zeigt etwa der Vergleich mit der Eisenbahn. Schienen, Signalanlagen und Bahnhöfe erforderten so hohe Investitionen, dass in den meisten Fällen nur der

Staat als potenter Geldgeber in Frage kam. Und wer zahlt, bestimmt den Kurs. Getreu dieser Devise verfügten zahlreiche Herrscher über die Bahn als persönliches Machtinstrument. Die ersten Eisenbahnstrecken Russlands ließ Zar Nikolaus I. aus rein strategischen Gründen bauen: Kurz nach der Fertigstellung dienten sie dem Truppentransport, um den Ungarnaufstand von 1848 niederzuschlagen. Auch in die Transsibirische Eisenbahn investierte der Zar vor allem deshalb, weil er an der Peripherie des Reiches Revolution und Separatismus befürchtete und, per Gleisanschluss, Sibirien und seine Siedler »näher nach Moskau« holen wollte. So ging es während der nächsten hundertfünfzig Jahre: Eisenbahnen wurden von Regimes und Regierungen gebaut, um die eine Region zu beruhigen, eine andere zu belohnen, die dritte besser zu kontrollieren. Die Bahn hatte in beiden Weltkriegen eine hohe strategische Bedeutung bei Truppentransporten und im Nachschub. Sie diente gleichzeitig als Vehikel und Waffe. Man sagte Mobilität und meinte Mobilmachung.

Auch das Internet war ursprünglich als militärisches Netz gedacht. US-Strategen hatten ein System entwickelt, dessen dezentrale Struktur von Rechnern und Leitungen selbst den Abwurf einer Atombombe unbeschadet überstehen sollte. Mittlerweile haben Zivilisten den Militärs dieses unverwundbare Wunderwerk aus der Hand genommen. Die Kosten für Anschluss und Datenversand sind so niedrig, dass sich weltweit einige hundert Millionen Menschen sowie unzählige Institutionen und Organisationen eingeloggt haben. Ein Netz, viel zu groß und zu unübersichtlich, um von einer einzigen Macht manipuliert zu werden. Zusätzlich zu freier Presse und unabhängigen Hörfunk- und Fernsehsendern ist das Internet Teil der »Vierten Gewalt« geworden, eine öffentliche Kontrollinstanz, die Regierungen und Machtkartelle überwacht. In dem neuen Medium erkennt die New Yorker Politologin Nancy Frazer »große emanzipatorische Potenziale«.

Politische Konflikte aus der realen Welt werden zunehmend im Cyberspace weitergefochten:

—Im Internet tauchten 1994 völlig überraschend mexikanische Zapatistas unter ihrem Anführer »Subcommandante Marcos« auf und protestierten gegen die Unterdrückung von Indianervölkern in der Provinz Chiapas, was vor allem deshalb eine unglaubliche mediale Meisterleistung war, weil es im Hinterland kaum Strom, geschweige denn Telefonleitungen und Computer gibt. Die Zapatisten beließen es nicht dabei, politische und poetische Manifeste kundzutun, sondern veranstalteten auch ein virtuelles »Sit-in«: Es gelang ihnen, den Server der mexikanischen Regierung lahm zu legen. Unter anderem mit solchen Siegen an der virtuellen Front erzwangen sie Verhandlungen mit der Staatsführung.

_ Im Internet formierte sich der Protest gegen die rechtspopulistische Regierung in Österreich, diskutierte die Opposition Formen des zivilen Ungehorsams, verkündete Demonstrationen.

_ Im Internet koordinierten Globalisierungskritiker ihre spektakulären Aktionen bei den Wirtschaftsgipfeln in Seattle, Göteburg und Genua.

_ Im Internet organisierten Pazifisten, wie erwähnt, eine weltweite und erfolgreiche Kampagne zum Verbot von Landminen – wofür dem Netz aus rund tausend Gruppen der Nobelpreis verliehen wurde.

Noch nie in der Geschichte konnten so viele Menschen mit so vielen anderen direkt Kontakt aufnehmen. Das bedeutet nun nicht, dass jeder »User« der Datenautobahn automatisch ein Aktivist des Fortschritts wäre. »Die demokratische Kapazität der Neuen Medien kann kaum höher sein als die ›Offline‹-Bereitschaft zu politischem Engagement«, meint der Politologe Claus Leggewie. Dennoch erkennt er als neue Qualität des Internet »die interaktive Vernetzung, das (eigen)ständige Umpolen von Sendung auf Empfang«. Der Zugang zum Wissen der Zeit bedeutet nicht schon an sich demokratische Teilhabe, ist aber eine ihrer wichtigsten Voraussetzungen. Wissen wird nicht mehr wie früher an wenigen Orten gehortet, in Behörden, Labors, Universitäten und Bibliotheken, sondern dezentral gespeichert und der Allgemeinheit zur Verfügung gestellt. Hierarchien horten, Netze teilen. Wissen bewegt sich auf die Menschen zu, statt sich von der Masse abzuschotten. Der französische Philosoph Michel Serres sieht einen »Raum des verteilten Wissens« entstehen, der im Laufe der Zeit soziale und politische Ungleichheiten des Zugangs aufhebe.

Doch dieser Raum ist noch lange nicht Realität. Nach wie vor gibt es Inseln der Isolation auf der Welt. Länder wie Afghanistan, China, Myanmar, Iran, Irak oder Kuba versuchen ihre Bürger in Informationsquarantäne zu halten, ein Unterfangen, das wie ein Überbleibsel aus Zeiten des Kalten Krieges anmutet und genauso scheitern wird wie Planwirtschaft und Eiserne Vorhänge. Auch in den totalitären Systemen werden die Wände immer löchriger. Grund dafür sind unter anderem deren wirtschaftliche Verflechtungen mit dem Ausland. Wer am Welthandel teilnehmen will, kann nicht andererseits versuchen, die Welt auszusperren. Mit den ausländischen Waren sickern Werte und Wünsche ein, die an den Monopolen der Machthaber rütteln, an deren Anspruch, für ihre Untertanen das Denken zu definieren. China kann nicht in Schanghai und Shenze beim globalen Finanzpoker mitspielen, aber an jedem Internetportal einen Parteikader aufstellen, der über den Zugang wacht. Selbst einige der Mullahs im Iran, die vor Jahren noch über das Teufelszeug des Westens schimpften, haben mittlerweile eigene Websites. In einer Welt voller hoch verdichteter Infonetze macht sich extrem unbeliebt, wer den Menschen den Anschluss verwehrt.

Das gilt auch für die wirtschaftlichen Netze. »Kulturimperialismus!«, wettern islamische und hinduistische Fundamentalisten und plädieren für Abschottung oder, schlimmer, für einen Heiligen Krieg gegen die »satanischen Umtriebe« des westlichen Kapitalismus. McDonald's, Coca-Cola oder AmericanExpress dienen den Demagogen als Hassikonen. Es ist richtig, dass mit den Waren, die ins Land kommen, auch fremde Werte »einreisen«. Und es stimmt auch, dass der Westen die wichtigste Kraft hinter der Netzökonomie ist. Falsch ist jedoch die Schlussfolgerung, wonach Globalisierung nichts anderes als eine wirtschaftlich-kulturelle Aggression des Westens gegen den Rest der Welt sei. Nein, da läuft kein kultureller Eroberungsfeldzug, der den Menschen in Asien, Arabien oder Afrika ein Wertesystem gegen ihren Willen aufzwingt.

Die Fundamentalisten übersehen, dass »MacEmpire« — so die Terminologie — nicht mit Waffengewalt errichtet wird. Was auch immer man an Fleischbrötchen findet, Tatsache ist: Viele Menschen wollen Hamburger. In armen Ländern gelten sie als Statussymbol, als Vorboten des besseren Lebens, genauso wie das Fernsehen. Die Menschen träumen von trendigen Turnschuhen, Shampoo, MTV und Jeans. Sie ersehnen nicht Modell Havanna oder Pjönjang, sondern Modell Singapur. Und überall, wo sie frei entscheiden dürfen, votieren sie für den Markt und gegen Lebensmittelmarken.

Weil der Westen nun mal die heiß begehrten Waren liefert — werden deshalb alle Kontinente kulturell gleichgeschaltet? Nehmen wir noch einmal das Symbol McDonald's, weil ja offenbar nicht nur die Liebe durch den Magen geht, sondern auch der Hass, weshalb die Fastfoodkette immer wieder zur Zielscheibe wird. Dazu trägt der Konzern auch selbst sein Scherflein bei, etwa wenn er verkündet, er strebe »one taste for one world« an, den globalen Einheitsgeschmack. Tatsache ist jedoch: Er lässt sich nicht durchsetzen.

Mac-Restaurants müssen durchaus Rücksicht auf lokale Essgewohnheiten nehmen. In Indien, wo der Verzehr von Rindfleisch tabu ist, werden stattdessen Lamm- und Hühnerfleisch oder gleich Vegetarisches angeboten. Im US-Bundesstaat Maine, wo Hummer eine regionale Lieblingsspeise sind, steht McLobster auf dem Programm. Genau dies meint der Begriff »Glokalisierung«: Globales und Lokales sind zwei Seiten derselben Medaille, befinden sich im Zwiegespräch, beziehen sich aufeinander, konkurrieren miteinander, hier verschmilzt etwas, dort verstärken sich Unterschiede. Kurz: Glokalisierung ist ein komplexes Geschehen, das differenziert betrachtet werden muss.

Nicht einmal Fernsehen und Popmusik, die eindeutigen Hauptverdächtigen des Kulturimperialismus, erzielen jene durchschlagende Wirkung als globale Gleichmacher, die ihnen Kritiker gern unterstellen. So hat der Musiksender MTV erkannt, dass auch Pop keine Einheitskultur ist, sondern von ethnischen Einfärbungen lebt. Mittlerweile strahlt er achtundzwanzig regionale Programme aus, etwa in Brasilien, China und Indien. Kultur wird nicht einfach exportiert. Menschen verleihen ihr eine eigene, subjektive Bedeutung. Sie eignen sich ihre Symbole an, und dann gehört sie ihnen.

Manchmal mit unerwarteten Folgen. So hat eine Studie festgestellt, dass Soap Operas, oft kritisiert als triviales Teufelszeug, in Entwicklungsländern offensichtlich die Akzeptanz von Familienplanung steigern. In Tansania wird zweimal wöchentlich das beliebte »Twende na Wakati« (Wir gehen mit der Zeit) ausgestrahlt. Im Sendegebiet greifen weit mehr Frauen zu Verhütungsmitteln als außerhalb, stellten die Forscher fest. Ihre Erklärung: Die Zuschauerinnen fühlten sich von selbstbewussten Hauptdarstellerinnen zu eigenständigem Verhalten ermutigt. Von der Soap zum Kondom, das charakterisiert sehr gut das merkwürdige Zwitterwesen Glokalisierung. Die Netze mögen global sein, die Knoten aber sind lokal gefärbt.

Wir dürfen berechtigterweise hoffen, dass solche Beispiele von Teilhabe und Ermutigung in den nächsten Jahren Schule machen werden. Digitale Technik hat eine natürliche Affinität zur Demokratie, eine Art eingebauter Volksnähe ganz einfach deshalb, weil sie so preisgünstig ist. Selbst in armen Ländern verbreitet sie sich schneller als alle Kommunikationsnetze davor, und zumindest die Mittelschicht ist vielerorts schon »drin«. Noch nie zuvor war die Übermittlung von Nachrichten so billig. Ein Drei-Minuten-Telefongespräch von London nach New York kostete in den dreißiger Jahren umgerechnet rund dreihundert US-Dollar, heute kann man per Internet fast umsonst telefonieren. Die Preise von Modems, Telefonen und Computern sinken ständig; nach dem Mooreschen Gesetz verdoppelt sich die Speicherleistung von Chips alle achtzehn Monate, im gleichen Turbotempo werden Computer stärker und schneller – und halten dennoch ihr Preisniveau.

Niedrige Kosten sind sicher ein Hauptgrund für die windgeschwinde Verbreitung der digitalen Technik. Der andere heißt Vielseitigkeit. Das eigene Wohnzimmer verwandelt sich, wenn man den Computer einschaltet, in eine Bankfiliale, in eine Zeitung, die Post, einen Supermarkt, das Versandhaus, einen Stammtisch, eine Brokeragentur und vieles mehr. All das steckt in der kleinen grauen Kiste. Mitte der neunziger Jahre, also wenige Jahre nach Markteinführung, erreichten Internet, E-Mail und Mobilfunk die kritische Masse. Es gibt kein historisches Vorbild, wo eine innovative Technik derart schnell angenommen wurde.

Es ist richtig: Im Internet wird jede Menge Wort- und Bildmüll produziert und in Umlauf gebracht. Aber was ist eigentlich so falsch daran, wenn normale Menschen, ermuntert von neuen medialen Möglichkeiten, sich trauen, selbst zu publizieren? Sollen sie lieber passive Leser, Seher, Zapper bleiben? Beim Sport käme auch niemand auf die Idee, es senke das Niveau, wenn die breite Masse Fußball oder Tennis spielt. Im Gegenteil: Die Wahrscheinlichkeit von Spitzenleistungen steigt mit der Zahl der Breitensportler, aus denen sich die Elite rekrutiert. Lasst im Internet einen Champion in E-Publishing auf hundert Amateure kommen, dann ist der Schnitt gar nicht so schlecht.

Globalisierung: Bereit für die dritte Welle
Politiknetze als Plattform der neuen Weltgesellschaft

Sobald die Starken weltweit mobil sind, während das demokratische Gleichgewicht durch die Schwächeren auf den nationalen Rahmen beschränkt bleibt, haben wir eine dramatische Veränderung des Kräftegleichgewichts.
ERNST U. VON WEIZSÄCKER

Der Menschheitstraum vom Fliegen, übertragen auf den Cyberspace, sieht so aus: Vielleicht werden dort in den nächsten fünfzig Jahren Kreativkräfte freigesetzt, jenem Erfindungsreichtum vergleichbar, der von den ersten Hüpfern der Gebrüder Wright bis zum Weltraumflug reichte und der nur ein halbes Jahrhundert benötigte, um abzuheben. Vielleicht ist Virtualität unser Weltall, und wir kriegen dort ähnlich aufregende Höhenflüge und Mondlandungen hin. Leider fehlt den amtierenden Pessimisten die technische und kulturelle Fantasie, sich so eine Evolution vorzustellen. Das ist der Typ Mensch, der sich vor den wackligen Flugapparaten der Wrights aufgebaut hätte, um dunkel zu weissagen: »Schaut euch das Ding an – niemals wird der Mensch fliegen.« Das Internet ist zur Jahrtausendwende in einem ähnlich frühen Stadium wie die Klapperkisten der Flugpioniere: Man erkennt die Form der Flügel, aber der Apparat lahmt noch und stürzt manchmal ab. Doch das Überfliegerpotenzial schaut schon durch.

Eine Möglichkeit ist, das Medium der Globalisierung zu benutzen, um die Auswüchse der rein profitorientierten Globalisierung einzudämmen. Schon jetzt organisiert sich die Opposition vorzugsweise über die Datennetze. Eher buntscheckiges Konglomerat als einheitliche Bewegung, finden Kapitalismusgegner, Umweltgruppen, Fraueninitiativen, ethnische Gruppen, Menschenrechtler, Gewerkschafter und Korruptionsdetektive im Internet ein Forum für ihre Ziele. Auf ihren Websites machen sie übrigens auch deutlich: Die von der Presse so bezeichneten »Globalisierungsgegner« gibt es nicht! Außer ein paar Fundamentalisten und Nazis fordert niemand im Ernst, die Integration der Einen Welt zurückzudrehen, niemand will, dass wir uns wieder in die nationalen Schneckenhäuser verkriechen. In Wirklichkeit handelt es sich mehrheitlich um Kritiker einer Entwicklung, die die Welt ohne Korrektive, ohne Kontrolle für Marktzwecke umformt, ohne dass auch im Sozialen, Politischen und Kulturellen eine ernst zu nehmende Globalisierung vorangeht.

Sie wollen verhindern, dass ein entfesselter Turbokapitalismus wie ein Tornado ökologische und kulturelle Errungenschaften hinwegfegt. Der kleinste gemeinsame Nenner der Bewegung lautet: Wir dürfen die Weltbühne nicht denen überlassen, die rein wirtschaftliche Interessen verfolgen; einseitige ökonomische Machtballungen der Multis müssen verhindert und nationale Institutionen so gestärkt werden, dass sie die demokratische Kontrolle über Banken, Börsen und Broker zurückgewinnen; die Kluft zwischen Arm und Reich darf nicht weiter wachsen, denn es gilt zu verhindern, dass die sozialen Konflikte eskalieren. Die dritte Welle der Globalisierung besteht in der zivilgesellschaftlichen Zähmung der ersten beiden.

DIE DRITTE WELLE DER GLOBALISIERUNG BESTEHT IN DER ZIVILGESELLSCHAFTLICHEN ZÄHMUNG DER ERSTEN BEIDEN

Die wichtigste Forderung dabei lautet, Sozial- und Öko-Dumping zu unterbinden. Sie beleuchtet eine der düstersten Seiten der Globalisierung: Weil das Kapital frei fließen kann, legen die Konzerne ihre Produktionsstandorte weltweit flexibel fest. Häufig verlagern sie Fabriken in Länder, wo die Rechte von Arbeitern und Umweltschutz wenig gelten. Es gab Fälle, in denen Regierungen und örtliche Behörden genötigt wurden, Bestimmungen zu lockern: Sonst werde man, so die Drohung, eben woanders investieren. Auf diese Weise kommen die Werte der sozialen Marktwirtschaft unter die Räder der globalen Marktwirtschaft. Die Situation erinnert an die Frühzeit des Kapitalismus: Die Unternehmen preschen voran, die Politik hinkt hinterher. Dazwischen liegt ein gefährliches Machtvakuum.

Ein neuer Typus von Nichtregierungsorganisationen, die jenseits von Staat und Markt handeln, springen in die Lücke. Ihr Aktionsmedium ist das Internet. »Die Öffentlichkeit im Cyberspace hat schon so manches Vorhaben gekippt«, meint der Medientheoretiker und Publizist Florian Rötzer. Ein Beispiel war das Multilaterale Investitionsabkommen (MAI). Mit diesem Vertragswerk wollte die OECD, der Club der Industrienationen, den Konzernen, die in Mitgliedsländern investieren, mehr Rechtssicherheit garantieren. Obwohl das MAI hinter verschlossenen Türen und unter Umgehung der Parlamente ausgehandelt worden war, bekam die Gruppe Global Citizen Wind davon. Sie stellte den Entwurf ins Internet und organisierte den weltweiten Widerstand dagegen. Innerhalb von zwei Jahren und getragen von am Ende sechshundert Organisationen, schwoll die Protestwelle so mächtig an, dass die OECD klein beigab. Das MAI verschwand in der Schublade.

So vielfältig die beteiligten Gruppen, so bunt die Palette der politischen Stilmittel. Die Einrichtung des Internationalen Gerichtshofes in Den Haag verdankt sich vor allem dem Bombardement der Zuständigen durch elektronische Kettenbriefe. Amnesty International nutzt die Netze, um die Meldungen von Menschenrechtsverletzungen blitzschnell rund um den Globus zu jagen. Umweltgruppen wie Oneworld in Oxford stellen mit ihren Websites Gegenöffentlichkeit her, indem sie Nachrichten bringen, die in den etablierten Medien unter den Tisch fallen; pro Woche wird eine Million Besuche registriert.

»Camcordistas« filmen bei Demonstrationen und dokumentieren das Geschehen auf »der anderen Seite« des Polizeikordons. Künstler wie die von »neuroticos.com/borderhack« setzen digitale Performances gegen Neoliberalismus. Sie alle nutzen die neuen Medien, um Kampagnen über Kontinente hinweg schnell, billig und effektiv zu inszenieren. Wie immer bei sozialen Problemen zeigt sich zwar nur eine Minderheit sensibel für die gesellschaftlichen Schattenseiten und engagiert sich. Aber zusammen mit den traditionell kritischen Bewegungen – Gewerkschaften, linken Parteien, Umweltverbänden – formen die neuen Akteure mit fantasievollen Einzelaktionen und elektronischen Massenmobilisierungen so etwas wie das soziale Gewissen der Globalwirtschaft. Am Horizont scheint auf, was aus den teilweise chaotischen Protesten und Kampagnen irgendwann werden könnte: eine ethische Weltaufsicht ohne Aufsichtsbehörde.

Aus der Sicht des Netzlogikers verhält sich das bunte Völkchen von Initiativen, Gruppen und Aktivisten wie ein Schwarm. Er folgt bei seinen Streifzügen rund um den Globus keinem Programm, verfügt über keine zentrale Steuerung und Strategie, sondern findet sich hier zusammen, löst dort Allianzen wieder, taucht bei Konferenzen, vor Konzerntoren und in Chatrooms auf, ist überall präsent und doch nirgends greifbar. Das postmoderne Patchwork seiner Mitglieder und Untergruppen kopiert gewissermaßen die fluiden Strukturen seines »Gegners«, sprich der flexiblen und mobilen Netze der global agierenden Firmen und Finanzjongleure. Genau dieser Struktur verdankt der Aktivistenschwarm seine Befähigung, den Herausforderern Paroli zu bieten.

Globalisierung führt zu veränderten Formen der politischen Auseinandersetzung. Es reicht nicht mehr, global zu denken und lokal zu handeln: Sowohl die Staaten als auch die Staatsfernen schließen sich zu Bündnissen zusammen, die lokal denken und global handeln. Der Unterschied zu den altehrwürdigen Politikritualen könnte nicht krasser sein, wie ein Blick zurück zeigt: Im Zeitalter der Industrialisierung verlief die Frontlinie zwischen Fabrikherren hier und Gewerkschaftern dort. Nicht nur der Unternehmer war an den Standort gebunden, an dem er seine Maschinen und Hallen gebaut hatte, genauso immobil waren die gewerkschaftlich organisierte Arbeiterschaft und ihre Funktionäre. Wirtschaftliche Macht und sozialpolitische Gegenmacht rangen um die Oberhand, doch der Konflikt war auf einen geografischen und nationalen Ort fixiert und wurde relativ statisch ausgetragen.

Ganz anders unter den Vorzeichen der Globalisierung. Das Kapital schwärmt aus, fließt in Echtzeit von einem Finanzplatz zum anderen, Börsen, Unternehmen und Finanzmakler sind untereinander vielfach vernetzt. Der Autor Thomas Friedman nennt sie die »elektronische Herde«, die, mit den digitalen Datennetzen als organisatorischem Nervensystem, die Marktplätze der Welt als ihre Weidegründe betrachtet und sie opportunistisch »abgrast«. Um ein Gegengewicht zur kaum fassbaren Migration von Managern und Finanzen aufzubauen, haben sich die Aktionsformen der Nichtregierungsorganisationen – Spontanbündnisse, E-Mail-Ketten, Boykotts sowie eine kritische Öffentlichkeit im Internet – als wirkungsvolle Werkzeuge erwiesen.

Von ihren Netzen könnte die internationale Diplomatie eine Menge lernen. Bei ihr hat sich leider noch nicht herumgesprochen, dass die einst bewährten Methoden der Politik wie Uno-Sitzungen, Konferenzdiplomatie und starre Institutionen unter den Vorzeichen der Globalära oftmals versagen. Sie sind zu sehr fixiert auf Konsens, der unter zweihundert Ländern nicht in praktikablen Zeiträumen erzielbar ist, und damit zu langsam. Für ein »Erdparlament« oder eine »Weltregierung«, von denen immer mal wieder laut geträumt wird, gälte das erst recht. Wenn sich die Europäische Union oft nur meterweise bewegt – in welchem Schneckengang sollten wohl die »Vereinigten Staaten von Terra« vorankommen?

Die schwarmartigen Aktionen der Globalisierungskritiker zielen zumeist darauf, das Verhalten von Konzernen und Regierungen zu kontrollieren und gegebenenfalls anzuprangern. Ihr Vorteil, die Spontaneität des Engagements, erweist sich als Manko, wenn es um ihre Mitwirkung bei der Aufgabe geht, langfristig die Angelegenheiten des »gemeinsamen Hauses Erde« zu regeln. Um dem Ziel einer Weltinnenpolitik näher zu kommen, bieten sich als innovative Organisationsform so genannte Global Public Policy Networks an. Darin verbünden sich staatliche und nichtstaatlichen Institutionen sowie Unternehmen mit dem Ziel, Probleme zu lösen, die jeden Partner einzeln überfordern würden. Politiknetze könnten als neuartiges Instrument dienen, um die »Schnelle Welt« zu organisieren, die den traditionellen Protagonisten zunehmend über den Kopf wächst, weil zu viele Faktoren und Akteure das Geschehen beeinflussen. Zu der neuen Gewichtsklasse von Problemen zählen organisierte Kriminalität, Terrorismus, Chaos an den Finanzmärkten, Verschuldung der Dritten Welt, Umweltverschmutzung und Raubbau an den natürlichen Ressourcen wie Regenwäldern und Fischbeständen.

POLITIKNETZE KÖNNTEN ALS NEUARTIGES INSTRUMENT DIENEN, UM DIE »SCHNELLE WELT« ZU ORGANISIEREN

Wolfgang Reinicke, Ökonom und Stratege bei der Weltbank, sieht Politiknetze als »Brücke zwischen Staaten, internationalen Institutionen, der Zivilgesellschaft und Unternehmen«. Jeder bringt seine Stärken ein: Regierungen die formale Macht, Nichtregierungsorganisationen kreative Lösungen, Unternehmen Erfahrungen und Wissen. Man kann solche Netze nicht planen, wie ein Ingenieur eine Brücke konstruiert. Vielmehr entstehen sie selbstorganisiert in verschiedenen Bereichen, vom Protest gegen Staudammbau über Kampagnen gegen den Missbrauch von Kindern als Soldaten bis hin zum

Klimaschutz. Die ersten Etappensiege der losen Allianzen verändern schon jetzt weltweit die politische Landschaft. Sie lassen ahnen, dass hier ein mächtiger »Global Player« heranwächst, der zukünftig die Karten anders verteilt als bisher.

Ein Beispiel ist Transparency International, ein Netzwerk zur Bekämpfung von Korruption. TI schlägt sich mittlerweile in siebzig Ländern mit Mafiosi, bestechlichen Regierungsbeamten und bestechungsfreudigen Managern herum. Die Organisation tritt als neutraler Vermittler auf, der Auftraggeber und Bewerber an einen Tisch bringt und ihnen einen »Integritätspakt« vorschlägt. Wer unterschreibt, verpflichtet sich, bei Ausschreibungen öffentlicher Baumaßnahmen nur mit lauteren Mitteln vorzugehen. Davon profitieren alle Beteiligten: Unternehmen sparen Bestechungsgeld, Behörden bekommen die Loyalität ihrer Beamten zurück (die vorher dem Schmiergeldzahler gehörte), die Bürger können wieder darauf vertrauen, dass das beste Angebot und nicht der skrupelloseste Bakschischverteiler den Wettbewerb gewinnt.

In Argentinien, Panama und Ecuador konnten bereits Pakte geschlossen werden. Wer dagegen verstößt, wird mindestens mit Ausschluss von weiteren Ausschreibungen bestraft. Die wirkungsvollste Waffe von Transparency International ist jedoch die Öffentlichkeit. Der Verein recherchiert schwarze Listen, erstellt Länderstudien zur Korruption und informiert die Medien über Bestechungsfälle. Wie Agenten sind die Mitarbeiter des Netzwerks weltweit unterwegs und sammeln Informationen. Indem sie genau dorthin leuchten, wo korrupte Beamte und Manager es gerne dunkel hätten, erfüllt TI eine wichtige Wachhundfunktion. Transparenz ermöglicht Kontrolle und Mitbestimmung. Dort, wo die wirtschaftlichen und politischen Verhältnisse wieder durchschaubar werden, gewinnt der Staat moralische Autorität zurück. Und womöglich das Engagement seiner Bürger, die sich gemeinhin resigniert abwenden.

Politiknetze bieten eine Möglichkeit zur demokratischen Teilhabe, die der Zweiten Moderne angemessen ist. Deren Merkmal ist, dass sich die Gesellschaft in Szenen und Cliquen, Fragmente und Fraktionen differenziert. Strukturen bilden sich ad hoc, sie zerfallen ad hoc. Lebenslange Bindungen an Verbände oder Parteien sind out, nicht einmal Abonnements lassen sich mehr verkaufen: Die Kunden entscheiden und erwerben spontan. Ein Leben von Fall zu Fall. Das ist einerseits ein Zeichen erfreulicher Freiheiten, andererseits eine politische Herausforderung: Es wird schwerer, die vor sich hin wurs-

telnden Fraktionen und Fragmente in ein stabiles Ganzes zu integrieren. Hier liegt ein gewaltiges Potenzial von Netzen. Als einzige
Organisationsform bewältigen sie den Spagat, völlig verschiedenar-
tige Elemente so zu verbinden, dass jeder seine Eigenheiten bewahren, aber dennoch eine Einheit, eben das Netz, entstehen kann. Für
solche Koalitionen auf Zeit lässt sich auch eine hochmobile Gruppe
wie die Globos begeistern. Der Politologe Claus Leggewie wehrt sich
gegen das pauschale Urteil, »die Jugend« sei unpolitisch geworden.
Er sieht vielmehr ein wachsendes Bedürfnis »nach Mitwirkung in
lockeren politischen Netzwerken«, die er, so paradox es klingt, als
»individualisierte Bewegungen« bezeichnet.

Netze sind eine gute Möglichkeit, mit Koalitionären Projekte an-
zugehen, ohne seine Autonomie aufzugeben. Wie das funktionieren
kann, zeigt eine Spezialform der Politiknetze, das Private Public
Partnership (PPP), also Kooperationen zwischen dem privaten und
dem öffentlichen Sektor. Aids in Südafrika ist so ein Thema, das alle
gesellschaftlichen Bereiche betrifft, bei dem aber jeder Akteur einzeln machtlos wäre. In manchen Gegenden am Kap sind über zwanzig Prozent der erwachsenen Bevölkerung HIV-infiziert, Zehntau-
sende Südafrikaner sterben jedes Jahr an der Immunschwäche. Deshalb beschlossen DaimlerChrysler, die Deutsche Gesellschaft für
technische Zusammenarbeit und die südafrikanische Regierung, bei
der Aidsaufklärung und -vorbeugung zu kooperieren. Drei völlig unterschiedliche Akteure – Konzern, Entwicklungsagentur und Staat –
schmieden ein Bündnis, um einem der drängendsten Probleme Afrikas beizukommen.

PPP korrigiert die Vorstellung, Globalisierung sei nur ein anderes Wort für den Kampf der Konzerne gegen die Nationen. Neue Allianzen werden möglich. Die ersten Einzahler in den »Global AIDS
Fund« der Vereinten Nationen waren Coca-Cola und Microsoft
(letztere allein mit zweihundert Millionen Mark). Der Pharmakon-
zern Aventis unterstützt die Weltgesundheitsorganisation mit einem
Impfprogramm beim Kampf gegen die Schlafkrankheit in Afrika.
Der brasilianische Medienkonzern Organizacoes Globo finanziert
Lernprogramme für sechshunderttausend Menschen aus der Unter-
schicht. PPP ist kein neuer Mantel für die gute alte Wohltätigkeit
der Reichen gegenüber den Armen. In dieser Partnerschaft fließt
von Seiten der Unternehmen nicht nur Geld, sondern auch Manage-
menterfahrung und Forschungswissen ein. »Lasst uns die Mächte
der Märkte vereinen mit der Autorität universeller Ideale«, fordert

UN-Generalsekretär Kofi Annan, »lasst uns die kreativen Kräfte des privaten Unternehmertums mit den Bedürfnissen der Benachteiligten und zukünftiger Generationen versöhnen.«

Annan gründete im Jahr 1999 die bislang größte PPP-Initiative unter dem Titel »Global Compact«. Ausgestattet mit der Reputation seines hohen Amtes, gelang ihm in der Tat ein ungewöhnlicher Pakt. Darin versammelte er mehrere hundert Unternehmen, darunter Konzerne wie Volvo, Deutsche Bank, Bayer, Royal Dutch/Shell, Nike, Aventis und ABB, aber auch internationale Dachorganisationen der Wirtschaft. Jeder der Partner unterschrieb »Neun Prinzipien« und verpflichtete sich damit zu Umweltschutz, humanen Arbeitsbedingungen und Menschenrechten. Multinationale Unternehmen, so Kofi Annan, »sind die Ersten, die von der Globalisierung profitieren, deshalb müssen sie auch Verantwortung bei der Bewältigung ihrer Folgen übernehmen«. Annan kann bei Verstößen gegen den Global Compact keine Strafen verhängen, vertraut stattdessen auf die Kraft des guten Beispiels. Auf den Websites der Vereinten Nationen werden diejenigen Unternehmen herausgestellt, die sich moralisch vorbildlich verhalten; Umwelt- und Menschenrechtsgruppen wirken als unabhängige Jury mit.

Global Compact ist ein erster Versuch, die multinationalen Netze der Konzerne »umzudrehen«. Bislang machten sie von sich reden, indem sie ökologische und soziale Standards zu unterlaufen versuchten. Einige Unternehmen haben jedoch eingesehen, dass diese Strategie in manchen Ländern zu instabilen sozialen Verhältnissen führt, unter denen Wirtschaft nicht funktioniert. In labilen Gesellschaften bricht regelmäßig die Produktion zusammen, knickt der Konsum ein. Mehr und mehr Multis werden die Erfahrung machen, so meine Vermutung, dass die globale Wirtschaft auch sozial sein muss, um dauerhaft zu florieren. Sie werden gar nicht anders können, als über ihre Netze universelle Werte wie Umweltvorsorge und Menschenrechte zu fördern. Nicht aus moralischem Großmut, sondern aus Eigennutz, weil sie sich sonst den festen Boden unter den Füßen entziehen. Denn sobald die Menschen in Entwicklungsländern mitbekommen (und das wird in der vernetzten Welt immer leichter), welche Rechte in anderen Ländern bereits erkämpft worden sind, brechen die Konflikte aus. Auch in Südkorea, vormals als Paradies für das Lohndumping berüchtigt, organisieren sich die Arbeiter in Gewerkschaften. Der freie Zugang zu unzensierten Informationen schafft die Voraussetzung für soziale Fortschritte.

Deshalb die These: Im Bereich Information gibt es nicht zu viel Globalisierung, sondern zu wenig! Dort, wo die Landkarte der Netze weiße Flecken zeigt, am dramatischsten in Afrika, geht es den Menschen durchschnittlich schlechter als anderswo. Infowüste gleich niedriger Lebensstandard und umgekehrt. In diesem Punkt sind sich plötzlich alle einig: Die Entwicklungsorganisationen, die Industrie, sogar die Kritiker der Globalisierung, alle fordern, den Rückstand der Entwicklungsländer bei den Kommunikationstechnologien möglichst schnell zu beseitigen. Digital Divide, die Spaltung der Welt in Netzteilnehmer und Ausgeschlossene, ist der neue Eiserne Vorhang zwischen den Völkern. In Manhattan gibt es mehr Telefonanschlüsse als südlich der Sahara. In Afrika kommen weniger als zwei Telefone auf hundert Einwohner, wobei die Städte den Schnitt nach oben drücken: Auf dem Lande, wo siebzig Prozent der Afrikaner leben, ist die Versorgung noch katastrophaler. Global gesehen sind immer noch deutlich mehr Menschen »out« als »in«: Fünfundsechzig Prozent der Haushalte, fast eine Milliarde, besitzen kein Telefon. Beim Anschluss ans Internet öffnet sich die Kluft noch weiter: Nur ein Prozent der Internet-User lebt in Afrika, vier Prozent in Südamerika – aber fast die Hälfte in den USA und Kanada.

DIGITAL DIVIDE, DIE SPALTUNG DER WELT IN NETZTEILNEHMER UND AUSGESCHLOSSENE, IST DER NEUE EISERNE VORHANG ZWISCHEN DEN VÖLKERN

Die Frage des Drinnen oder Draußen ist jedoch, trotz anders lautender Kritik, kein Phänomen des digitalen Zeitalters. Sie spiegelt vielmehr die bisherige Teilung der Welt in Arm und Reich, industrialisiert und unterentwickelt, Nord und Süd wider. Vorhandene Ungleichheiten werden von den neuen Medien allenfalls verstärkt. Einige Indikatoren sprechen dafür: 1960 verfügte das reichste Fünftel der Weltbevölkerung über ein dreißigfach höheres Einkommen als das ärmste Fünftel, 1997 betrug der Unterschied das Vierundsiebzigfache. Doch Disparität hat viele Ursachen: wachsende Schuldenlast im Süden, boomende Wirtschaften im Norden, das Davonpreschen der Tigerstaaten, aber auch die hemmungslose Ausbeutung von Völkern durch eine Kaste von Kleptokraten wie in einigen schwarzafrikanischen Ländern. Die digitale Revolution mag das Problem akzentuieren, bietet aber gleichzeitig auch Lösungen an. So lassen sich mit den Satelliten- und Funktechnologien von heute Kommunikationsnetze schneller und billiger denn je einrichten. Kabel eingraben dauert, Sendemasten errichten geht ruckzuck. Das zeigt sich zum Beispiel in China: In Siebenmeilenschritten holt der erwachende Riese seinen Rückstand auf und stellt mittlerweile den drittgrößten Markt für Mobiltelefone weltweit.

Technischer Fortschritt eröffnet den Entwicklungsländern einige Abkürzungen. Nach der mechanischen Schreibmaschine kommt eben nicht die elektrische, sondern gleich der Personal Computer. Statt in teure Festnetze zu investieren, überspringt man dieses Stadium und telefoniert drahtlos. In einer Hinsicht war die Spaltung früher sogar krasser. Als die Ökonomien weltweit noch von der Industrie geprägt wurden, fehlten den armen Ländern Fabriken und Flugzeuge, schwere Technik; heute, unter den Vorzeichen der Wissensgesellschaft, macht sich der Unterschied an PCs und Handys fest, Technik light, und vermutlich lässt sich dieser Rückstand leichter aufholen.

Die Schnelle Welt verbreitet verbesserte Generationen von Geräten fast ohne Zeitverzögerung bis in die hintersten Winkel, davon können auch Entwicklungsländer profitieren. Allerdings nur, wenn sie sich gegenüber dem Weltmarkt öffnen. Der ghanaische Kommunikationsexperte Ekwow Spio-Garbrah wittert Morgenluft: »Wenn wir es richtig angehen, werden die Letzten vielleicht die Ersten sein.« Wie er fordern die armen Länder lautstark den »Zugang zu den Netzen – für alle!« Man wolle nicht länger über Digital Divide lamentieren, sondern die »digitale Chance« ergreifen.

COMPUTER FÜR DEN KONGO? INTERNET IN DER SAHARA? MOBILTELEFONE FÜR MONGOLISCHE NOMADEN?

Was bedeutet das ganz praktisch? Computer für den Kongo? Internet in der Sahara? Mobiltelefone für mongolische Nomaden? Nach Schätzungen der Weltbank leben mehr als eine Milliarde Menschen von weniger als einem Dollar am Tag, ihnen gilt frisches Trinkwasser als Luxus – wo sollen sie surfen? Dreiundzwanzig Prozent der Weltbevölkerung können nicht schreiben und lesen – brauchen sie wirklich Word Perfect 6.0? »All diese Techniken lösen die Probleme des Südens zwar nicht«, sagt Mark Malloch Brown, Chef der UN-Entwicklungsorganisation Undp, »aber sie können wesentliche Grundlagen für Entwicklung schaffen.« Schon heute ist es billiger, eine E-Mail quer durch Afrika zu schicken als ein Fax. Außerdem verzerren nackte Prozentzahlen über Internetnutzer das Bild. Laut Statistik verfügt in Trinidad nur jeder zwanzigste Haushalt über ein Modem, aber in jedem dritten wird regelmäßig gesurft. Des Rätsels Lösung: Gemeindezentren, Infokioske und Internetcafés stellen die nötigen Anschlüsse für die Allgemeinheit zur Verfügung. Jedem sein eigener Computer – das wäre eine rein westliche Vorstellung.

Um die Nöte der armen Länder zu lindern, müssten sie »so weit wie möglich ins Informationszeitalter katapultiert werden«, meint der Entwicklungspolitiker Brown. Das müsse jedoch so lange scheitern, wie die digitale Revolution nicht durch politische Reformen vorbereitet werde: Liberalisierung der Telefonmärkte zum Beispiel, damit der Internetzugang für einen Ugander, wie es heute der Fall sei, nicht das durchschnittliche Monatseinkommen koste. Undp setzt in Schwarzafrika auf Mitzieheffekte: Wenn sich Geschäftsleute, Forscher und Studenten als Cyberpioniere in die globalen Netze einloggen könnten, so die Hoffnung, würden die Gesellschaften insgesamt nachziehen. »Afrikanische Kinder werden zu Ingenieuren, Ärzten, Wissenschaftlern«, schwärmte Nelson Mandela: Er glaube an eine »Wiedergeburt Afrikas« durch die Segnungen der Telekommunikation.

Von der Industrie werden solche Visionen freudig aufgenommen. Die Presseabteilungen der Computerhersteller und Onlinedienste werden nicht müde, das Digital Divide auf die Agenda der Entwicklungspolitik zu setzen und tatkräftige Hilfe anzubieten. Kein Wunder, schließlich wollen sie ihre Produkte verkaufen. Der Süden lockt als unerschlossener Markt mit gigantischem Nachholbedarf. »Aber was ist an diesem Eigeninteresse falsch, solange es ein aufgeklärtes und langfristiges Interesse ist«, widerspricht Vernon Ellis von der Consulting-Firma Accenture. Letztlich sei es egal, aus welchen Gründen sich die Industrienationen um den Anschluss des Südens sorgen. Ob sie Technik verkaufen wollen oder weil sie soziale Konflikte und Armutsmigration fürchten, falls die digitale Kluft nicht verringert werde: Berechtigt seien beide Motive, vorausgesetzt, die Betroffenen profitierten genauso wie die Geldgeber.

Die Dot-Force, einberufen von der G-8-Runde der mächtigsten Industrienationen, tüftelt seit zwei Jahren an einer Strategie, wie der Sektor der Informations- und Kommunikationstechnik (IKT) in armen Regionen ausgebaut werden kann. Das Ziel hatten die G-8 auf ihrem Gipfel im japanischen Okinawa vorgegeben: »Jeder sollte überall in die Lage versetzt werden, an den Segnungen der globalen Informationsgesellschaft teilzuhaben. Niemand sollte ausgeschlossen werden.« Dot-Force hat Vorschläge erarbeitet, die irgendwo zwischen vage und visionär angesiedelt sind: mehr IKT-Experten ausbilden, Unternehmertum stärken, Cyberkioske in den Dörfern einrichten, Universitäten ans Netz anschließen, Billigsttechniken entwickeln. Das klingt plausibel, und den Katalog kann erst einmal jeder Regierungschef unterschreiben. Heikel wird erst die Frage, wer das alles bezahlen soll. Dennoch gibt sich der Abschlussbericht »Globale Brücken – Digitale Chancen« vorsichtig optimistisch, sein Fazit: »Die digitale Revolution hat die Kraft, eine nachhaltige soziale und wirtschaftliche Entwicklung anzustoßen.«

Daneben existiert eine Reihe privater Initiativen, in denen sich Unternehmer und Ehrenamtliche als Erbauer digitaler Brücken betätigen:
__ Die sechs größten Verlage für medizinische Fachzeitschriften erleichtern Universitäten, Laboratorien und Gesundheitsbehörden den Zugang zu ihren Online-Archiven. Für dreiundfünfzig der ärmsten Länder ist er auf Vorschlag der Weltgesundheitsorganisation vollkommen kostenlos, weitere vierzig Länder können sich zu stark ermäßigten Gebühren einwählen. Auf diese Weise sollen medizinische und wissenschaftliche Informationen schneller in die Entwicklungsländer gelangen.
__ SAP, einer der größten Softwarehersteller, finanziert ein Programm für Online-Lernen in Südafrika. Mithilfe der »Schule am Netz« sollen Studenten an technischen Colleges der westlichen Kapregion eine bessere Ausbildung bekommen.
__ 1997 eröffnete die Weltbank im Internet die »African Virtual University«. Seitdem haben sich rund 25 000 Studenten registrieren lassen. Die Cyber-Uni ist in achtundzwanzig afrikanischen Staaten aktiv. Sie bietet nicht nur Semesterkurse an, sondern verteilt, wenn nötig, auch Computer an die Partnerinstitute.
__ Als Entwicklungshelfer mit Laptop und Modem machen sich die Freiwilligen des US-amerikanischen »Geekcorps« auf den Weg gen Süden. Experten von Computer- und Softwarefirmen, die für den Einsatz freigestellt werden, helfen in der Dritten Welt, in Krankenhäusern Netzwerke zu installieren, beraten Unternehmen im E-Business, bilden IKT-Personal aus.

Madhya Pradesh macht vor, wie selbst Analphabeten den Sprung in den Cyberspace schaffen können. Die Bauern dieses indischen Bundesstaates leiden seit Jahrhunderten unter zwei Übeln: bittere Armut und korrupte Händler. Jetzt schlagen sie den Letzteren, den so genannten Patwari, ein Schnippchen, was ihnen auch gegen den anderen Missstand hilft. Die Regierung schaffte für zweiundzwanzig Dörfer Computer, Modems und Drucker an. Über ein Intranet sind die Stationen verbunden. Für einen minimalen Obulus können die Bauern das System nutzen, das nach dem Hindugott Gayndoot, dem »Bewahrer des Wissens«, benannt wurde. Mit Hilfe des Personals in den Cyberkiosken können sie Antragsformulare herunterladen, Land und Vieh verkaufen oder gegen andere Güter tauschen, sich bei Behörden informieren und beschweren.

Die magischen Kästen spucken außerdem die aktuellen Preise für Feldfrüchte aus. An dieser Stelle kommen die ausbeuterischen

Patwari wieder ins Spiel. Früher nutzten sie regelmäßig die Un-kenntnis über die aktuellen Marktdaten aus, um die Bauern kräftig übers Ohr zu hauen. Die Preisschwankungen für hundert Kilogramm Knoblauch können mehr als vier Dollar betragen – viel Geld für einen kleinen Krauter in Indien. Jetzt läuft die Sache so: Gendalal Verma, einer der betroffenen Gemüsebauern in Madhya Pradesh, schwingt sich einmal wöchentlich auf sein Motorrad, fährt acht Ki-lometer über eine Schlaglochpiste, zahlt am Cyberkiosk fünfzig Pfennig Gebühr und wartet, bis auf dem Monitor die Großmarkt-preise aufflackern. Erst dann verhandelt er mit einem Patwari über den Verkauf der Ernte. »Die Händler«, sagt Verma, »freuen sich überhaupt nicht über die Computer.«

Allianzen: Das Win-Win der Netze
Netzökonomie löst die alten Hierarchien auf

Wer die Verbindungslinien nicht sieht, kann auch die Welt nicht sehen
THOMAS FRIEDMAN

Der Guru verordnet Lachen. »Spürt euer Zwerchfell. Lasst die Seele fliegen. Werdet wieder zu Kindern!« Er thront im Yogisitz auf einem Podest, weißes Hemd, weiße Hose, von orangenen Blüten umkränzt, flankiert von zwei stilisierten Schwänen. Seine Schüler hocken auf Matten, die Männer im westlichen Bürodress, die Frauen in farben-frohen Saris. Lachen hilft gegen Stress, und sie alle brauchen Ent-spannung. Obwohl sie erst um die fünfundzwanzig sind, beginnt ihr Job als Programmierer bereits, an den Nerven zu zehren. Mit dem gleichen Ernst wie eine neue SAP-Anwendung packen sie »Projekt Enthemmung« an. Entsprechend mager fallen die ersten Lacher aus. Je zwei Jünger starren sich an und schneiden Grimassen. Zu-nächst ein vorsichtiges Kichern. Dann prusten die Ersten los. Als schließlich der Guru wie ein Derwisch durch die Reihen tanzt und mit Kitzeln nachhilft, fallen die letzten Barrieren. Homerisches Geläch-ter aus fünfundzwanzig Bäuchen und Kehlen und Seelen dröhnt gen Palmwedeldach. Lachen entzündet neues Lachen, minutenlang, bis keiner mehr kann.

Die Schüler wollen nicht nur fit in Java und ABAP/4, sondern auch mit sich selbst im Reinen sein. Und die Nachtschichten besser durchhalten. So erklärt sich der große Zulauf zum spirituellen Zen-trum »Art of Living« in Trivandrum. In der Hauptstadt des südindi-schen Bundesstaates Kerala lehrt Guru Mani abends Atemübungen, Meditation und Yoga, tagsüber managt er eine erfolgreiche Compu-terschule, die jährlich Hunderte von Programmierern trainiert. Seine

Synthese von fernöstlicher Lebenskunst und westlichem Leistungs-
denken ist ein Markenzeichen indischer Informationstechnologie (IT).

Im Technologiepark vor den Toren Trivandrums demonstriert die
neue Softwaresupermacht ihre Stärke. Viertausend IT-Ingenieure in
fünfzig Firmen schreiben unter Hochdruck Programme und exportieren sie per Satellitenleitung nach Europa und in die USA. Gefragt
sind Internetanwendungen, Bankensoftware und die Übertragung
älterer Programme in die neuesten Computersprachen. Siebentau-
send Flugkilometer von Europa entfernt ist hier und in den anderen
»Cyber Citys« Bangalore, Chennai und Hydarabad die Elite der indischen Computerspezialisten am Werk. Clever konkurrieren sie mit
Programmierern in Deutschland, Irland, USA – dank Datahighway
auch ohne Green Card.

Keralas IT-Branche zählt zu den Gewinnern der Globalisierung.
Der kleine Bundesstaat an der Südspitze des indischen Subkonti-
nents hat sich zu einem wichtigen Baustein der neuen Weltwirtschaft
gemausert. Es ist eine Ökonomie der Netze, die auf Internet und Sa-
tellitentechnik gründet und völlig neue Formen der Arbeitsteilung
ermöglicht. Am einfachsten funktioniert das globale »Hand in Hand«
bei digitalisierbaren Daten, etwa bei Software, an der Experten aus
allen Kontinenten in Echtzeit zusammenarbeiten. Wenn die Sonne
am Ende des tropischen Tages im Indischen Ozean versinkt, schicken
die indischen Programmierer ihre Ergebnisse an die Mutterfirmen
in den USA, wo gerade die Tagschicht beginnt: Silicon Valley, bitte
übernehmen. Die amerikanischen Kollegen wiederum schicken gegen
Feierabend das Programmpaket weiter nach Lettland oder Bulga-
rien. Wenn dann unter den Palmen Keralas der Arbeitstag beginnt,
führen die dortigen Programmierer das Werk fort. Cyberspace, das
Land, in dem die Sonne niemals untergeht.

Indische IT-Experten trifft man auf der ganzen Welt. Im Silicon
Valley leiten sie schätzungsweise achthundert Firmen. Von Deutschland werden sie umworben, zieren sich aber, weil Winterkälte, Aus-
länderfeindlichkeit und Sprachprobleme abschrecken. Der aufstre-
benden Region um Irlands Hauptstadt Dublin können sie da schon
mehr abgewinnen. Die meisten Keraliten wollen allerdings sowieso
nicht auf Dauer im Ausland arbeiten. Sie sind fest verwurzelt in Familien und Traditionen und kehren nach Stippvisiten zum Dollar-
erwerb meist wieder zurück. Wenn sie tatsächlich emigrieren und zu
US-Bürgern werden, profitiert die Heimat dennoch. Exilanten knüpfen Firmennetze, über die Programmierjobs nach Indien strömen.

WENN DIE SONNE AM ENDE DES TROPISCHEN TAGES IM INDISCHEN OZEAN VERSINKT, SCHICKEN DIE INDISCHEN PROGRAMMIERER IHRE ERGEBNISSE AN DIE MUTTERFIRMEN IN DEN USA, WO GERADE DIE TAGSCHICHT BEGINNT: SILICON VALLEY, BITTE ÜBERNEHMEN

Drei Dutzend ausländische Firmen entschieden sich für den Standort Trivandrum, seit 1994 der Technopark gegründet wurde. Hauptgrund ist das Überangebot an gut ausgebildeten Software-Inge-
nieuren: Jedes Jahr entlassen einundzwanzig Colleges des kleinen
Bundesstaates rund viertausend qualifizierte Absolventen auf den
Arbeitsmarkt; in ganz Indien sind es Hunderttausende. Die Personal-
knappheit in westlichen Ländern und niedrige Löhne (ein indischer
Uni-Absolvent verdient gerade mal dreihundert Mark im Monat)
sind die Ursachen des Auftragsbooms. Man kann dem Park der Programmierer förmlich beim Wachsen zusehen. Auf dem siebzig Hektar großen Areal entsteht ein strahlend weißer Technotempel nach
dem anderen. Es verfügt über leistungsstarke Datenleitungen, eigene Stromversorgung, Kantinen und einen Club mit Schwimmbad und
Tennisplatz. Dazwischen sattgrüner Rasen, Teiche, Skulpturen. Der
Campus liegt weit weg von qualmenden Abfallhaufen und rußenden
Auspuffrohren, Stromausfällen, Bettlern und Krüppeln, ein Ort jenseits von Indien.

Und doch gehört er dazu. Er symbolisiert den Anschluss eines
armen Landes an die globalen Netze. Davon profitieren nicht nur
Programmierer, Computerhersteller und Forschungsinstitute, sprich
die Mittelschicht. Der Entwicklungsschub bringt den ganzen Bundesstaat nach vorn, lässt Devisen fließen, kurbelt den Konsum an.
Das merken auch Handwerker oder die Betreiberin der Teeküche
neben dem Technopark in der Kasse. Deshalb greift auch das Argument zu kurz, Inder brauchten erst einmal genug zu essen, aber
keine Computer. Die Wirklichkeit ist komplizierter. In Indien sind
IT-Ingenieure die neuen Götter im Pantheon der Wirtschaft. Sie
verkörpern die Hoffnung, aus eigener Kraft den gesellschaftlichen
Aufstieg zu schaffen. Eine sich entwickelnde Gesellschaft braucht
Vorbilder wie den Software-Tycoon Azim H. Premji, einen der reichsten Männer der Welt. Er ist das lebende Symbol für das Versprechen: Wenn du dich engagierst, wird es sich für dich lohnen.

Kerala ist eine der Geschichten, die man erzählt, um das Neue
an einer Ökonomie der Netze zu illustrieren. Die Entwicklung in
dem indischen Bundesstaat ist typisch für einen Trend, der seit Anfang der neunziger Jahre weltweit die wirtschaftlichen Rahmenbedingungen dramatisch verändert hat. Straßen-, Eisenbahn- und Flug-
netze wurden ausgebaut, Kommunikationsnetze ausgeweitet, Han-
delsschranken beseitigt, sodass sich Geld, Güter und Geschäftsleute
freier bewegen konnten. Globalisierung ist nur ein anderer Name

für Netzökonomie. Grob gesagt beruht sie erstens auf einem noch nie da gewesenen Ausmaß grenzüberschreitender Transaktionen und wechselseitiger Abhängigkeiten sowie zweitens auf einer radikal veränderten Organisation der Akteure.

Netzökonomie ist labil. Abschottung und Protektionismus sind heute zwar untaugliche und überholte Instrumente, garantierten aber in der Vergangenheit immerhin Sicherheit und Stabilität. Für die »Handhabung« einer Welt der offenen Grenzen, unkontrollierten Finanzströme und in Echtzeit kommunizierenden Börsen fehlt allen Beteiligten die Erfahrung. Wer hatte schon Gelegenheit, ein Praktikum als Netzökonom zu absolvieren, bevor er ins Getümmel geschubst wurde! Volkswirtschaftler und Börsianer werden mit interkontinentalen Kettenreaktionen konfrontiert, die irgendwo auf der einen Seite des Globus ihren Anfang nahmen und auf der anderen die Konjunkturdaten durcheinander kegeln. Kränkelt der Dow Jones, steckt er den Dax an, der wiederum seinen japanischen Kollegen Nikkei schwächeln lässt. Eine Epidemie der Kurse, die nicht nur Ökonomen zum Fiebern bringt.

Ganze Volkswirtschaften können kippen wie Dominosteine, wobei eine die anderen mit umschmeißt. Wegen Währungskrisen stand Mexiko 1995 kurz vor dem Abgrund, Russland 1998, Ecuador 1999, Argentinien 2001. Jede nationale Rezession zieht andere Länder mit in die Tiefe, wie es 1997 bei der Asienkrise der Fall war. Dafür, dass die globale Ökonomie erst zehn Jahre jung ist, hatte sie schon eine Reihe gefährlicher Großbrände zu löschen. Doch die Furcht vor einem Flächenbrand bleibt bestehen. Die Situation lässt sich aus der Sicht der Netzlogik wie folgt beschreiben: Bisher profitierten Unternehmen, Staaten und Konsumenten von den Vorteilen von Vernetzung, aber es wurde versäumt, die Netze fehlertolerant zu konstruieren, sodass sich lokale Krisen nicht global aufschaukeln. Die Lösung heißt nicht Rückkehr zur Regulierung, sondern Einbau kybernetischer Steuerungen, die in der vernetzten Weltwirtschaft extreme Ausreißer nach oben und nach unten verhindern. Also nicht Kontrolle im Detail, sondern Festlegung von Randbedingungen.

Netzökonomie drängt Unternehmen zu Reformen. Vielstufige Hierarchien reagieren viel zu langsam auf Veränderungen. Es ist kein Zufall, dass Ostblock, brasilianische Staatsindustrien, asiatischer Kapitalismus und Großkonzerne wie IBM Anfang der neunziger Jahre fast gleichzeitig kollabierten. Sie zeigten dieselben Symptome – aufgeblähte, zentralistische, gelähmte Systeme –, und sie litten unter derselben Krankheit: Kontrollitis. Die Idee, eine allwissende Zentrale könne jede Bewegung des Systems lenken, versagte kläglich. Michail Gorbatschows Warnung »Wer zu spät kommt, den straft das Leben« kündet vom Trauma einer ganzen Dekade. Multinationale Konzerne begannen, ihre Architektur zu einem »Lean Management« umzubauen: Weniger Stufen in der Hierarchie, Entscheidungen fällen diejenigen, die die relevanten Informationen besitzen, im Unternehmen kann jeder mit (fast) jedem reden.

Gleichzeitig expandieren die internen Netze in die Umwelt hinein. Lieferanten, Kunden, strategische Partner, gesellschaftliche Gruppen und Forschungseinrichtungen werden in die Firmensphäre einbezogen. Internet und Intranets stellen die Infrastruktur bereit. Ein Beispiel für eine veränderte Qualität des Informationsflusses sind »Communities«, virtuelle Treffpunkte im Internet, an denen Verbraucher über Produkte und Qualität diskutieren und so, ohne dass es den Chattern bewusst ist, Teil eines Unternehmensnetzes werden. Wenn sie dort das Pro und Contra verschiedener Minidisc-Player debattieren, nehmen sie an einer Art permanenter Meinungsumfrage teil, die von den Herstellern mit Spannung verfolgt wird.

Netzökonomie handelt mit anderen Kunden. Früher waren Werbung und Verkaufsgespräche die wichtigste Verbindung zwischen Produzenten und Konsumenten. Das Internet ändert die Verhältnisse. Zwar macht es nicht, wie man ursprünglich glaubte, den klassischen Warenhäusern als Verkaufskanal Konkurrenz, aber es ist zur Informationsquelle des »wissenden Kunden« geworden. Er betritt ein Geschäft und weiß bereits alles über das Objekt seiner Begierde: Wie viel die Stereoanlage woanders kostet, was Stiftung Warentest über die Klangqualität herausgefunden hat, ob die Boxen giftige Schadstoffe enthalten und welcher Konkurrent einen Service rund um die Uhr anbietet. Jetzt lautet das Ziel nur noch: der beste Kauf zum niedrigsten Preis. Für die Verkäufer ist das Verkaufen komplizierter geworden.

Netzökonomie wertet Zugang höher als Besitz. In den USA ist bereits ein Drittel der Autos geleast. Dort werden auch Häuser lieber gemietet als selbst gebaut, eine immer größere Zahl von Fernsehern, Computern, Handys wird als »Besitz auf Zeit« genutzt. Experten glauben, diese Entwicklung werde auch Europa und Asien erfassen. Der Vorteil für die Kunden: Sie müssen ihr Geld nicht an Gegenstände binden, die technisch immer schneller veralten. Per Leasingvertrag steht alle paar Jahre das neueste Automodell in der Garage und ein schnellerer PC auf dem Schreibtisch. Gerade mobile Menschen wie die Globos entwickeln ein loseres Verhältnis zu Dingen, sie ziehen Verfügbarkeit einer festen Besitzbindung vor. Symbol und Basis der Industriegesellschaft war die Immobilie, die Wissensgesellschaft jedoch handelt mit immateriellen Gütern. Software, Fernsehprogramme, Musikstücke zum Herunterladen, Handyminuten, Internetstunden. Für Globos ist wichtig, jederzeit den Zugang zu jenen Netzen zu haben, in denen die digitalen Waren zirkulieren. Nutzungsrechte für Netze sind wie Schürfrechte für Goldadern.

Netzökonomie lässt »offene Quellen« sprudeln. Geistiges Eigentum war in der Vergangenheit an die Person gebunden. Autoren, Komponisten und Ingenieure, die das Copyright für ihre Werke besaßen, galten in der alten Wirtschaft als die Helden der Kreativität und waren als solche solo unterwegs. Doch die Schnelle Welt fordert und fördert die Kooperation im Ensemble. Kein einzelner Programmierer kann ein komplexes Betriebssystem wie Windows XP schreiben. Und selbst ein riesiger Konzern wie Microsoft ist überfordert, Fehler in seiner Software unmittelbar nach Bekanntwerden zu beseitigen, spezielle Versionen für die unterschiedlichsten Anwendungen herzustellen oder die Programme ständig zu aktualisieren.

Das Gegenmodell zu verschlüsselten Quellcodes, mit denen Software traditionell verkauft wird, lautet »Open Source«. Bei diesem Konzept werden Programmzeilen veröffentlicht und damit geistiges Allgemeingut. Jedweder Entwickler kann sie verändern, erweitern, spezialisieren. Das Betriebssystem Linux beispielsweise basiert auf zahlreichen Vorgängerversionen und wurde zu Beginn der neunziger Jahre von dem finnischen Programmierer Linus Torvald mit einem zentralen Bestandteil, dem Kernel, versehen und ins Internet gestellt, sodass es in den folgenden Jahren von einer weltweiten Tüftlergemeinschaft weiterentwickelt werden konnte. Man schätzt die Zahl der Programmierer, deren Kreativität in die Optimierung des Systems eingeflossen ist, auf einige Tausend. Die verschworene Linux-Gemeinde geht nach den Prinzipien der Evolution vor: Sie arbeitet mit Versuch und Irrtum, wobei jeweils die »fitteste« Variante des Programms Ausgangspunkt der weiteren Entwicklung wird. Der Erfolg gibt dieser Form von Schwarmintelligenz Recht, denn mittlerweile benutzen Millionen von Menschen Linux-betriebene Computer.

Die Linux-Story inspiriert auch die Großen der Branche wie Microsoft, Apple und Corel zu lautem Nachdenken darüber, ob sie nicht ebenfalls die digitalen Innereien ihrer Software offenlegen.

Das hieße für sie nicht, auf Gewinne zu verzichten, sie würden lediglich das Geschäft verlagern. Mit Schulung, individuellen Programmversionen oder Unterstützung bei Problemen bleibt immer noch genug Geld zu verdienen. Der wichtigste Tummelplatz der Open-Source-Bewegung ist das Internet. Eine Homepage zu basteln ist so einfach geworden, dass auch Durchschnittsmenschen dem großen Ganzen etwas Neues hinzufügen, es ergänzen und verbessern können. Weil viele Menschen Inhalte hineingeben, können viele etwas für sich herausholen. Eine Kultur der Kooperation entsteht, der gemeinsamen Erschaffung eines großen Bauwerks vergleichbar, freiwillig und ohne Fron, jeder trägt einen Stein herbei, Massen von Steinen schichten sich zu einem Monument des Wissens auf.

Netzökonomie fordert flexible Akteure. Unternehmen verordnen sich derzeit eine Schlankheitskur nach der anderen. Immer mehr Funktionen – und damit Arbeitsstellen – werden ausgelagert. Deshalb umgeben sich die Firmen mit einem Netz von Freiberuflern, dessen sie sich als heimliche Kapazitätsreserve bedienen: schnell aktivierbar, wenn überraschende Aufgaben erledigt werden müssen, genauso geschwind abschaltbar, wenn nicht mehr benötigt. Aber auch von denen, die fest angestellt bleiben, wird eine hohe Flexibilität erwartet. Jede strategische Kehrtwende sollen sie mitmachen: Fusionen und Verkleinerungen, Verlagerungen von Produktionen und Schließungen, mal das Konzept vom »integrierten Konzern«, dann wieder die Parole »Wir beschränken uns auf unsere Kernkompetenzen«. Überall wird hektisch nach der richtigen Strategie als Antwort auf die Turbulenzen der Weltmärkte gesucht. Und die Mitarbeiter müssen mitziehen. Im Wortsinn. Frankfurt – Moskau – Los Angeles – Boston: Manchmal lesen sich Karrierestationen wie die Flughäfen auf einem »Fly around the World«-Ticket. Unternehmen ziehen eine neue Kaste von Exekutoren heran, verfügbar, berechenbar und flexibel, lateinisch für biegbar und lenksam: ein verräterisches Wort. Das alte Machtprinzip »Teile und herrsche« lautet in der postmodernen Übersetzung »Versetze und führe«.

Die Multis sind die ersten Gewinner der Netzökonomie. Als in den achtziger und vor allem neunziger Jahren immer mehr Handelshemmnisse fielen, profitierten die multinationalen Konzerne gleichsam als Rosinenpicker, die sich aus dem globalen Kuchen die saftigsten Stückchen heraussuchten. »Rosinen« sind in diesem Fall die günstigsten Produktionsstandorte, was leider bisher oft als gleichbedeutend mit niedrigen Löhnen und laxen Umweltauflagen gesehen wurde. Inzwischen zeichnet sich ein Umdenken ab. Vielleicht wird man sich eines Tages an die Phase vor und nach der Jahrhundertwende als »die wilden Zeiten der Globalisierung« erinnern, das Stadium also, bevor sich Wirtschaft und Politik auf weltweit einheitliche, sprich auf die höheren Sozial- und Umweltstandards des Westens verständigten. Nicht aus selbstlosen Gründen, sondern aus der Erkenntnis, dass ohne Frieden und Stabilität auf die Dauer keine Geschäfte zu machen sind.

Doch manche Firmen zeigen sich erst nach regelrechten Schockerlebnissen lernwillig. Nike, Hersteller trendiger Sportartikel, war über Nacht »out«, als bekannt wurde, dass Arbeiter in Indonesien nur sechzig Pfennig die Stunde als Lohn erhielten und in einigen asiatischen Fabriken elfjährige Kinder Schuhe verleimten. Nichtstaatliche Organisationen riefen weltweit zum Boykott auf. Die Verkäufe brachen ein und damit die Gewinne. Um weiteren Imageverlust zu stoppen, änderte Nike die Laufrichtung. Die Kinderarbeit wurde eingestellt, der Lohn angehoben, eine Webcam im Internet gibt Einblick in asiatische Fabrikräume. Konkurrent Adidas Salomon geht in Sachen Transparenz noch einen Schritt weiter. Er lässt seine ausländischen Produktionsstätten regelmäßig von Vertretern kritischer Organisationen wie Save the Children inspizieren, die ihre Berichte unabhängig vom Konzern veröffentlichen. In den Unternehmenszentralen wächst die Furcht vor Boykotts, wie sie den britischen Ölmulti Shell nach der geplanten Versenkung einer Bohrplattform in der Nordsee trafen.

IN DEN UNTERNEHMENS-
ZENTRALEN WÄCHST DIE FURCHT
VOR BOYKOTTS

Weltweite Unternehmensnetze, ob für Herstellung oder Verkauf, bedeuten eben auch, dass jeder Knoten in ihnen potenziell zum Stein des Anstoßes, zum Auslöser eines Boykotts werden kann. Stellen wir uns vor, ein Reporter deckte auf, dass bei McDonald's in Seoul Hundefleisch für Hamburger verarbeitet worden wäre; Agenturen würden die Nachricht minutenschnell rund um den Globus schicken, der Bannfluch des Publikums träfe alle dreißigtausend Filialen in allen hundertzwanzig Ländern. Ein globalisierter Konzern sieht sich heute globaler Beobachtung ausgesetzt, und das ist gut so. Gerade die Großunternehmen haben sich in den vergangenen Jahren bemüht, auch in armen Ländern die gleichen Standards für Sicherheit, soziale Absicherung und Umweltverhalten durchzusetzen, wie sie in entwickelteren Regionen gelten. Es ist die Angst vor dem Pranger, die manchen Multi zur Kehrtwende in seiner Politik zwingt. So hat sich auch Shell von früherer Heimlichtuerei verabschiedet und sucht das Gespräch mit den Kritikern: »Es gibt nur wenige Unternehmen auf der Welt, die mit mehr Gruppen in Kontakt stehen als wir«, sagt ein Sprecher.

Der ganze Hype um die Globalisierung suggeriert, alle Wirtschaft sei Weltwirtschaft, jeder Handel transnational, jeder Konzern ein Multi. Der Eindruck täuscht. Die Netzökonomie schwebt nicht losgelöst über dem Globus. Sie braucht den Kontakt zur Landschaft, sie profitiert von der Bindung an geografische, an »echte« Orte. Das zeigt sich etwa bei Unternehmen, die mit anderen strategische Allianzen eingehen und die unmittelbare Nähe zu diesen Partnern suchen. Auf diese Weise entstanden regionale Netze wie das kalifornische Silicon Valley und »Cyberjaya« in Malaysia, die zu Sammelplätzen der Computer- und Softwareindustrien wurden, oder Bostons Route 128 und München-Martinsried, wo sich die Biotechnologiebranche ballt. Solche Verdichtungen folgen dem Gesetz der zunehmenden Erträge: Wo bereits Unternehmen residieren, da lassen sich weitere nieder, die sich Vorteile von Kooperationen erhoffen. So entsteht ein regelrechter Sog.

Im Valley beispielsweise bindet die Siliziumindustrie ganz unterschiedliche Partner ein, die sie fürs Wachsen und Gedeihen braucht. Zunächst einmal ist das Tal die Heimat von bekannten Firmengiganten wie Hewlett Packard oder Apple. Umlagert werden sie von kleinen Start-ups und Garagenfirmen, teilweise auch Ausgründungen, die dem Schoß der etablierten Mutterfirmen entspringen; hier arbeiten die Jungen und Innovativen, denen die Großen, wenn's gut läuft, für eine Stange Geld zukunftsträchtige Ideen abkaufen. An der Sand Hill Road residieren, Tür an Tür, die Milliarden Dollar schweren Risikokapitalfirmen, die in hoffnungsvolle Unternehmungen investieren. Talentierten Nachwuchs bekommen sowohl die Banker als auch die Softwareschmieden von den Eliteuniversitäten Berkeley und Stanford, deren Campus nicht weit entfernt ist. Auch Netzökonomie braucht Nähe.

Der Zusammenballung von Wissen und Ideen, Kapital und Marktmacht und den spontanen Wechselwirkungen zwischen diesen Polen verdankt Silicon Valley seinen kometenhaften Aufstieg. Er ist das Ergebnis einer Koevolution, die unterschiedliche Partner verknüpft und von der alle profitieren. Grundlage für den Erfolg des Systems ist das »dichte persönliche Netzwerk«, glaubt die Berkeley-Professorin Annalee Saxenian: »Im Valley werden Informationen und Erfahrungen freier ausgetauscht als sonst irgendwo auf der Welt.« Vertrauen zwischen den handelnden Personen entsteht durch den direkten Kontakt, der leicht zu knüpfen ist, weil man genug Gelegenheiten für gemeinsames Joggen, Essen und Trinken findet. Ein einflussreicher Anwalt meint: »Hier kennt jeder jeden, und fünfundneunzig Prozent aller Deals werden im Buck's oder im Il Fornaio beschlossen und begossen.« Silicon Valley, die Welthauptstadt des Computers, entpuppt sich als Dorf, wo sich das gesellschaftliche Leben in zwei Kneipen abspielt.

Anscheinend sind auch in einer globalisierten Wirtschaft »weiche Faktoren« wie Nestwärme und Stallgeruch wichtig. An mangelndem gegenseitigem Vertrauen ist bereits eine Reihe von Fusionen und Partnerschaften gescheitert, die für die Netzökonomie so überlebenswichtig sind. In einer Welt des Wandels brauchen Unternehmen mehr Verbündete denn je, um für jeden Wechselfall des Marktes eine Antwort parat zu haben. Solisten tun sich da schwer. Ohne strategische Allianzen sind beispielsweise die horrend gestiegenen Ausgaben im Bereich Forschung und Entwicklung kaum aufzubringen. Das betrifft besonders die forschungsintensiven Industriezweige wie Halbleitertechnik, Luft- und Raumfahrt, Telekommunikation und Pharmazie. Hier sind die Zyklen der technischen Erneuerung und Verbesserung so kurz geworden, gleichzeitig die Produktpaletten so groß, dass Einzelkämpfer nicht konkurrenzfähig sind. Der Druck zur Vernetzung wächst. In den entstehenden Firmennetzen verfolgt man eine bestimmte Zeit lang gemeinsame Ziele, behält jedoch jeder Partner seine Eigenständigkeit.

Alle Arten von Allianzen werden getestet. Kleine Biolabors kooperieren mit Pharmariesen. Fluglinien wie Lufthansa, Singapore Airlines und ein Dutzend weitere gründen die »Star Alliance« und verbinden ihre Strecken zu einem globalen Netz. Die größten Autokonzerne der Welt, unter anderem DaimlerChrysler und Ford, entwickeln gemeinsam die Brennstoffzelle als neue Antriebsart, weil jeder Einzelne von ihnen mit den enormen Kosten überfordert wäre. Es ist kein Zufall, dass die Netzökonomie gerade in der jetzigen Phase zur Blüte kommt: Erstmals stehen die technischen Möglichkeiten bereit, Unternehmensnetze als informationsverarbeitende Systeme optimal zu betreiben. Sie entfalten ihre Stärken, weil immer schnellere Verbindungen via Flug und Fax, E-Mail und Internet, Kuriere und Videokonferenzen den ständigen Fluss der Informationen gewährleisten. Schnelle Medien für flexible Netze.

Ein besonders gelungenes Beispiel von Netzökonomie, das zudem segensreich die Umwelt entlastet, ist im dänischen Kalundborg zu besichtigen. Das Städtchen liegt hundert Kilometer westlich von Kopenhagen. Zwanzigtausend Einwohner, Fachwerkhäuser, Ostseestrand, ein idyllischer Fischereihafen, in Sichtweite das Industriegebiet, das eine Ölraffinerie, einen Gipsplattenhersteller, einen Biotechkonzern und ein Kohlekraftwerk beherbergt. Raffinerie und Kraftwerk sind jeweils die größten des Landes. Das Faszinierende an diesem Ensemble ist, dass sich das Industriegebiet wie ein Ökosystem entwickelt. Die Beziehungen zwischen den einzelnen Betrieben gleichen einem Nahrungsnetz in der freien Natur, als Faustformel gilt: Was des einen Abfall, ist dem anderen Rohstoff.

DIE BEZIEHUNGEN ZWISCHEN DEN BETRIEBEN GLEICHEN EINEM NAHRUNGSNETZ IN DER FREIEN NATUR

Ein kurzer Überblick über das Geflecht der Beziehungen: Kraftwerk zapft Pipeline der Raffinerie an, dafür liefert Kraftwerk überschüssige Prozesswärme an Raffinerie. Kraftwerk gibt Gips aus der Entschwefelungsanlage an Plattenhersteller. Nährstoffreiche Reste aus den Bioreaktoren der Biotechfirma düngen Felder in der Umgebung. Abwärme aus Kraftwerk temperiert das Wasser von Fischfarm und lässt Forellen wachsen. Raffinerie leitet gebrauchtes, aber immer noch warmes Kühlwasser zu Kraftwerk, das es als vorgeheiztes Boilerwasser nutzt. Nebenbei werden fünftausend Haushalte von Kalundborg beheizt. Die verschlungenen Stoff- und Energieströme haben große Ähnlichkeiten mit einer Symbiose, einer Beziehung zum wechselseitigen Vorteil, wie sie zwischen Pflanzen und Tieren gang und gäbe ist.

Seit einigen Jahren firmiert das Netz von Kalundborg auch offiziell unter diesem Namen: Industrial Symbiosis. Das klingt nach heiler Umwelt. Und tatsächlich lautet das erklärte Ziel der beteiligten Unternehmen, irgendwann bei »Nullemission« anzukommen: Komplett geschlossene Kreisläufe, kein Abfall verlässt das System. Bei der Entstehung der Industriesymbiose 1973 spielte ökologisches Denken zunächst überhaupt keine Rolle, was nicht wundert, gelten doch Raffinerien und Kraftwerke nicht gerade als grüne Vorzeigebetriebe. Nicht einmal einen ausgefeilten Entwicklungsplan gab es ursprünglich. »Das Ganze ist ein Nichtprojekt«, sagt Jørgen Christensen, einer der Manager, »das Netz wuchs ganz von selbst.«

In dieser Story spielt räumliche Nähe, ähnlich wie im Silicon Valley, eine entscheidende Rolle. Weil die Kalundborger Firmen keine Konkurrenten waren, konnten sich die leitenden Angestellten regelmäßig zum offenen Gedankenaustausch treffen und pflegten auch private Kontakte. Im geselligen Kreis kamen auch die Sorgen und Nöte in Sachen Ver- und Entsorgung zur Sprache. Irgendwann entstand die Idee für die beschriebenen Tauschgeschäfte. Die entsprechenden Verträge wurden zwischen den Firmen hart verhandelt, immer mit Blick auf die Kosten. »Die zentrale Frage war: Was ist ökonomisch sinnvoll?«, erinnert sich Christensen. Tatsächlich hat sich die Symbiose in barer Münze ausgezahlt. Bis heute stehen 13,5 Millionen in das Netz investierte Euro 135 Millionen gegenüber, die an Betriebsausgaben gespart wurden.

Erst durch die positiven Reaktionen der Öffentlichkeit wurde den Managern klar, dass sie etwas Einmaliges geschaffen haben, eine Symbiose, die auch ökologisch eine Menge positive Effekte hat. Der gesamte Wasserverbrauch sank um 1,2 Millionen Tonnen, der Kohlendioxidausstoß um 130 000 Tonnen pro Jahr. Außerdem verschaffte die »Industrial Symbiosis« den beteiligten Unternehmen ein hervorragendes Öko-Image. Firmenvorstände und Forscher aus aller Welt pilgern nach Kalundborg, weil sie bei sich zu Hause ähnliche Symbiosen installieren wollen. An anderen Orten in Europa und den USA sind mittlerweile in Industrie- und Gewerbegebieten Projekte entstanden, die auf dem Konzept von Kalundborg basieren.

Doch Jørgen Christensen dämpft allzu große Hoffnungen der potenziellen Nachahmer: »Eine der wichtigsten Voraussetzungen für das Gelingen ist, dass die beteiligten Manager sich persönlich kennen und dass sie sich vertrauen.« Man könne industrielle Symbiosen nicht in irgendeine anonyme Großstadt pflanzen, künstlich angelegte Systeme endeten meist mit Wasserköpfen und Ineffizienz. Vertrauen dagegen reduziert Komplexität. Und das ist zum Schluss doch eine sehr schöne und emotionale Wahrheit: Auf der Suche nach den Erfolgsrezepten der Netzökonomie landet man letztlich wieder beim Menschen – beim Netz seiner Beziehungen und Sympathien.

@-Bomben und andere Attacken
Wo in Netzen das Risiko lauert

Das Dilemma der Netze: »Die Existenz von sehr Vielem ist vom Funktionieren von sehr Wenigem abhängig.« GERO VON RANDOW

Zürich, 19. Oktober 1918. Der Schriftsteller Stefan Zweig notiert in seinem Tagebuch: »Es fehlt jede Orientierung. Auf der Börse ein wildes Valutengeschiebe, in der Stadt die Grippe in entsetzlichem Maße. Eine Weltseuche, gegen die die Pest in Florenz oder ähnliche Chronikengeschichten ein Kinderspiel sind. Sie frisst Europa täglich 2 000 bis 4 000 Menschen weg.« In jenen Herbsttagen begann die Spanische Grippe einen tödlichen Triumphzug über die Kontinente. Die Pandemie war im bäuerlichen amerikanischen Mittelwesten von

Schweinen auf Menschen übergesprungen, hatte sich innerhalb einer Woche in den ganzen USA ausgebreitet, war dann mit Marinesoldaten in Europa einmarschiert. Die Seuche griff in die Kämpfe an den Fronten des Ersten Weltkriegs ein und legte das öffentliche Leben lahm: Straßenbahnen blieben in den Depots, aus Gaststätten und Sälen wurden die Stühle entfernt, damit sie nicht zu Brutstätten für Erreger wurden, auf den Straßen hielten die Menschen Distanz, Polizisten patrouillierten mit Schutzmasken. Innerhalb von zwei Jahren starben zwischen zwanzig und fünfzig Millionen Menschen. Särge wurden knapp.

Tokio, 20. März 1995. Gegen acht Uhr morgens setzen Anhänger der Aum-Shinri-Kyo-Sekte in fünf U-Bahnen gleichzeitig das Giftgas Sarin frei. Und zwar genau zu dem Zeitpunkt, als die Bahnen das Zentrum der Megacity erreichen. 5500 Menschen werden teilweise schwer verletzt, zwölf von ihnen sterben. Als Drahtzieher wird der Sektenführer Shoko Asahara verhaftet. Er hatte immer wieder eine Katastrophe prophezeit, die die gesamte Menschheit – natürlich mit Ausnahme seiner Jünger und anderer Auserwählter – dahinraffen werde. Aum-Shinri-Kyo heißt »höchste Wahrheit«. Mit dem Horror in den unterirdischen Röhren von Tokio wollte die Sekte das Wahrwerden ihres Endzeitszenarios ein bisschen beschleunigen.

New York, 11. September 2001. Zwei Passagiermaschinen werden von islamistischen Entführern in die beiden Türme des World Trade Center gelenkt, eine dritte auf das Pentagon, eine vierte Maschine stürzt in Pennsylvania ab. Mehr als dreitausend Menschen sterben. Die Attentäter sind kleine Gruppen von arabischen Terroristen. Sie treffen die Supermacht USA mitten ins Herz: New York wird zum Notstandsgebiet, Telefonnetze brechen zusammen, der Flugverkehr wird für Tage eingestellt, Grenzen werden geschlossen, Wirtschaft und Börsenhandel brechen ein. US-Präsident George W. Bush spricht vom »ersten Krieg des 21. Jahrhunderts«.

Drei Ereignisse, die einen gemeinsamen Hintergrund haben. Sie beleuchten in dramatischer Weise die katastrophalen Kehrseiten, die Vernetzung eben auch haben kann. Die Verbundenheit »jedes mit jedem« birgt neben unbestreitbaren Vorteilen auch eine Reihe von Gefahren. Netze sind potenzielle Ausbreitungsstränge für Viren, echte und digitale, sie dienen als Migrationsrouten für Drogen- und Waffenhändler, als Schleichwege für Mafiosi und Terroristen, dunkle Kanäle zur Vorbereitung von Verbrechen jeder Art. Doch sie sind nicht nur Mittel zum bösen Zweck, sondern geraten auch selbst ins

Fadenkreuz von Attentätern. Die Infrastruktur von Kommunikation, Verkehr und Wirtschaft wird in hoch vernetzten Gesellschaften zum bevorzugten Ziel derjenigen, die durch Attacken auf wichtige Knotenpunkte mit minimalem Aufwand einen großen Kollaps auslösen wollen.

Dieser kurze Streifzug durch die Schattenseiten des vernetzten Lebens zeigt: Netze sind weder »gut« noch »schlecht«. Sie sind schlicht das Gewebe, in dem wir heute leben und dessen Existenz niemand rückgängig machen kann. Als Organisationsform sind sie neutral. Dass sie keinen Wert an sich darstellen, übersehen jene Euphoriker, die Vernetzung per se für den idealen Weg zum Menschenglück halten. Manche schwelgen gar in esoterischen Hochgefühlen, weil sie eine große Völkerfamilie kommen sehen, durch Netzwerke der Liebe verbunden, in Frieden vereint. Das kann man nicht einmal eine Vision nennen, sondern lediglich Träumerei. Man kann sogar, wie der Politologe Samuel P. Huntington, in die Gegenrichtung argumentieren: Durch Vernetzung prallten fremde Kulturen mit konträren Zielen aufeinander, was zu einem »Clash of Civilizations« führe. Vermutlich liegt die Wahrheit jenseits solcher Extreme: Für Netze gilt das gleiche wie für alle menschlichen Instrumente – es kommt drauf an, was man draus macht.

Einer der Nachteile von Vernetzung heißt Abhängigkeit. Je totaler wir uns an Netze anschließen, desto existenzieller sind wir auf sie angewiesen. Das merken wir meist erst dann, wenn sie versagen und uns allein lassen. Wenn der Strom ausfällt, das Telefon tot ist, Autos in hundertzwanzig Kilometer langen Staus zu Immobilien werden, Fluglotsen streiken, Internetserver abstürzen. Oder wenn Terroristen ganze Megacitys schockgefrieren lassen, wie in Tokio und New York. Solche Abstürze und Attacken treffen den Nerv des vernetzten Lebens.

DER GROSSE NACHTEIL DER NETZE HEISST VERWUNDBARKEIT Der zweite große Nachteil der Netze heißt Verwundbarkeit. Das wird deutlich, wenn wir uns zum Vergleich erinnern, wie das »unvernetzte Leben« aussah, jene gar nicht so fernen Epochen der Zivilisationsgeschichte, als Länder und Volkswirtschaften noch autonomer, selbstgenügsamer, unabhängiger als heute waren. Die Szenerie glich einer altertümlichen Festung: stark bewehrte Grenzwälle, hinter denen sich Menschen verschanzten, nur wenige Zugbrücken, die scharf bewacht wurden. So abgeschirmt, fühlten sich die Bewohner sicher – aber auch ziemlich isoliert. Das war die Situation in der Vergangenheit. Globalisierung hat die Festungen geschleift, Inseln erobert, Isolation beseitigt. Die einst Verschanzten – Länder, Gesellschaften und Unternehmen – haben verstanden: Wer Kontakt will, muss sich öffnen.

Gleichzeitig muss er in Kauf nehmen, dass er sich durch Kontakt verletzbar macht. Im Zuge der Netzverdichtung wurden die alten Schutzwälle mit Pforten und Pfaden durchlöchert, bis sie aussahen wie ein Emmentaler Käse. Durch die Löcher legten wir Gleise, Glasfaserkabel, Pipelines, Telefondrähte, Stromleitungen, Flugkorridore. Jeder Netzstrang eine Sicherheitslücke. Niemand hat mehr den Überblick über das millionenfache Hinein und Hinaus. So werden Netze gleichsam zu den trojanischen Pferden einer globalisierten Welt: Sie sehen harmlos aus, aber in ihrem Innern lauern die Scharen der Angreifer.

Dennoch wird immer wieder von Politikern und Geheimdienstlern behauptet, eine Abschirmung gegen unerwünschte Eindringlinge sei kein Problem. Alles nur eine Frage der Technik, des Aufwands, der überlegenen Intelligenz. Nach den Anschlägen im September 2001 auf die USA versprach die Bush-Administration, man werde potenzielle Attentäter zukünftig schon an den Landesgrenzen abfangen. Auf keinen Fall werde man jedoch zulassen, dass sie in den USA ein Flugzeug besteigen. Welch maßlose Überschätzung! Eine solche Hermetik und Kontrolle ist in hoch vernetzten Gesellschaften prinzipiell unmöglich. Unsere Weltordnung beruht schließlich auf der Idee, dass sich Menschen, Informationen und Waren frei bewegen können. Wer versuchen würde, diesen unaufhörlichen Strom einzudämmen, hemmte die Hydraulik der Globalisierung. Free Flow und der große Filter – das verträgt sich nicht.

FREE FLOW UND DER
GROSSE FILTER – DAS VERTRÄGT
SICH NICHT

Schon gegen die Invasion von Winzlingen sind wir machtlos. Wenn Menschen reisen, haben sie Mikroben im Gepäck. Krankheitskeime kennen keine Grenzen. Meningitis fliegt als blinder Passagier mit, Ebola schifft sich ein, Malariamücken verbergen sich im Frachtraum. Der so genannte Aidspatient Nummer eins, ein amerikanischer Flugbegleiter, rühmte sich, mehr als zweitausend Sexualpartner in aller Welt gehabt zu haben: unterwegs in tödlicher Mission. Experten der Weltgesundheitsorganisation sehen in der zunehmenden Mobilität einen Hauptgrund für das Comeback der Killer. Die Generaldirektorin Gro Harlem Brundtland meint: »Wir sitzen alle im selben Boot, und es ist voller Bakterien und Viren.«

Nicht weniger verheerend als das Aidsvirus wütete die eingangs erwähnte Grippe-Epidemie 1918/19. Sie schwappte wie eine Welle innerhalb weniger Monate um einen Globus, der unter den Vorzeichen einer internationalisierten Wirtschaft schon damals stark vernetzt war. Zu den millionenfachen Bewegungen von Auswanderern und Migranten, vom Geschäftsleuten und Touristen kamen noch die Truppenbewegungen des Ersten Weltkriegs: Es gab eine Menge Mitfahrgelegenheiten für Erreger.

Was, wenn Terroristen todbringende Viren gezielt als Waffe einsetzen? Für Militärs und Geheimdienstler keine abwegige Vorstellung. Bakteriologisch geschulte Jünger der Aum-Sekte hatten lange mit Milzbranderregern experimentiert, bevor sie sich doch für das einfacher einzusetzende Nervengas entschieden. Seitdem geistert durch die Schreckensszenarien der CIA ein Marmeladenglas voller Milzbrandsporen, abgeworfen vom Empire State Building: Es würde reichen, einen ganzen Stadtteil zu entvölkern. Solche »Atombomben für Anfänger« lassen sich in einer Garage bauen und im Koffer transportieren. Über die Mobilitätsnetze können B-Waffen und chemische Kampfstoffe, die apokalyptischen Reiter der Postmoderne, durch die Grenzen sickern. Im Herbst 2001 boten die unheimlichen Milzbrandfälle in den USA einen bitteren Vorgeschmack auf künftige Biokriege. Einer völlig verunsicherten Bevölkerung dämmerte langsam: Globalisierung, das bedeutet auch globalisierte Chancen für Terroristen.

Jedes neue Netz erschafft sich seine ureigenen Möglichkeiten des Missbrauchs. So war der Anschlag auf das World Trade Center zwar motiviert von einer mittelalterlichen Ideologie, aber vorbereitet mit allen Mitteln der Moderne. Datennetze spielen als Nervensystem von weltweit operierenden Terrornetzen eine entscheidende Rolle. Lange vorher hatte die CIA schon gewusst, dass der Cyberspace jede Menge Schlupfwinkel für Konspiration und kriminelle Elemente bietet. Sheik Ahmed Yassin, Gründer der militanten »Hamas«-Bewegung, hatte gar einen Heiligen Krieg der Kommunikationstechniken angekündigt: »Wir werden alle denkbaren Mittel einsetzen, ob E-Mail oder Internet, um den Dschihad gegen die israelischen Besetzer und ihre Unterstützer zu fördern. Bei uns arbeiten die besten Köpfe.«

Der in Afghanistan untergeschlüpfte Osama Bin Laden verschlüsselte (nach unbestätigten Angaben der CIA) seine Anweisungen an Mitglieder seines weltweit operierenden Terrornetzes auf besonders perfide Weise. Auf der Suche nach geeigneten Datenträgern für geheime Botschaften verfiel er ausgerechnet auf Porno-Websites, die ein rechtgläubiger Muslim niemals erblicken dürfte; vielleicht blieb der Trick deshalb lange Zeit unentdeckt. Er geht so: Bilder bestehen aus Bildpunkten, die wiederum von Bits definiert werden. Einige dieser Informationen stehen jedoch für Nuancen des Bildes, die dem Auge nicht auffallen und die man benutzen kann, um mit Spezialprogrammen Geheiminformationen zu deponieren. Der Atombusen von Pamela Anderson als »toter Briefkasten« für Islamisten: Offenbar gehört zum Psychogramm der neuen Terroristengeneration neben Fundamentalismus und Cleverness auch ein Schuss Zynismus.

Sie nutzt die Stärken der Moderne und nutzt gleichzeitig deren Schwächen aus. Netze zählen zu den Errungenschaften, von denen sie weidlich Gebrauch macht. In den September-Anschlägen verdichtete sich dieses Vorgehen prototypisch: Geldwäsche und -erwerb durch Börsentransaktionen, Planung per E-Mail und Internet, weltweite Reisen, Zahlen mit Plastikgeld, Training im Flugsimulator, Entführung von Düsenjets. Auch die Ziele im Fadenkreuz passten dazu: das Pentagon als Schaltstelle der militärischen, das World Trade Center als Zentralknoten der wirtschaftlichen Netze. Bei den antimodernistisch eingestellten Gotteskriegern läuft diese Taktik unter dem Schlachtruf »Schlagt sie mit ihren eigenen Waffen!«

Das Internet als dezentrales System passt hervorragend zur entwickelten Form von Terrorismus. Attentäter operieren in kleinen, autonomen Gruppen, die sich persönlich nicht kennen und die über elektronische Netze koordiniert werden. Auch das Böse hat die Vorteile von Netzen als flexible, fehlertolerante und selbstorganisierte Systeme entdeckt. Die Vorgehensweise erinnert an Schwärme von Bienen oder Ameisen: Wird eine terroristische Zelle aufgespürt und unschädlich gemacht, operieren die anderen ungerührt weiter, so wie die Aufgabe eines getöteten Insekts sofort von anderen übernommen wird. Biologische Systeme basieren auf Redundanzen: Jeder Netzknoten ist tausendfach angelegt, um im Versagensfall die Funktion des Ganzen nicht zu gefährden. Terrornetze ahmen diese erfolgreiche Strategie nach.

Führerpersönlichkeiten wie Osama Bin Laden beschränken sich darauf, Mitglieder für Netzwerke anzuwerben, sie auszubilden und zu indoktrinieren. Mit einer Propaganda, die bis zur Gehirnwäsche geht, schwören sie die Attentäter auf den Feind an. Doch dann, wenn die grobe Richtung festgelegt ist, lassen sie den Dingen ihren Lauf und den Terroristen freie Hand. Die konkreten Operationen gegen

selbst gewählte Ziele führt der Schwarm unabhängig durch, jede
Einheit auf sich gestellt, ohne Rückfragen, ohne verräterische Tele-
fonate oder Treffen – und deshalb von einer geradezu unheimlichen
taktischen Überlegenheit. Sie beruht auf einer teuflisch cleveren
Mischung aus Steuerung, weil die Richtung vorgegeben ist, und Spontaneität, weil genug Freiraum für situative Entscheidungen bleibt.
Der Organisationstheoretiker und Ex-Visa-Chef Dee Hock würde
das als »Strategie des Chaords« bezeichnen, eine ausgeklügelte Balance von Chaos und Ordnung.

Lassen sich solchen kriminellen »Schwärme« überhaupt bekämpfen? Populisten rufen nach einer Superbehörde, einer Art Weltpoli-
zei, ausgestattet mit umfassenden Machtbefugnissen. Doch das wäre
genau die falsche Strategie. Schwärme sind einem solchen Giganten
immer überlegen, wie sie auch zentral gesteuerte Armeen ausmanö-
vrieren, sie operieren diskreter und stechen sie an List und Wendig-
keit aus. Vielmehr sollte man sie mit ihren eigenen Waffen schlagen,
indem man ein Netz von Gegenspionen, Agenten und V-Leuten auf-
baut, die sich schwarmartig verteilen, ins Umfeld der Unterstützer
und Sympathisanten einsickern und verdächtige Gruppe unterwan-
dern, um dann gezielt die Zentralknoten der Organisationen auszuschalten. Geheimdienstler täten gut daran, sich intensiv mit dem
Prinzip des Chaords zu beschäftigen.

Die CIA befürchtet, der Datendschungel könne zum bevorzugten
Operationsgebiet von allerlei finsteren Elementen werden. Deshalb
planen die USA, als Ergänzung zum Raketenschutzschild, ein fünfzig Milliarden teures Abwehrsystem gegen Anschläge von Hackern.
Das Federal Intrusion Detection Network (FID-Net) soll verdächtige Datenpakete abfangen, bevor sie militärisch und wirtschaftlich
bedeutsame Rechner infizieren oder gar zerstören. Ein »elektronisches Pearl Harbour« will man um jeden Preis verhindern. Die Plan-
spiele reichen von Attacken einzelner Hacker bis zum Cyberwar
zwischen ganzen Ländern.

Eine Ahnung vom Online-Krieg gaben die Geplänkel chinesischer
und amerikanischer Programmierer, nachdem die Chinesen ein US-
Spionageflugzeug aufgebracht und die Piloten gefangen genommen
hatten. Einige hundert Websites in China und den USA wurden im
Zuge der Auseinandersetzungen überschrieben, um die Gegenseite
zu demoralisieren. Die Botschaft der Einbrecher lautete: Wir gehen
bei euch ein und aus, wann immer wir wollen, und ihr seid machtlos!
Das war sicher noch kein Erster Cyber-Weltkrieg, denn die Ausfälle

bei Behörden und Unternehmen hielten sich in Grenzen. Aber wir können davon ausgehen, dass uns in Zukunft die Fortsetzung des Krieges mit digitalen Mitteln immer öfter in Atem halten wird. Konflikte verlieren ihre Bindung an Territorien. Cyberwars können von jedem Fleck aus, der vernetzt ist, angezettelt werden. Ihr Schlachtfeld ist überall und nirgendwo.

Wenn ein Laptop zur Waffe werden kann, verlockt das auch Privatleute, dem Rest der Welt den Krieg zu erklären. Schon Teenager sind in der Lage, als Gigabyte-Guerilleros Angst und Schrecken zu verbreiten. Elektronische Viren, freigesetzt von fehlgeleiteten, aber talentierten Programmierern, tarnen sich mit niedlichen Titeln wie »Melissa« und »I love you« oder drohen katastrophisch wie »Tschernobyl«. Einige von ihnen richteten Schäden in Milliardenhöhe an. Und dennoch hat es bisher kein Virus geschafft, das Internet als Ganzes lahm zu legen. Das liegt an seiner besonders störungstoleranten Struktur. Erinnern wir uns an Netzgesetz Nr. 7: Inhomogene, dezentrale und vielfach verknüpfte Systeme sind in der Lage, zufällig auftretende Fehler abzufedern. Fällt ein Server aus, finden sich in Lichtgeschwindigkeit Umleitungen, bei Überlastung einzelner Schaltstellen übernehmen andere. Der Datenverkehr fließt weiter. In der

NETZE SIND ELASTISCH, Ökologie nennt man das Resilience: Netze sind elastisch, bei massi-
BEI MASSIVEN STÖRUNGEN ven Störungen dehnen sie sich, aber sie reißen nicht.
DEHNEN SIE SICH, ABER
SIE REISSEN NICHT

Der gewaltige Vorteil von Dezentralität zeigte sich unmittelbar nach den Terroranschlägen im September 2001. In New York brachen das Telefonfestnetz und der Mobilfunk zusammen, doch das Internet bestand seine Bewährungsprobe. Selbst aus Häusern in Sichtweite vom World Trade Center konnten die ganze Zeit über E-Mails versendet werden. Der Internetrechner namens »NYIIX«, installiert sechshundert Meter vom Ort der Katastrophe entfernt, meldete »Business as usual«, seine zwei Ersatzcomputer im ländlichen New Jersey konnten ungestört weiterdösen.

Netzgesetz Nr. 7 gilt allerdings nur für Attacken oder Versagen, die in zufälliger Weise mal diesen, mal jenen und deshalb mit hoher Wahrscheinlichkeit einen der weniger wichtigen Knoten treffen. Ganz anders ist die Lage bei gezielten Angriffen. Wenn Terroristen herausfinden, welche Rechner das Rückgrat des Internet bilden und sie planmäßig angreifen, können sie, so befürchten Experten, sogar dieses robuste System empfindlich treffen, das einst erfunden worden war, um sogar Atomschlägen zu trotzen. US-Forscher behaupten, dass es ihren Berechnungen zufolge reicht, vier Prozent der größten

Knotenpunkte auszuschalten, um das Netz der Netze zu zerreißen. Entgegen seinem Mythos der Unverwundbarkeit besitzt offenbar auch das Internet Achillesfersen.

Besonders brisant im Hinblick auf die Sicherheit ist die Tatsache, dass sich immer mehr Netze mit anderen Netzen verbinden. So werden Stromversorgung, Verkehrsleitung, Flugsicherung oder Aufzugssysteme von vernetzten Computern gesteuert. Crackern, Programmierern mit zerstörerischen Absichten, gelang es im Mai 2001, in das Computersystem einzudringen, das alle Starkstromleitungen in Kalifornien und zu den angrenzenden Bundesstaaten und Mexiko kontrollierte; »zufällig« fiel zur gleichen Zeit in weiten Teilen des Sonnenstaats der Strom aus. Ein Sprecher der Energieversorgungsunternehmen bestritt zwar einen Zusammenhang, gleichwohl hinterließen die heimlichen Besucher, deren Spur bis zu einem Server von China Telecom in der Provinz Guangdong zurückverfolgt wurde, eine deutliche Warnung: Gebt euch keine Blöße!

Mit ähnlichen Methoden war es Aktivisten bereits im Oktober 1999 gelungen, die Energieversorgung der Weltgesundheitsorganisation in Genf zu unterbrechen. In den Annahmen für den »schlechtesten Fall«, von dem Sicherheitsexperten ausgehen müssen, wimmelt es von abstürzenden Flugzeugen, kollidierenden Eisenbahnen und stromlosen Hochhäusern, jeweils eingeleitet durch eine Netzattacke. Sogar über Attentate auf einzelne Personen wird spekuliert: Da Krankenhäuser zunehmend ihre Intensivstationen digital steuern, könnte man einem Patienten, der an eine elektronisch betriebenen Tropf hängt, eine Überdosis Betäubungsmittel verabreichen. Mord per Internet.

Wie sehr unser Leben mittlerweile am Faden der Netze hängt, zeigt sich in aller Härte immer dann, wenn sie versagen. Als die amerikanische Zeitschrift »Wired« eine Hitliste der größten Stromausfälle ermittelte, landete auf Platz eins ein Vorfall im kanadischamerikanischen Osten, der sich Januar/Februar 1998 ereignete. Damals mussten mehr als fünf Millionen Menschen einen Monat lang und bei klirrender Kälte ohne Elektrizität ausharren. Hunderttausend Kanadier suchten Schutz in öffentlichen Unterkünften. Eisstürme hatten mehr als tausend Hochspannungsmasten ausgeschaltet und fünfunddreißigtausend hölzerne Masten umgeworfen. Einem solchen Flächenangriff hatte das Netz nichts entgegenzusetzen. Allein für die Versicherungen summierten sich die Schäden auf 1,2 Milliarden Dollar.

Viele Stromnetze sind unglücklicherweise so strukturiert, dass »Kaskadeneffekte« auftreten. Ein Generator fällt aus und schaltet dabei zwei andere kurz, die wiederum andere ausknipsen, die Relais kippen wie eine Reihe von Dominosteinen. Zu fatalen Kettenreaktionen kann es nur kommen, wenn die Systemarchitektur auf Hierarchien und Bündelungen basiert. Fast jeder Aspekt unseres täglichen Lebens hängt von einer funktionierenden Stromversorgung ab, insbesondere in großen Städten. Fällt sie aus, stecken Menschen in Aufzügen fest, bleiben U-Bahnen mitten im Tunnel stehen, werden Straßen zu Todesfallen. Im Juli 1977 war New York für fünfundzwanzig Stunden ohne Strom; bei Anbruch der Nacht, eine der heißesten des Jahres, kam es überall in der Stadt zu Plündereien, in Brooklyn und der Bronx entzündeten sich regelrechte Aufstände. Strom weg, Licht weg, soziale Kontrolle weg: Die Decke der Zivilisation erwies sich als reichlich dünn.

Nach solchen Schockerlebnissen wächst die Bereitschaft, über neue, widerstandsfähigere Infrastrukturen nachzudenken. Die wichtigsten Defizite heißen Zentralität und Zusammenballung. Strom wird in großen Kohle- und Kernkraftwerken produziert, Verkehrsstränge laufen an wenigen Knoten zusammen, große Bahnhöfe, Flug- und Seehäfen, Versorgungssysteme für Wasser, Nahrung und Medikamente hängen ebenfalls von zentralen Verteilpunkten ab. In unseren Metropolen drängeln sich Befehlszentralen von Regierungen, Industrie, Banken. Soll man versuchen, jeden einzelnen dieser Knoten »bombensicher« auszulegen? Jedes Heizkraftwerk schützen, wie man heute bereits Atommeiler überwacht? Den Luftraum lückenlos kontrollieren? Sicher nicht. Der technische und militärische Aufwand und der Preis der Freiheiten, die die Bürger einbüßen, wären zu hoch. Halten die hoch entwickelten Gesellschaften jedoch am Prinzip der Ballung fest, erleichtern sie Kriminellen das Spiel. Jede Zentrale ist ein potenzieller Angriffspunkt.

Das World Trade Center war so ein Punkt: Fünfzehnhundert Firmen mit vierzigtausend Mitarbeitern, Herz der Finanzsysteme, Tempel der Weltwirtschaft. Schon die Bauweise verdeutlicht die Schwächen des Prinzips Ballung: Es reichte aus, die Statik des Gebäudes auszuhebeln, um einen der höchsten Wolkenkratzer in Schutt und Asche und die Wirtschaft weit über die Weltstadt hinaus lahm zu legen. Robuster erwies sich dagegen die Architektur des Pentagons in Washington: Sie ist flach, weitläufig, verteilt ihre Funktionen auf einen großen Gebäudekomplex. Das fliegende Selbstmordkommando konnte nur einen Teil der Anlage zerstören, wenige Tage später nahm das Pentagon seine Arbeit wieder auf. Dieser Unterschied hat symbolischen Charakter: Das Hochhaus des Welthandelszentrums steht für die herkömmliche Architektur technischer Systeme, das Fünfeck für fehlertolerante Strukturen.

In dieser Hinsicht hat das Internet ein bewährtes Vorbild geschaffen. Im Cyberspace gibt es keine Zentrale. Datenpakete reisen nach dem Prinzip des geringsten Widerstandes. Geht es irgendwo nicht weiter, etwa weil eine Leitung blockiert ist, suchen sie blitzschnell Umwege. Von dieser Elastizität sollten andere Netze lernen. Viele kleine Kraftwerke sind besser ein großes, mehrere kurze Güterzüge fahren ungefährdeter als ein langer. Oder, übertragen auf die Architektur wichtiger Gebäude: Würde man die Funktionen beispielsweise des Pentagons auf einen ganzen »Schwarm« von Büros und Häusern verteilen, die übers Land verstreut und mit mehrfach ausgelegten Datennetze verbunden sind, könnten Angreifer immer nur einzelne Einheiten, aber nie den ganzen »Superorganismus« zerstören. Telekommunikation versetzt uns in die Lage, auf Ballungen zu verzichten und dezentrale Strukturen zu schaffen. Das Netz ist die elastische Sicherheitsarchitektur der Zukunft.

Gesellschaften reagieren auf das Versagen von Infrastruktur immer nach dem gleichen Muster. Die erste Notfallmaßnahme lautet dicht machen, abkoppeln, abschotten. Nach den Terrorattentaten in New York und Washington wurden sofort die Grenzen geschlossen und der Flugverkehr gestoppt. Ähnlich bei Hackerangriffen: Als im Jahr 2000 der Internet-Buchversender Amazon von Hackern mit E-Mails bombardiert wurde, blieb als Maßnahme nur, alle Stecker zu ziehen. Disconnect! Doch wenn nach einer Attacke der erste Schock überwunden ist, beginnt eine kreativere Phase. Fehlerquellen und Schwachstellen werden analysiert, Gegenstrategien ersonnen, elektronische »Firewalls« verstärkt, Anti-Viren-Programme schwärmen aus, um digitale Schädlinge zu bekämpfen. Langfristig zeigen sich die positiven Wirkungen eines Crash: Er stärkt die Systeme.

Verbesserte Schutzwälle sind wiederum für Hacker und Cracker eine Herausforderung, auch diese zu knacken. Eine neue Spirale im Wettrüsten zwischen Angreifern und Verteidigern beginnt. So provokativ es klingt: Dieses Ringen von »Viren« und »Immunabwehr« hat seine guten Seiten. Das haben wir bereits bei den biologischen Netzen gesehen: Störungen, ob innen oder von außen, wecken schlummernde Potenziale, lösen einen Schub von Erfindungen und Erneuerungen aus, beschleunigen die Evolution. Das System reagiert »gereizt« im Sinne von stimuliert. Etwa nach der Ölkrise von 1973. Als Reaktion auf die Unterstützung des Westens für Israel während des Jom-Kippur-Krieges drosselten die arabischen Staaten die Ölförderung. Die künstliche Verknappung traf viele Netze der Industriegesellschaft: Autoverkehr, Flugverbindungen, Heizung, Industrieproduktion. In Deutschland verordnete die Regierung den Bundesbürgern vier autofreie Sonntage, Spaziergänger flanierten über die Autobahnen. Dann war der Spuk vorbei, und das »flüssige Gold« strömte wieder wie vorher.

Doch glücklicherweise wirkte das Trauma der Knappheit über die akute Krise hinaus. Schließlich hatten die westlichen Industrienationen am eigenen Leibe gespürt, wie stark ihre Abhängigkeit von einem einzigen Energieträger geworden war. Learning by pain. Schmerzhaft machte ihnen das Embargo bewusst, dass sie in großem Stil eine endliche Ressource verfeuerten, es wurde für jeden Einzelnen sinnlich erlebbar, wie eine Welt aussehen könnte, der die Rohstoffe ausgegangen sind. Der kollektive Lerneffekt schlug sich in Energiesparprogrammen nieder. Häuser erhielten bessere Wärmedämmung, Motoren bekamen eine Diät verordnet. Vor allem wurde nach Alternativen zum Öl gefahndet. Mit Sonne, Wind und Wasserkraft als erneuerbare Energiequellen verfügen wir mittlerweile über einen vielfältigen Mix. Die Abhängigkeit ist geringer geworden. Insofern war die Ölkrise ein gutes Beispiel dafür, wie Impulse von außen ein System aus seinem Trott reißen und kreative Kräfte mobilisieren. Auch wenn es manchmal weh tut.

DIE ÖLKRISE WAR EIN GUTES BEISPIEL DAFÜR, WIE IMPULSE VON AUSSEN EIN SYSTEM AUS SEINEM TROTT REISSEN UND KREATIVE KRÄFTE MOBILISIEREN, AUCH WENN ES MANCHMAL WEH TUT

Viren und Cyberwars, Unfälle und Ausfälle, Geldwäsche, Cracking und Terror sind die sieben Plagen der vernetzen Welt. Aber anders als beim »schwarzen Tod«, der Pest im Mittelalter, als sich ganze Städte gegen mögliche Krankheitsüberträger verbarrikadierten, taugt Abschottung bei den neuen Geißeln der Menschheit nicht mehr als Gegenstrategie. Auf einem kleiner werdenden Planeten, der die Chancen und Schicksale aller Erdenbürger immer stärker miteinander verknüpft, muss die Rückkehr zum Festungsdenken zwangsläufig in Sackgassen enden. Strategien, die nach vorne denken, versuchen genau das Gegenteil: nicht weniger, sondern mehr globale Vernetzung, insbesondere in der Politik. Neue Allianzen und internationale Kooperationen müssen versuchen, die Einzelinteressen von Staaten zu überwinden und Terrorismus gemeinsam zu bekämpfen.

Zwei Dinge sollten in einem globalen Sicherheitsbündnis tabu sein: Erstens müsste der Westen, insbesondere die USA, den bisherigen Schlingerkurs beenden, sich einmal als Weltpolizist aufzuspielen, um sich dann wieder aus den Angelegenheiten des gemeinsamen Hauses Erde herauszuhalten (etwa bei den Klimaprotokollen und der Einrichtung des Internationalen Gerichtshofes). Zweitens kann die Weltgemeinschaft keine »weiße Flecken« auf dem Globus akzeptieren, Regionen also, in denen Konflikte und offene Probleme sich selbst überlassen werden. Beispiele sind die seit Jahrzehnten schwelenden Bürgerkriege in Irland und Kolumbien, sind die Eskalationen zwischen Israelis und Palästinensern, sind staatenlose Räume wie Somalia oder Westsahara, sind politisch isolierte Totalitärstaaten wie Nordkorea oder Afghanistan.

Jede dieser Regionen ist ein »Hot Spot«, an dem sich ein neuer Flächenbrand entzünden kann. Von jedem Punkt auf der Weltkarte, und sei er nur fliegendreckgroß, kann die nächste terroristische Operation ausgehen. Deshalb muss sich die Staatengemeinschaft energischer und systematischer als bisher um solche Konfliktregionen kümmern. Wenn sie es nicht aus selbstlosen Motiven tun will, dann eben aus Gründen wirtschaftlicher und politischer Vernunft. Globalisierung, die auf offenen Grenzen und dem Kontakt der Kulturen basiert, wird immer ein riskanter Drahtseilakt sein. Besser, wir spannen ein Sicherungsnetz auf.

Global Brain: Die Evolution geht weiter
Das elektronische Nervensystem des Blauen Planeten

Wir werden uns nicht mehr als isolierte Individuen wahrnehmen, sondern wissen, dass wir Teil eines schnell zusammenwachsenden Netzes sind, die Nervenzellen eines erwachenden globalen Gehirns.
PETER RUSSELL

Besuchen wir zur Einstimmung und als Demutsübung die Hall of Fame der dümmsten Prognosen, die jemals für die Zukunft der Menschheit abgegeben wurden. Dort finden sich folgende Schmuckstücke:
_Flugzeuge sind interessante Spielzeuge, aber ohne militärischen Wert: Marshall Ferdinand Foch 1911.
_Menschen werden niemals auf dem Mond landen, egal welche wissenschaftliche Fortschritte erzielt werden: der Radio-Ingenieur Lee De Forest 1957.
_Bis 1979 sind alle Ozeane biologisch tot: der Biologe Paul Ehrlich in den Sechzigern.
_Am 13. November 2026 geht die Welt unter: ein Wissenschaftlerteam in »Science« 1969.

Viele Zukunftsprognosen fliegen auf wie die Adler und stürzen ab wie getroffene Moorhühner! Leider betrifft diese Erfahrung auch jene Voraussagen, die auf vermeintlich unumstößlichen wissenschaftlichen Erkenntnissen fußen. Meist gehen sie von der Annahme aus, ein einmal eingeschlagener Entwicklungspfad würde geradlinig weiterverfolgt, und lassen damit das Gespür für nichtlineare Verläufe vermissen, die Fantasie dafür, dass die Menschheit auch in Zukunft noch die eine oder andere neue Idee ausbrüten wird. Da machte man sich zum Beispiel schreckliche Sorgen, uns gehe schon bald das Erz Wolfram aus – dann ersetzt es der Markt einfach durch Kunststoff, und wieder ist eine schöne Schwarzseherei dahin.

Solche prognostischen Fehlschläge lehren Bescheidenheit. Sie stoßen uns darauf, dass Geschichte ein komplexer Prozess ist, der auf vielseitig vernetzten Ursachen beruht und, vor allem, nichtlinear verläuft. Einigermaßen sichere Voraussagen sind deshalb nur über kurze Zeiträume hinweg möglich. Das gesteigerte Tempo technischer und kultureller Innovationen hat diesen Horizont noch einmal schrumpfen lassen. Wenn auf den folgenden Seiten also über Zukunft nachgedacht wird, dann nicht, um im Detail zu sagen, wie alles werden wird. Es geht mir vielmehr darum, Möglichkeitsräume auszuleuchten, die gewaltigen Dimensionen, in denen technische, soziale, kulturelle, politische und wirtschaftliche Netze das Gesicht der Erde verändern werden. Wird sie lächeln? Wird sie grollen? Wird sie eines fernen Tages wissen, was sie tut?

Wie es wahrscheinlich weitergeht

Unerheblich, ob die Weltbevölkerung gegen 2050 tatsächlich den endgültigen Gipfel erreicht und ob sie sich bei acht oder bei zehn Milliarden einpendelt: Jedenfalls wird sie noch einige Jahrzehnte lang weiter wachsen. Parallel dazu expandieren die heute bekannten Netze und verdichten sich, neue kommen hinzu. Das große Wimmeln wird noch mehr. Mehr Wandern und Migrieren, Rotieren und Reisen, Strömen und Tauschen, Handeln und Verhandeln. Die internationale Arbeitsteilung wird weiter intensiviert. Auch die Netzverdichtung, die während der vergangenen hundert Jahre immer neue Wellen von Globalisierung ausgelöst und verstärkt hat, beschleunigt sich. Drei Innovationen werden diesen Vernetzungsprozess prägen:
_Net2Net – bisher getrennte Systeme werden gekoppelt
_Evernet – immer und überall online
_Intranet – der vernetzte Körper.

Net2Net – Netze verbinden sich mit Netzen. Schifffahrt, Eisenbahn-verbindungen, Fluglinien und Autobahnen sind unabhängig vonein-ander entstanden. Jahrzehnte lang haben sie als Konkurrenten um Kundschaft gerungen, bis hin zu erbitterten Vernichtungskämpfen. So kaufte in den fünfziger Jahren eine Allianz aus Autoherstellern und Ölmagnaten in den USA gezielt städtische Bus- und Bahnge-sellschaften auf und liquidierte sie mit dem Ziel, dem Auto den Weg frei zu machen. Alte Feindschaft rostet nicht. Sie lässt sich daran ab-lesen, dass die Mobilitätssysteme noch heute weitgehend unverbun-den nebeneinander existieren. Das Umsteigen wird den Reisenden nicht eben erleichtert. Heute würde man sagen: Es fehlen die Links. In dieser Hinsicht kann der zukünftige Mobilitätsverbund, dessen Konturen sich bereits abzeichnen, eine Menge von Internet lernen.

Dort ist »umsteigen« wie Surfen: eine wunderbar gleitende Be-wegung. Surfer balancieren mit ihrem Vehikel, dem Board, auf Wellen, die ihnen als Motor dienen, Triumph einfachster Technik, sie lassen sich treiben und verwischen bei der Rückkunft am Strand ele-gant die Grenzen zwischen wirbelndem Wasser und festem Boden. Surfen ästhetisiert Bewegung. Auch im Internet. Weil es so schön mühelos funktioniert, im World Wide Web vom Sauerland nach Singapur zu reisen, nannten es die Netzpioniere zu Recht »surfing the cyberspace«.

Von solch fließender Bewegung ist das reale Reisen weit ent-fernt. Grund genug, davon zu träumen. Sauerland – Singapur als Vision eines Wellenritts: Am Tag vor der Abfahrt kommt ein Kurier und holt mein Gepäck ab. Er wird es für mich einchecken, und ich kann darauf vertrauen, dass es mich im Hotelzimmer in Singapur erwartet. Für die zehn Kilometer zum nächstgelegenen Bahnhof möchte ich nicht das Auto nehmen, damit es nicht wochenlang un-bewacht herumsteht. Also der Rufbus. Er holt mich an der Haustür ab. Auf einem Monitor im Bus sehe ich, von welchem Gleis der Zug abfährt und ob rechtzeitig; bei Verspätungen lädt die Bahn ihre Gäste ins »Mobilitainment-Café« ein. Durch einen Tunnel fährt der Bus bis an den Bahnsteig. Was früher zum Hindernislauf ausartete, ist jetzt nicht komplizierter als ein Klick im WWW.

Im Zug nach Frankfurt hat jeder Sitzplatz Internetanschluss. Wer mobil ist, will auch vernetzt sein. Ich kann nicht nur meine elektronische Post erledigen, sondern auch Informationen über den weiteren Weg abrufen. Direkt mit dem Zug ins Flughafenterminal oder eine Stadtrundfahrt zwischenschalten? Der Flieger nach Singapur ist übrigens kein Überschallraser, wie man immer vermutet hatte. Denn mittlerweile haben Mobilitätsforscher herausgefunden, wie man wirklich Reisezeit spart: indem die unterschiedlichen Vehikel optimal aufeinander abgestimmt werden, mit einem Verbund der Verkehrsträger. Es mache keinen Sinn, argumentieren sie, mit dreifacher Schallgeschwindigkeit von London nach New York zu düsen, um dort stundenlang in einer Abfertigungsschlange zu stehen. Oder ein Taxi zu erwischen, das dann auf dem Weg nach Downtown im Stau stecken bleibt. Oder gar kein Taxi zu erwischen. Erst Überschall, dann Postkutsche.

ES MACHT KEINEN SINN, MIT DREIFACHER SCHALLGESCHWINDIGKEIT NACH NEW YORK ZU DÜSEN, UM DORT STUNDENLANG IN EINER ABFERTIGUNGSSCHLANGE ZU STEHEN

Im Flugzeug bleibe ich umfassend informiert. Auf einer Folie, angebracht am Sitz vor mir, erscheinen Meldungen über die aktuelle Wetter- und Verkehrslage in Singapur. Eine Webcam zeigt Bilder vom völlig verstopften Flughafenzubringer. Die freundliche Empfehlung des örtlichen Mobilitätsmanagers: Erst den Skytrain in die Stadt nehmen, vom Bahnhof aus dann weiter mit dem City Roller ins Hotel an der Orchard Road. Die Roller sind schmal wie ein Fahrrad und komfortabel wie ein Auto. Slogan: »Wir kommen durch!« Ich klicke auf »reservieren«.

Der Mietpreis wird über die Smart Card abgebucht, die ich immer bei mir trage. Über einen leistungsstarken Minisender öffnet sie mir die Türen von Mietwagen und U-Bahnen, von Lounges und Bussen. Sie registriert die zurückgelegten Kilometer, regelt die Abbuchung von meinem Konto. Am Ende der Reise zeigt sie an, mit welcher Route ich beim nächsten Mal noch weniger Ausstoß von Kohlendioxid verursachen würde. Und als Sonderservice weist mein Kilometerkonto monatlich eine CO_2-Bilanz aus. Von meinen Bonusmeilen lasse ich regelmäßig in Brasilien Bäume pflanzen: Ihre Zahl ist so kalkuliert, dass sie beim Wachsen exakt so viel CO_2 verbrauchen, wie ich durch Fortbewegung verursache. »Reisen ohne Reue« heißt das Programm.

So weit der Traum vom Surfen. Im Jahr 2002 gibt es im Sauerland weder Rufbusse noch Internetanschlüsse im Interregio nach Frankfurt. Weder steigt man bequem von einem Verkehrsmittel ins andere, noch reist man mit gutem Gewissen. Das World Traffic Web muss erst noch geschaffen werden:

__ Es fehlen einheitliche Tickets für die verschiedenen Netze. Ein Reisender vom Sauerland nach Singapur quält sich mit elf verschiedenen Fahrscheinen und Reservierungen.

__ Servicepersonal kennt die Anschlüsse zu anderen Systemen nicht.

__ Es fehlen Informationen über die gesamte Reise, von Haustür zu Haustür: Wo bitte fährt der Airportbus ab?

__ Selbst im dicht besiedelten Deutschland besitzen viele Flughäfen keinen Anschluss an Fernbahnen; München und Hamburg sind Airports, so der Spott, die man nur aus der Luft erreichen kann.

Im regionalen und städtischen Verkehr wurschteln die Netze – Bahnen, Busse, Fahrrad, Autos – mehr nebeneinander her, als dass sie kooperieren. Die Folgen sind bekannt: Immer mehr Staus verstopfen Autobahnen und Städte. Alle Prognosen sprechen davon, dass in Zukunft noch mehr Menschen noch öfter noch weiter fahren werden. Was lässt sich in dieser Situation vom lässigen Surfen à la World Wide Web lernen? Wie könnte ein »Verkehrsnetz der Netze« aussehen?

Im Internet sind Plätze, Websites, mit Hyperlinks verbunden. Klickt man darauf, transportiert einen der Browser ruckzuck zum Ort der Begierde. Solche Links sind, übertragen auf die physische Mobilität, die Knotenpunkte der Systeme: Bahnhöfe, Flughäfen, Busstationen, Fährstationen, Umschlagports für Güter. Sie erweisen sich gegenwärtig jedoch häufig als die neuralgischen Punkte des Verkehrs. Umsteigen tut weh, weil es schlecht organisiert ist.

Würde das schnelle Flugzeug mit dem ICE verbunden, würden alle europäischen Flughäfen auch zu Knoten des Hochgeschwindigkeitsnetzes der Bahn, dann rückte eine andere Vision näher: Flughöhe null, die Verlagerung von Kurzstreckenflügen auf die Schiene. Kleine Hüpfer zwischen Stuttgart/Köln/München und dem Drehkreuz Frankfurt haben nicht nur eine negative Umweltbilanz, sie rechnen sich auch wirtschaftlich nicht. Die Alternative: Reisende nach Übersee müssen nur noch ein einziges Ticket kaufen, das sowohl für Bahnanreise als auch für den Flug gilt, der Koffer wird schon am Heimatbahnhof eingecheckt. Große Visionen realisieren sich in kleinen, oft banal erscheinenden Schritten.

Einer davon heißt Standardisierung. Darauf beruht auch das digitale Reisen im Internet von Anfang an. Mit dem WWW wurde eine Norm geschaffen, die jeder, der sich einloggen will, einhalten muss. Sie erleichtert Orientierung und Verknüpfung. Dagegen scheinen viele Verkehrsmanager vom Glauben beseelt zu sein, Tausende von Tickets und Tarifen seien ein Zeichen von Vielfalt. In Wirklichkeit schreckt der Wirrwarr nur die Kunden ab. Warum einigt man sich nicht auf ein World Traffic Web, auf einen Standard für die vernetzte Fortbewegung?

Die Bürger wollen nicht alte Fronten, sondern neue Lösungen, einen Verbund für Mobilität, in dem jedes Vehikel optimal seine Stärken ausspielen kann: das Flugzeug international, die Eisenbahn innerdeutsch, das Auto in ländlichen Gebieten, Busse und Tram in der Stadt. Jeder »Provider« würde profitieren, die »User« wären glücklich. Der Gedanke einer effizienten und ökologisch sinnvollen Arbeitsteilung gewinnt langsam an Boden. In Autokonzernen und bei Airlines rücken junge Manager der Global Generation in Führungspositionen auf. Für die Globos ist das Internet gewissermaßen die Ikone intelligenter Vernetzung. Sie wollen verbinden statt spalten, das gibt Grund zur Hoffnung.

Auf Reisen ist der Mensch nicht gern allein. Ein verlässlicher Begleiter wird zukünftig der Personal Travel Assistant sein. Als Mischung aus Handy, elektronischem Kompass und Palm Top wird er groß genug sein, um Stadtpläne zu zeigen, aber so klein, dass ihn auch Fußgänger und Radfahrer gern einstecken. Über einen Empfänger des satellitengestützten Global-Positioning-Systems weiß das Gerät, wohin sich sein Träger gerade bewegt. Auf dem Minimonitor (oder gleich per Sprachsynthesizer) treffen laufend Meldungen über Staus und Verspätungen, Ausweichempfehlungen und Umbuchungsvorschläge ein. Und das Ganze als Fliegengewicht: Die neuen Nomaden bevorzugen leichtes Gepäck.

Der Surfer im Internet kommt mit seiner Kreditkarte ziemlich weit, im Verkehrsnetz strandet er am nächsten Fahrkartenautomaten. Im Mobilitätsverbund der Zukunft wird es vielleicht überhaupt keine Tickets mehr geben. Die Kunden kaufen jährlich ein bestimmtes Kontingent von Kilometern und können es auf verschiedenen Wegen »abfahren«. Dazu müssten sich die Partner nur auf einen Schlüssel einigen, nachdem ihr Weganteil, etwa für Mietwagen oder Bahn unterschiedlich, verrechnet wird. Airlines untereinander haben dafür schon lange einen Modus gefunden.

Der zukünftige Mobilitätsverbund wird auf dem Verschmelzen zweier Technologien beruhen: Telekommunikation + Informatik = Telematik. Sie erlaubt die Steuerung von Verkehrsströmen mit Hilfe von Satelliten, Sendern und Sensoren, mit elektrischen Wegweisern, blinkenden Leitpfosten und Bordnavigatoren. Man hofft, auf »intelligenten Straßen« Staus zu vermeiden, Unfälle zu verhindern und Abgaslasten zu reduzieren. Gleichzeitig eignen sich die Installationen auch dazu, Gebühren für die Straßenbenutzung zu kassieren. Innerhalb der Städte könnten die elektronischen Schutzengel

IM MOBILITÄTSVERBUND DER ZUKUNFT WIRD ES VIELLEICHT ÜBERHAUPT KEINE TICKETS MEHR GEBEN. DIE KUNDEN KAUFEN EIN KONTINGENT VON KILOMETERN den Autofahrern helfen, schneller einen Parkplatz zu finden. Heute verschwenden sie noch dreißig Prozent ihrer Fahrzeit und des Treibstoffes auf der Suche nach einer Bleibe fürs Blech.

Telematik bedeutet weniger Individualismus und mehr kollektive Steuerung. Das könnte interessante Auswirkungen auf die Psychologie der Fahrer haben. Autos werden durch die Leitsysteme quasi ferngesteuert. Ohne sich dessen bewusst zu sein, steuert man zwar selbst, fährt aber in einem von Computern komponierten Konvoi. Ein genialer Schachzug: Das Auto wird zur Straßenbahn, und keiner merkt was.

Telematik eignet sich als Nervensystem für alle Verkehrsträger. Autos halten Funkkontakt zu anderen Autos, sobald sie einen Mindestabstand unterschreiten, wird Alarm ausgelöst und abgebremst. Sie können wie ein selbstorganisierter Schwarm agieren, jedes Auto ein rollender Netzknoten, der zum Beispiel Informationen über die Verkehrslage automatisch an eine Zentrale meldet. Elektronisches Flottenmanagement steuert Lkws so, dass möglichst wenige umweltbelastende Leerfahrten anfallen; per Global-Positioning-System weiß die Zentrale immer, wo ihre Trucks gerade umherfahren. Mit vollautomatischen Zügen, die ohne Lokführer fahren, wird noch experimentiert. In der Flugsicherung erlaubt die Vernetzung von Piloten und Lotsen, dass der Takt der startenden und landenden Maschinen gesteigert werden kann; angesichts des bedenklichen Gedränges am Himmel eine willkommene Kapazitätssteigerung.

Um mehr Leistung geht es auch bei einer anderen Netzhochzeit. Die Idee heißt »Internet aus der Steckdose«. Stromleitungen transportieren Datenpakete, die mit Hilfe eines speziellen Modems für Computer lesbar werden. Die Anbieter werben damit, dreißigmal schneller als ein herkömmlicher ISDN-Anschluss zu sein. Weiterer Vorteil: Der Nutzer muss sich nicht jedes Mal einwählen, wenn er senden oder empfangen will. Die Steckdose als Vierundzwanzig-Stunden-Zugang zum World Wide Web. Auch in Ländern wie Brasilien und China wurde die so genannte Powerline Communication getestet, verbunden mit der Hoffnung, mit bereits existierenden Stromleitungen strukturschwache Gebiete zügiger ans Internet anzuschließen. AC/DC nimmt WWW huckepack.

Die Visionen vom vernetzten Wohnen gehen noch weiter. Das ganze Haus soll zum Terminal werden. Handy oder Internet-Computer regeln jegliche elektronische Installation: Heizung und Lüftung, Fenster und Vorhänge, Waschmaschine und Videorecorder, auto-

matischer Rasenmäher und die Wetterstation auf dem Dach, Über-
wachungskameras und Bilderrahmen, die jeden Tag ein neues Ge-
mälde »ausstrahlen«. Nicht nur ein Milliardär wie Bill Gates soll
sich das total vernetzte Haus leisten können, sondern bald auch
Durchschnittsfamilien.

Befürchtungen, der Hausherr werde halbe Tage damit verbringen, dieses Reihenhausraumschiff von der Kommandobrücke aus zu
steuern, dementiert die interessierte Industrie. Vielmehr sollen die
Geräte ihre Alltagsgeschäfte ohne Zutun des Menschen regeln. Der
Geschirrspüler verabredet mit dem Ofen: »Wenn du jetzt heizt, wa-
sche ich später«, ohne dass es die Bewohner bemerken. Stellt die
Türklinke bei einem Familienmitglied eine erhöhte Körpertemperatur fest, changieren die Wandfarben selbsttätig zu einem beruhigen-
den Dunkelblau. Die Geräte werden eine gemeinsame Sprache sprechen. Mit Hilfe des Bluetooth-Standards kommunizieren Computer,
Drucker, Fax, Scanner, Modem, Handy, Telefon, DVD-Spieler reibungslos miteinander: Esperanto der Elektronik.

Derzeit tüfteln Techniker an Hunderten weiterer Netzkombina-
tionen. Am Handy, das immer weiß, wo sich sein Besitzer gerade
aufhält, um ihm auf Knopfdruck Restaurants oder Ärzte in der Nähe
zu nennen. Oder Traktoren, die den Acker satellitengesteuert nur dort
düngen, wo es die Auswertung von Luftbildern empfiehlt. Der Arzt,
der seinen Patienten den mühsamen Weg in die Praxis erspart und
sie stattdessen per Webcam untersucht: die virtuelle Visite. Zwischen
Wohnung, Büro und Supermarkt wird es wenige netzfreie Plätze
und Situationen geben. Selbst die erbittertsten Verweigerer werden
sich eines Tages die Augen reiben und feststellen: Jede Stunde ihres
Lebens ist eingesponnen ins große Netz.

Evernet – immer und überall online. Mobil ist der Mensch, aber
statisch seine Kommunikation. Zumindest in der Vergangenheit war
es so. In der ersten Phase der Informationstechnologie, 1940 bis
1980, bedienten viele Menschen einen ziemlich großen Computer-
klotz, der keinen Zentimeter zu bewegen war. Während der gegen-
wärtigen zweiten Phase glotzen sich jeweils ein Mensch und ein
Computer auf dem Schreibtisch an: Zwei Welten prallen aufeinander. Jetzt steht die dritte Welle bevor: Viele Computer dienen einer
Person, verteilt über deren ganzes Umfeld; Maschinen werden Teil
der Menschenwelt und umgekehrt. Miniaturisierung macht es möglich: Rechner schrumpfen auf mikroskopische Größen, bis sie ganz
aus unserem Gesichtsfeld verschwinden. Eines Tages wird man über

jene Ära schmunzeln, als die einzig vorstellbare Schnittstelle zwischen Mensch und Netz eine ziemlich klobige Apparatur aus Rechner, Maus, Tasten und Monitor war. Die Zukunft gehört den »things that think«, denkenden Dingen, wie sie der Digitalguru Nicholas Negroponte nennt. Dem Teddybär, der den Eltern meldet, wo sich ihr Kind gerade aufhält; T-Shirts, mit deren elektronisch empfindlicher Oberfläche Behinderte einen Sprachcomputer steuern können; oder Schuhe mit Transponder, die jedes Mal, wenn man jemandem die Hand schüttelt, selbsttätig elektronische Visitenkarten mit ihm austauschen. Chips auf unserer Haut. Elektronische Schutzengel begleiten uns auf Schritt und Tritt und gewähren den Kontakt zu den höheren Sphären des Cyberspace.

UNSER HUNGER NACH INFORMATION IST GEWECKT. JETZT WOLLEN WIR IHN STILLEN, IMMER UND ÜBERALL. DIE ANTWORT HEISST EVERNET

Unser Hunger nach Information ist geweckt. Jetzt wollen wir ihn stillen, immer und überall. Die Antwort heißt Evernet, für ewig online. Es wird die reifere Version des heutigen Internet sein. Wie bei einem zwölfjährigen Teenager (denn damit ist das Netz heute vergleichbar) wäre es ungerecht zu sagen: »Und das soll nun der neue Einstein sein?« Keine Angst, da kommt noch mehr. Als Erstes wird das Internet drahtlos. Kabel sind Fesseln, erst schnurlos bewegen wir uns wirklich frei. In den USA gibt der Anbieter Ricochet einen Vorgeschmack auf die kabellose Zukunft. In Ballungszentren wie Los Angeles und New York sowie fünfzehn Flughäfen surfen die Nutzer drahtlos und mit doppelter ISDN-Geschwindigkeit. Der Trick: Die Daten werden von Sender/Empfängern auf Straßenlaternen blitzschnell weitergeleitet. Das Netzportal ist immer dort, wo man gerade geht oder steht. Elektronische Information wird dem elektrischen Strom ähnlicher: überall vorhanden, deshalb nicht der Rede wert.

Sprachsteuerungen werden ein Akt der Befreiung vom Tippen und Klicken sein, das für viele Menschen eine Hemmschwelle bedeutet. Die Stimme vernetzt den Kopf noch direkter mit dem Computer. Am Anfang waren die Systeme noch anfällig und mussten mühsam ihre Lektion lernen, etwa spezielle Aussprachen oder Dialektfärbungen. Doch die erzielten Fortschritte lassen vermuten, dass wir zukünftig Maschinen eher sagen als vorschreiben, was sie für uns tun sollen, ob beim Gang durch das vernetzte Haus (»Musik, zwo drei vier!«) oder im vernetzten Auto (»Suche die nächste Tankstelle!«). Sprachsteuerung ist mehr als ein Gag. Wir verlassen damit eine Periode, in der wir uns den Bedürfnissen der Maschinen anpassen mussten, und nähern uns einem Umgang wie mit unseresgleichen. Erst wenn auch Fühlen, Hören und Riechen an diesem Kontakt beteiligt sind, werden wir tatsächlich zu entspannten Flaneuren der Netze, surfen, tauchen ein, schwimmen, baden unsere Sinne in den Medien.

Eines Tages verlässt das Internet die Erde und wird galaktisch. Das Konzept zum »InterPlanetary Network« (IPN) stammt von dem renommierten Cyberpionier Vincent Cerf, der Anfang der neunziger Jahre den Übertragungsstandard für das World Wide Web mitentwickelt hatte. Er will jedes Raumschiff, das im Weltall unterwegs ist, jede Forschungssonde, jeden Satelliten, jeden erreichbaren Planeten zu Knoten des galaktischen Netzes machen. »Nachdem wir unseren Heimatplaneten erfolgreich verkabelt haben, muss es möglich sein, etwas Vergleichbares für den Weltraum zu schaffen.« Die Erschließung des Alls hält er nicht nur für machbar, sondern für notwendig. Schließlich sei für jede einzelne amerikanische Weltraummission ein spezielles und teures Übertragungssystem entwickelt worden. Mit dem IPN sei das überflüssig. Man müsse sich nur auf einen Standard für die Übertragung einigen, dann könnten Raumschiffe ihre Daten ohne die heute üblichen Störungen zur Erde funken.

Intranet – der vernetzte Körper. Nicht die Grenzenlosigkeit des Weltalls sei künftig der Ort der Spitzentechnologie, meint der französische Essayist Paul Virilio, sondern das »unendlich Kleine unserer Eingeweide und Zellen«. Er beobachtet eine Kolonisierung »des menschlichen Körpers, wobei die Invasion der Mikrophysik diejenige der Geophysik zum Abschluss bringt«. Beredt wie kaum einer pointiert Virilio weit verbreitete Befürchtungen. Die Angst des Menschen vor der Maschine steckt tief in uns, letztlich treibt uns die Horrorvorstellung um, wir könnten eines Tages von intelligenteren Wesen überflügelt und degradiert werden: von der »Krone der Schöpfung« zum »Sklaven der Roboter«.

Bei einer Umfrage »Sollten Menschen Chips implantiert werden?« bekäme man sicher eine überwältigende Mehrheit zusammen, die empört dagegenstimmen würde. Was die meisten nicht wissen: Die Sache ist bereits gelaufen. Tausende so genannter Cochlea-Implantate wurden bereits in Menschenköpfe eingebaut. Es handelt sich dabei um kleine Prozessoren, die Schwerhörige und Gehörlose wieder hören lassen; Geräusche werden in elektrische Signale verwandelt, an Empfangsspulen gefunkt, die unter der Schädeldecke befestigt sind, und von dort über Elektroden zum Hörnerv weitergeleitet. Andere Baustelle: Querschnittgelähmten werden Mikrochips eingepflanzt, um ihre Blasen-, Darm- oder Sexualfunktionen zu reakti-

vieren. Die befürchtete Vereinigung von Körper und Computer hat
also längst begonnen.

Die Cyborgs sind unter uns. Vermutlich begegnen uns jeden Tag
mehrere dieser Mischwesen aus Mensch und Maschine. Ihr Herz
schlägt stimuliert von einem elektrischen Schrittmacher, künstliche
Gliedmaßen ersetzen Beine und Arme, sie laufen mit Hüftgelenken
aus Titan, sehen mit implantierten Hornhautlinsen, beziehen Medikamente aus Drug-Implant-Systemen unter der Haut. So betrachtet, sind bereits elf Prozent der Europäer Cyborgs. Zum Konzept der
Körperveränderung mit technischen Prothesen passt ein Trend zum
Selbstdesign, der breite Bevölkerungsschichten erfasst hat. Immer
mehr Menschen betrachten den eigenen Leib als Baustelle und basteln daran herum. Bodybuilding gehört dabei noch zur harmlosen,
gleichsam urzeitlichen Form: Muskeln aufbauen mit Hilfe von Maschinen. Die weitere Palette reicht heute von Tattoos, Pearcing, ge-
färbten Kontaktlinsen, Schmuckimplantaten, Silikonbrüsten bis zu
ornamentalen Brandnarben. Weiße wollen braune Haut (und legen
sich auf die Sonnenbank), Schwarze wollen weiße Haut (und lassen
sie sich bleichen, wie Michael Jackson). No body is perfect, aber
zumindest lässt sich ein Upgrade herstellen. In der Ära des Selbst-
designs werden Körper und Geist nicht mehr als von Gott oder der
Natur gegeben betrachtet, sondern als Modelliermasse: Für deren
Form ist jeder selbst verantwortlich.

Es scheint eine beflügelnde Vision zu sein, die Grenzen der Biologie einzureißen. Ein uralter Wunsch, der jedoch heute auf ein un-
glaubliches Arsenal von Möglichkeiten trifft. Wetware, ein nasses,
gurgelndes, zuckendes Etwas: So nennen die Techno-Visionäre tatsächlich unseren guten alten Körper. In Jahrmillionen der Evolution
entstanden, von der Vierfüßigkeit zum Zweibeiner aufgerichtet, von
Michelangelos Plastiken gepriesen und Rubens' Pinselstrichen ver-
ehrt. Alles passé, weil nicht mehr systemkompatibel! Das fängt schon
mit Krankheiten an, gelegentlich läuft der Kreislauf nicht rund, und
außerdem, das kränkt uns am meisten, ist Wetware verderblich.

Dagegen das Versprechen der Unsterblichkeit! Wer diese Hoffnung weckt, überwindet leicht die Widerstände gegen das Projekt
»vernetzte Körper«. Selbst gegen Eingriffe am menschlichsten aller
Organe, am Gehirn. Erste Versuche, Nervenzellen mit Siliziumpla-
tinen zu verbinden, sind dem Max-Planck-Institut für Biochemie in
Martinsried bereits geglückt. Direktor Peter Fromherz warnt jedoch
vor übereilten Schlüssen. Um Neurochips in menschliche Hirne ein-

zubauen, müssten deren Nervenzellen genetisch verändert werden, damit der Kontakt funktioniere. Technisch zwar ein kleines, ethisch jedoch ein riesengroßes Problem. Sein Fazit: Eine direkte Verbindung von Mensch und Maschine sei weder »für diese noch für die nächste Generation« denkbar.

Aber genau das schwebt den Cyborg-Utopisten vor. Nachdem wir für fast jedes Organ eine Prothese beziehungsweise eine technische Erweiterung erfunden haben, fehlt nur noch das Tuning fürs Hirn. Wird nicht alles komplizierter: das Wissen, die zu bedienenden Geräte, die weltweiten Verflechtungen? Also muss unser Kopf schneller rechnen und mehr Informationen speichern. Gedacht wird an Neurochips, die in das Gewebe der Nervenzellen eingepasst werden. Folgerichtig wäre der nächste Schritt, das Neuronennetz direkt an die weltweiten Datennetze anzuschließen, sie als gigantisches externes Gedächtnis zu nutzen: die ganze Welt im Kopf.

Man muss gar nicht darüber spekulieren, wie weit Wissenschaftler auf diesem Weg noch kommen werden. Fest steht, dass sie ihn eingeschlagen haben. Paul Virilio zählt schon den Einbau des ersten Herzschrittmachers dazu, ein Fremdkörper im Körper, der ihn »im Gleichklang mit der Maschine vibrieren« lässt. Der bereits erwähnte Hörchip markierte den nächsten Fortschritt in der Prothetik. Mittlerweile wird bereits intensiv an »Kamera-Augen« und künstlichen Netzhäuten gearbeitet. Kevin Warwick, Professor für Kybernetik im englischen Reading, geht noch einen Schritt weiter. Er sorgt immer wieder für weltweites Aufsehen, weil er sich in seinen Experimenten in einen Cyborg verwandelt. So ließ er sich einen Chip unter die Haut eines Arms operieren, der ihm als Schnittstelle eines Mensch-Maschine-Netzes diente und ihn bei den Geräten im Institut identifizierte. Eine synthetische Stimme begrüßte ihn mit »Hallo, Professor Warwick«, Türen öffneten sich auf seinen Wegen, Lampen veränderten ihre Helligkeit. »Ich fühle mich mit dem Chip im Arm mächtiger als ohne ihn, ich habe ihn vermisst, nachdem er entfernt worden war«, sagte Cyborg Warwick nach dem Selbstversuch.

Noch entschlossener experimentiert der australische Cyberkünstler Stelarc mit dem »Körper am Netz«. Er stellt sich splitternackt auf die Bühne des Centre Pompidou in Paris, von Kopf bis Fuß verkabelt, die Haut mit Elektroden zugepflastert. Mit ihnen schließt er sich ins Internet an, über das ihm Mitarbeiter von drei Kontinenten aus Stromstöße durch den Leib jagen konnten. Gespannt beobachtete das Publikum, wie seine Gliedmaßen zuckten, gesteuert von fremden Befehlen, ausgesandt Tausende Kilometer weit entfernt. »Faszinierende Augenblicke. Bewegungen ganz ohne Wunsch und Erinnerung«, schwärmt der ferngesteuerte Künstler trotz peinvoller Vorstellung.

Ein Spinner? Oder Avantgardist einer neuen Evolution? Zukünftige Gesellschaften werden über eine Frage entscheiden müssen, die bis dato eigentlich beantwortet schien: Ein Mensch, was ist das eigentlich? »Heute stehen wir am Beginn einer gewaltigen Umwälzung«, meint der amerikanische Wissenschaftsautor Michio Kaku. »Wir werden von passiven Beobachtern der Natur zu ihren aktiven Choreografen.« Das Spiel mit dem promethischen Feuer geht in eine heiße Phase. Und wenn es die Wissenschaft weiter in dem jetzt vorgelegten Tempo spielt, wandelt sich Homo sapiens von einem bestimmten Grad der Technisierung und Vernetzung an zum Robo sapiens. Eingriffe ins menschliche Erbgut oder die Möglichkeiten des Klonens sprengen die bisher gültigen ethischen Übereinkommen, der gesellschaftliche Konsens muss nach jedem wissenschaftlichen Fortschritt neu verhandelt werden. Wenn sich Biologen, Nanotechniker und Informatiker zusammentun, um gemeinsam eine neue Ära der menschlichen Evolution einzuläuten, gehört Grenzüberschreitung zum erklärten Ziel. Die Ethik wird jeweils nachverhandelt, etwa: Wie schützt man eigentlich ein mit dem Internet verbundenes Gehirn vor Computerviren? Hat es noch eigene Träume, oder halluziniert hier ein Hacker? Wen meint es, wenn es »ich« denkt: den biologischen Restkörper? Das Netz? Oder einfach – Welt?

Wie es vielleicht weitergeht

Achtung: Wir verlassen jetzt das Reich der Wahrscheinlichkeiten und betreten den Boden der Spekulation. Hier geht es nicht mehr um die Trends der nächsten Dekaden, sondern um die Evolution innerhalb von Jahrhunderten. Selbst wenn sich nur grobe Richtungen angeben lassen, ist es reizvoll und sinnvoll zu überlegen, welche Folgen die zunehmende Vernetzung des Blauen Planeten haben könnte. Zukunft geschieht nicht einfach, sie wird gestaltet. Wir haben Wahlmöglichkeiten. Deshalb finden sich auf den folgenden Seiten Skizzen einer biologischen, organischen Form von Globalität, deren Konturen sich heute abzuzeichnen scheinen, über deren Eintreten aber nur spekuliert werden kann.

Fangen wir die Skizze in der Gegenwart an. Mediale Möglichkeiten wie Kabelfernsehen und Internet machen die Menschen heute über Kontinente hinweg zu Nachbarn. In welch aberwitzig kurzen Intervallen der Dialog geführt wird, zeigte sich besonders eindrucksvoll unmittelbar nach den Anschlägen in den USA. Bereits wenige Minuten nach den Kollisionen der beiden Jets mit dem World Trade Center funkte Amerika seinen Verdacht auf die andere Seite der Erde: Osama Bin Laden sei der Übeltäter gewesen. Zwei Stunden später das Dementi aus Pakistan: Nein, der kann es nicht gewesen sein. Wieder eine Stunde danach aus Washington: Wir glauben euch nicht. Währenddessen fieberhaftes Funken auf allen Kanälen. Die führenden Regierungschefs telefonierten miteinander, Korrespondenten berichteten von der Stimmung auf den Kontinenten, Expertenrunden diskutierten vor Kameras und hinter verschlossenen Türen, Geheimdienste raunten, Sicherheitsgremien analysierten. Die Welt debattierte in Echtzeit.

GLOBALE KOMMUNIKATION KLINGT LÄNGST WIE EIN GESPRÄCH ÜBER DEN GARTENZAUN

Bei solchen Anlässen wird deutlich, dass globale Kommunikation längst klingt wie ein Gespräch über den Gartenzaun. Worte fliegen hin und her, und die Nachbarschaft hört mit. Im Laufe dieses intensiven Dialogs wird globales Bewusstsein mehr und mehr ins mentale Allgemeingut sickern: Milliarden von Menschen werden es schon bald als Selbstverständlichkeit betrachten, dass sie im gemeinsamen Haus Erde leben.

Dieses Haus darf man sich nicht als Einfamilienidyll vorstellen, in dem die Meiers und Müllers ihren Teppich und ansonsten Eintracht pflegen, sondern eher wie einen großen Wohnblock, in dem Mieter der unterschiedlichsten Herkünfte und Mentalitäten auf engem Raum zusammenleben. Kollision der Kulturen auf jedem Stockwerk. Kein Wunder, dass immer wieder Zwist und Hader ausbrechen. Doch genauso gehört Nachbarschaftshilfe zum guten Ton, und das umso intensiver, je häufiger sich die Parteien gegenseitig besuchen und kennen lernen. Was die Mieterschaft mit dem Haus macht, ob sie es gemeinschaftlich ruiniert oder gut in Schuss hält, ist schwer vorauszusagen. Für beides gibt es historische Vorbilder. Unzweifelbar werden sich jedoch im Laufe der Zeit Regeln für das Zusammenleben einspielen, die von der Mehrheit der Mieter, egal welchen kulturellen Hintergrundes, verabschiedet und befolgt werden. Ihre Vorläufer sind Universalien, die bereits heute auf der ganzen Welt Gültigkeit besitzen. Das wichtigste Beispiel sind die allgemein anerkannten Menschenrechte. Unbenommen der Tatsache, dass um ihre Interpretation zwischen verschiedenen Ideologien gerungen und leider massenhaft dagegen verstoßen wird, sind sie aus dem kulturellen

Fundus der Menschheit nicht mehr wegzudenken: Freiheitsrechte, Selbstbestimmung, Gleichheit der Frau, Recht auf Bildung, Demokratie, Rechtsstaatlichkeit. All dies ist, grundsätzlich zumindest, Konsens.

Eine Reihe weiterer globaler Gemeingüter haben wir bereits etabliert, unspektakulär, aber von nicht zu unterschätzender Bedeutung: Hygienestandards, Impfung und Alphabetisierung; Wettbewerbe wie Olympiade, Nobelpreis und Weltmeisterschaften; das Guinness Buch der Rekorde, Formel 1 und die amerikanische NBA; Institutionen wie das englische Königshaus, dessen Dramen und Skandale die Welt in Atem halten, Hollywood-Helden und Bollywood-Göttinnen; Waren wie Coca-Cola, Jeans und Shampoo. Am weitesten fortgeschritten ist die weltweite Vernetzung und Vereinheitlichung des Wissenschaftsbetriebes. Forscher arbeiten allerorts nach den gleichen Regeln der empirischen Wissenschaft. Ihre Ergebnisse müssen auf Experimenten oder Erhebungen beruhen, nachvollziehbar und wiederholbar sein, werden stets von gesunder Skepsis begleitet und nach einheitlichen Kriterien veröffentlicht und zitiert. Das ist herrschende Praxis, unabhängig davon, ob ein Wissenschaftler in Havanna, Hamburg oder Hanoi arbeitet.

Universalismus wird sich in den nächsten hundert Jahren zu einer weltbewegenden Kraft entwickeln. In der überwiegenden Mehrheit der Staaten wird die Bereitschaft wachsen, Probleme über Grenzen hinweg anzupacken. Die Völkergemeinschaft wird permanent herausgefordert, denn durch die zunehmende Verflechtung der Staaten und Regionen besitzt jede bedeutende Frage eine globale Dimension. Regionale Krisen gibt es nicht mehr. Zu den existierenden multinationalen Institutionen wie Uno, Blauhelme, Internationales Kriegsverbrechertribunal, Weltbank und Internationaler Währungsfonds gesellen sich im gemeinsamen Haus Erde weitere Krisenmanager und Schiedsrichter. Staaten werden einen Teil ihrer Hoheitsrechte an neutrale Instanzen abtreten, die in wirtschaftlichen, rechtlichen und politischen Fragen schlichten werden. Das muss kein »Weltgericht« und keine »Weltregierung« sein. Vielmehr formieren sich von Fall zu Fall, von Problem zu Problem unterschiedliche Netze, die einen Auftrag auf Zeit bekommen und sich auflösen, wenn die Arbeit getan ist.

So weit die Verwaltung des gemeinsamen Hauses Erde. Doch was passiert in den Köpfen seiner Bewohner? Wie verändert die intensive Kommunikation aller mit allen deren Wissen von der Welt,

IM GEMEINSAMEN HAUS ERDE WERDEN DIE STAATEN EINEN TEIL IHRER HOHEITSRECHTE AN NEUTRALE INSTANZEN ABTRETEN, DIE IN WIRTSCHAFTLICHEN, RECHTLICHEN UND POLITISCHEN FRAGEN SCHLICHTEN ihren Geist, ihre Gefühle? Vermutung eins lautet: Durch die intensive Vernetzung wird etwas völlig Neues, in der menschlichen Evolution nie Dagewesenes entstehen. Doch wir wissen nicht, so Vermutung Nummer zwei, wie »es« aussehen wird. Das verhindert das Grundgesetz der Netze, wonach das Ganze mehr ist als die Summe seiner Teile. Die neue Qualität entsteht erst durch die Art und Weise der Verschaltung und ist auf der Ebene der Komponenten nicht absehbar (Netzgesetz Nr. 3: Emergenz). Auf das Problem der Prognostik übertragen: Wir Menschen sind Teile eines umfassenden, planetaren Vernetzungsprozesses und deshalb prinzipiell unfähig vorauszusehen, wie sich »das Ganze« eines Tages gestalten wird. Gerade mal Ahnungen sind möglich. Wir sind zwar beteiligt an Zeugung und Schwangerschaft – welches Baby wir jedoch in die Welt setzen, wird uns überraschen. Es stellt sich die Frage aller Eltern: Wie sollen wir es taufen?

Nennen wir »es« globales Gehirn. Die Vision vom »Global Brain«, beschrieben von Autoren wie Peter Russell und Howard Bloom, vorgedacht aber von dem Jesuitenpater Pierre Teilhard de Chardin und dem Russen Wladimir Wernadskij in den zwanziger Jahren, sieht eine erdumspannende Intelligenz wachsen, hervorgebracht von einer immer enger vernetzten Menschheit. Um die Idee eines planetaren Nervensystems zu verstehen, muss man in der Evolution weit zurückgehen. Denn kollektive Intelligenz ist keine Erfindung des Computerzeitalters, sondern beruht auf einem dem Leben innewohnenden Drang, Erkenntnisse zu verknüpfen und in der Interaktion von Lebewesen das Wissen von der Welt zu verfeinern. Wissen entsteht immer im Kontext. Das soziale Wesen Homo sapiens hat immer neue Medien erfunden, um sich mit den Neuronennetzen anderer Menschen in Verbindung zu setzen. Erster Schritt war die Sprache. Sie ersparte es uns, jede Erfahrung selbst machen zu müssen, wir konnten sie von Mitmenschen übernehmen. Indem wir Wörter tauschten, schafften wir den Sprung vom isolierten zum gemeinsamen Denken.

Die Entwicklung der Schrift machte die Weitergabe verlässlicher, weil es zu weniger Auslassungen und Missverständnissen kam. Gleichzeitig wurde Wissen transportabel: Buchstaben gingen auf Weltreise. Mit Erfindung der Druckerpresse im 15. Jahrhundert stieg die Geschwindigkeit, Informationen zu reproduzieren, um ein Vielfaches. Elektrische Kommunikation löste die nächste Welle der Beschleunigung aus; Telegraf und Telefon im 19. Jahrhundert, danach Radiowellen, die große Menschenmassen immateriell mit Daten versorgen. Seit Computer mit Telefonleitungen vernetzt werden, explodiert die Teilnehmerschaft des Internet genauso wie die Zahl der »Orte« im Netz, wo Menschen über spezielle Themen diskutieren, die so genannten Bulletin Boards. Billiarden von Botschaften schwirren heute in Lichtgeschwindigkeit um den Erdball und verbinden den Geist von Milliarden Menschen. Die Frage drängt sich auf: Wächst dem Planeten ein Nervensystem? Nach dem »global village« das »global brain«?

Nach dieser Analogie ist jeder Mensch eine Nervenzelle eines langsam erwachenden planetaren Organs. Nachrichten gleichsam als Nervenimpulse, Modems als Synapsen. Ähnlich wie bei der Herausbildung des menschlichen Gehirns könnte man Perioden des Global Brain unterscheiden. In einer frühen Phase der Embryonalentwicklung, etwa zwei Monate nach der Empfängnis, explodiert das Wachstum der Nervenzellen förmlich, Milliarden Neuronen entstehen; der analoge Prozess beim Globalgehirn wäre das exponentielle Wachstum der Weltbevölkerung im 20. Jahrhundert.

In der nächsten Kleinkindphase verbinden sich die unzähligen, zunächst isoliert angelegten Nervenzellen miteinander und bilden ein lernfähiges Neuronennetz. Dem entspricht bei der Modellierung des Globalgehirns der Prozess, den wir derzeit durchlaufen, die beschleunigte Vernetzung. Sie erzeugt Nähe nach dem Small-World-Phänomen. Auf einem nächsten Entwicklungsniveau verschmelzen biologische und elektronische Reizleitungen miteinander. Diese Vermählung des Geborenen mit dem Gemachten kommt von beiden Seiten. Einerseits forschen, wie bereits erwähnt, heute schon Neurowissenschaftler und Biologen intensiv an Wegen, wie Gehirn und Computer direkt miteinander verbunden werden könnten. Andererseits überlegen ihre Kollegen Informatiker, wie man Programmen und Datennetzen eine Intelligenz einhauchen könnte, die diesen Namen verdient.

Francis Heylighen, Computerwissenschaftler an der Freien Universität Brüssel, setzt auf »Intelligence Amplification«, Intelligenzverstärkung. Darunter fasst er alle Techniken, mit denen Datenrobots autonom durch die Netze wuseln und – geeicht auf die Vorlieben ihrer Herrchen und Frauchen – Informationen sammeln, bewerten, auswählen und zu Wissen verdichten. Solche digitalen Agenten sollen eine wichtige Eigenschaft des Lebens besitzen, die Lernfähigkeit. Das ist ein kleinerer Schritt für die Programmierer, aber ein großer für die Menschheit: Sie setzt womöglich eine Evolution in Gang, die ohne weiteres Zutun abläuft und eine eigene Dynamik entfaltet. Wenn es gelänge, die Softwareagenten so zu programmieren, dass sie zu eigenen Schlussfolgerungen gelangen, begänne das Internet zu denken. Es muss in die Lage versetzt werden, sein Wissen durch neue Verknüpfungen selbständig zu erweitern, etwa indem es »beobachtet«, wie sich die menschlichen Nutzer darin verhalten. Ein solches neuronales Netz der nächsten Generation wäre zu ungeahnten Höchstleistungen fähig, die irgendwann die große Vision wahr werden lassen: Global Brain, das planetare Superorgan.

»Web of Life« als interaktive Installation
Medienkünstler müssen gute Netzwerker sein

Jeffrey Shaw, der Autor dieses Nachworts, gehört seit den sechziger Jahren zur Avantgarde der Medienkunst. Heute leitet er das Institut für Bildmedien im Zentrum für Kunst und Medientechnologie Karlsruhe und das iCinema Research Center an der University of New South Wales (Sydney). Im ZKM wird die von ihm und dem Autor konzipierte Installation »Web of Life« ausgestellt.

Die interaktive Medienkunst hat sich seit den achtziger Jahren, als die ersten preisgünstigen Computersysteme mit Echtzeitgrafik auf den Markt kamen, rasant entwickelt. 1983 konnte ein Apple-II-Computer ein dreidimensionales Bild, das aus hundert gezackten Linien bestand, mit lediglich zehn Bildern pro Sekunde animieren. 1989 lieferten Silicon-Graphics-Computer Hunderttausende von schattierten Flächen mit fünfundzwanzig Bildern pro Sekunde, ein Leistungssprung, der vielen Künstlern Anfang der neunziger Jahre die Möglichkeit eröffnete, neue, wegweisende Installationen zu schaffen. Heute ist eine weitere Stufe der kreativen Entwicklung auf PC-Ebene erreicht, wobei die Computerspielindustrie die Leistung kostengünstiger Grafiksysteme in atemberaubendem Tempo erhöht. Ferner eröffnet uns das Internet die revolutionäre Möglichkeit der Vernetzung, um bei kybernetisch-audiovisuellen Kunstwerken eine große Zahl von Benutzern zu verbinden.

Im Juli 1999 besuchte mich Michael Gleich in Karlsruhe am Zentrum für Kunst und Medientechnologie (ZKM) und schlug mir vor, ein interaktives Kunstwerk mit dem Titel »Web of Life« zu entwickeln. Seine Grundidee ist es, die Handlinien von Menschen zu scannen, sodass sie sich mit Hilfe dieser Linien symbolisch und bildlich zu einem Netz audiovisueller Beziehungen verbinden. Ich war begeistert von diesem Konzept, weil es mir als ideale Gelegenheit erschien, die neuesten technischen Möglichkeiten der Computergrafik virtuos und kreativ zu nutzen. Also machte ich Michael mit Bernd Lintermann bekannt, einem meiner engsten Mitarbeiter. Er ist gleichzeitig Künstler und Informatiker und hat mit Xfrog eines der besten Programme zur Erzeugung natürlicher Formen, etwa von Pflanzen und Bäumen, entwickelt. Aus seiner Hand stammen außerdem leistungsfähige Software für komplexe interaktive Echtzeitgrafiken. Solche Techniken bildeten die Grundlage für zahlreiche wichtige Kunstwerke. Ohne Zweifel war »Web of Life« eine wunderbare Herausforderung für sein Talent.

Nach und nach schälte sich der Plan eines verteilten und vernetzten Kunstwerks heraus, das ein weltweites Netz von Beziehungen zwischen seinen Benutzern knüpfen würde. Ergänzend zum auf mehrere Standorte verteilten Medienkunstwerk sollten als weitere Komponenten eine Website sowie das vorliegende Buch wie Knoten eines Netzes wirken, Synergien erzeugen und als Ganzes einen völlig neuen Weg beschreiten, um das faszinierende Thema »Lebende Netze« einem breiten Publikum zu präsentieren.

Nach den landläufigen romantischen Vorstellungen ist ein Künstler ein Einzelgänger. Abgeschieden von der Welt verwirklicht er unermüdlich seine privaten Visionen, die gewöhnlich erst nach vielen Jahren Anerkennung und Eingang in den kulturellen Diskurs finden. Ganz anders die künstlerische Arbeit mit technischen Medien: Sie ist notwendigerweise ein viel profanerer Prozess. Andererseits folgt ihre kreative Methodik schon selbst vielen Prinzipien lebender Netze.

Ein Projekt wie »Web of Life« vereinigt eine große Zahl sehr verschiedener Fähigkeiten: die Entwicklung anwenderspezifischer Software für Computersysteme, das elektromechanische Design von Interfaces und die Vernetzung ihrer Komponenten, Videorecherche in den Archiven, das Schreiben eines Scripts für die interaktive Verwendung der Videos in Echtzeit, die Nachbearbeitung der Videos, die Entwicklung und Zusammenfügung sehr spezieller Hardware- und Softwarekomponenten, die am Ende genauso zuverlässig sein müssen wie ein Fertigprodukt. Schließlich braucht man Architekten und Designer, die in der Lage sind, anspruchsvolle formale Konzepte in ein verständliches und faszinierendes Erlebnis für ein Massenpublikum umzusetzen. Mit anderen Worten, ein Projekt dieser Größenordnung beruht vor allem auf kreativer Teamarbeit.

Die Informationsarchitektur für die »Web of Life«-Installation im ZKM Karlsruhe entwarf der Österreicher Manfred Wolff-Plottegg

Die erste Phase des Unternehmens war weitgehend geprägt von Bernd Lintermanns Bemühen, eine angemessene visuelle Metapher für »Web of Life« zu finden. In einigen Monaten Programmierungsarbeit, in denen ihm sein intuitiver Zugang zum Thema zugute kam, gestaltete er die grafischen Grundkonzepte. Dabei handelt es sich um eine »Bildtapete« aus sich bewegenden, organartigen Zellen, in deren abgerundete Oberflächen Videobilder projiziert werden können.

Wir entschieden uns, dieses Kunstwerk stereoskopisch zu projizieren, um die Betrachter in eine dreidimensionale Bilderwelt eintauchen zu lassen. Deshalb ergänzte Bernd die »Tapete« um eine zweite Schicht emergenter und in ständiger Umformung begriffener Netzstrukturen, die aus der Leinwand herauszuragen scheinen. Deren lineare Architektur wird direkt beeinflusst von den gescannten Handlinien der Benutzer.

Für die Szenografie und Produktion der Videosequenzen in den »Bildzellen« ist der australische Künstler Lawrence Wallen verantwortlich. Freundlicherweise öffnete ihm der SWR in Baden-Baden sein Archiv, eine Goldgrube an dokumentarischem Filmmaterial zum Thema Netze. Nach dreimonatiger Sichtung und Auswahl hatte er den Grundstock für die anschließende Bearbeitung im Rahmen der Postproduction gelegt. Das Ergebnis war eine Matrix aus 192 Videoclips, aus denen sich insgesamt 2052 mögliche Kombinationen auf die Zellstrukturen projizieren lassen. Jeder Benutzer erzeugt mit dem individuellen Muster seiner Handlinien eine singuläre Reaktion, sowohl hinsichtlich der Bildästhetik als auch des Bildinhalts.

Eine weitere, ebenso ehrgeizige Komponente von »Web of Life« besteht aus Klangkompositionen und -installationen. Der deutsche Audiodesigner Torsten Belschner schlug für das Kunstwerk in Karlsruhe vor, zweiundsiebzig Lautsprecher symmetrisch über Wände und Decke zu verteilen, neun davon unsichtbar in die Projektionswand eingelassen. Auf diese Weise schuf Belschner eine Matrix aus verborgenen Tonquellen, mit der er eine exakte akustische Wiedergabe des auf der Leinwand sichtbaren Netzwerks erzielt. So verkörpert und verstärkt die Klangstruktur unmittelbar die von Lintermann vorgeschlagene immersive Ästhetik. Auf der nächsten, kompositorischen Stufe verbinden sich die akustischen Elemente mit den variablen Inhalten und Kombinationen von Wallens Matrix aus 192 Videoclips. Das heißt: Jeder Benutzer des Kunstwerks erzeugt mit seinem individuellen Handlinienmuster nicht nur spezifische Bildkompositionen, sondern auch seinen eigenen Soundtrack.

Die Vorstellung eines verteilten Multi-User-Kunstwerks galt von Anfang an als grundlegend für die konzeptionelle und funktionale Identität des Projekts. Michael Gleichs Thema der Netzlogik, der inhaltli-
che Kern von »Web of Life«, findet seine künstlerische Entsprechung
in einer an wechselnden Standorten auf der ganzen Welt ausgestell-
ten Installation, die es Menschen erlaubt, mit ihr in Verbindung zu
treten und durch den Kontakt ihre audiovisuellen Permutationen zu
beeinflussen. Via Internet lassen sich die vielfältigen Inputs und die
Installationen miteinander verbinden, sodass jeder Standort auf die
Daten aller anderen reagiert. Dabei entstehen interessante Wechselwirkungen, die sich zu immer höherer Komplexität aufschaukeln
– eine der faszinierendsten Eigenschaften lebender Netze. Sie sind
Organisationsformen, in denen sich der Schmetterlingseffekt als er-
wünschte Manifestation distribuierter Konnektivität und emergenter
Formen einstellt.

    An jedem Standort befinden sich Großrechner für die visuelle
Umsetzung, die sich gegenseitig in ihrem Verhalten »spiegeln« und
durch das Internet, ein Medium von geringer Bandbreite, verbunden
sind. Die verteilte Computerarchitektur beweist, dass das weltweit
wachsende Netz für leistungsfähige private Spielcomputer das Potenzial hat, zur Plattform für die Präsentation anspruchsvoller interaktiver Kultur- und Bildungsinhalte zu werden.

Interaktion in Echtzeit:
An einem Terminal können
Besucher ihre Handlinien
scannen und mit deren
Mustern die Bildtapete
des »Web of Life«
individuell verändern

Das architektonische Konzept für »Web of Life« stammt weitgehend von Manfred Wolff-Plottegg, einem österreichischen Architekten, dem wir seit den sechziger Jahren eine Fülle von Beiträgen zum immateriellen Wesen der Architektur, von aufblasbar bis digital, verdanken. »Web of Life« begreift er als Gelegenheit, zwei parallele konzeptionelle und formale Ansätze zu verfolgen. Er gestaltete das Environment am ZKM als schwarze Skulptur, amorph und gekrümmt, in der sich jede Fläche, egal ob Wand, Boden oder Decke, in ungewöhnlichen Formen und Winkeln darbietet. Sie ist trotz ihrer tatsächlichen Masse und Ausdehnung ein nahezu entmaterialisiertes, ungreifbares Architekturobjekt, ein umgrenzter, aber entleerter Raum, in dem die entrückte audiovisuelle Virtualität der als »Web of Life« projizierten Struktur ganz ins Zentrum des Benutzererlebnisses rückt.

Während die Installation am ZMK als langfristig und standortgebunden angelegt ist, haben die vier mobilen Außenstationen von »Web of Life« bestimmte praktische Kriterien zu erfüllen, weil sie über einen Zeitraum von zwei Jahren immer wieder an neuen Orten auf der ganzen Welt aufgestellt werden. Sie müssen aus Modulen bestehen, die gut zu transportieren sind, sich leicht zusammenbauen, betreiben und warten lassen und sich in das Ambiente ganz verschiedener öffentlicher Institutionen einfügen. Bei zwei der Außen-

Schwebendes Gitternetz: Für die Außenstationen, die mit der Installation in Karlsruhe per Internet verbunden sind, entwarf der Architekt Plottegg ein superleichtes Gespann aus Drähten und Stangen

stationen orientierte sich Plottegg an so genannten Tensegrity-Strukturen, Verspannungen von Stangen und Drähten, die im Raum zu schweben scheinen. Auch dieses Design verfolgt eine Strategie der Entmaterialisierung, seine unbestimmte Geometrie stellt eine wunderbare Metapher für jenes andere dynamische Beziehungsnetz dar, das »Web of Life«.

Die anderen beiden Außenstationen, die ich entworfen habe, sind aus Vorschlägen des deutschen Industriedesigners Volker Albus hervorgegangen. Ziel war ein Höchstmaß an Einfachheit, damit die Installation anwenderfreundlich und mit den wechselnden Verhältnissen ihrer verschiedenen Standorte kompatibel ist. Dabei stehen die beiden wichtigsten Elemente der Installation im Vordergrund: das Panel des Hand-Scanners und die Fläche für die projizierten Bilder, ein so genanntes Holoscreen, das dem Bild eine virtuelle räumliche Präsenz verleiht. Belschners Sounddesign erzeugt mit Hilfe von sechs Lautsprechern ein auf den Benutzer fokussiertes Surrounderlebnis.

Architekten und Designer, Techniker und Handwerker: Ein Multimediakunstwerk wie »Web of Life« wird mit seinen vielen technischen Herausforderungen selbst zu einem Knoten in einem Netz von Beziehungen zwischen Fachleuten aus den verschiedensten Bereichen, deren Know-how und Begeisterung sich zu einem großen gemeinsamen Attraktor verdichten: das fertige Kunstwerk.

Auch die konzeptionellen und technischen Einzelheiten des Hand-Scannings wurden vom Team eingehend diskutiert. Der Scanner muss den goldenen Regeln eines guten Designs interaktiver Benutzeroberflächen genügen: Seine Bedienung soll jedem Benutzer ohne zusätzliche Erklärung einleuchten, jeder Handgriff leicht, eindeutig und fehlerlos sein. Auf den ersten Blick scheint unser Interface denkbar simpel zu sein: Man legt die Handfläche auf, sodass deren Linien herausgefiltert werden können. Doch in Wirklichkeit liegen ihm große Anstrengungen von Technikern, Designern und Programmierern zugrunde, eine zuverlässige Lösung zu finden.

Ein anderer Teil der Diskussionen beschäftigte sich mit den tieferen Bedeutungen des Interaktionsprozesses. Von Anfang an begriffen wir ihn als symbolische und affektive Geste – eine Möglichkeit für den Benutzer, seine Individualität, die sich in den Körpermustern ausdrückt, tatsächlich und metaphorisch in das globale Netz aller Individuen, in das »Web of Life«, einzubinden. Im Laufe des Gestaltungsprozesses wurde uns jedoch klar, dass dieses Interface auch andere Assoziationen wachrufen könnte: die alten Künste des

Handlesens und der Wahrsagerei ebenso wie das aktuelle Interesse an Biometrie als einer Methode zur Identifizierung von Menschen. Solche möglichen Missverständnisse galt es zu vermeiden, zum Beispiel indem die Interaktion mit dem Kunstwerk anonym abläuft.

Die Konstellation von »Web of Life« offenbart ein ziemlich einfaches Schema. Das Netz verteilt sich weltweit jeweils auf fünf Standorte, von wo aus Menschen gemeinsam auf ein vernetztes audiovisuelles Geschehen einwirken können. Durch Scannen ihrer Handlinien steuern sie ein Attribut ihrer Identität zur ständig wechselnden Identität einer künstlerisch erschaffenen Einheit bei. Es ist der große Reichtum dieser Einheit, es ist die komplexe algorithmische Szenografie ihrer reaktiven und emergenten Formen, die die tiefere Bedeutung des Unterfangens signalisiert. Grenzen von Subjektivität und Objektivität verschwimmen genauso wie die vermeintlichen Gegensätze materiell/immateriell, Kunst/Information, Mensch/Maschine, Beobachter/Teilnehmer. Das Kunstwerk ist kein endgültiges Konglomerat aus Elementen, sondern ein Netz von Wechselbeziehungen, ein Organismus, der auf die einzigartigen Impulse jedes neuen Teilnehmers (sprich: auf sein Handlinienmuster) reagiert. Die strukturierte Unvorhersagbarkeit seiner audiovisuellen Algorithmen entspricht der strukturierten Veränderlichkeit der Datenströme, die von den Scannerterminals eintreffen. Der Logik lebender

Medienkunst verbindet: Kompakte Terminals reisen durch Kulturinstitutionen in aller Welt. Die Besucher dort weben mittels ihrer Handlinien ein globales »Web of Life«

Netze folgend, gehen wir von den auf Ursache und Wirkung beruhenden Ein-Benutzer-Modellen zu den auf emergentes Verhalten zielenden Mehr-Benutzer-Modellen über. »Web of Life« ist der Versuch, ein paradigmatisch und ästhetisch gestaltetes Demonstrationsobjekt zu schaffen, das Netzlogik gleichermaßen beschreibt und hervorruft und dadurch den schier unerschöpflichen Formen-, Ideen- und Sprachreichtum offenbart, der entsteht, wenn sich Individuen miteinander vernetzen.

Lektüre und Links für Netzwerker

Hier eine Auswahl von Werken, die ich für dieses Buch verwendet habe und zum Weiterlesen empfehle:

Howard Bloom, Global Brain.
Die Evolution sozialer Intelligenz, Stuttgart 1999.
> Evolution als Geschichte der Sozialität, die eines Tages in einer kollektiven Intelligenz mündet: dem globalen Gehirn.

Fritjof Capra, Lebensnetz.
Ein neues Verständnis der lebendigen Welt, München 1999.
> Klassiker: Vernetzung als Grundprinzip allen Lebens.

Dietrich Dörner, Die Logik des Misslingens, Reinbek 1990.
> Warum wir in komplexen Situationen immer wieder versagen.

Malcolm Gladwell, Der Tipping Point.
Wie kleine Dinge Großes bewirken können, Berlin 2000.
> These, dass Entwicklungen an einem bestimmten Punkt kippen: wenn eine kritische Masse erreicht ist.

Johanna Breidenbach/Ina Zumkrigl, Tanz der Kulturen, München 1998.
> These: Globalisierung führt nicht notwendigerweise zu einer einheitlichen, westlichen Globalkultur.

Kevin Kelly, Der zweite Akt der Schöpfung.
Natur und Technik im neuen Jahrtausend, Frankfurt am Main 1999.
> Blöder Titel, geniales Buch: die Vision einer Welt der bionischen Techniken und Netze.

Hermann Lübbe, Modernisierung und Folgelasten.
Trends kultureller und politischer Evolution,
Berlin/Heidelberg/New York 1997.
> Globalisierung als notwendige Folge der Expansion und Verdichtung von Netzen der Mobilität und Kommunikation, sprich: von Netzverdichtung.

Klaus Mainzer, Gehirn, Computer, Komplexität, Berlin/Heidelberg 1997.
> Renommiertester Komplexitätsforscher in Deutschland.

Lynn Margulis/Dorion Sagan, Leben.
Vom Ursprung zur Vielfalt, Heidelberg 1997.
>   Planet Erde als sich selbst organisierender Organismus (»Gaia«), vom
>   globalen Netz der Bakterien bis zu den weltumspannenden Netzen
>   des Menschen.

Henry Mintzberg/Bruce Ahlstrand/Joseph Lampel, Strategy Safari.
Eine Reise durch die Wildnis des strategischen Managements, Wien 1999.
>   Zehn verschiedene Denkschulen für Manager, die teilweise von Evo-
>   lutionstheorien inspiriert sind.

Mokka Müller, Das vierte Feld.
Die Bio-Logik revolutioniert Wirtschaft und Gesellschaft, Köln 1999.
>   Übertragung der Ideen Capras und Kellys auf die Unternehmens-
>   organisation.

Tor Nørretranders, Spüre die Welt.
Die Wissenschaft des Bewusstseins, Reinbek 1997.
>   Ein exzellenter Wissenschaftsjournalist über Gehirn, Bewusstsein,
>   Intuition und Komplexität.

Jeremy Rifkin, Access.
Das Verschwinden des Eigentums, Frankfurt am Main 2000.
>   Nutzungsrechte werden wichtiger als Besitz, Netzwerke ersetzen
>   Märkte.

Joel de Rosnay, Homo symbioticus.
Einblicke in das 3. Jahrtausend, München 1997.
>   Technik und Biologie werden verschmelzen, mit dem entstehenden
>   Gebilde wird der Mensch in Symbiose leben.

Florian Rötzer, Megamaschine Wissen.
Vision: Überleben im Netz, Frankfurt am Main 1999.
>   Visionäres über die Zukunft des Internet, menschliche Evolution in
>   der Infosphäre, die Geografie der vernetzten Welt.

Artur P. Schmidt, Der Wissensnavigator, Stuttgart 1999.
>   Lexikon zu Nichtlinearität, Cyberspace, neue Lebensstile.

Rolf Peter Sieferle, Rückblick auf die Natur.
Eine Geschichte des Menschen und seiner Umwelt, München 1997.
> Geschichte der Landschaft unter den Bedingungen von Nomadismus, sesshafter Agrar- und mobiler Industriegesellschaft.

Manfred Spitzer, Geist im Netz.
Modelle für Lernen, Denken und Handeln, Heidelberg/Berlin 2000.
> Rückkopplung und Selbstorganisation im Gehirn und in neuronalen Netzen.

Frederic Vester, Neuland des Denkens, München 1987.
> Vernetztes Denken soll zu einem schonenderen Umgang mit der Umwelt führen.

Paul Virilio, Die Eroberung des Körpers, Frankfurt am Main 1997.
> Der menschliche Körper werde vernetzt und technisch verbessert, um ihn zu »beschleunigen«.

Interessante Links:

http://wissensnavigator.europop.net/microsoft/frameset.htm
> Online-Ausgabe von »Der Wissensnavigator. Das Lexikon der Zukunft« zu Schlagworten wie Nichtlinearität, Schwarmdenken, Simulation, Cybersex, Neuronale Netze. Eine neue Weltsicht, die zum Weiterdenken anregt.

http://beat.doebe.li/bibliothek/index.html
> Online-Lexikon des Schweizer Wissenschaftlers Beat Döbelin. Begriffe wie Kybernetik, Komplexität etc. sind mit verwandten Begriffen verlinkt, dazu viele Literaturhinweise.

http://www.santafe.edu/
> Vom Santa Fe Instituts stammen die wichtigsten Impulse zum Verständnis von Komplexität, Chaos, Selbstorganisation und Nichtlinearität.

http://www.gbn.com/
> Im Global Business Network versammeln sich viele, die sich mit Wissensgesellschaft, Vernetzung und wirtschaftlichen Strategien beschäftigen, darunter Steward Brand, Kevin Kelly, Lynn Margulis.

http://wearcam.org/mann.html

Steve Mann, Universität von Toronto, gilt als Erfinder von Wear-Comp (Computer zum Anziehen) und lässt Besucher seiner Website an seinen Online-Spaziergängen teilhaben.

http://www.heise.de/tp/

Das beste deutschsprachige Online-Magazin zu Netzwelten, Lebenswissenschaften und Cyberkultur. Lesenswerte Specials zu Schwerpunktthemen wie »Globales Gehirn« oder »Infokriege«.

http://www.brandeins.de/

Das Wirtschaftsmagazin versteht sich auf die »Poesie des Wissens«. Eine faszinierende Kreuz-und-quer-Publikation zu Evolutionsbiologie, Organisation, Komplexität und Globalisierung.

http://complex.upc.es/

Die spanische Forschungsgruppe untersucht soziale, ökologische, wirtschaftliche und urbane Systeme unter dem Aspekt der Komplexität.

http://www.symbiosis.dk/

Das Projekt »Industrielle Symbiose« im dänischen Kalundborg versucht, Netzwerke der Natur nachzuahmen, in diesem Fall Symbiosen und geschlossene Kreisläufe.

http://www.biologik.ag.de/

»Biologik – Die Netzwerk AG« ist ein Unternehmen, das sich bewusst nach dem Prinzip des organisierten Chaos entwickelt.

www.chaordic.org/

Die Chaordic Alliance, gegründet von Dee Hock, will den Gedanken der lebenden und lernenden Organisation, die Elemente von Chaos und Ordnung vereinigt, weltweit fördern.

Register

Adidas Salomon 254
African Virtual University 246
Albrow, Martin 210
Allianz, strategische 255–258
Ameisenkolonie 73–77, 79f., 84f.
Anders, Hans-Peter 177
Anderson, P. W. 74
Annan, Kofi 242
Arron, Serge 76
Arthur, Brian 89
Arzt als Netzwerker 132f.
Atmosphäre → Erdatmosphäre
Autopoiese 102f.
Axelrod, Robert 57
Bachman, Eric 230
Bakterien 42–45, 47
Bandweite 156
Bangalore 89
Barlow, John Perry 146
Belschner, Torsten 290, 293
Bewusstsein, globales → globales Bewusstsein
Bienenstock 77f.
Bin Laden, Osama 17, 262f., 283
Biologie 34f.
– Neue 56f.; → Evolution
Biologik – Die Netzwerk AG 176f.
Bionik 13
– der Netze 126–130; → Netzlogik
Biotechnologie 34–36
Blauer Planet als Sinnbild globalen
  Bewusstseins 200f.
Bloom, Howard 42, 45, 48, 117, 285
Börse 70–72, 85
Bottom-up-Ansatz 64
Brand, Steward 150
Brown, Mark Malloch 244
Capra, Fritjof 57, 89
Cäsar, Julius 216
Cerf, Vincent 279
Cernan, Eugene A. 201
Chaord 178–181
Chaos 51–53,
– Entstehung von 93–98
– und Selbstorganisation 87–93
Chaostheorie 51–53
Chaos-Uhr 125
Chappe, Claude 219
Chardin, Teilhard de 285

Darwin, Charles 56, 124
DDR 93–95, 166f.
Dennett, Daniel 63
Descartes, René 50
Dezentralität 100, 118, 268
Digital Divide, Überwindung des 243–247
Diversität 112–118
Dörner, Dietrich 184
Dot-Force 245
Eisenbahn 219–222
Ellis, Vernon 245
Emergenz 38f., 73–80, 212–217
Entwicklungshilfe 66–68
Erdatmosphäre 45f.
Evernet 19, 271, 277–279
Evolution 13, 39, 47, 56f., 59, 82, 96,
  106, 109; → Koevolution
Exformation 60
Farber, Dave 171
Fehlertoleranz 98–105
Feynman, Richard 51
Fische 49
Fischer, Joschka 148
Flexibilität 81f.
Foerster, Heinz von 54
Friedman, Thomas 211, 238
Fromherz, Peter 280
5-D-Denken 128, 165–167
Gagarin, Jurij A. 200
Gaia-Hypothese 46
Gates, Bill 207
Geekcorps 246
Gehirn 62–65, 78
Gene 115
Generalist 163–165
Genetik → Biotechnologie
Genom 97
Geschichte als Netzverdichtung →
  Netzverdichtung
Gladwell, Malcolm 71
Gleichgewicht, ökologisches 96
Global Brain 19, 283–287
Global Citizen 237
Global Compact 242
Global Generation 16, 133, 196–212, 275
Global Public Policy Networks 239
globales Bewusstsein 16, 196f., 283–287
Globalisierung 16, 86, 133f., 142f.,
  203f., 209f., 218–229, 235–247,
  250, 253–256, 270